박윤선 성경주석

개역개정판

신약주석
요한계시록

A Commentary on the GOSPEL OF ST. JOHN

신약주석 요한계시록

발 행 일 2022년 6월 27일

지 은 이 박윤선

펴 낸 곳 도서출판 영음사
주 소 서울특별시 강남구 광평로 56길 8-13, 1406호
전 화 02-3412-0901
팩 스 02-3412-1409
이 메 일 biblecomen@daum.net
등 록 2008년 4월 21일 제2021-000311호

디 자 인 디자인집(02-521-1474)

ISBN 978-89-7304-175-6(03230)

박윤선 성경주석

개역개정판

신약주석
요한계시록

A Commentary on the GOSPEL OF ST. JOHN

박윤선 지음

도서출판 **영음사**

"볼지어다 그가 구름을 타고 오시리라
각 사람의 눈이 그를 보겠고 그를 찌른 자들도 볼 것이요
땅에 있는 모든 족속이 그로 말미암아 애곡하리니 그러하리라 아멘"
(계 1:7)

Ιδοὺ ἔρχεται μετὰ τῶν νεφελῶν,
καὶ ὄψεται αὐτὸν πᾶς ὀφθαλμὸς
καὶ οἵτινες αὐτὸν ἐξεκέντησαν,
καὶ κόψονται ἐπ' αὐτὸν πᾶσαι αἱ φυλαὶ τῆς γῆς. ναί, ἀμήν

"이것들을 증언하신 이가 이르시되
내가 진실로 속히 오리라 하시거늘 아멘 주 예수여 오시옵소서"
(계 22:20)

Λέγει ὁ μαπτυρῶν ταῦτα ναί, ἔρχομαι ταχύ.
'Αμην, ἔρχου κύριε'Ιησοῦ.

머리말

신약성경 중에서 계시록은 어려운 책이다. 그러므로 우리는 오래전부터 해석가들이 해결하지 못한 난제들을 그대로 만나게 된다. 나는 이 어려운 책을 주석하면서 새로운 해결을 위하여 많이 힘썼다. 아직도 알 수 없는 말씀에 대하여는 두려운 생각으로 그대로 보류해 두었다.

이 주석은 주로 개요, 해석, 설교로 구성되어 있다. 해석에는 칼빈주의의 성경적인 원리를 일률적으로 채용하였다. 간혹 어떤 문구에서는 학자들의 학설을 인용하면서 신학적 입장이 다른 주석가들의 견해를 인용한 것도 있다. 그것은 그들의 신학 사상 체계를 받아들인다는 의미가 아니고, 다만 신학 사상이 정통이 아닌 그들까지도 별 수 없이 그 문구를 해석할 때에는 우리와 비슷한 입장을 취한다는 것을 드러내는 것뿐이다. 그들의 의견을 인용할 때 그들의 신학적인 입장이 정통적이지 않다는 사실을 매번 언급하지는 않았음을 이해하시기 바란다. 그리고 어떤 부분에서는 해석보다 설교를 많이 붙여서 그 부분의 뜻이 잘 드러나도록 했으니, 그러한 부분을 주의 깊게 읽어 주시기 바란다. 이 주석이 출간되도록 각 방면으로 후원해 주시고 기도해 주신 성도들께 깊은 감사를 드린다.

끝으로 독자들의 이해를 구하는 것은, 이 주석에 오탈자로 인하여 글 뜻이 달라진 것이 있으면 깊이 양해하시고, 만일 해석상 잘못된 점이 있어도 용서하시기 바라는 것이다. 이 주석을 읽는 사람마다 영적인 은혜가 충만하기를 간절히 기도한다.

박윤선

신약주석
요한계시록

A Commentary on the GOSPEL OF ST. JOHN

요한계시록 주석

목차

서론

해석

설교

서론

이 서론에서는 "신약의 권위"와 "신약의 전승사"를 설명하면서, 『무오의 성경』(The Infallible Bible)이란 책에 있는 스톤하우스(Stonehouse)와 스킬톤(Skilton)의 글을 일부 인용하였다.

Ⅰ. 신약의 권위

1. 신약의 권위란 의미

이것은 신약성경 27권을 하나님의 말씀으로 보는 것뿐만 아니라, 27권으로 계시가 완성되었음을 뜻하는 이름이다.

신약의 권위에 대하여 오해하는 이론들이 있는데 ① 단지 이 책들을 광의적으로만 거룩하다고 하고 신약성경 전체적으로, 또는 부분적으로 하나님의 말씀이 아니라는 이론이고, ② 성경이 하나님의 말씀 자체가 아니라 다만 하나님의 계시와 가장 가깝다는 것뿐이라는 의견이다.

그러나 신약의 권위에 대한 올바른 견해는 신약성경이 전체적으로, 또는 부분적으로 하나님의 말씀이며 계시라는 것이다.

2. 신약성경이 하나님의 말씀인 증거

1) 신약은 구약의 성취이므로 하나님의 말씀이다.

하나님의 백성은 옛날부터 신약을 구약의 성취로 보았다. 구약이 하나님의 말씀이니 그것의 성취인 신약이 하나님의 말씀인 것은 자명한 사실이다.

2) 신약 자체의 증거

① 신약은 예수님을 하나님이라고 한다. 그러므로 예수님의 말씀과 그 행위가 하나님의 말씀이다.

② 신약은 사도들을 가리켜 하나님의 말씀을 전하는 특별한 사신이라고 한다. 그러므로 그들이 기록한 성경은 하나님의 말씀이다. 사도들의 권위는 그들 스스로의 것이 아니고 그리스도의 권위에 근거한 것이다. 그러므로 그들의 교훈은 주님의 것이라고 볼 수밖에 없다(갈 1장; 고전 7:10; 14:37; 살후 3:14).

3) 교회의 증거

① 클레멘스1서. 이것은 로마의 클레멘스(Clement of Rome)가 고린도 교회에 보낸 편지인데(AD 95년경), 클레멘스는 이 편지에 신약을 백여 번이나 인용하면서 구약과 같은 권위를 인정하였다. 그는 구약을 하나님의 말씀으로 여겼고(45장), 그리스도의 권위와 사도의 전도 역시 구약의 권위와 동일하게 여겼다(4:1-2; 13:1; 42:1, 4; 46:7). 그는 말하기를 "우리는 예수 그리스도에게서 복음을 받았다"고 하였고(42:1), 또한 "바울의 편지를 펴 보아라. 그가 네게 무엇이라고 말하였는가? 그는 참된 영감으로 가르쳤다."라고 하였다.

② 클레멘스1서가 나온 지 20년 후에 안디옥의 감독 이그나티오스(Ignatius)가 소아시아를 지나서 로마로 잡혀가던 도중에 일곱 서신을 기록하였다. 거기에서 신약의 말씀들이 구약처럼 권위 있는 말씀으로 취급되었다. 그는 사도들의 지령과 교훈을 주님의 말씀과 같이 여겼다(빌립보 서신 5:1-2; 마그네시아 서신 13:1; 트랄레스 서신 12:2; 에베소 서신 11:2). 또한 그는 말하기를 "나는 베드로나 바울처럼 너희에게 명하지 못하노라"(로마 서신 4:3)고 하였다. 그는 신약의 복음서를 구약 이상으로 권위 있게 보았다(에베소 서신 12장).

③ 소아시아 사람 파피아스(Papias)도 복음서를 주님이 주신 하나님의 말씀(The Oracles of The Lord)이라고 하였다.

④ 순교자 유스티누스(Justin Martyr)는 주후 160년경 그의 저서에 그리스도를 "새 율법과 새 언약"이라고 기록하였다.

II. 신약의 전승사

1) 신약의 사본은 많이 있는데, 그 대부분이 원본이 기록된 때로부터 오래되지 않은 시기에 베껴진 것들이다. 체스터 비티, 파피루스(Chester Beatty, Papyri) 사본은 3세기에 베낀 것이고, 요한복음 18:31-33, 37-38에 대한 가장 오랜 파피루스 사본은 4세기에 베낀 것이다. 사본의 수는 대략 4,000 정도이다. 그러나 번역본까지 합하면 1만 수천에 이를 것이다. 라틴어 불가타(Latin Vulgate) 사본만 해도 8,000에 이르고, 기타 모든 다른 고대 역본의 수도 최소한 1,000여 개에 달할 것이다. 그런데 이렇게 많은 사본들이 증거하는 내용들이 서로 일치한다. 에즈라 애보트 박사(Dr. Ezra Abbott)는 말하기를 "신약 본문의 사본상 차이 중 19/20가 사실상 서로 대립하는 차이점이 아니며, 그 나머지 1/20에 대한 19/20는 차이점이라고 할 수 없다. 그 이유

는, 그것을 받아들이든 배척하든 그 글의 뜻에는 아무런 영향을 주지 못하기 때문이다."라고 하였다.[1] 워필드는 다음과 같이 말하였다. "신약 내용의 거의 대부분은 사본상 차이 없이 우리에게 전달되고 있다. 혹여 잘못 베껴진 부분도 다른 많은 사본이 있으므로 거룩한 기자들이 기록한 원래의 본문이 정확하게 드러나며, 교리적으로나 도덕적으로 그 뜻이 달라지지 않는다."[2] 또한 유명한 사본 학자 케니언(Kenyon)은 말하기를 "기독교 신자는 자기 손에 있는 신구약 성경이 모든 세기를 거치며 실제적으로 아무런 손실 없이 전달되어 내려온 하나님의 참된 말씀임을 아무 두려움과 주저함 없이 말할 수 있다."라고 하였다.[3]

2) 이상과 같은 많은 사본들의 정확한 증거에 기초하여 헬라어 성경을 출판하게 되었고, 이 출판에 대하여 우리는 대략 세 시대를 생각한다.

① 첫 번째 시대는 공인 성경 시대(Received Text)이다. 공인 성경은 1650년에 스테파누스(Stephanus)가 출판한 것이다. 이 공인 성경은 많은 사본을 참고하지 못한 점에서 유감스럽지만, 그렇다고 해서 성경의 내용이 틀린 것은 아니다. 앞에서 말한 것처럼, 신약성경의 본문은 거의 전부가 사본상 틀림이 없이 우리에게 전달된 것이다. 이 공인 성경은 후에 킹제임스역(King James Version, 1611년에 완성)의 기본이 되었다.

② 두 번째 시대는 본문비평이 시작되는 시대이고,

③ 세 번째 시대는 본문비평이 발달된 시대이다. 이때에 많은 사본들이 발견되었다. 이 시대의 유명한 사본 학자는 웨스트코트(Westcott)와 호트

---

1) Warfield, *An Introduction to The Textual Criticism of The New Testament*, 12.

2) *Ibid.*, 14.

3) 『우리의 성경과 고대 사본』, 23.

(Hort) 두 사람이다. 이들 덕분에 사본학(寫本學)이 건전하게 발달하여 오늘날까지 그들의 원리가 채용되고 있다. 이 두 사람이 간행한 헬라어 성경에 대하여 워필드는 확신을 가지고 칭찬하기를 "웨스트코트와 호트가 간행한 헬라어 성경은 원본의 실체를 가지고 있다"고 하였다. 또한 이 시대에 영국 교정역이 나오게 되었다. 이 교정역은 새로 발견된 많은 사본들을 참고하여 완성한 것이다.

우리가 사용하고 있는 한역 성경은 헬라어 원문을 기초로 하고 영국 교정역을 참고하였다고 한다. 그 초역은 1887년에 한국에서 사역하던 선교사들에 의해 이루었는데, 신약은 1900년에 초판이 발행되었고, 1904년에 2판, 1906년에 3판이 발행되었으며, 1920년에는 구약까지 완전히 번역, 발행되었다. 그리고 개역은 1937년 5월에 구약이 발행되었고, 1937년 6월에 신약이 발행되었다.

Ⅲ. 계시록의 저작자

본서가 요한의 저작이라는 사실은 여러 번 언급되었다(계 1:1, 4, 19; 22:8).

그럼에도 본서가 사도 요한의 저작임을 의심하는 몇 가지 이론을 소개하면 다음과 같다.

1) 벨하우젠(J. Wellhausen)은 계 1:1-3; 22:18-19은 요한의 글이 아니라 다른 사람이 써넣은 것이라고 추측하였다.

그러나 찰스(R.H. Charles)는 그 이론을 다음과 같이 반대하였다. 곧 계 1:1-3은 본서에서 복을 언급한 일곱 구절[4]중 하나인데, 이 일곱 구절을 의도

4) 칠복장절(七福章節)=1:3; 14:13; 16:15; 19:9; 20:6; 22:7, 14.

적으로 기록한 사람(같은 사람)이 계 1:1-3도 썼을 것이라고 하였다.

2) 어떤 학자는 본서의 사도 요한 저작설을 반대하는 이유로, 본서에서 요한을 "사도"라고 하지 않고 예언자로(계 10:11) 표현된 것을 든다.

그러나 그것은 사리를 바로 보지 못한 생각이다. 계시록은 예언서(계 1:3)이므로, 예언서의 저자를 사도라고 하기보다는 예언자, 혹은 선지자라고 하는 것이 적합하다.

3) 또 어떤 학자는 말하기를, 본서의 문체가 제4복음(요한복음)의 문체와 다르기 때문이라고 한다.

그러나 이것도 이유가 되지 못한다. 사도 요한이 밧모섬에서 하늘이 열린 특별한 계시를 받아 기록한 표현이 일반적인 영감으로 기록한 복음서의 표현과 다를 수 있다는 것은 충분히 예측할 수 있다. 뿐만 아니라 두 책(요한복음과 요한계시록)은 공통적인 서식과 사상을 가지고 있다. 예컨대 "로고스"(λόγος)(요 1:1; 계 19:13), "어린 양", "이기는 자"(요 16:33; 계 2:7, 11), "계명을 지킴"(요일 5:3; 계 12:17), 예수님을 영원히 존재하시는 분으로 생각하는 사상(요 1:1; 계 22:13), 구원이 하나님과 그리스도의 보혈에 달려 있다는 사상,[5] 누구든지 믿으면 구원을 받는다는 사상(요 3:16; 계 22:17) 등이며, 이 밖에도 요 7:37과 계 22:17; 요 10:18과 계 22:7; 요 20:12과 계 3:4; 요 1:1과 계 19:13; 요 1:29과 계 5:6 등이 서로 흡사하다. 특히 두 책에서 슥 12:10을 비슷한 형식으로 인용한 사실(요 19:37; 계 1:7)은 놀랄 만하다.

4) 사도 요한의 제자인 파피아스(Papias)의 문구(에우세비오스의 인용에 의

---

5) 요 1:29; 3:3; 5:24; 10:10, 11; 계 7:14; 12:11; 21:6; 22:17.

함)를 보면, 소아시아의 에베소에 장로 요한이란 사람이 있었다. 어떤 학설에 의하면, 계시록의 저자가 이 사람이었다고 한다.

그러나 이 "장로 요한"이 사도 요한이 아닌 다른 사람이라고 단정하기는 어렵다. 설령 그가 사도 요한이 아닌 다른 사람이라 해도 본서를 그의 저작이라고 할 필요는 없다. 그 이유는, 본서에 있는 사상과 문체가 사도 요한의 저작임을 확증하기 때문이다. 역사적 증거는 확실히 본서가 사도 요한의 저작이라고 하고, 순교자 유스티누스(Justin Martyr, AD 140)도 본서를 사도 요한의 저서로 보았고, 이레니우스(Irenaeus, AD 180)는 여러 번 이 사실을 역설하였으며, 무라토리 정경(Muratorian Canon)도 본서를 요한의 저서라고 하며, 테르툴리아누스(Tertullian, AD 200)와 알렉산드리아의 클레멘스(Clement of Alexandria, AD 200)와 히폴리투스(Hippolytus, AD 240) 등도 본서를 사도 요한의 저서라고 하였다.

Ⅳ. 계시록이 저작된 장소와 시기

본서는 밧모섬에서 기록되었다(계 1:9). 이 섬은 에베소에서 로마로 가는 바닷길에 단 한 번 정박하는 곳이다. 본서가 AD 69년경에 기록되었다고 하나 그것은 믿을 수 없다. 그 학설을 지지하는 사람들은 본서 11장에 있는 성전 측량에 근거를 둔다. 곧 요한이 본서를 기록할 때에 여전히 성전이 있었기 때문에 그와 같은 성전 측량 구절이 나왔을 것이라고 한다.

그러나 거기서 말한 성전 측량은 상징적 언사이다. 그러므로 우리는 본서가 AD 95년경에 기록되었다고 추정한다. 본서가 기록되던 당시에 에베소 교회에는 니골라 당의 이단 운동이 있었는데(계 2:6), 그것은 바울이 에베소 교회에서 사역한 지 꽤 오랜 후에 본서가 기록되었다는 증거이다. 그리고 요한은 밧모섬에서 귀양살이를 하였는데(계 1:9), 그런 형벌은 로마의 도미티아누스 황제(Domitianus, AD 81-96) 때에 있었던 것이다.

V. 성경 해석 방법론

1. 해석 방법의 역사

이 부분은 네덜란드의 성경 주석가 크레이다너스(Greijdanus)의 『성경 해석의 성경적 원리』(Schrift Beginselen ter Schrift Verklaring)라는 책에서 인용한 것이다.

성경 해석의 필요성

예수님께서도 성경을 해석하셨으므로 성경 해석의 필요성은 부인할 수 없을 만큼 중요하다(눅 24:32). 뿐만 아니라 성경을 해석하지 않으면 우리는 그 부요하고 명백한 의미를 깨닫기 어렵다(시 119:18). 그러므로 개혁 교회는 "성경의 명백성"(De Perspicuitas van de Heilige Schrift)을 가르치며, 누구나 그것을 해석할 권한을 소유한다고 생각한다. 그러나 로마교는 "성경의 비밀"(De Duisterheid der Schrift)이란 교리로 오직 교직자들에게만 성경을 해석할 권한이 있다고 하며, 최후적 해석권은 교황에게만 있다고 한다.

성경을 해석할 때 당면하는 난제들

객관적 난제 - 하나님의 말씀을 인간이 종종 오해하는 일이 있다. 즉 니고데모는 거듭나야 한다는 예수님의 말씀을 오해하였고(요 3:4), 제자들은 예수님께서 죽은 나사로를 가리켜 "잠들었도다." 하신 말씀을 오해하였다(요 11:12-13). 이러한 오해가 생기는 이유는 하나님의 말씀을 피상적으로만 보기 때문이다. 성경에 기록된 사상은 언어라는 옷을 입고 있으며, 언어는 민족에 따라 그 유래와 경험이 서로 다르다. 그러므로 우리는 성경을 해석할 때 난제들을 만나게 될 수밖에 없다. 그러나 많은 연구를 통해 이 난제를 돌파할 수도 있다.

주관적 난제 - 성경을 해석할 때 "나"는 하나의 피조물인 인간임을 잊지 말아야 한다. 피조물이 창조자의 뜻을 알기 어려운 것은 당연하다. 우리는 하나님의 말씀을 우리 수준에서 알 수 있을 뿐이다. 그러나 그 정도의 지식이라도 참된 지식이고 의지할 만한 지식이라는 사실을 무시할 수 없다. 그러므로 우리의 피조성은 그리 큰 난제가 아니다. 무엇보다도 큰 난제는 우리의 죄로 인하여 우리의 눈이 어두워진 것이다. 성경에 말하기를, 우리의 육신(죄성)은 하나님과 원수가 되었다고 한다(롬 8:7). 그러나 이것도 해결되었다. 그리스도께서 우리를 대신하여 죽으시고 우리에게 성령을 주셨으므로 우리는 성령의 조명하심을 통하여 성경을 알 수 있다.

성경은 성경으로 해석함

성경 66권은 단 한 분인 저자, 곧 성령님의 말씀이기 때문에 각 책의 문구는 서로 동일한 맥락을 형성한다. 그러므로 그 일부분을 다른 부분이 밝혀 줄 수 있다. 뿐만 아니라 성경은 초자연적인 진리를 가르치므로, 그 기록은 초자연적인 진리로만 밝힐 수 있다. 이와 같이 성경으로 성경을 해석하는 것은 예수님과 그 제자들이 사용한 방법이다.[6] 그렇다고 해서 우리가 성경의 언어나 문자를 별도로 연구하지 않는 것은 아니다. 성경은 하나님의 말씀인 동시에 인간의 인격적(기계적이지 않음)인 사역을 거쳐 기록되었으므로, 성화

---

6) 마 1:22; 2:15, 17, 23; 4:4, 7, 10; 26:54; 눅 22:37; 24:27, 44; 요 10:35; 행 3: 18; 13:27-41; 17:2-3; 28:23; 롬 1:2; 4:23; 9:17; 15:4; 고전 15:3-4; 딤후 3:15-17.

된 인간 요소를 포함한다. 다시 말해 그것은 이 세상 사람의 문자와 개념을 포함한다. 그러므로 우리는 성경을 연구할 때 그러한 방면의 연구를 무시하지 않는다. 그러나 그 연구의 결과도 마침내 성경의 인증을 받아야 성립될 수 있다. 그러므로 성경은 성경으로 푼다는 원리가 그것을 해석하는 원리라고 할 수밖에 없다. 성령에 의하여 성경이 인간의 사역으로 우리에게 왔다. 그러나 그것은 인간의 말 이상이다. 그것은 하나님의 참된 말씀이다. 그러므로 성경에 있는 하나님의 사상과 행위를 설명하려면 성경으로 해야 된다. 하나님의 사상은 인간의 사상을 초월한다. 성경과 같은 책은 이 세상에 다시없다. 그러므로 다른 책으로는 성경을 설명할 수 없고, 오직 성경으로만 성경을 설명할 수 있다.

성경 해석 방법의 역사적 변천

(1) AD 70년부터 170년까지

사도들은 신약의 사실들을 구약으로 해석하였다. 1세기 말 로마의 클레멘스는, 사도적 방법을 계승하면서도 지나치게 비유적으로 기울어진 경향을 보였다. 예를 들면 바나바 서신에 그러한 경향이 보인다.

(2) 170년부터 5세기까지

이 시대에는 세 개의 파가 있었다.

① 서방 학파 - 오랫동안 전해져 온 기존의 해석 원리를 따르는 것이 그 특색이다. 이 원리에서 우리가 취할 만한 점도 있지만, 잘못된 전통까지 맹종하는 것은 옳지 않다. 이 학파에 속하는 이레나이우스(Irenaeus)는 말하기를 "우리는 교회를 통해 전승되어 내려오는 진리를 배울 것이다."라고 하였다. 이것은 교회의 전통을 맹종하는 그릇된 풍습에 빠지기 쉬운 사상이다. 그러나 그 당시에 이단을 방지하고 교회의 전통을 보수하기 위해서는 전통을 역

설하는 것이 필요하였다. 교회를 유지, 보전하고 보수하는 원리가 성경 해석에 절대적이고 지배적인 것은 아니지만, 성급한 판단과 거친 결론을 방지시키는 데는 유효하다.

② 알렉산드리아 학파 - 성경을 해석할 때 지나치게 풍유적인 원리를 취하였다. 이 학파의 대표자는 오리게네스(Origen)이며, 이 학파는 풍유파라는 별명을 가지고 있다. 풍유란 무엇인가? 브로우어(Brouwer)는 말하기를 "풍유는 사용하는 설화의 재료가 실제로 역사적인 사실인지 여부를 묻지 않는다."라고 하였다. 풍유는 그 말하는 바와 의미하는 바가 다르다. 성경에는 풍유적 설화가 없지 않지만 풍유파의 착오는 성경 전체가 풍유라는 치우친 주장이다. 알렉산드리아의 클레멘트는 성경이 다 풍유라고 하며 "우리로 하여금 신령한 의미를 찾게 하려고 성령께서 그 뜻을 감추셨다"고 하였고, 오리게네스(Origen)는 말하기를 "성경에는 의미 없는 부분이 하나도 없다. 문자 하나 하나가 다 영감되었다"고 하였다.

③ 안디옥 학파 - 인간적인 요소를 보다 존중하여 문리와 역사에 주의한다. 이 학파가 추상적인 것을 피하는 점은 좋지만, 간혹 성경의 진정한 영적 의미를 무시하는 점은 유감스럽다.

(3) 중세

이 시기는 종합적인 시대이므로, 성경의 권위와 교회의 권위를 병립하는 독창적 해석을 감행하지 않고, 기존 교부들의 견해를 종합할 뿐이었다. 이 시대에도 요한 위클리프(John Wycliff, 1348) 같은 사람은 개혁주의 해석가였다.

(4) 근대인의 모든 그릇된 해석 원리들

① 소키누스주의(Socinianism) - 이것은 성경을 해석할 때 인간의 이성과 지성을 도구로 할 뿐 아니라, 그것을 진리 판단의 기준으로 삼는 것을 말하

며, 성경을 오해한 것이다.

② 재세례파(Anabaptist) - 이 교파는 성경을 한 개의 역사적인 문서로만 여길 뿐 그것을 영원하고 절대적인 하나님의 말씀으로 받아들이지 않았다. 또한 이 교파는 성령의 내적 증거만을 중요시하여 성경을 생명 없는 죽은 글자들의 문집으로 보고, 성령을 받은 사람들에게는 성경이 불필요하다고 하였다. 이것은 성경의 가치를 알지 못하는 잘못된 말이다.

③ 항론파(Remonstrants) - 이 학파는 성경의 신적 요소를 무시하지 않으면서 전통과 교리에 예속되지 않으려는 의도로 나온 것이다. 이 학파의 해석 방법은 하나님의 말씀에 대하여 중립적인 태도를 갖는 것이다. 그러나 이것은 사람의 이성과 지성을 성경 위에 두려는 경향이므로, 합리주의적 해석파로 떨어질 위험을 안고 있다. 또한 그것은 인간이 성경에 대하여 편견을 가지지 않는다는 그릇된 생각이다. 그것이 바로 성경에 대한 오해의 첫걸음이다.

④ 합리주의 - 이 학파는 성경을 하나님의 말씀으로 받지도 않고, 성경을 사람의 지식과 자연에 의존하여 해석한다.

⑤ 편해주의(偏解主義) - 이 제목 아래 두 가지 불공정한 해석 방법을 생각할 수 있다. 곧 문자적 해석과, 치우친 영적 해석이다(J. S. Spener, Bengel). 그중에서 두 번째 해석 방법을 추구하는 사람들은 성경에 독단적으로 영적 의미를 붙인다.

⑥ 심리적 해석 학파 - 이 학파에는 슐라이어마허(Schleier-macher)가 속하는데, 그는 성경을 해석할 때 성경을 기록한 사람이 보이는 심리 작용의 독특성을 찾으려 한다. 그러나 그것은 하나님의 초자연적 간섭은 생각하지 않고 일반적인 과학에만 의존하여 저자의 심리를 파악하려는 착오다. 뿐만 아니라 이 해석은 일정한 신학 체계에 맞는 결론을 가져오지 못한다. 이 학파에 속한 게르마르(F. H. Germar)는 "성경의 모든 책을 해석하는 사람은 한 책의 사상을 다른 책과 연결시키지 말고 그 한 책의 독자적인 의미를 취해야 한

다"고 하였다. 그러나 이것은 그릇된 학설이다. 이것은 성경의 모든 책(66권)이 한 저자(성령)로 말미암아 기록된 사실을 무시하는 해석 방법이다. 뿐만 아니라 이 학설은 예수님과 사도들이 사상적으로 통일되어 있음을 부인하는 착오이다.

⑦ 양식사학파(Formgeschichtlich Schrift Verk-laring) - 이 학파는 헤르만 궁켈(H. Gunkel)이란 사람으로부터 시작되었다. 그는 『창조와 혼돈』[7]이란 책에 이 학설을 말하였는데, 이 학파의 성경 해석 방법은 성경을 역사적으로 진실성 있는 글로 여기지 않고, 단순히 오류가 있는 인간의 작품으로 여기는 것이다. 그들은 말하기를, 성경(특히 공관복음)이 처음에는 정해진 형태가 없는 설화로 있다가 구전을 통하여 다소 변형되어 전승되었고, 후에 그것이 현재의 복음서 형태가 되었다고 한다. 곧 연구자는 현재의 복음서에서 그것이 전승되면서 부연되거나 삭제된 요소를 자세히 살펴서 그것을 제거, 혹은 발견하여 그 설화의 원래의 형태를 회복하여야 한다고 말한다. 다시 말하면 그들은 성경에 문체상 특이점, 사상적 변이, 신화적 발달(Mythical development), 전기적 변천이 보이므로, 이것들을 배제하여야만 성경 설화의 원래의 형태, 혹은 핵심을 찾을 수 있다고 한다.

그러나 이것은 성경의 내용을 알지 못하는 그릇된 학설이다. 성경의 저자들은 그것을 기록할 때 역사적 진실성을 생명처럼 중요하게 여겼다(눅 1:1-4). 그뿐 아니라 기독교의 원리는 단회적인 계시적 사실을 영원한 기초로 한다. 그 계시적 사실이 없으면 사도들의 복음 전파도 없었을 것이고, 따라서 기독교 자체도 없었을 것이다. 그러므로 기독교는 신화 종교(Mythical religion)가 아니다. 하나님의 계시적 사실만이 기독교회를 탄생시켰다. 기독교는 본질적

---

7) H. Gunkel, *Schöpfung und Chaos*, 1895.

으로 신화주의가 아니라, 엄연한 유일회적 역사적 계시에 입각한 종교이다.

(5) 개혁주의의 성경 해석

개혁주의는 성경을 해석할 때 다음과 같은 원칙들을 세운다.

① 성경을 하나님의 말씀으로 믿는다. 칼빈은 말하기를, 성경의 권위는 하늘에서 바로 내리는 하나님의 음성과 다름이 없다고 하였다.

② 성경은 독자적 신임성(autopistia)을 가졌으므로 성경 이외의 어떤 증명이나 허락이 필요하지 않다. 스스로 성립되고, 스스로 증거하는 진리이다 (Calvin, Inst. 1:75).

③ 성경을 바로 알려면 성령의 내적 증거에 의해 우리의 영안이 열려야 한다.

④ 위경은 성경이 아니다.

⑤ 성경은 원어로부터 해석되어야 완전하다.

⑥ 오랜 관습에 복종하고 의존하는 해석주의를 배척한다.

⑦ 성경 해석의 최후 심판자는 성경 자체이다.

⑧ 성경 계시의 필연성, 성경의 완전성, 성경의 충족성, 성경의 명백성을 믿는다.

⑨ 성경을 인간의 자의로 억지로 해석하지 말아야 한다.

⑩ 문리적 해석의 필요성을 인정한다.

⑪ 역사적 해석의 필요성을 인정한다.

⑫ 성경에서 취하는 정당한 추론의 교훈을 하나님의 뜻으로 여긴다.

⑬ 성경을 해석할 때 역사적 교리를 중요하게 참조한다.

⑭ 의미가 불분명한 구절은 분명한 성구의 의미에 비추어 해석한다.

(6) 예수님의 성경 해석법

복음서에는 예수님께서 구약성경을 해석하신 실례가 적지 않다.

① 예수님은 성경 사상의 단일성을 인정하셨다. 이는 성경을 성경으로 해석해야 할 근거를 준다. 예를 들면 ⓐ 율법과 선지서가 다 함께 예수 그리스도를 예표하였다는 말씀(눅 24:25-27; 요 5:39; 6:32-33)과, ⓑ 율법과 선지서의 요점을 윤리적 의미로 사랑이라고 하여(마 7:12) 신구약의 단일성을 말씀하신 것이다.

② 예수님께서는 성경을 추론적으로 해석하셨다. 이는 그가 부활이 반드시 필요한 이유를 증명하실 때 출 3:16을 해석하신 것(마 22:23-32)으로 알 수 있다. 이 추론적 해석은 치우친 문자적 해석을 금하시는 의미도 된다. 출 3:16의 "여호와 너희 조상의 하나님 곧 아브라함과 이삭과 야곱의 하나님"이라고 하신 말씀에서 예수님은 아브라함의 영혼이 죽지 않고 살아 있었음을 증거하셨다. 그 이유로 그는 "하나님은 죽은 자의 하나님이 아니요 살아 있는 자의 하나님"이심을 확증하셨다.

③ 예수님께서 성경을 성경으로 해석해야 된다는 원리를 친히 실행하셨다. 그것은 그가 마귀를 대항하실 때 인용하신 말씀들(마 4:4, 7, 10)이다.

④ 예수님께서 성경의 절대적 권위를 믿으셨다. 이는 그가 마귀에게 시험받으실 때 성경으로 반박하신 것으로 알 수 있다.

⑤ 예수님께서는 성경을 해석하실 때 역사적 해석을 존중하셨다. 이것은 주님께서 친히 마 19:3-9을 해석하신 것에서 볼 수 있다. 여기서 그는 이혼이 불가하다는 것을 역사적 형편으로 논하셨다. 곧 하나님께서 인간을 한 남자와 한 여자로 지으시고 둘이 합하여 하나가 되게 하신 역사적 사실로 볼 때, 이혼이 불가하다고 결론 지으셨다.

⑥ 예수님께서 성경을 다루신 방법을 보면, 성경을 하나의 역사적인 문서(그의 제자들 개인에게만 관련된 것이 아님)로만 보시지 않고, 보편성 있게 모든

사람을 개인적으로 상대하는 말씀이라는 원칙을 가지셨음을 알 수 있다(사 29:13; 마 15:7-8; 히 1:1). 그것을 보면, 예수님께서는 성경을 모든 사람을 일일이 직접 상대하고, 지배하며, 심판하는 권위의 말씀으로 여기신 것이다.

이상과 같은 조목들로 볼 때, 예수님께서는 성경을 성경으로 해석하는 원리를 가지신 것이 분명하다.

2. 성경 해석학

이 부분은 화란 신학자 크로샤이데(F.W. Grosheide)의 해석학(Hermenutik), 곧 "성경 해석 방법론"에서 요점을 소개하면서 가끔 나의 설명과 주장을 첨부한 것이다.

해석학(Hermenutiek)이란 말은 본래 '번역한다'는 뜻이다. 후대에는 어려운 시(詩)를 설명한다는 의미로 사용되었고, 그 후에는 해석하는 법을 연구하여 조직화하는 것을 가리켰다. 이것은 예술이 아니고 과학이다. 그 이유는, 이것이 체계화, 조직화된 학문이며, 기초, 원인, 분석 등의 관심을 가지고 찾아보는 것이기 때문이다.

성경 해석학은 일반적으로 인간에 의해 이루어진다. 그러나 하나님의 특별 계시에 관한 것이므로, 특별한 면을 지니고 있다. 그것이 다시 신약에 관한 것이 되므로 더욱 특별하다. 성경 해석학에서 중요한 사실 두 가지를 생각할 수 있는데, 인간은 죄 때문에 성경을 깨닫지 못한다는 것과 거듭난 사람은 그것을 깨달을 수 있다는 사실이다.

신약을 해석하는 사람이 갖추어야 할 예비지식은 다음과 같다.

(1) 언어 문제

인류가 서로의 사상을 나누는 가장 좋은 방편은 언어이다. 그러나 언어로 다른 사람들의 사상을 이해하는 만큼 그것을 오해하는 일도 많다는 사실을 유념해야 한다. 성경(여기서 말하는 것은 신약에 한함)을 해석할 때에도 이런 난관이 있다. 그 원인은 여러 가지이다. 곧 ① 신약성경이 그 사상을 전하기 위하여 사용한 말이, 헬라어라는 사실. ② 직접 듣고 깨닫는 명쾌함이 없다는 사실. ③ 그것을 말하는 자의 이론을 쉽게 찾아보기 어렵다는 사실. ④ 문맥에 포함되어 있는 내용을 깨닫기 어렵다는 사실. ⑤ 기록된 사상에 대하여 죄로 어두워진 인간성이 동감하기 싫어하는 냉정한 태도 등이다.

언어의 본질-우리는 이 점에 관하여 특별히 기록된 방언을 가지고 말하려 한다. 일반 방언의 본질로 몇 가지를 들 수 있다. 첫째, 언어는 단체 생활에서 생겨나는 구체적인 표현이다. 둘째, 이 단체들은 감정과 사상이 서로 다른 만큼, 다르게 표현한다(예를 들면 민족 간의 차이점 등). 따라서 말이라는 것은 서로 다른 단체가 사용하기 때문에 서로 다른 점이 있게 마련이다. 셋째, 언어는 진리를 충분히 표현하지 못한다. 그 이유는, 인간은 제한적인 실존이기 때문이다. 언어는 계속 성장하고 발달한다. 그러므로 그 의미도 시대를 따라 다소 변천된다. 넷째, 언어는 인류의 죄악으로 말미암아 혼란하여지며 어두워진다.

(2) 신약의 특수성

① 기본 원칙들. 신약은 하나님의 말씀이다. 이러한 사실은 그리스도의 말씀이 갖는 진실성이 증거하며(요 8:14-18), 사도들의 증거에 실수가 없다는 것과(요 15:26), 후대 교회가 그렇게 받았다는 것과, 개인을 상대로 역사하시는 성령의 증거가 알려 준다.

앞에서 말한 것처럼 신약이 하나님의 말씀이라는 것은, 해석하는 사람이 처음부터 기억해야 할 기본 원칙이다. 그것이 해석상 전제가 되는 것은 편견이 아니다. 모든 과학이 다 기본 원칙과 전제를 가지고 시작한다.

해석하는 사람이 기억해야 할 또 한 가지 기본 원칙은 성경의 명백성이다. 곧 성경은 절대로 알 수 없는 책이 아니라 연구하여 알 수 있다는 것이다. 그렇다고 하여 주석서가 필요하지 않다는 것은 아니다.

그리고 또 한 가지 기본 원칙은 성경을 해석할 때에는 신앙이 이성을 지배한다는 사실이다.

② 이해의 제한성. 신약은 사람의 말로 기록된 것이므로, 완전하게 이해할 수는 없지만 참된 것이다(Finitum non capax infiniti).

③ 신약은 통일되어 있음. 모든 책(27권)이 영감되었다는 사실이 일치하고(요 16:13-14), 모든 책이 그리스도의 인격과 그가 하신 일에 대하여 동일하게 말하며, 또한 모든 책이 그리스도 중심, 곧 하나님 중심으로 기록되었다. 뿐만 아니라 모든 책이 신과 인간이 연합한 통일성을 가지고 있다. 곧 그것들은 하나님의 말씀인 동시에 사람의 말을 통하여 표현되고 있다(사람의 요소를 통하여 표현되었으나 그릇된 것은 없다).

(3) 신약성경을 해석하는 사람

신약성경을 해석할 수 있는 자격은 무엇보다 먼저 교회에 부여되었다(롬 3:2). 그렇다고 하여 교회가 개인의 성경 해석 권리를 무시하지 못한다. 로마교는 개인의 성경 해석 권리를 무시하였는데, 그것은 명백한 잘못이다. 또한 개인은 교회의 해석을 무조건적으로 받아들이지 말고 성경의 뜻과 부합한 해석만 받아들여야 한다. 신학자들은 교회의 선택을 받아 특별한 해석 사역을 할 수 있다. 그러나 자기 자신의 양심적인 깨달음을 하나님 앞에서 인정받은 대로 말해야 된다.

성경을 해석하는 사람이 의지해야 할 규범은 다음과 같다.

① 성령을 유일하신 해석자로 의지할 것. 그 이유는, 성경은 성령께서 영감하신 말씀이기 때문이다. 그러므로 구약과 신약은 서로를 해석해 준다. 성경은 성경으로 해석되어야 한다.

② 그리스도께서 계시의 중심이라는 것. 해석하는 사람은 성경의 모든 부분, 특히 중요한 부분에서 그리스도와 관련된 내막을 발견해야 된다.

③ 교회적 해석이나 교리가 최종적 권위는 아니라는 것. 성경을 해석할 때에는 교리를 중요하게 참조하며 의지해야 하지만 최종적 권위는 성경 자체이다. 해석하는 사람으로서 교리적 차이점을 변증할 때 온당하게 하는 것은 얼마든지 가능하지만, 로마교처럼 자기 교회의 해석만을 최종 권위인 것처럼 고집하면 안 된다. 믿음의 분수대로 해석할 것(롬 12:6)이니, 이는 믿음에 따라, 혹은 믿음과 일치하게 해석해야 함을 의미한다.[8)]

(4) 신약성경을 해석할 때 특별히 고려해야 할 것

① 종합적 해석. 이 해석은 분해적인 해석을 토대로 한다. 곧 문법적, 역사적 의미를 밝힌 뒤에 고려되는 것이다. 종합적 해석을 통하여 비로소 성령께서 의미하신 참뜻, 곧 모든 시대의 신자들에게 주신 교훈(그리스도를 중심으로 한 뜻)을 찾아낸다. 종합적 해석은 오리게네스가(Origen)가 말한 문자적 의미와 도덕적 의미와 풍유적 의미를 찾은 후에 거기서 중점적인 의미를 택하는 해석 방법이 아니다. 오리게네스는 성경의 모든 말씀이, 앞에서 말한 것과 같은 삼중 의미를 가진다고 한다. 하지만 그가 이 삼중 의미를 말한 것에는 많은 억지와 오해가 있다. 예를 들면, 그가 욥 25:5을 해석하면서 "별도 빛나지 못하거든"이란 말을 가지고 별에 생명이 있다고 문자적 해석을 한 것이다. 또한 그는 풍유적 해석을 하면서도 너무나 억지스러운 추측을 하였다. 예를 들면, 출 1:6-7의 "요셉과 그의 모든 형제와 그 시대의 사람은 다 죽었고 이스라엘 자손은 생육하고 불어나 번성하고 매우 강하여"란 말씀에 대하여 그는 여기서 요셉이 죽었다는 말은 우리가 우리 몸에 그리스도의 죽음을 가

---

8) in accord with faith or in relation to faith.

지고 다니는 것을 말하는 것이고, 이스라엘 자손이 번성하였다는 것은 우리에게 신령한 은혜가 많아진 것을 가리킨다고 하였다.

종합적 해석이라는 것은 중세의 로마 교회가 성경에서 늘 4중 의미를 찾아 거기서 중점적인 의미를 택한 것을 의미하지도 않는다. 로마 교회가 성경을 해석하는 방법을 말할 때의 사중 의미는 문자적 의미, 비유적 의미, 풍유적 의미, 추론적 의미를 말한다. 한 가지 예를 들면, 토마스 아퀴나스가 창 1:3의 "빛이 있으라"란 말씀을 해석하면서 문자적으로는 그것이 창조의 행위를 의미하고, 추론적으로는 그리스도로 말미암아 우리가 영광에 이르게 되는 것을 의미하고, 풍유적으로는 그리스도께서 사랑이 되라고 하신 의미이고, 비유적으로는 우리가 그리스도로 말미암아 무언가를 비추게 되는 의미라고 한다. 이처럼 중세의 로마교는 모든 성경말씀에 대하여 헛된 추측을 많이 한 결과 보나벤투라(Bonaventura)는 성경의 모든 말씀을 해석하면서 7중 의미에서 8중 의미까지 생각하기도 하였다.[9] 개혁주의에서 말하는 종합적 해석이란 것은 성령의 인도하심을 따라 문법적 해석과 역사적 해석과 심리적 해석 등을 종합하여 올바른 의미를 결론짓는 것이다.

② 병행 문구를 찾아보는 것에 대하여. 성경 말씀을 해석하다 보면 병행 문구를 만나게 된다. 그 부분에서 해석하는 사람은 특별히 주의해야 한다. 설령 그 문구가 성경의 다른 부분에 있다 할지라도 두 개가 똑같은 의미를 가지지 않을 수 있다. 그 이유는, 그 두 문구가 각각 다른 관점에서 기록되었을 수 있기 때문이다. 구약에서 인용되어 나온 문구는 구약에서 그것이 무슨 의미를 가졌는지 주의 깊게 찾아보아야 한다. 특별히 성경을 해석하는 사람이 해석하려는 성경말씀과 비슷한 세속문학의 문구를 만났을 때 그것을 쉽게 참고하면 안 된다. 그것은 성경의 문맥에 근거하여 파악되어야 한다. 특

---

9) Farrar, *History of Interpretation,* 295-296.

히 이교의 문구 중 성경과 유사한 것이 있을지라도 그 뜻이 성경의 것과는 다르게 사용되었음을 잊지 말아야 한다.

③ 해석의 가치. 인간은 모두가 하나님의 형상으로 지음받았으므로, 거듭난 사람은 다 함께 성경을 해석할 권리를 가진다. 그렇다면 난제가 생긴다. 곧 개인에 따라서 해석이 달라지는 일이 생기는 것이다. 그러나 그것은 큰 문제가 아니다. 그 이유는, ⓐ 성경의 중요한 부분에 대하여는 성경 자체가 설명해 주므로, 모든 교회가 그런 부분에 대하여 동일한 해석을 가지기 때문이며, ⓑ 해석상 어떤 차이점들은, 단지 시대정신의 차이 때문에 달라진 것뿐이니 그것은 시간이 흘러가면서 해결되기 때문이며, ⓒ 해석상 어떤 차이점은 교회적인 것이 아니고 개인적인 것이므로, 점차 사라지기 때문이며, ⓓ 성령님께서 해석상 차이점들을 점차 통일되도록 인도하시기 때문이며, ⓔ 작은 부분에 대한 해석의 차이점들은 별로 큰 문제가 될 일이 없기 때문이다.

④ 성경에 대한 비판이 있을 수 있는가? 합리주의는 성경을 하나의 인간적인 작품으로 여겨 무제한으로 비판한다. 그것은 성경의 특수성, 곧 초자연성을 무시한 그릇된 행위이다. 그리고 체험주의는 성경을 계시에 대한 인간의 체험 문서로만 여기고 기독교 신자의 신앙(혹은 기독교신자의 의식)에 근거하여 그것을 비판한다. 이것은 결국 잘못된 주관주의로 기울어지는 것이다.

그러나 개혁파의 신학은 성경을 신적 요소와 인적 요소의 연합으로 본다. 거기 사용된 언어는 인적 요소에 속한다. 그것(인적요소) 때문에 학문적 연구가 용납되지만, 연구자는 그것이 성령의 인도하심으로 사용된 요소라고 믿고 그것을 변호하는 정신으로 연구한다. 그러므로 개혁파 신학은 하나님의 말씀 자체는 비판의 대상이 아니라고 생각한다.

(5) 신약 해석상 중요한 지식

성경을 해석하는 사람에게는 다음과 같은 몇 가지 중요한 지식이 있어야 된다.

1) 그는 교회 역사를 알아야 된다. 성경의 정경 문제에 대하여는 교회 역사와 많은 관련이 있다. 곧 교회 역사를 통해 진리에 대한 교회의 이해가 점점 발달된 사실을 알 수 있다. 뿐만 아니라 교회 역사적으로 기독교 고고학 발굴을 통해 드러난 증거들은 신약을 해석하는 데 적지 않은 도움을 준다. 그밖에도 신학적 지식이 필요한 것은 말할 것도 없다. 신학 과목은 그 어느 것이든 고립되어 있지 않고 서로 관련성을 가지고 있다.

2) 또한 그에게는 일반 과학적 지식도 필요하다. 예를 들면 어학, 철학, 심리학 등이다.

3) 이상의 모든 것보다 가장 필요한 것은 영적 지식이다. 성경 해석은 성령의 인도하심 없이 올바르게 할 수 없다.

4) 앞에서 말한 모든 지식과 함께 성경을 해석하는 사람은 본문비평을 할 줄 알아야 된다. 그것은 어떤 것인가? 여기서 논하려는 것은 본문비평의 내용을 자세히 말하는 것보다 그 성격에 대하여 고찰하고자 한다. 우리가 가지고 있는 성경 본문은 원저작자의 친서가 아니고, 그것에 대한 사본들에서 채택된 것이다. 사본들 중에는 간혹 오류가 있을 수 있으므로, 저작자의 원본을 회복하기 위한 본문비평이 필요하다.

① 본문비평의 재료. 본문비평의 재료는 주로 사본들이다. 그러나 고대 라틴어(Old Latin)와 고대 시리아어(Old Syrian) 같은 번역도 도움이 되는 재료들이다. 고대 라틴어 역본은 고대 시리아어 역본보다 가치가 적다. 그러나 일반적으로 그런 번역문들을 통하여 어떤 본문 내용이 그것이 번역될 당시에 사용되고 있었는지 알 수 있게 된다.

교부들의 인용문도 본문비평에 참고가 된다. 그러나 유감스럽게도 오늘날에는 그 인용문들의 원본이 없고, 다만 많이 변천된 형태로 다른 사람의 저서를 통하여 전해진 것들뿐이다.

그러면, 지금의 신약 본문은 확실한 원본이 되기에 부족한 것일까? 결코 그렇지 않다. 그 이유는, ⓐ 사본상 차이를 보이는 구절들은 별로 중요한 것들이 아니며, ⓑ 그 모든 차이점에서 어느 것이 오류인지 명백히 알려져 있으므로, 문제될 것이 없으며, ⓒ 그 모든 차이점이 교리상, 혹은 교훈상 차이까지 이어지지 않으며, ⓓ 어떤 차이점은 이단의 영향으로 일부러 잘못 베껴진 사실도 드러나 있기 때문이다. 그러므로 사본 학자들은 어려움 없이 그 차이점들을 보며 어느 것이 원본과 같은지를 쉽게 찾아낸다. ⓔ 우리가 성경 본문에 대하여 영적 관점으로 기억할 것도 있다. 곧 하나님께서 계시하신 말씀을 주신 후에 특별한 섭리로 그것을 훼손 없이 보존시키셨다는 사실이다. 신약성경은 세속 문학과 다르게 많은 사본을 가지고 있다. 그 이유는, 신약성경은 일반 신자들이 많이 베껴 읽었기 때문이다. 이처럼 많은 사본의 증거가 있기에 원본을 용이하게 찾을 수 있었다. 비록 결정하기 어려운 점에 대해서도 그 원본에서는 틀림이 없음을 우리가 확신하여야 한다. 이와 같이 신약에 대한 사본학은 세속 문학에 대한 것보다 더욱 특별하고 신학적인 과학이다. 우리가 알아야 할 것은, 성경을 읽는 중에 성경을 하나님의 말씀으로 믿게 되는 것은 오직 성령으로 말미암는다는 것이다. 다만 사본상 차이점에서 어느 것이 원본적인 것인가에 대하여는 과학적인 연구로 어느 정도 해결할 수 있다.

② 본문비평 방법. ⓐ 신약 본문비평은 세속 문학 비평과 어느 정도 비슷하지만, 앞에서 말한 것처럼 신학적 과학이라는 영적 요소를 가지고 있다. ⓑ 본문에 대한 모든 증거들(사본, 번역문, 인용문)을 모아야 하고 그것을 읽어야 된다. ⓒ 어떤 사본 문구의 가치를 정할 때에는 그 사본의 수량에 의지하면 안 된다. 그 이유는, 다수의 증거도 한 가지 본문에서 퍼져 나갔을 수 있기 때문이다. ⓓ 어떤 본문에 대하여는 사본들의 증거가 그 경중으로 볼 때 서로 비슷하다. 그럴 때 해석하는 사람은 자기의 주관대로 택할 수 있으나 반드

시 주의를 기울여야 한다.

(6) 해석 방법

1) 문법적, 역사적 해석과 심리적 해석

성경 해석은 한 가지 방법으로만 할 때 실패하기 쉽다. 그 이유는, 성경은 여러 가지 형태로 말씀을 계시하기 때문이다. 그러므로 우리는 성경을 해석할 때 여러 가지 방법을 고려한다. 그중 가장 중요한 방법은 문법적, 역사적 해석이며, 그것은 성경말씀에 대한 어학적 연구와 역사적 연구를 의미한다. 심리학적 해석이란 것도 있는데, 그것은 문법적, 역사적 해석에 부차적으로 작용하는 것이다.

① 문법적 해석이란 것은, 본문에 기록된 동사의 형태나 낱말의 위치 같은 것을 연구하는 방법으로, 해석하는 사람의 무리한 추측을 방지한다. 뿐만 아니라 문법적 해석은 저작자의 용어와 습관 같은 것을 올바르게 파악하도록 노력한다. 따라서 문법적으로 해석하는 사람은 본문의 문장 구조와 비유나 풍유 같은 것을 곧바로 간파하여 해석하기도 한다.

② 역사적 해석이란 것은, 그 본문이 관련되어 있는 시대나 환경의 요소를 찾아보는 방법이다. 따라서 이 해석에는 고고학이 중요한 참고자료가 된다. 그러나 이것은 성경을 하나의 역사로 보는 것이 아니고, 성경에 들어 있는 역사적 요소들을 바르게 이해하기 위하여 역사를 참조하는 것뿐이다. 이 점에 있어서 주의할 것은, 신약에 포함되어 있는 역사적 재료들을 세속 역사의 것보다 열등한 것으로 생각하지 말아야 된다는 것이다. 성경의 기록은 언제나 참되다.

③ 심리적 해석이란 것은, 본문에 나타나 있는 말씀이나 행위의 동기를 찾아보는 방법이다. 그러나 그 동기의 원인은 하나님의 계시 사역이라는 것을 잊지 말아야 한다. 만일 해석하는 사람이 그것을 잊고 심리적 해석 방법

을 취할 때에는 성경을 단순히 인간적인 작품으로만 취급하는 과오를 범하게 된다. 이 심리적 해석은 성경에 포함되어 있는 인간적 요소를 이해하는 데 사용된다. 그럼에도 이것이 중요한 이유는, 하나님께서 특별 계시를 하실 때 인간을 사용하셨기 때문이다. 이 인간적 요소를 통하여 성령께서 계시 사역을 하신 것이다. 어떤 때에는 하나님께서 인간을 사용하실 때 그들이 원하지 않는 방향으로 하시기도 하였다. 그러나 그런 때에도 하나님은 인간을 기계화하지 않으셨다. 이 점에 있어서 우리가 기억할 것은 하나님께서 인간을 사용하신 것이므로 인간은 단지 계시 사역에서 부속적인 역할을 한 것뿐이라는 사실이다. 그러므로 심리적 해석은 해석상 부속 역할을 할 뿐 전체에 통하는 것은 아니다.

2) 깊은 의미를 찾는 방법

역사적 문법적 해석이 되어 있다 하더라도, 해석하는 사람이 그 본문이 가지고 있는 근본 사상, 곧 종합적 의미를 찾기 전까지는 해석을 마친 것이 아니다. 이 근본 사상을 찾는 방법의 완전한 규칙을 세우기는 어렵다. 그 이유는, 성경은 여러 가지 형태로 기록되어 있기 때문이다. 이 근본적 의미를 찾기 위해서는 해석하는 방법을 사용하는 것뿐만 아니라 성경에 대한 생명 있는 교통과 성령의 조명하심을 받아야 한다.

지금까지 말한 몇 가지 해석 방법(문법적, 역사적)은 우리가 그릇된 방향으로 탈선하지 않도록 하는 데 도움이 될 뿐이다. 우리는 언제든지 문법적, 역사적 해석에 종합적 해석(Synthetic Exegesis)을 더하여 하나의 해석으로 생각해야 한다.

성경 해석의 실제적인 진행

① 우리는 성경 본문을 놓고 "이 부분이 나에게 지금 무엇을 계시해 주는

가?"라고 자문해야 한다. 곧 이 부분이 나와 교회와 현 세계의 상황에 대하여 무엇을 보여 주는 것인지 생각해야 된다. 그러나 이 점에 있어서 주관주의(Subjectivism)를 주의해야 한다. ② 우리는 또 "이 부분의 주요 사상이 무엇이며, 2차적으로 중요한 것이 무엇인가?"라고 자문해야 된다. ③ 우리는 성경 말씀을 생명의 말씀으로 여기고, 중요한 부분뿐 아니라 부속적인 부분들까지도 하나님의 말씀이라는 것을 기억해야 된다. ④ 우리는 어떤 본문을 연구할 때 추론적(推論的)으로 생각할 줄 알아야 된다. ⑤ 하나님의 말씀은 그리스도를 중심에 두기 때문에, 해석하는 사람은 그 본문이 그리스도와 어떤 관계가 있는 것인지 찾는 데 힘써야 한다. 이 점에 있어서 우리는 풍유의 남용을 피해야 된다. 사도 바울이 갈 4:21-31에서 역사적 사건을 가지고 풍유로 해석한 적이 있지만, 그것은 영감된 풍유적 해석이므로 특별하게 취급되어야 한다. 해석하는 사람은 성경에 기록된 역사를 원칙상 풍유로 간주해서는 안 된다. 어떤 사람은 깊은 뜻을 찾아보려고 풍유적 해석 방법을 취하는데, 그것은 잘못을 저지르는 것이다. 해석하는 사람이 그 당시에 깨닫지 못하는 말씀이 있으면 그 부분은 모르는 것으로 두고 기다리는 것이 합당하다. 그 이유는, 그 말씀은 개인에게만 주신 것이 아니라 모든 시대의 교회에 주신 것이기 때문이다. 해석하는 사람 자신이 그 당시에 찾지 못하는 깊은 뜻을 후대의 교회가 찾게 될 것이라고 기대하는 것이 좋다. ⑥ 성경에 기록된 사건들은 종종 보편적 교훈을 포함하고 있다. ⑦ 깊은 뜻을 찾기 위하여 문맥을 잘 살펴야 된다. 문맥이란 것은 앞에 기록된 말과 뒤에 기록된 말의 연결성을 의미한다. 그 문맥이 단순한 진행인지, 혹은 대조적 어법인지 주목해야 한다. ⑧ 해석하는 사람은 본문의 의미를 찾기 위하여 추측을 할 수도 있다. 곧 본문이 문자 그대로 어떤 뜻을 나타내지 못하는 경우에는 그 본문이 원본대로 기록되지 못하였을 수 있다고 여기며 그에 합당한 말을 추측할 수는 있다. 그러나 이러한 부분은 깊이 주의해야 된다. ⑨ 서신서는 비교적 권면과 강론으로 되어 있기 때문에 직접적으로 관련된 의미를 발견할 수 있다. 따라서 서신서에서는 복음서에서보다 종합적 의미를 찾는 것이 쉽다. 해석하는 사람은 이 부분에서 "이 서신의 수신자들은 무엇을 하였을까? 저작자는 거기에 어떻게 반응하였는가?"를 찾아야 한다. 이러한 점을 살피다 보면 종합적 의미가 쉽게 드러난다. ⑩ 예언적인 부분을 해석할 때에는 다음과 같은 몇 가지를 고려해야 된다. 예언은 역사와 달라서 시간적으로 산재한 여러 가지 사건을 하나의 사건으로 말하는 경우가 있다. 따라서 하나의 예언이 종종 여러 번 성취되기도 한다.

예언은 현재와 관련한 것들을 형태로 하여 표현된다. 다시 말해 예언은 현실의 재료를 가지고 미래를 말할 수밖에 없다. 따라서 그것은 은유로 기록된다. 뿐만 아니라 그것은 종종 시적으로, 또는 상징적으로 표현된다. 그러므로 해석하는 사람은 그와 같이 기록된 예언을 마치 현실의 역사인 것처럼 문자적으로 보지 말아야 한다. 만일 그렇게 예언을 잘못 본다면, 그것은 예언의 성격을 파괴시키는 것이다. 예언에 현실의 재료가 사용되는 이유는, 미래를 좀 더 실감 나게 설명하기 위해서다. 그래서 신약 예언에도 종종 구약의 재료를 사용한 일이 있다. 예언에서 종합적 의미를 찾으려고 하면, 그 성취가 어떠한 것인지를 찾는 것보다 거기 사용된 상징과 이름과 사건과 나라 이름과 사람의 이름 같은 것을 연구하여 그 의미를 찾아보는 것이 중요하다. 그리고 그 종합적 의미는 보이는 상징들 속에 감추어진 것이고, 상징 그대로가 아니라는 것을 우리가 기억해야 한다. 예를 들면 우리는 마태복음 24장에 있는 예언의 교훈을 예루살렘 멸망과 세계의 최후 종말로 나누어 생각하기 쉽다. 그렇게 할 경우에는 그 예언의 단일성을 파괴하는 것이 된다. 예루살렘 멸망에 대한 예언은 동시에 세계적 종말을 상징한다. 예언은 인간의 호기심을 만족시키기 위하여 주어진 것이 아니다. 그것은 우리에게 종말관적 사실을 보여 주는 동시에, 우리가 현재의 삶에서 종말관적 의식과 태도를 가지게 하려는 것이다.

VI. 요한계시록 해석 방법

본서를 해석하는 것에 관하여 다음과 같이 학자들의 의견이 갈린다.

1. 중복적 계시(Recapitulation)로 보는 해석

이 이론을 주장하는 학자들은 계시에서 앞에 있는 것과 뒤에 있는 것이 서로 다른 것을 말하는 것이 아니라 같은 것을 말한다고 이야기한다. 예를 들면, 대접 재앙은 나팔 재앙을 반복한 것뿐이라는 것이다. 그러나 우리가 보기에 이 계시들은 확실히 점진적인 성향을 보인다.

2. 동시대사 학파

이 학파는 계시록이 저자가 자기 당시에 이루어진, 또는 이루어지는 일을 자료로 하여 기록한 글이라고 한다. 이 학파에는 주로 합리론자들이 속한다. 그러나 계시록의 내용은 예언(계 1:3)이기 때문에 이 학파의 의견은 옳지 않다.

3. 교회사 학파

이 학파의 학자들은 계시록의 내용이 교회사에 나타나는 역사적 사건들(교회와 관련이 있는)에 대한 상징이라고 한다. 예를 들면, 6장에 기록된 여섯 인 계시의 내용은, 기독교를 국교로 정한 로마 황제 콘스탄티누스(Constantinus)의 혁신 정치를 가리킨다고 한다. 그러한 해석은 어느 정도 일리가 있다. 그러나 계시록의 내용이 교회사의 사건들로 완전히 다 성취되었다고 말하기는 어렵다.

4. 영해파

이 학파에서는 계시록의 내용을 역사적 사건들에 대한 예언으로 보지 않고 기독교 복음의 신령한 이치들을 상징한다고 본다. 이 견해를 전적으로 무시할 수는 없다. 그러나 계시록은 신령한 이치보다도 그리스도께서 재림하실 때까지 일어날 수밖에 없는 사건들을 계시한다.

5. 말단파(The Futurist System)

이 학파는 계시록의 내용이 주로 그리스도의 재림 직전과 직후에 일어날 사건들을 가리킨다고 하였다. 이 학파의 학자들은 너무 문자적 해석에 치우친다. 그들은 계시록에 있는 성전을 문자대로 예루살렘에 재건될 성전으로 보고, 이스라엘도 문자대로 유대 민족이라고 주장한다. 이와 같이 과도한 문자적 해석은 이 학파의 실수이다. 그러나 이 학파에서 계시록을 주로 그리스도의 재림 직전과 직후에 일어날 사건들에 대한 상징으로 보는 것은 바른 견해이다.

6. 우리의 입장

우리는 앞에 언급한 모든 해석 방법들 중 특히 말단파의 견해를 중요시하면서 교회사 학파나 영해파의 의견도 다소 참고해야 한다.

Ⅶ. 요한계시록에 있는 숫자가 상징하는 것

요한계시록에는 숫자로 상징한 것이 많다.

① "3"이란 숫자는 하나님의 완전성을 표시하는 수인 듯하다. 사 6:3을 보면 하나님을 찬송하면서 "거룩하다"라고 세 번 반복한다. 이는 하나님을 삼

위일체의 참된 신으로 찬송하는 것이다. 뿐만 아니라 그리스도께서 세 개의 직분(제사장, 왕, 선지자)을 가지신 사실도 뜻한다.

② "4"라는 숫자는 피조물 세계 전체를 가리킨다. 사 11:12에 "땅 사방"이란 말이 나온다. 계시록에도 만물이나 땅에 대하여 말할 때에 숫자 '4'가 사용되었다(계 7:1-2).

③ "7"이란 숫자는 인간에 대한 하나님의 관계가 완전하심을 표시한다. 그러므로 제7일은 안식의 상징이다(창 2:3). "일곱 영"(계 3:1)이란 말은 인간에게 행하시는 성령의 역사가 완전하심을 의미하는 칭호이다.

④ 7의 반수, 예를 들어 "삼 년 반"(혹은 3일 반, 세 때 반)은 완전성이 파괴되는 것, 곧 불안, 고통, 환난의 때를 상징한다.[10] 이 기간이 글자대로 3년 반일 수도 있지만, 정통 학자들 중에는 이것을 상징적 의미의 수로 간주하는 경우가 많다.

⑤ "12"라는 숫자는 하나님의 선택으로 말미암는 완전한 조직과 건설을 의미하며, 12사도와 144,000(12×12×1000)이 그 실제적인 예이다.

"6"이란 숫자는 12의 절반으로, 하나님의 선택이 아닌, 인간 중심의 노력, 건설, 조직 등을 상징한다. 6이 세 번 반복된 "666"은 적그리스도를 표시하는 것이다(계 13:18 참조).

Ⅷ. 그리스도께서 재림하실 날을 예측하는 해석은 옳지 않다

우리는 지식에서도 절제해야 한다(벧후 1:6). 인간은 무엇이나 다 알 수 있는 존재가 아니다. 특히 미래에 일어날 일들의 날짜와 시간은 하나님만 아시

10) 계 12:14. 단 7:25; 12:7; 눅 4:25; 약 5:17 참조.

는 것이므로, 인간이 상관할 바가 아니다. 그러므로 예수님께서 말씀하시기를 "그러나 그 날과 그 때는 아무도 모르나니 하늘의 천사들도, 아들도 모르고 오직 아버지만 아시느니라"(마 24:36) 하셨고, 또 말씀하시기를 "그러므로 깨어 있으라 어느 날에 너희 주가 임할는지 너희가 알지 못함이니라"(마 24:42)고 하셨다. 이 말씀에 따르면, 그리스도 신자들도 그리스도께서 재림하시는 정확한 시간과 날짜를 알 수 없다. 이와 비슷한 교리는 그리스도께서 승천하시기 전에 제자들의 물음에 답하신 말씀에도 나타나 있다. 곧 "때와 시기는 아버지께서 자기의 권한에 두셨으니 너희가 알 바 아니요"(행 1:7)라고 하신 말씀이다. 여기서 "너희가 알 바 아니요"란 말의 헬라어(οὐχ ὑμῶν ἐστιν γνῶναι)는 그것을 아는 것이 너희에게 속하지 않는다는 뜻이다.

Ⅸ. 정경이 아닌 계시문학의 성격

정경이 아닌 계시문학이란 것은 중간시대(신약과 구약의 중간)에 어떤 사람들이 과거의 유명한 성도들의 이름을 붙여서 펴낸 책들이며, 주로 다음과 같은 것들이다.

1. 에녹서(The Book of Enoch)

이것은 얼마 전에 아비시니아(Abyssinia)에서 발견된 책인데, 1821년에 처음 발간되었다. 이 책은 아담의 칠세 손, 에녹의 실화집이라고 불린다. 거기에는 에녹이 승천하여 하나님과 담화하였다는 이야기를 비롯하여 몇 가지 다른 이야기들이 있다. 그러나 이 책은 신뢰할 수 없다. 고대의 유대인 학자들도 이 책을 정통으로 보지 않았다.

2. 이사야 승천기(Ascension of Isaiah)

이 책에는 히스기야 왕이 임종할 때 그의 아들 므낫세에게 준 교훈과 므낫세가 훗날 이사야를 톱으로 켜서 죽였다는 이야기가 기록되어 있다. 그러나 이 책도 옛날부터 신임을 얻지 못하였다.

3. 기타 위경 문서들

에녹의 신비서,[11] 슬라브어 에녹서,[12] 희년서,[13] 모세 승천기,[14] 12족장의 유언,[15] 솔로몬의 시편,[16] 시빌라의 신탁,[17] 솔로몬의 송시,[18] 에스라2서,[19] 바룩서,[20] 시리아어 바룩서,[21] 아브라함의 묵시[22] 등이다. 이 책들은, ① 다 거짓된 책들이고 그 저자들도 전혀 알려지지 않았고, ② 고대 유대인 학자들이 이 책들을 정경으로 여기지 않았으며, ③ 이 책들 속에는 어리석은 말들도 많이 들어 있고, ④ 신약성경에 이 문서들의 문구가 인용된 것이 없다. 그러므로 이런 문서들은 정경에 들어 있는 요한계시록과 비교될 수 없다.

---

11) *The Book of the Secrets of Enoch.*
12) *Slavonic Book of Enoch.*
13) *Book of Jubilees.*
14) *Assumption of Moses.*
15) *Testaments of the Twelve Patriarchs.*
16) *The Psalms of Solomon.*
17) *The Sibyline Oracles.*
18) *The Odes of Solomon.*
19) *Second Esdras.*
20) *The Apocalyse of Baruch.*
21) *Syriac Apocalypse of Baruch.*
22) *The Apocalypse of Abraham.*

X. 성경 다른 부분에서 본 말세론

1. 그리스도의 재림 징조

1) 이방인에게 복음이 전파됨(마 24:14; 막 13:10; 롬 11:25).

2) 환난과 배교하는 일이 있음(마 24장; 눅 18:8; 살후 2:3).

3) 죄악의 사람이 나타남(살후 2:3).

2. 그리스도 재림의 광경과 목적

1) 그의 재림 시일은 인간이 알 수 없음(마 24:36).

2) 그의 재림은 구체적인 것, 곧 그의 부활하신 몸으로 오심이고, 단지 영적인 것이 아니며, 정신적인 것도 아님.[23)]

3) 그의 재림은 누구나 볼 수 있음.[24)]

4) 영광과 권세로 재림하심.[25)]

5) 재림하신 그리스도께서 죽었던 자들을 부활시키며 심판하심.[26)]

3. 그리스도 재림 후에 이루어지는 일

(1) 죽은 자들의 부활

1) 부활에 대한 성경적 증거는 구약과 신약에 많다. 구약에는, 욥 19:25-27; 시 49:15; 73:24-25; 잠 23:14; 사 26:19; 겔 37:14; 단 12:2 등에 있고, 신약에는, 요 5:29; 6:39-40, 54; 11:24-25; 14:3; 고전 15장; 고후

---

23) 마 24:44; 행 1:11; 고전 15:23; 빌 3:20; 골 3:4; 살전 2:19; 4:15-17; 딤후 4:8; 히 9:28.

24) 마 24:30; 26:64; 막 13:26; 눅 21:27; 행 1:11; 골 3:4; 딛 2:13; 히 9:28; 계 1:7.

25) 마 24:30; 살전 3:13; 4:16; 살후 1:7-10; 히 9:28; 계 19:11-16.

26) 마 13:49-50; 25:14-46; 눅 9:26; 19:11-27; 요 5:25-29; 행 17:31; 롬 2:3-16; 고전 4:5; 15:13; 고후 5:10; 빌 3:20-21; 살전 4:13-17; 살후 1:7-10; 2:7-8; 딤후 4:1, 8; 벧후 3:10-18; 유 1:14-15; 계 20:11-15; 22:12.

5:1-10; 살전 4:13-17; 계 20:4-6, 13과 기타 장절들에 있다.

2) 부활의 모습. ① 몸으로 부활하며(롬 8:23; 고전 6:14-20; 15:53). ② 신자들도 부활하고 악인들도 부활한다. 그러나 신자는 생명(영광)의 부활을 받고 악인은 심판(영벌)의 부활을 받는다(요 5:26-29). ③ 부활의 시기에 대하여 전천년설은 말하기를, 왕국이 시작될 때 신자들의 부활이 있고(계 20:1-6), 왕국 후에 악인들의 부활이 있다고 한다(계 20:12-13).

(2) 최후 심판

1) 심판을 오해한 학설. ① 슐라이어마허(Schleiermacher)는 심판에 대한 성경의 기록을 비유로 보고 세상과 교회의 분리를 상징한다고 하였다. 그러나 이것은 격변적이고 초자연적인 세계 심판에 대한 성경의 명백한 기록을 무시한 잘못된 학설이다. ② 쉴러(Schiller)은 심판에 대한 성경의 기록이 세계 역사의 자연 현상을 가리킨다고 하였다. 그러나 편견이 없는 사람이라면 성경의 심판 기록을 그렇게 볼 수 없다. 성경의 심판 기록은 역사 속의 흥망성쇠를 가리키는 것이 아니라, 역사를 끊어 새 세계를 가져오는 초자연적 사실을 가리킨다.

2) 심판자. 심판자는 그리스도이시다. 천사들은 수종들고, 성도들은 그리스도의 심판 행위에 동참한다.[27]

(3) 최후의 세계

1) 악인들이 갈 곳은 지옥이며, 성경에서 "풀무 불"이라고도 하고(마

---

27) 시 149:5-9; 마 13:41-42; 24:31; 25:31-32; 요 5:27; 행 10:42; 17:31; 고전 6:3; 빌 2:10; 딤후 4:1; 계 20:4.

13:42), "불못"이라고도 하였다(계 20:14-15; 21:8). ① 곳은 하나님의 은혜가 완전히 끊어진 곳이고, ② 죄의 결과로 인한 불안이 계속되는 곳이고, ③ 몸과 영혼이 함께 고통을 받는 곳이고, ④ 근심과 절망과 울음과 이를 가는 일이 있는 곳이며,[28] ⑤ 이 모든 고통이 영원한 곳이다(마 25:46).

2) 의인들이 가는 곳은 "새롭게 된 곳"(마 19:28)이라고도 하고, "만물의 회복"(행 3:21)이라고도 하고, "진동하지 아니하는 것"(히 12:27)이라고도 하고, "새 하늘과 새 땅"(벧후 3:13; 계 21:1)이라고도 하였다. ① 그곳은 장소이며 경계가 있는 곳이고,[29] ② 영생을 누리는 곳이다(계 21:3-6).

XI. 요한계시록의 내용분해

제1부. 서론(1:1-20)
제2부. 일곱 교회(2:1-3:22)
제3부 심판주와 심판 시행에 대한 계시자(4:1-5:14)
제4부. 일곱 번 인봉한 책을 엶(6:1-8:5)
제5부. 일곱 나팔 재앙(8:6-11:19)
제6부. 교회의 수난(12:1-13:18)
제7부. 성도 위안과 끝날 심판에 대한 예고(14:1-20)
제8부. 마지막 재앙(15:1- 19:10)
제9부. 그리스도의 재림과 심판(19:11-20:15)

---

28) 마 5:29-30; 11:22, 24; 18:8; 25:30; 막 9:43, 45, 47-48; 눅 13:28; 16:23-24, 28; 살후 1:9; 계 14:10-11 참조.
29) 마 22:11-13; 25:10-12; 요 14:2-4.

제 1 부
서론

계 1:1-20

제 1 장

내용분해

1. 계시록과 신자(1-3절)
2. 축도, 송영(4-6절)
3. 본서의 요지 선언(7-8절)
4. 계시자의 나타남(9-20절)

개요

1. 본서의 독자

본서는 특정 교직자를 대상으로 기록된 것이 아니라 일반 신자들을 위해 기록된 것이다. 이것은 세 가지로 증명된다. ① 본서 앞부분(계 1:1)에 "그 종들에게 보이시려고"란 말씀이 나온다. 여기서 "종들"이란 말(δούλοις)은 복수명사로 일반 신자들을 가리킨다. 그 말에 이어 사도 요한을 가리켜 "종"이라고 하였다고 해서 이 해석이 흔들릴 이유는 없다. 요한은 일반 신자들을

"형제"로 여기며(계 1:9) 자기를 일반 신자들의 계열에 나란히 두었다. ② 계 22:9을 보면 천사가 말하기를 "나는 너와 네 형제 선지자들과 또 이 두루마리의 말을 지키는 자들과 함께 된 종"이라고 하였다. 그 의미는 일반 신자들이나 천사들이나 요한, 그리고 선지자들이 모두 "종"이란 뜻이다. ③ 성경의 다른 부분에서도 일반 신자들을 하나님의 종들이라고 한다. 롬 6:22에는 일반 신자들이 "하나님께 종이 되었다"고 하였고, 고전 7:22에서는 부르심을 받아서 구원 얻은 자들(일반 신자들)을 "그리스도의 종"이라고도 하였다(엡 6:6; 벧전 2:16 참조).

서신서에서 바울이 자기를 가리켜 "그리스도의 종"(롬 1:1; 빌 1:1)이라고 하였는데, 그것은 그가 자기를 높이는 의미가 아니다. 다시 말하면, 그것은 그가 일반 신자들에 비하여 유난히 특별한 관계로 주님과 가깝다는 의미가 아니다. 그것은 그와 일반 신자들이 공통적으로[30] 주님께 봉사하고 순종하는 관계를 맺고 있음을 가리킨다. 그것은 그리스도의 속죄의 결과로 생긴 것이다. 한국 교계에서 신자들이 흔히 목사를 가리켜 "하나님의 종"이라고 말하는데, 마치 자신들은 하나님의 종이 아니고 목사만 하나님의 종인 것처럼 생각하면 안 된다. 일반 신자들도 죄의 종에서 해방되어 하나님의 것이 되었다(롬 6:20-22; 고전 6:19-20). 크레이다너스(S. Greijdanus)는 말하기를, 바울이 자기를 "그리스도의 종"이라고 한 것은 일반적인 의미(일반 신자들에게 적용될 만한 의미)로 그렇게 한 것이라고 하였다.[31]

2. 은혜와 평강을 축원함(4-6절)

여기서 말하는 "은혜와 평강"은 이 세상에 속한 것이 아니다. 만일 그것

---

30) Robert Hardane, *The Epistle to The Romans*, 1966, 16.

31) S. Greijdanus, *Kommentar Op Het Nieuwe Testament* VI, Romeinen, 1933, 52: δοῦλοςἸησοῦ X. is een neer akgeneen begrip.

이 이 세상에 속한 것이라면 그것을 축원하는 요한도 기복사상을 소유하였다는 잘못된 해석이 나온다. 현대의 기복사상은 사람들을 위하여 하나님께 "이 세상의 복"(돈, 건강, 형통, 장수 등)을 비는 것이다. 그러나 신약성경이 말하는 복은 주로 영적인 것이다. 하나님 아버지도 영이시고(요 4:24), 성령도 영이시고(계 1:4), 예수 그리스도의 나라도 영적인 것이다(마 26:53; 요 18:36). 그러므로 현세에서 하나님이 주시기 원하시는 복은 무엇보다 영적인 것이며, 영적인 것은 신자의 믿음이 자라나는 것, 그의 삶이 성화되는 것 등이다.

이런 복을 구할 때 그것이 실현되기 위한 완전한 배경이 있다. 그 배경은 첫째, 언제나 계시는 하나님(계 1:4), 둘째, 성령님(4절 끝), 셋째, 충성된 증인이신 예수 그리스도이시다(5절). 이와 같은 삼위일체께서 우리 신자들이 받을 복의 근원이시고 배경이시다.

참된 신자들은 그리스도께서 사랑하신다(5절 끝). 그러므로 이런 신자들은 복을 받을 자격이 있다. 우리 신자들은 그가 친히 세우신 그의 제사장들이다(6절. 벧전 2:9 참조). "누가 우리를 그리스도의 사랑에서 끊으리요"(롬 8:35). 우리 신자들을 사랑하시는 그는 살아 나셔서 "하늘과 땅의 모든 권세"를 받으신 분이시다(마 28:18). 그는 이 세상에 다시 오셔서 심판하실 만왕의 왕(세상 임금들의 머리)이시다. 그는 우리가 영원히 복을 받도록 보장해 주신다.

3. 장차 오실 주님(5절 하반-8절)

재림하실 주님은 신자들에게 생소한 분이 아니시고 그의 피로써 우리의 죄를 사해 주신 사랑하는 주님이시다. 그가 구름 위에 오신다. 본문 7절의 "구름을 타고" 오신다는 번역은 헬라어(μετὰ τῶν νεφελῶν)의 오역이다. 이것은 "구름 위로", 혹은 "구름 속으로" 오신다고 번역되어야 한다. 이러한 오역은 단 7:13에서도 마찬가지이다. 거기서도 "하늘 구름을 타고"로 번역되었다. 그러나 70인역(LXX)은 "구름 위에", 혹은 "구름 곁에"(ἐπὶ τῶν νεφελῶν)라고 하였다. 이것은 그의 영광과 권능의 장엄하심을 가리킨다. 이 세상 나라들은 바다로 비유되었는데(단 7:3), 여기서 구름(영광을 비유함)은 그와 대조적인 표현이다. 즉 이것은 약속의 성취로 오신다는 표지이다.

4. 교회 안에서 역사하시는 그리스도께서 오심(9-16절)

예수님께서는 지금 하나님 우편에 계시지만 성령님을 통해 교회 안에서 역사하신다(13-16절). 그는 교회의 대제사장이시고 또한 왕이시다. 신자들은 재림하실 그리스도를 생각할 때, 그는 끊임없이 신자들을 위해 기도해 주시고, 또 다스려 주시는 분이심을 기억해야 된다.

해석

1 예수 그리스도의 계시라 이는 하나님이 그에게 주사 반드시 속히 일어날 일들을 그 종들에게 보이시려고 그의 천사를 그 종 요한에게 보내어 알게 하신 것이라. 이것은 예수님께서 주신 계시라는 말씀이다. "계시"란 말의 헬라어('Αποκάλυψις)는 감추어졌던 것이 '열리어 나타난 것'을 의미한다(Lohmeyer). 이 세상 끝에 관한 일은 아무도 알 수 없지만 창조주께서 계시하여 주시면 알 수 있다. 오직 그에게만 알게 하는 권세가 있다. 옛날부터 철학이나 과학도 그것을 알지 못하였다. 하나님께서 정하신 일에 대한 그분의 권한을 이 세상의 그 무엇도 침범할 수 없다.

그런데 사도 요한에게 이 계시가 임하였다. 계시 받은 이가 사도이므로, 모든 신자들에게 그것의 효용이 미친다. 곧 그것은 선지자나 사도만을 위한 것이 아니라 온 교회의 공동의 유익을 위한 것이다. 그러므로 계시록을 읽는 사람은 그것이 사도에게 임한 것과 마찬가지로 자신에게도 임한 것임을 알아야 한다.

“반드시 속히 일어날 일.” 여기서 “반드시”란 말의 헬라어(δεῖ.는 예언 성취의 필연성을 가리킨다. 곧 로마이어(Lohmeyer)의 말과 같이, 하나님께서 정하신 대로 그것이 성취될 절대적 확실성을 가리킨다.[32] 요한계시록에 기록된 예언은 그대로 성취되지 않을 수 없는 불가항적인 실현성을 띠고 있다. 그러므로 그것을 믿는 자는 지혜 있는 자이다. “속히”라는 말(ἐν τάχει)을 크레이다너스(Greijdanus)는 ‘급히’(in hasty, 속도를 말하며, 그 기간이 짧은 것을 가리키지 않음)란 의미로 본다. 곧 하나님께서 우리의 구원을 완성하시기 위하여 그의 열심이 속히 모든 일을 성취해 가신다는 것이다(사 9:6-7 참조). 그는 이와 같이 간절한 열심으로 우리를 위하여 일하시지만, 좁고 미련한 우리의 마음에는 그것이 더디게 생각된다.

“알게 하신 것이라”. “알게 하신”이란 말(ἐσήμανεν)은 상징으로 표시하였다는 의미이다(Greijdanus). 그러므로 계시록은 문자적으로 해석하는 것보다 상징적으로 해석하는 것이 옳다. 그러한 상징이 계시록에 사용된 목적이 무엇인가? ① 귀 있는 자가 들을 수 있게 하려 함이다(계 2:7; 마 13:9). 곧 성령을 받아서 신령한 귀가 있는 하나님의 자녀들만 그것을 깨닫도록 하시려는 것이다. 그들에게는 미래의 일이 상징으로 표시될 때에 분명하게 깨달아지는 것이 많다. ② 진주같이 귀한 진리가 천하게 내던져지지 않고(마 7:6), 상징의 막으로 가려진 것은 간절히 사모하는 자만 깨닫도록 하시기 위함이다. 곧 진리를 사모하지 않는 자들에게는 그것을 숨기기 위해서다(마 13:10-11).

2 요한은 하나님의 말씀과 예수 그리스도의 증거 곧 자기가 본 것을 다 증언하였느니라. 여기서 세 가지 어구, 곧 “하나님의 말씀”, “예수 그리스도의 증거”, “자기가 본 것”은 동일한 내용을 다른 형식으로 표현한 것이다. 하나님의 말씀이

---

32) Gottes Plan sich erfüllt. Off. 8.

예수님으로 증거되었고, 그것이 사도 요한에게 보인 것이다. 즉 계시록의 내용은 주님의 "증거"에 관한 것이다.

3 이 예언의 말씀을 읽는 자와 듣는 자와 그 가운데에 기록한 것을 지키는 자는 복이 있나니 때가 가까움이라. 헬라어 원문에서 "읽는 자"(ὁ ἀναγινώσκων)라는 말은 단수로 기록하고, "듣는 자들"(οἱ ἀκούοντες) 또는 "지키는 자들"(τηροῦντες)은 복수로 기록한 목적은 무엇인가? 그것은 교회의 공석에서 한 사람이 성경을 읽고 회중은 듣고 있는 그 장면을 가리킴이다. 테오도르 찬(Theodor Zahn)은 이 부분에 대하여 2, 3세기 교회가 성경의 어느 책보다 요한계시록을 읽으면서 핍박 중에 위로받았던 사실을 지적하였다. 이것을 보면, 성경을 개인적으로 혼자 공부하는 것보다 교회적으로 함께 읽으며 풀어서 설교하는 것을 듣는 것이 원칙이고, 그렇게 할 때에 영감이 더욱 부요해진다.

"때가 가까움이라." 이 점에 근거하여 크레이다너스(Greijdanus)는, 계시록을 순전히 역사적으로 보는 학자들의 그릇된 것을 지적하였다. 그리고 그는 계시록을 가리켜 미구(未久)에 발생하기 시작할 일들과 세상 끝의 일들과 및 내세의 일들을 포함하는 예언(豫言)이라고 하였다. 이 견해는 글의 뜻에 적합하고 자연스럽다. 예언을 상고하고 지키는 자들이 복 있음은 예언이 그렇게 연구하는 자에게만 축복을 가져다주게끔 되어 있기 때문이다.

설교 때가 가까웠다(1-3절)

그리스도의 재림은 옛날 초기 교회 때부터 그의 종들이 가깝게 느끼고 있다.[33]

---

33) 빌 4:5; 살전 1:10; 4:16-17; 히 10:25, 37; 약 5:7-8.

1. 하나님의 기준에서 그러하다.

하나님께서 신자들에게 "거룩한 자가 되라"(벧전 1:15)고 하셨는데, 그 말씀은 그의 기준대로 거룩해야 함을 의미하신 것이다. 그가 아브라함을 갈대아 우르에서 불러내실 때도 400년 후에 이루어질 일을 생각하시고 그리하신 것이다(창 15:13-14). 하나님께서는 1,000년을 하루와 같이 보신다(벧후 3:8). 성경에서 주님의 재림이 가까웠다고 하는 말씀을 읽을 때 우리의 기준대로 생각하여 어떤 속단을 내리면 안 된다. 하나님께서 시간을 측량하시는 척도는 우리의 것보다 크고 길다. 우리는 그의 척도에 맞추어 살아야 한다. 그것이 신앙이다. 여호와 하나님의 원대하신 뜻을 믿고 순종하지 않는다면, 우리는 실족하고 탈선할 수밖에 없다. 선지자 이사야는 말하기를 "이는 내 생각이 너희의 생각과 다르며 내 길은 너희의 길과 다름이니라 여호와의 말씀이니라 이는 하늘이 땅보다 높음 같이 내 길은 너희의 길보다 높으며 내 생각은 너희의 생각보다 높음이니라"라고 하였다(사 55:8-9).

2. 신약 시대의 성격이 그러하다

예수님께서 말씀하시기를 "죽은 자들이 하나님의 아들의 음성을 들을 때가 오나니 곧 이 때라 듣는 자는 살아나리라"(요 5:25)라고 하셨다. 신약의 교훈은 이처럼 신약 시대를 말세로 보았고(히 1:2), 주님의 재림은 이 시대에 일어날 일이므로 매우 긴박한 것으로 나타나 있다(마 24:36-44; 살전 5:2-6; 벧후 3:8-10). 그러므로 현대의 칼빈주의 신학자 헤르만 리델보스(Ridderbos)는 종말관에서 주님의 초림과 재림을 분리하지 않고, 그 둘을 하나로 본다. 곧 주님의 초림 사역은 장차 나타날 그의 재림 사건의 선구자적인 것이므로, 그 둘은 하나로 묶어 생각해야 한다고 하였다. 리델보스는 이 점에 있어서 신약 계시를 바르게 보았다.[34] 우리는 신약 시대에 살고 있으므로 세상 끝날에 대하여 긴박성을 느껴야 한다. 그렇게 느끼는 것이 진리에 합당한 사색이다. 진리를 알았던 옛날의 사도들도 그렇게 느꼈다. 따라서 그들은 주님의 재림이 "가까웠다"고 하였다. 그것은 진리 그대로의 표현이다.

우리도 주님의 재림에 대하여 긴박성을 느끼며 살아가야 한다. 그렇게 하는 것이 진리에 부합한 삶이다. 머지않은 장래 어느 시각에 주님이 오실지는 하나님만 아신다. 다만 우리는 시대의 징조를 보며 그 속에서 살아가고 생각할 뿐이다. 시대의 징조는 세상 끝날의 모습을 보이고 있다.

3. 그리스도 신자의 책임 의식이 그러하다

딤전 6:15의 "기약이 이르면"이란 말은 재림 시기에 관하여 사용된 말이다. 신자는 그때를 지루하고 멀게 생각하지 않는다. 그는 재림하시는 주님 앞에서 그의 칭찬을 받기 위하여 자기의 불충함과 부족함을 탄식하면서 책임을 완수하는 데 전력한다. 그 책임은 천만 가지다. 따라서 그에게는 주님의 재림을 앞두고 시간적 여유가 없다. 책임 의식이 강한 사람에게는 시간처럼 빠른 것이 없다. 재림과 그의 현재의 삶 사이에는 가슴 뛰는 프로그램으로 꽉 차 있다. 그는 이 책임을 기쁘게 실행한다. 아브라함은 가나안에 와서 그 땅을 받지 못했고, 400년 후에 받게 될 것을 약속받았지만 조금도 지루하게 생각하지 않고 장막 생활을 하였다(창 15:13-18; 히 11:8-9).

주님의 재림을 긴박하게 느끼는 자는, ① 기도한다(벧전 4:7). ② 사랑한다(벧전 4:8). ③ 기뻐한다(빌 4:4). ④ 용서한다(빌 4:5). ⑤ 죄를 벗어 버린다(롬 13:11-14). ⑥ 세상의 것을 취할 때 그것이 정당한 것이라도 절제한다(고전 7:29-31). ⑦ 참는다(약 5:7).

---

34) Ridderbos, *De Komst van Het Koninkrijk* 참조.

4 요한은 아시아에 있는 일곱 교회에 편지하노니 이제도 계시고 전에도 계셨고 장차 오실 이와 그의 보좌 앞에 있는 일곱 영과. "일곱 교회." 아시아에는 일곱 교회 외에도 다른 교회들(골로새, 히에라폴리스, 막네시아, 드로아 등)이 있었는데, 왜 "일곱 교회"만을 언급하였을까? 아마도 저자 요한은 "일곱"이라는 수의 영적 의미를 생각한 것이 분명하다. "일곱"의 영적 의미는 거룩하고 완전한 것을 상징한다(Moffatt, Greijdanus). 그렇다면 "일곱 교회"는 각 시대의 모든 세계 교회를 대표한다. 카이퍼(A. Kuyper)도 이런 의미로 말하기를 "그리스도께서는 일곱 교회에서 일곱 가지의 교회 형편을 보신다. 이 일곱 가지 형편은 모든 시대와 모든 지방에 나타나지 않을 수 없다"고 하였다.[35]

"이제도 계시고 전에도 계셨고 장차 오실 이"(로 말미암아). 이 말씀의 헬라어(ἀπὸ ὁ ὢν καὶ ὁ ἦν καὶ ὁ ἐρχόμενος)에서 아포(ἀπὸ=말미암아)라는 전치사가 하나님 성호의 주격 명사(ὁ ὢν καὶ ὁ η=ν καὶ ὁ ἐρχόμενος) 앞에 놓인 것(아포는 소유격 명사 앞에 놓이는 전치사임에도 불구하고)이 파격적이다. 이 표현은 영원불변하시는 하나님 아버지의 고유명사를 침범하지 않으려는 경외에서 비롯된 것이다. 크레이다너스도 말하기를 "이런 문구는 부주의가 아니며 실수도 아니다. … 이것은 하나님의 불변성을 가리키기 위한 것이다."라고 하였다.[36] 이 성호는 구약의 여호와(יהוה, 영원 자존자)란 말의 뜻과 같은 의미이다(출 3:14 참조). 그러므로 이것은 하나님께서 그 택하신 백성에게 계약하신 대로 어김없이 구원을 성취하여 주신다는 뜻을 가진다(말 3:6).

"일곱 영과." 이것은 성령을 가리키는데 "일곱" 수로 말한 이유는, 스가랴 예언서에 이미 성령을 여호와의 "일곱 눈"으로 비유했기 때문이다(슥 3:9; 계 5:6). 일곱 수는 완전성을 상징하는데 성령의 위격은 단일하시지만 그의 속

---

35) A. Kuyper, *The Revelation of St. John*, 42.

36) Greijdanus, *Kommentaar Op Het Nieuwe Testament, XIV*, Openbaring, 1925, 14.

성과 권능은 완전하시다는 의미이다. 반 데르 묄렌(Van Der Meulen)도 "일곱 영"이란 뜻은 그리스도로 말미암아 완전수의 은사들을 부어주시는 하나님의 신을 가리킨다(사 11:2)고 하였다.[37] 이 성령께서 "보좌 앞에" 계시다는 것은 그가 아버지 하나님의 왕적 권위와 능력과 기타 모든 속성을 그대로 나타내시는 사역자라는 의미이다. 크레이다너스는 이 점에서 성막의 구조를 연상하였다. 곧 "보좌"는 지성소에 해당되고, "일곱 영"은 성소(성소 앞)에 있는 일곱 등에 해당되며, 다음 절의 "그리스도"는 속죄자이시므로, 제단에 해당된다고 하였다(출 40:1-6 참조).[38]

5 또 충성된 증인으로 죽은 자들 가운데에서 먼저 나시고 땅의 임금들의 머리가 되신 예수 그리스도로 말미암아 은혜와 평강이 너희에게 있기를 원하노라 우리를 사랑하사 그의 피로 우리 죄에서 우리를 해방하시고. 이 구절은 예수 그리스도의 세 가지 직분, 곧 선지자(충성된 증인), 제사장(죽었던 자), 왕(먼저 나시고 땅의 임금들의 머리)을 가리켜 말한다. 그중에도 "충성된 증인"이란 문구는 예수 그리스도께서 그의 일생을 통하여 겪으신 고초와 마침내 죽으심으로 무지몽매한 인류에게 하나님을 알리는 일을 하신 것을 가리킨다.[39] 예수 그리스도를 아는 것만이 하나님을 아는 유일한 길이다(요 14:6). 누구든지 예수 그리스도를 믿으면 하나님이 살아 계시다는 것과 그분이 어떠한 분이신지를 알게 된다. 인간은 자기의 지능으로 하나님을 알 수 없다. 그 이유는 죄로 인하여 어두워졌기 때문이다(고전 1:21).

"죽은 자들 가운데에서 먼저 나시고." 이 문구의 헬라어(ὁ πρωτότοκος τῶν νεκρῶν)는 "죽은 자들 중에서 먼저 난 자"라고 개역하는 것이 적합하다. 그렇

37) Van Der Meulen, De Openbaring in Het Laatste Bijbel-boek, 38-39.

38) Greijdanus, *Kommentaar Op Het Nieuwe Testament, XIV*, Openbaring, 16.

39) 마 11:27; 요 1:18; 14:6; 18:37; 딤전 6:13.

다면 그 의미는 '모든 죽은 자들 중에서 가장 먼저 부활하신 분'이란 것이다. 그가 먼저 그의 백성을 위하여 죽음을 이기셨기 때문에 그의 백성들은 그의 공로로 말미암아 부활의 영광에 들어가게 된다. 크레이다너스는 말하기를 "먼저 난 자"란 헬라어(ὁ πρωτότοκος.는 시간적으로 맨 처음을 의미하는 동시에, 부활 권세(자기와 모든 신자들을 위하여 사망을 이기는 권세)를 소유한 것(계 1:18)을 가리킨다(Openb. p. 16). 예수님 이전에 죽었다가 다시 산 자들이 없지 않으나, 예수님처럼 다시 죽지 않는 몸으로 부활한 자는 이때까지 한 사람도 없다.

"땅의 임금들의 머리." 이것은 "땅의 왕들의 통치자"라는 뜻이다. 그리스도의 죽으셨다가 다시 살아나심은, 그로 하여금 교회의 왕이 되시게 함과 온 인류의 왕 되심을 성립시켰다(롬 14:9). 사탄은 그리스도로 하여금 범죄하게 하여 천하만국을 받도록 유혹하려 하였으나(마 4:8-11), 그리스도는 자기의 죽으심으로 그것(천하만국)을 얻으셨다(계 19:12, 16). 그가 만왕의 왕이시기 때문에 신자들의 부활과 구원을 이루신다(요 3:35-36; 빌 3:21). 여기서 그리스도를 만왕의 왕으로 보는 것은, 예수 그리스도의 종말관적 지위를 바라봄이다. 그의 종말관적 임재는 그 구체적 통치를 특색으로 한다고도 볼 수 있다. 그러나 우리가 주의해야 될 것이 있으니, 곧 그것이 그 방식과 형태에 있어서 이 세상에 속한 것도 아니거니와 섭리적인 것도 아니고 초자연적인 것이라는 것이다(계 11:17 참조).

"우리를 사랑하사." 여기서 "사랑하사"(ἀγαπῶντι)란 말은 현재사이므로 언제나(과거뿐 아니라 현재에도) 그 백성을 사랑하신다는 뜻이다. 사랑은 속죄의 기본이다. 사랑이 없는 곳에는 참된 희생이 없다. 죄인인 우리를 대신하여 죽으신 그리스도의 죽으심은 사랑의 극치이다.

"그의 피로." "피"는 생명과 같으며(창 9:4; 레 17:11, 14; 신 12:23), 죗값은 오직 "피", 곧 생명의 희생으로만 성립된다. 다시 말하면, 우리의 죗값은 피로만

치를 수 있다(창 9:4; 히 9:22). 그리스도의 피는 하나님의 아들의 "피"이므로, 그 많은 택한 백성들의 죗값을 전부 담당하고도 무한히 남는다. "피"란 말은 성경에 총 700번 나온다. 하나님은 그리스도의 피 외에는 우리를 구원하실 길이 없다는 것을 이처럼 힘 있게 약속하셨다. 따라서 우리는 그리스도의 피를 그만큼 힘 있게 믿어야 된다.

바울은 신자들을 속죄하여 주시는 그리스도의 보혈을 힘 있게 믿으며 말하기를 "내가 너희 중에서 예수 그리스도와 그가 십자가에 못 박히신 것 외에는 아무 것도 알지 아니하기로 작정하였음이라"(고전 2:2)고 하였다. 루터(Luther)는 말하기를 "하나님의 아들께서 나를 사랑하여 자기 자신을 나에게 주셨으니, 그것은 율법과 인간의 의로운 행위에 대한 뇌성벽력과 같은 반대이다. 만일 네가 하나님의 아들을 비교할 수 없는 보화로 여긴다면 네 모든 종교 의식과 행위와 공로는 지옥으로 던져라. 그 이유는 네가 하나님 아들의 죽음 말고는 하나님의 진노를 멈추어 그분과 화해하는 길이 없다고 생각하기 때문이다"라고 하였다.

"해방하시고." 이 말의 헬라어(λύσαντι)는 알레프 사본(א)과 알렉산드리아 사본(A)의 어구이고, 어떤 사본(R, Q)에는 "씻으시고"(λουσαντι)로 되어 있다. 크레이다너스(Greijdanus)와 모팻(Moffatt) 등은 앞의 것을 택하였다. 죄란 것은 우리를 멸망의 형벌에 묶어 놓는 줄인데, 그리스도께서는 그의 죽으심으로(그의 피로) 이 무서운 줄을 끊으시고 멸망의 형벌에서 우리를 해방하셨다. 이 은혜를 받은 그리스도 신자들은 예수 그리스도의 보혈의 공로를 찬송할 수밖에 없다.

6 그의 아버지 하나님을 위하여 우리를 나라와 제사장으로 삼으신 그에게 영광과 능력이 세세토록 있기를 원하노라 아멘. "아버지 하나님을 위하여." 그리스도의 구원 사역의 유익은 가장 먼저 신자들에게 미치지만 그것의 최종 목적은 하나님을 영화롭게 하는 것이다(엡 1:6; 계 22:3). 하나님께서 우리를 구원하신 목적은

자기를 알고 또 섬기게 하려는 것인데(엡 1:5-6), 그리스도께서 그의 구원사역으로 이를 이루신 것이다.

"나라와 제사장"이라는 말(βασιλείαν, ἱερεῖς)의 뜻은 '나라, 곧 제사장들'이다. 이 말은 그리스도 신자들을 가리킨다. 그들은 무질서하고 개별적인 제사장들의 무리가 아니라, 그리스도를 왕으로 모신, 질서 있고 평화로운 공동체로서의 제사장들을 가리킨다. 땅 위의 교회들은 질서와 평화를 생명같이 여겨야 한다. 이는 출 19:6의 예언의 궁극적인 성취이다.[40] 모든 신자들은 다 함께 하나님을 섬기는 "제사장들"이므로, 그들은 왕(그리스도)의 말씀(선지자와 사도들의 증언, 곧 성경)을 엄수하여 영적 질서를 세워야 된다.

베크위드(Beckwith)에 의하면, 여기 "나라와 제사장"이란 문구는, 신자들이 내세에서 왕 됨과 겸하여 제사장 됨을 가리킨다고 한다(The kingship of God's people in the Messianic kingdom is another aspect of their priesthood. The Apocalypse of John, 430).

7 **볼지어다 그가 구름을 타고 오시리라 각 사람의 눈이 그를 보겠고 그를 찌른 자들도 볼 것이요 땅에 있는 모든 족속이 그로 말미암아 애곡하리니 그러하리라 아멘**. 앞의 4절에서는 성부이신 하나님을 가리켜 "장차 오실 이"라 하고, 이 구절에서는 그리스도께서 "그가 구름을 타고 오시리라"고 한다. 요한은 그리스도의 활동을 하나님 아버지의 활동과 동일시하였다. 이는 물론 하나님의 위격과 동일시한 것이 아니라 그의 신성에 대하여 그리한 것이다. 크레이다너스는 이 점을 선한 의미로 이해하고 해명하였다.

"구름"은 무엇을 상징하는가? 문자적으로 자연계의 구름인가? 크레이다너스는 이것을 하나님의 영광이 가시적으로 나타나는 하나의 형태라고 하였다(출 13:21; 14:19 참조). 그렇다면 이 해석대로 "구름"은 보통 구름이 아니라

---

40) 계 5:10; 7:15; 20:6; 21:8. 롬 12:1; 히 13:15; 벧전 2:5 참조.

기이한 구름일 것이다. 모세가 미디안 광야에서 가시덤불에 붙은 불을 보았는데 그 불은 자연계의 불이 아니었다. 그 불이 가시덤불에 붙었으나 가시덤불이 타지 않았던 기이한 불이었던 것처럼, 여기서 말하는 "구름"도 그와 같이 기이한 구름이 아닐까(행 1:9-11 참조). 그러나 이 구름을 문자적으로 자연계의 것으로 해석하여도 틀리지 않는다(Lange). 그가 승천하실 때에는 구름이 그를 가린 일도 있었고(행 1:9). 그가 다시 오실 때에는 그와 같은 모양으로 오실 것이라고 하였다(행 1:10).

그런데 여기서 "구름을 타고"라고 번역된 헬라어(μετὰ τῶν νεφελῶν)에는 '탄다'는 뜻이 없다. 따라서 이 문구는 "구름과 함께"(with clouds)라고 번역되어야 한다(King James Version). 만일 계시록의 저자 사도 요한이 여기서 '탄다'는 뜻을 생각하였다면 '탄다'는 말을 넣었을 것이다. 실제로 다른 곳(계 6:2; 19:11)에서는 '탄다'는 동사(κάθημαι)를 사용하였다(계 17:3 참조). 마 26:64에 보면, 예수님께서 그의 재림에 대하여 말씀하실 때에도 "구름 위에"(ἐπὶ τῶν νεφελῶν)란 말을 사용하셨다. 한글 성경은 여기서도 구름을 "타고"로 번역되어 있는데 헬라 원문에는 '탄다'는 말(κάθημαι)은 없다. 그러므로 이 문구는 주님께서 구름을 타고 오신다는 것이 아니고 "구름과 함께" 오신다는 것이다. 이것은 그리스도께서 하나님으로 오시는 광경을 가리킨다. 구약 시대에 여호와께서 그 백성에게 임하실 때에 구름과 함께하셨다.[41]

"각 사람의 눈이 그를 보겠고." 주님의 종말적 재림은 조금도 숨겨지지 않고 누구나 볼 수 있도록 오신다. 어떻게 그렇게 되는지는 우리가 예측하기 어렵다. 그것이 초자연적인 일에 속하는 한, 우리의 자연적인 지식으로 예측할 수 없는 것이 오히려 타당하다.

"그를 찌른 자들도 볼 것이요." 슥 12:10; 요 19:34; 20:25, 27 참조. "그를

---

41) 출 40:34; 레 16:2; 왕상 8:10; 대하 5:13. 살전 4:17 참조.

찌른 자들"은 누구인가? 그들은 그를 십자가에 못 박은 자들이며, 그의 옆구리를 창으로 "찌른 자들"이다. 그러나 여기서는 주님을 박해하는 자들에게 대한 통칭이다. 그리스도께서 처음 오셨을 때에는 그를 주님으로 알아보지 못한 자들이 많았다. 그러나 그가 다시 오실 때에는 악한 원수들도 그가 하나님이심을 알게 된다. 모팻은 "그를 찌른 자"란 말이 유대 민족을 가리킨다고 하였지만, 적합한 해석이 아니다.

"그로 말미암아 애곡하리니." 그들이 "애곡"하는 이유는, 재림하신 주님께 받을 무서운 심판을 두려워하기 때문이다(마 8:12).

"그러하리라 아멘." 여기서 "그러하리라"란 말의 헬라어 나이(ναί)는 '예'(참되다는 뜻)라는 뜻으로, 그다음 말인 "아멘"(אָמֵן)에 해당한다. 이 점에서 크레이다너스는 말하기를 "요한은 여기서 그리스도의 종말적 재림의 확실성에 대하여 두 나라 말로 거듭 표시한 것이다. 이처럼 그가 이중으로 반복 표시한 이유는, 주님의 종말적 재림이 그 약속하신 대로 불변할 것을 강조하려는 까닭이다."라고 하였다.

8 주 하나님이 이르시되 나는 알파와 오메가라 이제도 있고 전에도 있었고 장차 올 자요 전능한 자라 하시더라. 이 구절도 앞절에서 말한 주님의 종말적 재림을 확실하게 알리는 것이며, 이는 하나님의 성호로 표시된다. 하나님의 성호의 의미가 이미 그의 재림을 나타낸 것이다. 다시 말하면, 하나님의 성호는 그 본질의 표시이므로 그의 종말적 재림이 필연적으로 포함된 것이다. 크레이다너스는 말하기를 "그의 본질을 좇아 그의 행사들이 나온다."라고 하였다.

"알파와 오메가." 이것은 헬라어 문자의 첫 자인 알파(A)와 끝 자인 오메가(W)를 가리킨다. 하나님은 모든 것을 시작하신 신이시고 또한 바로 잡고 결말을 맺으시는 신이라는 뜻이 이 성호에 내포되어 있다. 다시 말하면, 그는 창조자이시고 또한 심판자이시다.

"이제도 있고 전에도 있었고 장차 올 자요." 이 성호는 4절에도 있는데,

출 3:14의 "영원 자존자"란 말의 히브리 원어 여호와(יהוה)의 해설적 번역인 것이 분명하다(Greijdanus). "영원 자존자"의 의미는 '창조되지 않고 스스로 존재하며, 영원불변하시고, 만사 만물을 그 기쁘신 뜻대로 주관하시며, 또 때가 이르면 그것들을 임의로 심판하사 정리하시는 이'라는 뜻을 가진다. 이 해설적 번역에서 "장차 있을 자"라고 하지 않고 "장차 올 자"라고 의역하여 옮긴 것은, 여호와(יְהוָה란 성호가 포함한 재림의 뜻을 의식적으로 드러내는 것이다.

"전능한 자." 이 성호(παντοκράτωρ)도 재림하실 주님이 지니실 수밖에 없는 속성을 보여 주는 말씀이다. 우주 만물을 바로 잡으시고 온전케 하실 주님께 무엇이든 불가능한 일이 없다.

9 나 요한은 너희 형제요 예수의 환난과 나라와 참음에 동참하는 자라 하나님의 말씀과 예수를 증언하였음으로 말미암아 밧모라 하는 섬에 있었더니. 여기서 "형제"란 말과 "동참하는 자"란 말은 헬라 원문에서 한 관사에 속하여(ὁ ἀδελφὸς ὑμῶν καὶ συγκοινωνὸς) 서로 밀접한 관계를 가진다. 그것은 "형제"이므로 "환난과 나라와 참음"에 동참하게 된다는 인과 관계를 암시한다. 여기서 요한이 자기의 직명(사도 혹은 선지자)을 기입하지 않은 것에 대하여 이상히 여길 필요가 없다. 그는 계시록을 기록함에 있어서 당연히 사도의 권위로 하나님의 말씀을 교회에 전한다. 동시에 그는 자신이 교회와 함께 고난과 영광에 동참하는 형제라는 것을 강조하면서 계시록을 기록한 것이다(마 23:8 참조).

"예수의 환난과 나라와 참음." 이 문구에서 "예수의"란 말은 "환난", "나라", "참음"(ἐν τῇ θλίψει καὶ βασιλείᾳ καὶ ὑπουονῇ)라는 세 단어에 공통적으로 연결된다. 따라서 이것은 '예수의 환난', '예수의 나라', '예수의 참음'을 의미한다. "예수의"란 말(ἐν Ἰησοῦ)은, "예수 안에"란 말이다. 그러므로 "예수 안에 환난과 나라"는, 예수님과 연합하여 참여할 환난과 천국이고, "예수 안에 참음"은, 예수님께서 본으로 보여 주시고 또 힘 주시어 참게 하시는 참음이다

(Moffatt). 또한 환난은 나라에 이르는 길이고(행 14:22), 참음은 그 길을 걷게 하는 힘이다(히 12:1).

"하나님의 말씀과 예수를 증언하였으므로." 2절 해석 참조. 요한은 하나님의 말씀, 곧 복음을 위하여 핍박을 받아 밧모섬으로 추방된 것이다. "밧모"는 작은 섬 이름인데, 에베소에서 14시간 쯤 항해하여 도착할 수 있는 곳이다. 그 당시에는 이 섬에 범죄자들을 많이 유배시켰다고 한다(Moffatt).

"밧모라 하는 섬에 있었더니." 그때에 요한이 밧모섬에 가게 된 것은 무엇 때문이었을까? 이 문제에 대하여는 몇 가지 학설이 있다. 즉 ① 사도 요한이 밧모섬에 전도하러 갔다는 학설. 그러나 밧모는 불모의 땅이므로 이러한 해석은 적합하지 않다. ② 주님의 계시(계시록)를 받기 위하여 밧모에 갔다는 학설.[42] ③ 핍박을 피하여 그곳에 갔다는 학설. 이것은 계시록의 성격과 맞지 않는다(J. Moffatt). ④ 복음을 위하여 핍박을 받아 밧모섬으로 추방되었다는 학설 등이다. 특별히 "하나님의 말씀과 예수를 증언하였으므로"란 문구가 그런 뜻을 생각하게 한다(계 6:9; 20:4 참조). 전해 내려오는 믿을 만한 학설들도 이 학설을 지지한다.[43]

설교 예수의 환난과 예수의 나라(9절)

본문에서 "예수의 환난"이란 말은 예수님을 따르는 자들이 반드시 환난을 당하기 때문에 나온 말이다. 뿐만 아니라 누구든지 이 환난을 받을 때 분명하게 예수님을 만나기 때문에 "예수의 환난"이라고 한다. 신앙의 열매를 맺기에 좋은 환경은 환난이 있는 곳이다. 그렇다면 "예수의 환난과 예수의 나

42) Bleek, Lücke, Düsterdiek, Hausrath, B. Weiss, Baljon.

43) Tertull. Dr Praescr. Clement of Alexandria, qui. dives. 42; Origenes, In Matth.

라"가 어떤 연관성이 있는 것인가?

1. 인간은 고생을 통하여 예수의 나라에 가까워진다

시 119:67에 말하기를 "고난당하기 전에는 내가 그릇 행하였더니 이제는 주의 말씀을 지키나이다"라고 하였고, 시 119:69-72에는 말하기를 "교만한 자들이 거짓을 지어 나를 치려 하였사오나 나는 전심으로 주의 법도들을 지키리이다 그들의 마음은 살져서 기름덩이 같으나 나는 주의 법을 즐거워하나이다 고난당한 것이 내게 유익이라 이로 말미암아 내가 주의 율례들을 배우게 되었나이다 주의 입의 법이 내게는 천천 금은보다 좋으니이다"라고 하였다. 스펄전(Spurgeon)은 성경을 바르게 해석하여 말하기를 "평안은 곤고함보다 우리에게 더 힘 있는 시험거리가 된다. 여름날 한 시간의 일광이 긴 겨울날의 종일보다 물건을 더 부패시킨다"고 하였다.[44] 또한 성 베르나르두스(Bernard)는 "주여 나에게 노하소서"(Irascaris mihi Domine)라고 기도하였다. 인간은 양과 같이 미련하다. 양은 날씨가 좋으면 각처로 흩어져 길을 잃어버린다. 그러나 비가 오고 바람이 불면 집으로 찾아온다. 이와 같이 신자도 고난을 받아야 주님께로 돌아온다. 인간은 곤고함을 당해야 선행을 하고 또 선한 능력을 발휘한다. 이는 마치 바람이 많이 부는 산꼭대기에 아름다운 꽃들이 많은 것과 같다.

2. 환난을 이긴 결과로 천국의 평안을 얻는다

우리는 천하만사에서 고통 없이 평화가 오는 것을 보지 못한다. 러스킨(Ruskin)은 말하기를 "평화는 운명의 산물이 아니다. 우리를 위하여 기다리

---

44) Spurgeon, Prosperity is a more refined and severe test of character. An hour of the summer produces greater corruption than the longest winter day

고 있는 것이 아니다. 우리는 죄와 수치를 정복함으로써 그것을 얻는다. 압제자와 부패하게 하는 것을 이김으로써 얻는다."라고 하였다. 이것은 성경의 교훈을 바르게 해석한 말이다.

3. 환난 중에 신앙을 지키면 천국의 예수님을 만난다

스펄전은 성경을 바르게 해석하여 말하기를 "우리는 여섯 번 도와주신 하나님을 아는데 일곱 번째 만나는 환난이 왜 두렵겠는가! 그가 일곱 번째 환난에서는 우리를 버리시겠는가?"[45]라고 하였다.

루터가 보름스 회의에 참석하러 갈 때에 그를 호위하도록 도와준 슈팔라틴(Spalatin)이란 관원이 있었는데, 그가 루터에게 사람을 보내어 지금 보름스 시는 위험하니 들어가지 말라고 하였다. 그때에 루터는 대답하기를 "스팔라틴 씨에게 마귀가 보름스 시 가옥들의 기왓장만큼 많을지라도 나는 거기 들어간다고 말하라"고 하였다. 또한 그는 임종할 때에 "나는 아무것도 두려워하지 않았노라."라는 말을 남겼다. 이와 같이 우리는 환난을 참아야 된다.

10 주의 날에 내가 성령에 감동되어 내 뒤에서 나는 나팔 소리 같은 큰 음성을 들으니. "주의 날"이란 말(κυριακῇ ἡμέρᾳ)은 여기에만 한 번 나온다. 사도 시대 이후에는 이 말이 많이 사용되어 이그나티오스의 마그네시아 서신에서는 "안식일을 지키지 않고 주일을 지킬 것이라"(ad. Mag. 9:1)고 하였고, '베드로의 복음'이란 글에는 "주일이 밝아오매"라고 하였다. 사도 시대에도 제8일을 성일(聖日)로 지킨 증거가 있는데, 7일 중 "첫날"에 연보한 사실(고전 16:2)과 성찬을 거행한 사실(행 20:7) 등이다. 사도 요한이 주님을 경배하는 날, 곧 "주의 날"에 계시를 받았으니, 은혜를 받을 수 있는 날에 있었던 적합한 사건이다.

---

45) Spurgeon, It is not to be imagined that he who helped us in six troubles will leave us in the seventh.

"성령에 감동되어." 이 말(ἐγενόμην ἐν πνεύματι)의 의미는 '성령 안에 있었다'는 것이다. 로마이어(Lohmeyer)는 "이것은 성령 안에 있다는(롬 8:9) 관습적 상태가 아니고, 일반적 입신도 아니다. 황홀한 영적 세계에 옮겨진 것을 말한다"(계 4:1; 고후 12:1)고 하였다. 그러나 이때의 요한은 잠들었던 것이 아니고, 정신을 잃은 혼수상태에 빠진 것도 아니며, 도리어 그의 정신이 똑똑하여 자주적인 의식을 가지고 있었던 것이 분명하다(Greijdanus).

"나팔 소리 같은." 사도 요한이 들은 것은 "나팔 소리 같은" 것이지 "나팔 소리"는 아니었다. 옛날에는 백성들을 깨워서 부를 때 나팔을 사용했다(민 10:2). 그러므로 이 "소리"는 깨우는 영적 음성인 것이 분명하다.

설교 사도 요한이 받은 영감의 형태(10절)

계 1:10의 "내가 성령에 감동되어"란 말의 문자적인 해석은 "내가 성령 안에 있어서"이다. 그것은 사도 요한 전체가 성령의 감동 속에 있는 것을 의미한다. 이 세상에는 영감을 받는 자가 자의식을 완전히 잃고 착각으로 받는 거짓 영감이 많다. 성경에 있는 영감 대부분은 성령의 감동이지만, 인간의 의식이 멈추는 것을 필수 요건으로 하지 않는다. 사무엘은 하나님이 부르시는 음성을 듣고 엘리가 부르는 줄 알고 그를 찾아갔다. 그것은 그가 계시를 받을 당시 외부 세계에 대한 의식이 정상적이었음을 증거한다. 바울이 삼층천에 갔던 경험은 그가 자의식을 잃고 신비적 상태(입신)에 빠졌던 것처럼 보인다. 그러나 그것은 그가 그 계시를 보는 동안 그의 분별력이 부족하였다는 것뿐이다. 그가 분별하려는 노력을 안 했거나, 자의식이 없었다는 것이 아니다. 그는 그때의 체험에 관하여 말하기를 "몸 안에 있었는지 몸 밖에 있었는지 나는 모르거니와"(고후 12:2)라고 하였다. 이것은 그의 의식이 순전히 꿈꾸는 상태처럼 피동적이었다는 말이 아니다. 그는 삼층천에 가서 "말로 표현할 수 없는 말을 들었으니"라고 표현한 것은 그가 그때에 기계적인 인식을 가졌던 것이 아니라, 스스로에 대해 판단할 수 있는 능동적 의식을 가졌다는 증표이다. 불건전한 신비주의자들은 말하기를, 신비적 체험을 하는 사람은 그 당시의 의식이 온전히 수동적으로 바뀌어 의식의 자주성을 잃고, 신과 인간이 화합하는 묘한 경지에 들어가서 취하는 것처럼 된다고 주장한다.

테레사(St. Teresa) 수녀는 종종 5-6시간을 죽은 듯한 상태에 빠졌었고, 신우파(Friends of God)의 엘리나(Ellina)는, 신비 체험에 들어가서 7년 동안 벙어리로 있다가 마지막 5일간 환각에 빠졌다가 깨어났고, 선다싱은 어느 날 나무 아래에서 입신했다가 깨었는데, 깨어나서 보니 벌들에게 쏘여서 몸이 퉁퉁 부어 있었다고 한다. 또 그는 어떤 교회의 오전 8시 기도회를 인도하기로 약속했었는데, 그날 새벽 5시부터 기도하던 중에 입신하여 집회 시간이 지나갔고 회중은 그를 기다리다가 흩어졌다고 한다.

선다싱과 기타 불건전한 신비주의자들이 체험했다는 것은 성경의 계시 원리와 부합하지 않는다. 성경적 원리는 계시를 받는 사람이 성령의 지배 아래 있으면서도 자의식을 잃지 않고, 영감을 오류 없이 받아서 전하는 것이다. 바빙크(Bavinck)는 말하기를 "자의식을 상실한 것 같은 상태는 헬라의 신비주의자들이 신비 체험을 할 때 나타나는 현상이다. 선지자들이 계시를 받은 것은 잠잘 때가 아니라 깨어 있을 때 이루어진 것이며, 홀로 있는 때뿐 아니라 다른 사람들과 함께 있을 때에 이루어진 것들도 있다"(출 4-6;, 32:7; 사 6; 겔 8:1)라고 하였다. 불건전한 신비주의자들의 입신은 그때그때 인간 편에서 그 체험을 얻으려고 노력하여 얻는 것이며, 성경은 그러한 방법을 가르치지 않는다. 소위 입신이나 영혼 이탈은 이교에 많다. 몸을 때리거나, 무용을 하거나, 최면을 할 때 얻어진다고 한다. 마이스터 에크하르트(Meister Eckhart)의 제자인 슈베스터 카트라이(Schwester Katrei)가 영혼 이탈로 죽은 것처럼 되었을 때 사람들은 그의 장례식을 준비했다고 한다. 입신, 영혼 이탈 등의 그릇된 신비주의 체험은 신과 인간의 질적 화합(인간이 신처럼 되는 것)을 전제로 한 착오다. 하나님은 창조자이시고 인간은 피조물이다. 우리는 언제나 이 경계선을 허물 수 없다. 우리가 그것을 기억하고 하나님을 창조주로 모시며 경외하는 것이 경건의 특성이다. 불건전한 신비주의는 이러한 경계선을 허물고 신과 인간의 질적 화합을 숭상하는 그릇된 사상이다. 중세의 신비주의자들은 인간에게 신을 알 수 있는 마음의 불꽃이 있다고 하였다. 다시 말해 그들은 인간이 정신을 집중하는 것만으로도 충분히 신에게 도달할 수 있다고 주장하였다.

불건전한 신비주의자들의 입신이나 영혼 이탈 경험은 이와 같이 주관적인 노력으로 얻어내는 현상에 불과하므로 신뢰할 만한 영감이라고 할 수 없다. 그러나 불건전한 신비주의자들의 체험이 아무 가치가 없는 것은 아니다. 그들의 체험의 결과로 볼 때, 물질 세계뿐 아니라 영적 세계가 있다는 사실을 알 수 있고, 영은 물질의 산물이 아니므로 물질을 초월하여 존재할 수 있고 활동할 수 있다는 사실도 알 수 있다. 과학에서 심령이 물질에서 분리되어 있다는 사실을 증거하였다. 미국의 듀크 대학교(Duke University)에서 실험한 바에 의하면, 사람이 먼 거리에 있는 다른 사람에게 정신력으로 어떤 사상을 전하여 알게 하였다고 한다.[46)]

이와 같이 우리는 심령이 물질을 떠나서 이동할 수 있음을 알 수 있다. 그러나 우리는 신비주의자들의 체험을 신뢰할 수 없으며, 그들이 영혼 이탈이나 입신으로 깨달았다는 것도 신뢰할 수 없다. 그 이유는 그것이 성경과 다르기 때문이다. 신앙생활을 하면서 그들을 본받으려는 신자는 반드시 손해를 당한다. ① 선다싱이 말하기를, 하늘나라에 가 있는 성도들이 지옥에 간 영혼들을 구원하기 위하여 일한다고 하였는데, 그것은 성경이 말하지 않는

---

46) *The Reader's Digest February* 1948, 131.

교리이다. ② 그는 또 말하기를, 지옥에 간 자들 대다수가 여러 세대 후에는 구원을 받아서 천국에 들어간다고 하였는데, 그것도 성경의 교훈에 반대된다. ③ 그는 입신하여 예수님을 보았다고 하며, 예수님의 머리털은 금빛 같고, 얼굴에 수염이 있으며, 그의 얼굴은 햇빛 같은데 그 빛이 자기를 비칠 때에 친절하고 웃으시는 모습이었으며, 조금도 무섭지 않았다고 하였다. 썬다싱의 이 말에는 비성경적인 부분이 있다. 그러나 요한이 본 예수님은 상징적으로 나타나셨다. 곧 메시아의 성품에 대한 구약의 계시 상징 그대로이다. 신약성경의 저자들은 언제나 하늘나라와 하나님과 승천하신 예수님에 대하여 감성적인 말을 피하고, 구약의 내용을 사용하여 간결하게 묘사한다. 계 1:12-20에 있는 그리스도에 대한 묘사는 새롭게 추가된 내용 없이 구약의 말씀을 다시 사용한 것뿐이다. ① 나팔 소리(출 19:19; 민 10:1-10), ② 큰 음성(겔 3:12), ③ 일곱 금 촛대(출 25:31-32, 37; 슥 4:2). ④ 인자(단 7:13), ⑤ 발에 끌리는 옷을 입고 가슴에 금띠를 띠고(출 25:7; 28:4), ⑥ 그 머리와 털의 희기가 흰 양털 같고 눈 같으며(단 7:9), ⑦ 그의 눈은 불꽃같고(단 10:6), ⑧ 그의 발은 풀무에 단련한 빛난 주석 같고(겔 1:7), ⑨ 그의 음성은 많은 물소리와 같으며(시 29:3; 겔 43:2), ⑩ 그 오른손에 일곱별이 있고(사 62:3), ⑪ 그 입에서 좌우에 날 선 검이 나오고(사 11:4; 히 4:12), ⑫ 그 얼굴은 해가 힘 있게 비취는 것 같더라(마 17:2)고 한다.

"그의 발 앞에 엎드러져 죽은 자 같이 되매." 여기서 "죽은 자같이" 되었다는 말이 불건전한 신비주의자들의 입신, 혹은 영혼 이탈과 같은 것처럼 보인다. 그러나 이것은 입신이나 영혼 이탈과 같은 것이 아니다. 그 이유는, 요한이 예수님을 보기 전에 죽은 것같이 되었다는 말씀이 아니기 때문이다. 다시 말하면 이것은 그가 예수님을 보기 위한 준비(입신처럼)가 아니다. 그는 예수님의 영광과 위엄을 본 뒤에 죽은 것같이 되었다. 구약에도 다니엘이 계시를 본 뒤에 기절하였다고 하였다(단 8:27). 그가 계시를 본 것 때문에 놀라서 죽은 것처럼 되었다는 말씀이다. 따라서 그가 심신이 고장 나는 방법으로 계시를 보게 되었다는 말씀이 아닌 것은 분명한 사실이다.

11 **이르되 네가 보는 것을 두루마리에 써서 에베소, 서머나, 버가모, 두아디라, 사데, 빌라델비아, 라오디게아 등 일곱 교회에 보내라 하시기로.** 이 구절에 있는 "일곱 교회"에 대하여는 계 2, 3장에 나오는 각 교회에 대한 해석을 참조하라.

12 **몸을 돌이켜 나에게 말한 음성을 알아 보려고 돌이킬 때에 일곱 금 촛대를 보았는데.** "일곱 금 촛대"는 슥 4:2에서 유래한 것으로 교회를 가리킨다. 즉 그것은 빛을 세상에 주는 것이다. 예수님께서 말씀하시기를 "너희는 세상의 빛"이라고 하셨다(마 5:14-16). 그것이 금으로 표현된 것은, 교회는 이 세상의 지극한 보배라는 것과 영원히 멸망하지 않는다는 것을 의미한다. 실제로 금은 이 세상의 귀금속이고,[47] 또 불멸하는 것으로 알려져 있다(욥 23:10). 교회는 이 세상에서 사막의 오아시스같이 귀하고, 온갖 박해를 받으나 끝까지 견딘다(출 25:31-40 참조).

13 **촛대 사이에 인자 같은 이가 발에 끌리는 옷을 입고 가슴에 금띠를 띠고.** "촛대 사이에 인자 같은 이." 이분은 선지자 다니엘이 예언한 "인자"(단 7:13), 곧 메시아(그리스도)이시다. 이분이 교회 가운데 언제나 계시는 그리스도이신데, 이분에 대하여 그다음(13-16절)에 많은 비유의 말씀들이 나온다. 사이스(Seiss)는 그 모든 표현을 비유로 보지 않고 문자적으로 보았다. 이는 잘못이다.[48] 헨드릭슨(Wm. Hendricksen)은 이 부분에 묘사된 그리스도는 항상 교회에 계신다는 의미로 말하였다. 따라서 이 부분의 말씀과 다음 장들(2-3장,

---

47) 잠 3:14; 8:9-10; 16:16-22; 25:12.

48) A. Pieters, *Studies in The Revelation of St. John*. 87.

교회론)과의 연결이 밀접하다고 역설하였다.[49]

"발에 끌리는 옷." 이것은 대제사장의 옷이고(출 28:4; 29:5), "가슴에 금띠를 띠"는 것은 군왕의 복장이다(Greijdanus). 그렇다면 요한은 제사장이자 왕이신(시 110편; 사 6:1-5) 메시아를 본 것이다.

14 그의 머리와 털의 희기가 흰 양털 같고 눈 같으며. 이것은 그리스도의 영생(단 7:9)과 성결(사 1:18)을 상징한다.

그의 눈은 불꽃 같고. 이것은 그의 전지하심, 곧 무엇이든 모르는 것이 없으신 것을 말한다(단 10:6 참조).

15 그의 발은 풀무불에 단련한 빛난 주석 같고. 이것은 ① 단 2:41-43의 "진흙과 무쇠가 섞인 발"처럼 붕괴되기 쉬운 것이 아닌, 견고한 심판을 상징한다(시 47:3 참조). ② 예수님의 초림 때에는 그의 발이 십자가에 못 박히실 때 상하셨지만 재림하실 때에는 영광과 권능으로 오시기 때문에 원수를 밟아도 상하시지 않는다.

그의 음성은 많은 물 소리와 같으며. 이것은 그리스도를 하나님과 동일시하는 어구이다. 겔 43:2에 보면, 하나님의 음성이 "많은 물 소리 같다"고 하였다(시 29:3 참조). 소리가 모든 죄 있는 인간들을 두렵게 하며 회개를 촉구하기도 하지만 세상 끝날에는 심판을 선고하는 무서운 말씀이다.

16 그의 오른손에 일곱 별이 있고. "오른손"은 힘 있는 손이고, 일하는 손이며(Greijdanus), 보호의 역할을 하는 손이다. 그러므로 "일곱 별"을 "오른손"에 잡았다고 하는 것은 교회의 교역자들(20절)을 통하여 능력 있게 일하신다는 뜻이다. 그러나 "일곱 별"은 '일곱 천사'를 가리킨다는 해석이 더욱 유력하다. 그 이유는 다음과 같다. ① 계 1:20에서 "일곱 별은 일곱 교회의 사자"라고 하였는데, 여기서 "사자"란 말의 헬라어(ἄγγελοι)는 '천사'를 가리킨다. 신

49) More Than Conquerers, 33-34.

약성경에서 교역자를 천사라고 말한 적이 없다. ② 일곱 교회에 주신 말씀(2-3장)에 책망받은 교회가 다섯 교회인데, 그 "사자"(ἄγγελοι) 자신이 책망받은 일이 없고 2인칭 주격("네가")으로 대표된 교회가 그 책망의 대상이다. 만일 본문의 "별"이 교역자를 가리켰다면 마땅히 그 교회의 교역자가 책망을 받았을 것이다.

그의 입에서 좌우에 날선 검이 나오고. 이것은 사람의 깊은 영혼의 골수를 쪼개며, 또한 죄악을 날카롭게 판단하시는 하나님의 말씀을 가리킨다. 이 말씀이 영적인 병자, 곧 죄인을 해부하여 구원하고(히 4:12), 끝까지 회개하지 않는 자들을 정죄하며 심판한다(계 19:20; 요 12:48).

그 얼굴은 해가 힘있게 비치는 것 같더라. 하늘나라의 영광을 얻으신 이의 광채는 해처럼 빛난다. 그가 변화산에서 영광을 나타내셨을 때에도 그러하셨다(막 9:3). 천국에 참여한 의인들(그리스도께 속한 자들)의 모습도 해와 같이 빛난다고 하였다(마 13:43).

17 내가 볼 때에 그의 발 앞에 엎드러져 죽은 자 같이 되매 그가 오른손을 내게 얹고 이르시되 두려워하지 말라 나는 처음이요 마지막이니. "죽은 자같이 되매." 그가 이렇게 된 것은 두려움에 사로잡힌 까닭이다(겔 1:28; 단 8:17 참조). 왜 그에게 그런 두려움이 임하였는가? 그것은 그가 인간이므로 연약하고 죄가 있기 때문이다. 크레이다너스는 "그가 그렇게 된 것은 그의 연약함 때문이라기보다는 죄 때문이었을 것이다(사 6:5 참조)."라고 하였다.

"두려워하지 말라 나는 처음이요 마지막이니." 테오도르 찬(Theodor Zahn)은 이 문구의 헬라어(μὴ φοβοῦ ἐγώ εἰμι ὁ πρῶτος καὶ ὁ ἔσχατος)를 다음과 같이 번역하였다. "두려워하지 말라. 이는 나로다. 나는 처음과 마지막이니." "처음"과 "마지막"에 대한 해석은 8절 해석을 참조하라.

18 곧 살아 있는 자라 내가 전에 죽었었노라 볼지어다 이제 세세토록 살아 있어 사망과 음부의 열쇠를 가졌노니. "살아 있는 자라." 이 말의 헬라어(ὁ ζῶν)는 영원히 죽지

않고 '항상 살아 계신 분'이라는 뜻이다.

"사망과 음부의 열쇠를 가졌노니." "열쇠"는 주권을 의미하며(Greijdanus), "사망과 음부(죽은 자가 있는 곳)"의 주권을 "가졌다"는 것은 그가 친히 죽음을 이기시고 부활하셨으므로, 이제부터는 사망의 지배 아래 있는 자들을 그의 권세로 석방하실 수 있다는 것이다.

"음부." 이 말의 헬라어 하데스(ᾅδης)는 구약성경의 스올(אוֹל)에 해당한다. 신약성경에서는 이것이 회개하지 않은 자들이 죽은 후에 가서 형벌 받는 곳을 의미한다. 그러나 구약성경에서는 스올이란 말이 육신의 죽음 상태와 무덤을 의미하기도 하고, 이 세상을 떠난 영혼들이 가는 곳을 가리키는 말로도 사용되었다. 특히 선한 사람이나 악한 사람이 다 갈 수 있는 곳인 것처럼 사용되었다.[50] 사 14:9에 보면, 음부에 간 자들이 서로 이야기할 수 있는 것으로 묘사되었다. 델리취(Delitzsch)는 이 구절에 대하여 말하기를 "음부에 대한 견해가 비록 신화적인 성격을 지녔지만, 이는 두 가지 진리에 근거한다. ① 인간이 무덤 이편에서 살아온 역사가 무덤 저편에서 사라지지 않는다는 것, ② 하나님이 주신 환경에서 인간의 비물질적인 형태, 즉 그 사람 자신의 결정으로 이루어진 내용이 거울에 드러나는 것처럼 드러나는 것을 보여 준다"고 하였다. 바빙크(H. Bavinck)는 말하기를 "구약의 '음부'에 대한 말씀을 보면 죽은 자들이 그곳에 가서 살며, 또한 그들은 땅에서처럼 서로를 알고 서로 만나면서 정서적 표현도 한다"고 하였다.

우리는 구약의 "스올"이란 말에서 다음과 같은 결론을 내릴 수 있다. ①스올은 무덤과 언제나 동일한 것은 아니라는 것, ② 스올이란 말은 악인이 이 세상를 떠난 후에 가는 곳을 의미한 동시에 의인이 죽은 후에 가는 곳을 의미하기도 하였다는 것이다(창 37:35). 여기서 문제가 생긴다. 어떻게 악인과

---

50) 왕상 2:2, 9; 욥 3:13; 30:23; 시 89:48; 사 14:9; 겔 32:28.

의인이 죽은 후에 같은 곳으로 가게 되는가? 그것은 신약 사상에 맞지 않는 것을 물론 구약 사상에도 맞지 않는다(시 16:11; 17:15; 마 8:11-12). 그렇다면 이 문제를 어떻게 해결할 것인가? 구약에서는 "스올"이란 말이 어떤 때에는 단지 육신의 무덤을 의미하기도 한다. 또한 이 말은 단순히 사후 세계를 가리키며, 뵈트너(R. Boettner)의 견해와 같이 구약에서 의인이나 악인이 다 스올에 간다고 하였으므로, 스올이란 말이 반드시 상이나 벌에 대한 개념을 가진다고 할 수 없다. 그러나 스올이란 말이 신약에 와서는 헬라어 하데스(ᾅδης)로 번역되고(행 2:27), 내세의 형벌 받는 처소를 의미한다(눅 16:23). 즉 악한 자들은 그곳에 가서 고통을 받도록 되어 있다.

19-20 그러므로 네가 본 것과 지금 있는 일과 장차 될 일을 기록하라 네가 본 것은 내 오른손의 일곱 별의 비밀과 또 일곱 금 촛대라 일곱 별은 일곱 교회의 사자요 일곱 촛대는 일곱 교회니라. "네가 본 것"은 20절에 드러난다. 곧 예수님의 "오른손의 일곱별의 비밀"이다. 또한 "지금 있는 일"은 계 2-3장에 기록된 일곱 교회의 현상이고, "장차 될 일"은 6장 이하에 기록된 계시의 내용이다.

요리

1. 하나님의 말씀은 진리이므로 반드시 그 말씀대로 성취된다. 그러므로 그 말씀대로 지키고 행하는 자는 복되다. 그것을 지키는 것이 생명을 지키는 것보다 낫다. 하나님의 말씀은 영원한 생명의 원천이고, 내세의 영광과 부요에 참여하게 하는 길이다.

2. 계시록 책의 기원에 대하여(1-3절). 이 책은 하나님께서 예수 그리스도에게 주셔서 교회에 계시하도록 하신 예언의 말씀이다(1절). 하나님께서는 예수 그리스도를 중보자로 세우시고 그를 절대적으로 신임하셔서 그에게 비

밀을 계시할 권리를 주셨다(고전 15:24-28; 빌 2:9). 그런데 감히 인간이 예수 그리스도를 믿지 않을 수 있겠는가? 우리는 하나님께서 절대적으로 신임하신 독생자를 믿어야 한다. 예수 그리스도께서 하나님께로부터 받아서 선포하신 비밀, 곧 예언의 말씀을 받아서 지키는 자는 복이 있다.

3. 삼위일체 하나님으로 말미암은 축복(4-6절). 기독교의 구원은 삼위일체 하나님의 선물이다. 곧 하나님 아버지께서 설계하시고, 성자 예수 그리스도께서 이루시고, 성령께서 실행하여 주신다. "이제도 계시고 전에도 계셨고 장차 오실 이"는 하나님 아버지를 가리킨 성호이며, 곧 영원 스스로 존재하셔서 모든 복된 만물과 만사의 근원이시다. 축복은 근원 깊은 곳에서 나와야 된다. "그 보좌 앞에 있는 일곱 영"은 완전하신 능력을 생각하게 하는 성령의 성호이다. 그는 하나님 아버지께서 뜻하신 모든 것을 이루신다. "충성된 증인으로 죽은 자들 가운데에서 먼저 나시고 땅의 임금들의 머리가 되신 예수 그리스도"라는 말씀은 성자 예수 그리스도를 가리키며, 그의 세 가지 직분을 표시한다. 곧 "충성된 증인"은 그의 선지자직이고, 그가 죽으셨던 사실은 제사장직을 실행하신 것이고, 다시 살아나셔서 땅의 임금들의 머리가 되신 것은 그가 만왕의 왕이 되신 것을 의미한다. 그리스도께서는 이 세 가지 직분을 다 이루심으로써 우리의 구원을 완성하셨다. 선지자의 직분으로 우리가 하나님 아버지를 알게 하시며, 제사장의 직분으로 우리를 대신하여 속죄하여 주시고, 생명의 주(생명을 주시는 왕)가 되셔서 우리가 영원히 살게 하여 주신다. 그가 우리를 속죄하신 것은, 짐승의 피나 천사의 희생으로 하신 것이 아니다. 자기의 피로 하셨다. 뿐만 아니라 우리가 하나님을 섬길 수 있도록 제사장으로 삼으시고, 또한 왕으로 삼으셨다. 제사장의 권리는 쉬운 것이 아니다. 구약 시대의 웃시야 왕은 억지로 제사장 노릇을 하려다가 벌을 받았다(대하 26:16-21). 왕이 된다는 것은 또 얼마나 어려운가? 그런데 그리스도

께서는 우리가 제사장과 왕이 되게 하셨다. 이것은 인간이 받을 수 있는 최고의 지위이다.

4. 심판하러 오실 그리스도(7-8절). 이 세상에서는 악인들이 오랫동안 왕성하며 형통하는 것 같다. 그러나 깊이 살펴보면 이 세상에도 보응이 있음을 알게 된다. 악한 자가 당장 어떤 보응을 받는 경우는 드물다. 그 이유는 하나님께서 악인을 오랫동안 참고 기다리시기 때문이다. 오래 참으시다가 마침내 벌하시는 것이 세상을 관할하시는 하나님의 섭리의 특징이다. 우리는 주님이 재림하셔서 심판하실 정확한 날짜를 모르지만, 그리스도께서는 반드시 이 땅에 심판하러 오신다. 그때에는 그를 찌른 자들도 그를 알아본다. 그때에는 그가 영광과 권세로 오시기 때문이다. 그가 베들레헴의 말구유에 나시어 유대 땅을 걸어 다니실 때에는 그가 메시아라는 사실을 모른 사람들이 많았다. 그러나 두 번째 오실 때에는 그렇지 않다. 그를 찌른 자들도 그를 알아본다. 그를 찌른 자들은 그를 십자가에 못 박아 죽인 자들이다. 또한 오늘날까지도 그를 찌르는 자들이 생겨나고 있다. 예수님께서 십자가에 죽으신 후에 여러 가지 놀라운 일들이 있었다. 예수님이 옳고 그를 죽인 자들이 틀렸다는 것이 여러 가지로 증명되었다. 그런데도 여전히 예수님을 믿지 않는 행동은 예수님을 또다시 십자가에 못 박는 죄보다 더 크다. 그 당시에 예수님을 못 박아 죽인 자들은 예수님이 부활하신 이후의 사람들보다 진리를 아는 데 부족했다. 그러므로 후대 사람으로서 예수님을 불신앙하며 불순종하는 것은 더욱 큰 죄악이다. 그러므로 사도 바울은 말하기를 "만일 누구든지 주를 사랑하지 아니하면 저주를 받을지어다"(고전 16:22)라고 하였다.

5. "밧모"는 로마 제정시대에 죄인을 유배 보내던 곳이다. 전설에 의하면, 로마의 도미시안 황제(AD 81-96) 때에 사도 요한이 이 섬에 유배 갔다가 AD

96년에 에베소로 돌아왔다고 한다. 이 전설은 이레니우스, 유세비우스, 제롬 등이 전하였다. 사도가 이런 수난의 자리에서 그토록 고귀한 계시를 받은 것이다. 성도에게는 땅에서 길이 막히면 이와 같은 식으로 하늘 길이 열리는 법이다. 역경에 처한 우리에게도 하늘이 열린다(계 1:9).

6. 예수 그리스도는 교회의 대제사장이시고, 또한 왕이시다. 그는 신자들을 위하여 하나님께 대신 기도하시고 중보하신다. 뿐만 아니라 그는 교회의 죄를 치리하시며 심판하신다(13절).

제 2 부
일곱 교회

계 2:1-3:22

일곱 교회의 의의

● '7'이라는 수는 완전을 의미하므로 "일곱 교회"는 모든 교회를 대표한다고 볼 수 있다. 본문에 기록된 일곱 교회들의 순서대로 교회사를 구분하는 해석도 있는데, 그 해석은 동의하기 어렵다. 그 학설을 소개하면 다음과 같다. 스코필드(Scofield)는 말하기를 "일곱 교회는 교회 역사적으로 주님의 재림 때까지 있을 일곱 시대를 대표한다"고 하였다. 고대 교회에는 이러한 견해가 없었는데 AD 1200년경에 요아킴(Joachim of Floris)이 주장하였고, 후에 화란의 버트링가(Vitringa)가 조금 다르게 해설하였다. 이 의견에 의하면, ① 사도 요한부터 로마의 데키우스(Decius) 황제의 핍박까지(AD 100-250) 에베소 교회로 대표되고, ② 데키우스 황제의 핍박부터 디오클레시안 황제의 핍박까지(AD 250-311) 서머나 교회로 대표되고, ③ 디오클레시안 황제의 핍박부터 AD 800년까지 버가모 교회로 대표되고, ④ AD 800-1200년까지 시대가 두아디라 교회로 대표되고, ⑤ AD 1200-1500년까지 시대가 사데 교회로 대표되고, ⑥ 종교 개혁 초기가 빌라델비아 교회로 대표되고, ⑦ 합리주의 시대와 그 이후 시대가 라오디게아 교회로 대표된다고 한다.

그러나 이 학설에서 버트링가(Vitringa)와 다르게 시대를 구분하는 학자들도 있다.

① 사도 시대의 교회(AD 100년까지의 교회)는 성경과 교리를 고수하였으나 그것을 실행하는 사랑은 부족하였다. 그러한 사실은 야고보서를 통해 알 수 있다. 그러므로 이 교회는 계시록의 에베소 교회(계 2:1-7)로 대표된다고 한다. ② 니케아회의 전 시대의 교회(AD 100-313)는 그 특색이 순교이므로, 계시록의 서머나 교회(계 2:8-11)로 대표된다고 한다. ③ 국교 시대의 교회(AD 313-590)는 세상의 세력에 의존하면서 사람의 형상을 두고 예배하거나, 성자를 기리며 예배하는 등의 우상 예배에 가까웠다. 이는 사단의 위세(세상의 세력)가 있는 곳에서(계 2:13) 우상의 제물을 먹으며 우상을 섬기기도 한 버가모 교회(계 2:12-17)로 대표된다고 한다. ④ 로마 법황 시대에 있었던 교회(AD 800-1517)는 생활과 사업에서 크게 성장하였으나, 교리가 타락하여 성모 마리아상을 예배하는 우상 숭배에 떨어졌다. 그러므로 이 시대의 교회는 나중 행위가 처음 것보다 많고(계 2:19), 우상 숭배에 떨어진 두아디라 교회(계 2:18-29)로 대표된다고 한다. ⑤ 종교 개혁 이후의 교회(16-17세기)는 생명을 얻었다가 후에 세속화되거나 죽은 정통으로 흘렀다. 이것은 "살았다 하는 이름은 가졌으나 죽은 자"(계 3:1)인 사데 교회(계 3:1-5)로 대표된다고 한다. ⑥ 이제 남은 것은 빌라델비아 교회와 라오디게아 교회로 대표되는 시대이다. 빌라델비아 교회의 대표 시대는 18-20세기 초의 교회라고 한다. ⑦ 라오디게아 교회로 대표될 시대는 "미지근한" 상태(계 3:15-16)로 극히 타락한 것이며, 현대 교회라고 하는 사람들이 있다.

그러나 일곱 교회를 교회사에 맞추는 것은 확실하지 않은 해석이다. 그 이유는, 버트링가의 시대 구분이 맞지 않기 때문이다. 예를 들면 합리주의 시대 이후를 라오디게아 교회, 곧 부패한 교회라고 하였는데 사실상 교회 역사는 그의 말과 다르다. 합리주의 시대 이후에도 큰 회개운동이 있었고, 선교 운동도 있었다. 테오도르 찬(Zahn)은 말하기를 "일곱 교회를 교회 역사의 일곱 시대에 대한 예언으로 보는 것은 아주 잘못되었다"고 한다. 이 밖에 엘리오트(Elliott), 트렌취(Trench), 스웨트(Swete) 등도 버트링가의 학설을 반대한다. 사람은 하나님이 아닌데 어떻게 정확히 일곱 교회의 형편에 맞추어 교회 역사를 구분할 수 있겠는가?

제 2 장

내용분해

1. 에베소 교회는 교리를 지켰으나 사랑을 잃은 교회이므로 둘 다 지켜야 된다는 권면을 받았음(1-7절).

2. 서머나 교회는 주님을 위하여 고난을 당하였기 때문에 칭찬과 격려를 받았음(8-11절).

3. 버가모 교회는 이단을 용납하였기 때문에 경계함(12-17절).

4. 두아디라 교회는 이단에게 권세를 주었기 때문에 주님의 책망을 받았음(18-29절).

해석

1-7절. 에베소 교회에 보낸 편지

1 **에베소 교회의 사자에게 편지하라.** "에베소"는 소아시아의 가장 중요한 도시이자 무역항이었으므로, 당시 동서양 문화가 교류되는 요충지였다. 에베소

교회는 소아시아의 중요한 교회이기 때문에 첫 번째로 기록된 듯하다. 이 교회는 사도 바울이 세웠다(행 18:19; 19:8, 10).

오른 손에 있는 일곱 별을 붙잡고 일곱 금 촛대 사이를 거니시는 이가 이르시되. 일곱 교회에 보낸 편지에는 그 첫머리마다 이처럼 주님의 사역적인 명칭이 기록되었다. 그 명칭들은 각각 그 교회들의 내용에 부합한다. "일곱 금 촛대 사이를 거니시는 이"라는 것은 주님께서 교회를 살피시고 주장하시며 심판하신다는 의미이다. 이런 일을 하시므로 그는 회개하지 않는 교회를 폐지시킬 수도 있다(5절). "일곱 별"에 대하여는 계 1:16 해석을 참조하라.

2 내가 네 행위와 수고와 네 인내를 알고 또 악한 자들을 용납하지 아니한 것과 자칭 사도라 하되 아닌 자들을 시험하여 그의 거짓된 것을 네가 드러낸 것과. 여기서 "행위"는 특별한 하나의 덕행이라기보다 그다음에 나오는 몇 가지 덕행을 총괄하는 머리말이다. "수고"란 말(κόπος)은 특히 고된 수고를 가리킨다. 에베소 교회에는 바울의 예언(행 20:29-30)과 같은 거짓 교사들의 활동이 있었고, 교회가 그들을 축출하는 일은 쉽지 않았다. 그것은 혈기로 할 수 있는 투쟁이 아니라 덕을 쌓으면서 싸워 나아갈 일이다. 이런 영적 전쟁을 체험하지 못한 사람은 그 고생이 어떠한지 이해하기 어렵다. "인내"란 말(ὑπομονή)의 어원은 '아래에 머문다'는 뜻이다. 곧 모든 괴로운 일의 밑바닥에서 묵묵히 머물러 견디어 나가는 것을 가리킨다. 다시 말하면 인내는 소극적으로 견디는 것뿐만 아니라 적극적으로 극복하고 나아가는 것을 가리키는 말이다.

"악한 자"란 말(κακούς)은 관사가 없는 복수명사이므로, "악한 것들"이라고 번역하는 것이 적합하다(Greijdanus). 이 말은 본질적인 악을 의미하므로, 인자하신 하나님은 물론 교회도 그런 것을 용납할 수 없다. 그런 악은 거짓 교사들의 교훈, 곧 이단이다.

"자칭 사도." 바울은 에베소 교회를 향하여 그러한 거짓 교사들을 주의하라고 미리 경고했고(행 20:28-30), 에베소 교회는 그대로 잘 순종하려고 하였다(마 7:26; 고후 11:13; 갈 1:8-9 참조). 에베소 교회가 거짓 교사를 용납하지 않은 것은 잘한 일이다. 교회는 어떤 종류의 악인이든 용납할 수 있지만, 거짓 교사는 용납할 수 없다. 그 이유는, 거짓 교사는 자기의 죄를 고치려는 자가 아니고, 교회가 자기와 같은 죄를 범하도록 유도하기 때문이다. 마치 병원에서 어떤 환자든지 다 수용하지만 전염병 환자는 일반 병실에 수용하지 못하는 것과 같다.

그렇다면 거짓 교사는 어떤 사람인가? ① 무엇보다도 그의 교훈이 성경과 부합하지 않는다. 성경은 바르게 교훈하는 것을 가장 중요시한다. 갈 1:8에 말하기를 "우리나 혹은 하늘로부터 온 천사라도 우리가 너희에게 전한 복음 외에 다른 복음을 전하면 저주를 받을지어다"라고 하였다. 거짓된 교훈이 교회에 들어오면 교회가 파멸한다. 그러므로 딤후 2:17에 말하기를 "그들의 말은 악성 종양이 퍼져나감과 같은데"라고 하였다. 일단 이단에 물들었던 자들을 돌이켜 세우는 것은 매우 힘들다. ② 거짓 교사는 자기의 몸만 키우는 자다. 그는 물 없는 구름과 같아서 다른 사람들에게 은혜를 끼치지 못한다(유 1:12). 그러므로 교회를 거짓 교사에게 내어 맡기는 것은 어리석은 일이다. 차라리 거짓 교사를 용납하지 않는 것이 그에게도 공의로운 처사이고, 교회에도 자비로운 일이다. 한 사람의 육체를 위하여 많은 사람의 영혼을 망하게 하는 것은 옳지 않다.

3 또 네가 참고 내 이름을 위하여 견디고 게으르지 아니한 것을 아노라. 이 구절은 앞에 구절 앞부분의 말씀을 반복하여 강조한다. "내 이름"은 예수 그리스도께서 계시하신 복음이다.

4 그러나 너를 책망할 것이 있나니. 그리스도께서는 교회에 대하여 칭찬할 점을 먼저 찾으시고 꾸지람은 나중에 하셨다. 이는 그 교회의 장점을 격려하시는 그의 사랑이다. 뿐만 아니라 그의 책망도 그 교회의 죄와 잘못을 고쳐 주시려는 사랑의 동기로 하신 것이다.

너의 처음 사랑을 버렸느니라. 어떤 학설은 여기서 말하는 "처음 사랑"(τὴν ἀγάπην τὴν πρώτην)이 교회 설립 초기의 뜨거웠던 형제애를 가리킨다고 하며, 그 교회가 거짓 교사들을 막으려고 힘쓰는 동안 비평하는 심리가 강화되면서 형제애가 식어진 것을 가리킨다고 이야기한다. 그러나 이 문구는 그리스도에 대한 신자들의 처음 사랑을 가리킨다. "처음 사랑"은 뜨거운 것이다. 우리가 은혜를 받고 신앙생활을 시작하게 되는 초기에는 주님에 대하여 그렇게 될 수 있다. 하나님은 그것을 가리켜 "네 청년 때의 인애와 네 신혼 때의 사랑"(렘 2:2)이라고 하셨다. 신자들이 주님을 위한 사역에 많이 힘쓰다가 어느 순간 주님보다 그 사역에 신경을 많이 쓰고, 그것에 애착을 더 두게 되는 경우가 있다. 그것은 그들의 영혼에 손해를 주는 것이다. 우리의 영혼은 주님께서 주관하실 때에만 평강을 누리고 또 주님을 위한 일에도 참된 열매를 맺게 된다. 우리에게 주님을 사랑하는 마음이 없으면 주님의 몸 된 교회를 위한 우리의 위대한 일들도 모두 헛되다(고전 13:1-3).

5 그러므로 어디서 떨어졌는지를 생각하고 회개하여 처음 행위를 가지라 만일 그리하지 아니하고 회개하지 아니하면 내가 네게 가서 네 촛대를 그 자리에서 옮기리라. "어디서 떨어졌는지를 생각하고 회개하여." 여기서 "생각하고"로 번역된 헬라어(μνημόνευε)는 '기억하라'는 뜻이다. 이것은 과거에 한 일에 대하여 회고하는 것을 가리킨다. 누구든지 진실하고 성실하게 과거의 잘못을 돌아보면 회개에 도움이 된다. 과오를 범한 사람이 그 잘못의 원인과 상황을 회상하면 그렇게 된 이유를 현저히 깨닫게 된다. 그가 그 잘못을 범할 당시에는 그것의 죄악성을 절실히 느끼지 못했을지라도 세월이 많이 흘러간 뒤에 회고해 보면 그것을 뚜렷하게 깨달을 수 있다.

교회 정치가 키프리아누스(Cyprian)는 그 시대(로마 데키우스 황제의 핍박 시대)에 죄를 범한 자들에게 회개를 촉구하면서 이 구절로 그들을 권면하였다.[51] 회개와 사죄의 길은 오직 기독교에만 있다. 산같이 큰 죄라도 진심으로 회개하기만 하면 하나님께서 용서하신다(잠 28:13; 마 18:21-22 참조). 회개는 이와 같이 귀한 것인데, 사람들이 범죄하고도 뻔뻔스럽게 그 귀한 회개를 하지 않는 때가 많다. 그러므로 하나님께서 이런 죄인들이 회개하게 하시기 위하여 그들을 징벌하시는 경우가 있다(히 12:7-8; 계 3:19 참조).

"네 촛대를 그 자리에서 옮기리라." 이 말씀은 에베소 교회가 회개하지 않으면 그 교회를 무너뜨리시겠다는 엄한 경고이다. 사도 이후 시대에도 이 교회가 그대로 존속한 것을 볼 때(H. B. Swete) 그 교회가 주님의 말씀에 순종하여 회개한 것으로 짐작된다. AD 1308년에 터키 군대가 에베소를 점령한 후 그곳은 거의 폐허가 되었다. 그러나 이것이 주님의 경고가 성취된 것이라고 하기는 어렵다. 램지(Ramsay)는 이 말씀의 의미가 그 교회가 다른 곳으로 옮겨진다는 뜻이라고 말했으나 그러한 해석은 옳지 않다.

6 오직 네게 이것이 있으니 네가 니골라 당의 행위를 미워하는도다 나도 이것을 미워하노라. "니골라 당." 이레나이우스(Irenaeus)는 이것을 사도행전의 일곱 집사 중 한 사람이 타락하여 꾸민 이단이라고 한다(Adv. Haer Ⅰ, 26, 3). 그러나 성령 충만한 집사(행 6:5)가 어떻게 타락할 수 있을까? 어떤 사람은 다음과 같이 말한다. 곧 "니골라"란 헬라어(Νικολαΐτης)는 '백성을 이긴다'는 뜻을 가진 말로 구약(민 22:12)의 히브리어 발람(בִּלְעָם =백성을 이김)에 해당하므로, 개인의 이름이 아니라 이단의 교훈이며, 신자들을 정복하여 파괴하는 거짓 교사들의 무리라는 것이다. "니골라 당"이 가르친 교훈은 계 2:14, 20에 있다. 그것은 행 15:28-29에 있는 성령님의 명령을 순종하지 않은 것이다(Charles).

7 귀 있는 자는 성령이 교회들에게 하시는 말씀을 들을지어다 이기는 그에게는 내가

---

51) de laps. 16. epp 19:1; 34:1; 55:22.

하나님의 낙원에 있는 생명나무의 열매를 주어 먹게 하리라. "이기는 그에게"(Τῷ νικῶντι). 이것은 과거분사가 아니고 현재분사이므로, 승리가 완전히 끝난 것이 아니라 승리가 진행되는 것을 염두에 둔 말이다(Greijdanus, 마 24:13 참조). 신앙의 승리는 현세에서 완성되지 않는다. 그것은 우리가 이 세상을 떠날 때까지 이루어지는 일이다. 여기서 "이김"이란 말은 사도 요한의 필체다. 요한일서에도 이 말이 있다(요일 5:4-5 참조).

"하나님의 낙원." 예수님의 말씀에 의하면, 이곳은 의인이 이 세상을 떠난 후에 그의 영혼이 가는 곳이다(눅 23:43. 눅 16:22 참조). 또한 이곳은 바울이 성령에게 이끌려 가 본 삼층천과 동일시된다(고후 12:4). 위경의 저자들이 낙원에 대하여 감성적으로 표현하곤 한다. 그것은 예수님과 그의 사도들이 말한 것과 다를 뿐 아니라 인간의 상상에서 나온 그릇된 것이다. 우리는 정경 문서의 간결한 기록을 오히려 진실한 것으로 여긴다.

"생명나무의 열매." 이것은 창세기(창 2:9; 3:22)에 처음 나온 말로, 풍유적으로 보는 해석도 있고, 역사적으로 보는 해석도 있다. 풍유적 해석은 이 과일나무가 실재한 것이 아니라 다만 영생의 개념을 시적으로 비유한 것뿐이라고 한다. 그러나 이것도 너무 지나친 독단이다. 우리는 이 과일나무를 실재한 것으로 보면서 그것이 생명의 주 그리스도를 비유하는 것으로 여긴다(Geerhardus Vos). 내세에서는 몸이 영생하면서 식물을 섭취한다고 한다(눅 24:41-43; 계 22:2 참조). 이기지 못한 아담은 이러한 영생의 식물을 상실했지만, 그리스도 안에서 이기는 자들은 이것을 다시 받는다. 그 과일나무 자체가 사람을 영생하게 하는 마술적 능력을 가진 것이 아니다. 영생하게 하는 능력은 오직 그리스도께만 있다. 그 과일나무는 내세에서 성도들의 분깃이 된다.

"귀 있는 자." 이것은 하나님의 말씀을 알아들을 수 있는 신령한 귀를 가진 사람을 가리킨다. 그렇기 때문에 그다음에 "성령이… 하시는 말씀을 들을지어다"라고 하였다. 이 문구는 교회에게 가르치는 말씀인 동시에, 각 개인에게 주시는 말씀이기도 하다.

"교회들에게." 에베소의 개교회에 보내는 말씀을 "교회들에게" 하시는 말씀이라고 한 것으로, 이것은 이 편지가 모든 교회를 상대로 기록된 것임을 보여 준다.

8-11절. 서머나 교회에 보낸 편지

8 서머나 교회의 사자에게 편지하라 처음이며 마지막이요 죽었다가 살아나신 이가 이르시되. "서머나"는 에베소 북쪽에 있으며, 그곳에 멜레스(Meles)라는 강이 있다. 그 당시에 폴리카르포스(Polycarp)가 이 지방 교회의 감독이었다. 그가 순교한 연대는 주후 168년이다.

"처음이며 마지막이요 죽었다가 살아나신 이." 이것은 고난당하는 서머나 교회에 위안과 소망이 될 만한 주님의 칭호이다. "처음"과 "마지막"은 '영생하신 자'란 의미도 있고, '우주를 지으시고 유지하시고 바르게 이끄시는 자'란 의미도 있다. "죽었다가 살아나신 이." 이 이름은 죄인을 구속하시기 위해 죽으셨다가 사망을 이기고 부활하셔서 신자들에게도 그와 같은 부활을 주시는 자라는 것이다.

9 내가 네 환난과 궁핍을 알거니와 실상은 네가 부요한 자니라 자칭 유대인이라 하는 자들의 비방도 알거니와 실상은 유대인이 아니요 사탄의 회당이라. "환난"(φλίψιν)은 그리스도 신앙 때문에 받는 외부의 압박이고, "궁핍"(πτωχείαν.은 그 압박의 결과로 겪는 생활의 빈곤을 가리킨다. 이런 핍박은 당시의 그리스도 신자들이 불신 유대인, 또는 이방인 폭도들에게 당했다(히 10:34).

"부요한 자." 그들이 육신적으로는 궁핍하지만 영적으로는 부요할 것을 가리킨다.[52)]

---

52) 눅 12:21; 고후 6:10; 딤전 6:17-18; 약 2:5; 계 3:17 참조

"자칭 유대인." 서머나 지방에서는 유대주의가 강하여 기독교를 박해하였다고 한다(Just. Dial. 16, 11, 3). 유대주의자들은 예수님을 구주로 믿지 않고, 자신들이 아브라함의 자손, 곧 유대인으로서 당연히 메시아 왕국의 시민이라고 오해하고 있었다. 폴리카르포스가 순교할 때에도 그들은 이방의 폭도들과 힘을 합쳤고, 그의 시체도 기독교 신자들에게 주지 못하게 하였다(Moffatt). 그렇게 그리스도 신자들을 박해하면서 스스로 유대인으로 행세한 것이다.

"사탄의 회당." 성경의 다른 곳에서는 이런 명칭을 발견할 수 없다. 구약에 있는 "악한 회중"(민 14:27, 35; 시 22:16)이란 말이 계시록의 "사탄의 회당"과 비슷할 것이다. 이러한 유대인의 무리는 여호와를 진정으로 경외하지 않으면서 그리스도 신자들을 기탄없이 박해하였다. 서머나 교회의 감독 폴리카르포스의 글에도 복음을 박해한 유대인들에게 관한 말이 있다. 서머나 사람들의 것으로 보이는 조각 문서에도 이스라엘 종교를 내버린 유대인들에 대한 말이 있다고 한다(CIG. 3148).

핍박하는 자들을 "사탄의 회당"이라고 하였으니, 그곳 신자들이 그 사실을 생각할 때에도 힘을 얻는다. 성도는 사탄의 도움을 받으려 하지 말고 도리어 그가 훼방하는 것을 기쁘게 여겨야 한다. 사람은 아무리 시장하여도 배설물을 먹지 않는다. 그와 마찬가지로 신자는 예수님의 이름을 훼방하는 자들의 칭찬이나 도움을 받지 않는 것이 마땅하다.

설교 사랑을 지속하라(4, 9절)

1. 사랑의 시작

진정한 사랑은 언제 시작되는가? 인간의 자연적인 성품이 그런 사랑을 시작하고 행할 수 있는가? 그것은 불가능하다. 인간은 하나님의 속죄하시는 사랑을 받은 후에야 진정한 사랑을 알게 되고, 또 그런 사랑을 행하기 시작한다. 하나님의 속죄하시는 사랑을 깨닫지 못한 인간은 참사랑을 모른다. 요일 4:10-12에 말하기를 "사랑은 여기 있으니 우리가 하나님을 사랑한 것이 아니요 하나님이 우리를 사랑하사 우리 죄를 속하기 위하여 화목제물로 그 아들을 보내셨음이라 사랑하는 자들아 하나님이 이같이 우리를 사랑하셨은즉 우리도 서로 사랑하는 것이 마땅하도다 어느 때나 하나님을 본 사람이 없으되 만일 우리가 서로 사랑하면 하나님이 우리 안에 거하시고 그의 사랑이 우리 안에 온전히 이루어지느니라"고 하였다. 달은 그 자체에 빛이 없고 그 안에 생물도 없으므로, 죽은 땅이라고 하는 것이 매우 적합한 표현일 것이다. 그러나 달도 빛을 발한다. 태양 빛을 받아서 반영시키는 빛이다. 그와 같이 신자들은 자신 안에 참사랑을 가지지 못하였지만 예수 그리스도의 사랑을 받아서 그것을 반영시킬 수 있다.

2. 사랑의 계속

인간은 형식적으로라도 간혹 선한 일을 시작한다. 그러나 그 선행을 계속하는 것은 쉬운 일이 아니다. 처음 사랑을 끝까지 가지는 자가 많지 않지만 그것을 계속하는 자는 복이 있고, 하나님의 상급을 받는다.

1) 다윗은 사울을 처음 사랑한 대로 변심하지 않고 끝까지 그를 존경하고 사랑하였다. 사울은 다윗을 여러 번 죽이려고 하였으나, 다윗은 그에게 복수하지 않았다. 오히려 그는 사울을 죽인 청년을 죽였고(삼하 1:15), 사울의 아들 이스보셋을 죽인 자들을 죽이고(삼하 4:5-12), 사울의 손자인 므비보셋을 자기의 식탁에서 먹였다(삼하 9:1-13).

2) 요나단은 자기의 부친이 미워하는 다윗을 끝까지 사랑하였고, 그의 아버지가 다윗을 죽이려 할 때에도 다윗을 보호하여 숨겨 주었다(삼상 19:1-7; 20:17, 35-42). 이것은 요나단이 혈통 관계보다 의리를 중시한 행위이다. 그는

부친을 사랑하면서도 부친의 잘못된 행동에는 협조하지 않았다. 이것은 사랑과 권징을 겸비하는 견고한 인격이다.

3) 바울은 마가를 한동안 동역자로 여기지 않았으나(행 15:37-39), 후에는 그를 귀히 여겼고 사랑했다(골 4:10; 딤후 4:11; 몬 1:24). 그것은 바울이 대인 관계에서 징계를 세우는 동시에 사랑을 끊지 않았다는 증표이다.

4) 베드로는 바울에게 책망을 받은 일이 있었으나(갈 2:11-21), 후에 좋은 뜻으로 상부상조하였다(벧후 3:15-16). 그것은 베드로의 인격이 견고함을 나타낸다.

10 너는 장차 받을 고난을 두려워하지 말라 볼지어다 마귀가 장차 너희 가운데에서 몇 사람을 옥에 던져 시험을 받게 하리니 너희가 십 일 동안 환난을 받으리라 네가 죽도록 충성하라 그리하면 내가 생명의 관을 네게 주리라. "십 일 동안 환난." 이것은 알기 어려운 말이다. ① 어떤 주석가들은 여기서 말하는 "십 일"이란 날수는 햇수의 상징하는 것이라고 하며, 로마의 디오클레티아누스(Diocletian) 황제의 혹독한 10년간의 핍박을 가리킨다고도 말한다. ② 또 어떤 사람은, 이것은 로마의 십 대 핍박자인 네로, 도미티아누스, 트라야누스, 하드리아누스, 마르쿠스 아우렐리우스, 세베루스, 막시무스, 데키우스, 발레리아누스, 디오클레티아누스 등의 황제[53] 열 명의 열 시대를 가리킨 것이라고 하였으나 확실하지는 않다. ③ 크레이다너스는 이것을 정해져 있는 길지 않은 기간을 비유한 것이라고 하였다(계 11:3, 9-11; 12:6 참조). ④ 여기서 "십 일"이란 것은 단 1:12, 14에 나온 것이라고 생각된다. 곧 그리스도 신자가 받는 고난은 결국 그의 영혼을 유익하게 해 준다는 뜻이라는 것이다. 다니엘은 십 일 동안 채소와 물만 먹는

---

53) Nero, 54-68; Domitian, 81-96; Trajan, 98-117; Hadrian, 117-138; Marcus Aurelius, 161-180; Septimins Severins, 193-211; Maximinus, 235-238; Decius, 249-251; Valerianus, 253-260; Deocletianus, 284-305.

시험을 통과했으나 그의 얼굴이 더욱 윤택하여졌다.

여기서는 세 번째 해석과 네 번째 해석을 합하여 생각하는 것이 합당하다. 그리스도 신자들이 받는 환난은 하나님의 견지에서 보실 때에 사실 "십일 동안"과 같은 잠깐의 시간인 것이다(롬 8:18; 벧전 1:6). 뿐만 아니라 그들이 당하는 환난은 그들의 영혼을 유익하게 한다.

"생명의 관." 이것은 내세에 생명을 받을 뿐 아니라 영광까지 받을 것을 비유한다(롬 5:17 참조). 우리가 현세에서 그것이 어떠한 것이라고 형언하기는 어렵다. 이 세상에서 순교의 대열에 참여하는 자가 죽음에 아주 빠지는 것이 아니라 오히려 살고, 살 뿐만 아니라 그 삶이 극도로 빛나기까지 하는 영화로운 생명에 이른다. 이것은 주님의 재림 때에 이루어지는 일이 아니고, 고난받는 성도가 이 세상을 떠날 때에 이루어지는 일이다. 이렇게 해석하는 이유는, 본문이 육신의 죽음에 대하여 말한 뒤에 이 말씀("생명의 관")이 나오기 때문이다. 스밀데(E. Smilde)는 이것이 고난받는 성도가 이 세상을 떠난 직후에 일어날 일이라고 말하였다.[54)]

설교 죽도록 충성하라 1(8-10절)

1. 죽음의 가치를 알자

죽도록 충성하는 자는 죽음을 무가치하게 느끼는 자가 아니다. 그는 죽을 때 자기가 잘될 수 있음을 내다보고 느낀다. 잠 14:32에 말하기를 "의인은 그의 죽음에도 소망이 있느니라"고 하였다.

죽는 것은 사는 것 못지않게 중요하다. 시체에 약을 넣어서 썩지 않게 하는 것이 죽음을 아름답게 하는 것이 아니고, 의를 위하여 죽는 것이 아름다

---

54) E. Smilde, *Leven in De Johanneïsche Geschriften*, 186.

운 것이다.

2. 죽도록 충성할 수 있는 자

죽도록 충성할 수 있는 자는 본문이 알려 준다. 그는 생명의 원천이신 예수 그리스도를 진실히 믿는 자이다. 본문에서 그리스도는 "처음이며 마지막이요 죽었다가 살아나신 이"라고 한다(8절). 우리는 그를 쉽게 믿고 받아들일 수 있다. 성경 66권은 그리스도를 증거한다. 구약은 그리스도에 대한 예언이고 신약은 그 성취이다. 파스칼(Pascal: 1623-1662)은 말하기를, 기독교의 예언 성취는 하나가 아니라 수없이 많으므로 믿지 않을 수 없다고 하였다. 그리스도께서 살아 계신 증거는 우리의 환난과 궁핍을 알아주시는 것으로 드러난다. 사람들이 환난과 궁핍을 당하여 주님을 찾을 때에 그가 나타나 주신다. 범브란트(Wurmbrand) 목사가 개종하기 전에 폐결핵으로 요양원에서 지낼 때 "당신은 나를 제자로 만들지 못하실 것입니다. 나는 돈과 여행과 쾌락을 원합니다. 당신을 따르는 것은 진리의 길이지만 무거운 십자가의 길입니다."라고 기도하였다. 그때에 예수님은 "나의 길을 따르라. 십자가의 길을 두려워하지 말라. 십자가의 길이 가장 즐거운 길이다."라고 하셨다. 그 순간 범브란트의 두 눈에 눈물이 가득하였고, 그는 계속해서 신약성경을 읽어나갔다. 그러므로 우리는 고난과 역경을 기꺼이 선택할 수 있다. 고난과 역경은 언제 오는가? 그것은 우리가 피 흘리기까지 죄를 대적할 때, 의를 주리고 목마름같이 사모할 때다. 러시아(구 소련)에서 주님을 위하여 핍박받는 아이다(Aida)라는 여자가 있었다. 그는 4년 동안 옥중에서 고난을 받았는데, 그의 간증에 의하면, 자기에게는 옥중에 함께한 훌륭한 친구가 있었다고 한다. 그 친구는 예수 그리스도였다.

설교 죽도록 충성하라 2(8-10절)

"죽도록 충성하라"는 말씀에서 크게 세 가지를 생각할 수 있다. 첫째, 진리를 바르게 알도록 죽을힘을 다하는 것이고, 둘째, 직책을 수행하는 데 힘을 다하는 것이고, 셋째, 절개를 지키는 것이다.

1. 진리를 알기 위하여 죽도록 노력함

우리는 무엇보다도 성경을 바르게 알도록 모든 노력을 다해야 한다. 교역자가 성경을 모르면 거짓말을 가장 많이 하는 자가 되기 쉽다. 그 이유는, 교역자는 누구보다도 말을 많이 하는 사람이므로, 그가 진리를 모르면 거짓말을 많이 하게 되기 때문이다. 잠언에 말하기를 "거짓 증거하는 사람은 방망이요 칼이요 뾰족한 화살이니라"(잠 25:18), "거짓 증인은 벌을 면하지 못할 것이요 거짓말을 하는 자도 피하지 못하리라"(잠 19:5), "가난한 자는 거짓말하는 자보다 나으니라"(잠 19:22)고 하였다.

2. 직책을 수행하는 데 죽을힘을 다함

하나님께서는 우리의 복음 사역의 성과보다 그에 대한 충성을 보신다(고전 4:2 참조). 교역자들은 괴로우나 즐거우나 복음을 전해야 된다. 때를 얻든지 못 얻든지 자기의 직책을 다해야 된다(딤후 4:2). 복음을 전하는 자에게는 환난의 때가 복음의 열매를 많이 거두는 시기이다. 존 번연(John Bunyan)이 옥중에서 저술한 『천로역정』(The Pilgrim's Progress)이란 책은 오랜 세월 동안 빛나고 있다. 암브로시우스(Ambrose, 340년경)는 불법과 타협하지 않는 점에서 강하였다. 그는 테오도시우스 황제(Theodosius, 329-395)가 교회당에 들어와 일반 신도의 자리가 아닌 사제의 자리에 서는 것을 금하였고, 그 후에 그 황제가 무죄한 백성의 피를 흘리고도 교회에 올 때는 그를 책망하였다. 그 황제는 그렇게 책망을 받고 8개월간 궁중에서 울었다고 한다. 그리고 암브로시우스 감독에 관하여 말하기를 "나는 나에게 감히 진리를 말하는 사람을 처음 보았다. 그 사람은 진정으로 감독 될 자격이 있는 사람이다. 그는 밀라노(Millan)에 있다"고 하였다. 그 황제는 주후 395년에 암브로시우스 감독의 기도를 받으며 별세하였다. 순교자 주기철 목사가 의성 감옥에 수감되었을 때 형사가 때리려고 하자, 그 형사의 영혼을 생각하여 말하기를 "당신이 나를 때리고 하나님의 심판을 받을 때에 때린 이유를 말할 수 있겠는가? 그때에 무엇이라고 답할 것인가?"라고 물었다고 한다. 그러자 그 형사는 가만히 생각해 보다가 그 자리를 떠났다고 한다.

3. 죽도록 절개를 지킴

절개 없는 사람은 뼈가 없는 사람과 같다. 이 세상에는 나라를 위하여, 혹은 개인을 위해서도 절개를 지키는 사람들이 있다. 친구를 사귈 때도 절개가 필요하다. 그렇지 않으면 그것은 친구를 사귀는 것이 아니고 사람을 농락하는 것이다. 옛날 관중(管仲)과 포숙(胞叔)은 절개 있는 우정을 가진 친구였다. 그런데 관중이 포숙과 함께 장사할 때에 관중이 이익을 더 많이 차지하였다. 그러자 포숙은 관중을 이해하며 말하기를, 그가 가난해서 그리했을 것이라고 하며 우정을 잃지 않았다. 이렇게 불신자도 친구를 이해하고 끝까지 우정을 유지하였는데, 하물며 성령과 함께 있는 신자가 하나님에 대한 절개를 끝까지 지키지 못하겠는가?

11 귀 있는 자는 성령이 교회들에게 하시는 말씀을 들을지어다 이기는 자는 둘째 사망의 해를 받지 아니하리라. "둘째 사망의 해." 이것은 멸망받을 자들이 최후에 받는 분깃이다. 곧 계 19:20; 20:10; 21:8에 있는 "불 못"과 동일시된다. 어떤 사람들은 "불 못"은 사도 요한이 사해(소돔과 고모라 자리)라는 흉한 바다를 예

로 들어서 형언할 수 없는 흉한 곳인 지옥을 상징한 것이라고 한다. 에녹경에도 사해를 악령들이 벌 받는 곳으로 말하고 있다. 그러나 우리는 계시록이 말하는 지옥을 악한 자들이 영원한 형벌을 받는 곳이라고 믿을 뿐이다.

설교 죽도록 충성하자 3(8-11절)

"죽도록"이란 말(ἄχρι θανάτου)은 '죽음에 내어 줄 때까지'란 뜻이다. 이것은 환난이나 고난의 정도를 표현한 것이다. 또한 이 뜻은 본문의 문맥으로 볼 때, 그 당시에 이미 환난의 바람이 불고 있었음을 알려 준다.

1. 주님을 위해 죽을 준비가 되어 있어야 한다

"장차 받을 고난을 두려워하지"(10절) 않는 것이 그 준비이다. 이 준비는 현재 우리가 주님의 뜻대로 살기 위해 받는 환난과 훼방을 주님이 알아주시는 것을 체험함으로써 이루어진다. 우리가 정신을 차리고 진리대로 살기 위해 힘쓰면 주님의 위로를 받는다. 오래 전 친구 아들의 결혼 주례를 부탁받은 적이 있다. 그런데 혼가가 있는 그 지방에서는 나의 신앙 노선을 반대하는 사람들이 있어서 심지어 예배당도 빌려 주지 않기로 했다는 소식이 들려왔다. 나는 이 일을 놓고 기도하였다. 이상하게도 나의 가슴에서 들리는 듯한 소리는 "너는 하나님의 하인이다."라는 것이었다. 즉 롬 14:4의 말씀, 곧 하인이 "서 있는 것이나 넘어지는 것이 자기 주인에게 있으매 그가 세움을 받으리니 이는 그를 세우시는 권능이 주께 있음이라"란 말씀이 나의 마음에 뜨겁게 울려 온 것이다. 그때 나는 주님이 나의 곤란한 상황을 아시고(계 2:9) 나를 격려해 주시는 것이라고 확신하게 되었다. 그래서 안심하고 그 지방으로 가서 주례를 하였다. 결혼식은 참으로 은혜로웠고 부흥회와 같았다.

2. 죽기까지 충성할 의욕

사람들은 죽기를 원하지 않는다. 그러나 주님은 죽도록 충성하는 자에게 "생명의 관을… 주리라"고 약속하셨다(10절 끝). 생명의 관은 절정의 영적 생명력이다. 이 상급을 아는 자라면 누구든지 "죽도록 충성"할 것이다. 사도 바울은 말하기를 "우리가 담대하여 원하는 바는 차라리 몸을 떠나 주와 함께 있는 그것이라"(고후 5:8)고 하였다. 그는 주님과 함께 거하는 것이 삶의 절정이고 면류관이라고 생각하였으므로 담대히 죽기를 원하였다. 죽도록 충성한 신자가 아주 죽는 경우도 있지만, 주님의 뜻이면 죽을 뻔한 자리에서 다시 살게 되는 경우도 있다. 죽도록 충성하면서 죽을 뻔한 자리에서 살아난 신자도 평생 영적인 삶의 풍성함을 누린다. 동로마 제국의 크리소스토모스(Chrysostom, AD 347-406)는 죽을 뻔한 체험을 좋아한 사람으로 정평이 나 있었다. 그만큼 그의 삶은 풍성하였다. 그의 이름이 "황금 입"(Golden mouth)이라는 뜻인데, 이것은 그가 설교로 많은 사람을 살렸기 때문에 받은 별명이다. 그는 성경(신구약)을 전부 암송하였고, 그의 설교는 너무도 영적인 생명으로 충만하였던 것이다. 그는 한평생 죽을 뻔한 체험으로 일관하였다. 교권주의자 테오필로스(Theophilus)와 황후 에우독시아(Eudoxia)의 박해를 받으면서도 끝까지 고난을 감수하며 정치성 없는 강직함으로 원수들과 타협하지 않았다. 그 결과 그는 유배도 당했고, 추운 날 신발을 벗고 여행하라는 강요를 받아서 길을 가다가 얼어 죽었다.

사도 바울은 죽을 뻔한 위기에서 죽은 자를 다시 살리시는 하나님을 믿게 되었고(고후 1:9), 성 프란치스코도 죽을 뻔한 경험에서 큰 힘을 얻었고, 칼빈의 제자인 베자는 600번이나 죽을 뻔하였다고 한다. 오늘날에도 영적 생명이 풍부하여 사역에서 승리하는 교역자들은 죽을 뻔한 체험을 했거나 하고 있는 자들이다.

12-17절. 버가모 교회에 보낸 편지

12 버가모 교회의 사자에게 편지하라 좌우에 날선 검을 가지신 이가 이르시되. "버가모"는 무시아의 카이쿠스(Caicus) 강변에 위치한 땅이다. 여기에는 로마 황제를 예배하는 신전이 있었고, 아스클레피오스(Asclepius)라는 뱀 신상의 전각과 제우스(Zeus) 신전이 있는, 우상 숭배의 본부와 같은 곳이었다. 그래서 본문은 이곳을 가리켜 사단의 위(位)가 있는 곳이라고 하였다(13절).

"좌우에 날선 검을 가지신 이." 영적 전투가 필요한 버가모 교회에 주님께서 이런 칭호를 가지고 임하신 것은 매우 적합하다(16절 참조). "좌우에 날선 검"은 하나님의 말씀을 상징하는데, 죄인들을 바른길로 인도하시고 심판하시는 데 사용되는 것이다(히 4:12; 계 1:12 참조).

13 네가 어디에 사는지를 내가 아노니 거기는 사탄의 권좌가 있는 데라 네가 내 이름을 굳게 잡아서 내 충성된 증인 안디바가 너희 가운데 곧 사탄이 사는 곳에서 죽임을 당할 때에도 나를 믿는 믿음을 저버리지 아니하였도다. "사탄의 권좌가 있는 데." 이것은 버가모가 우상의 중심지였음을 염두에 둔 말씀이다. 버가모에는 제우스, 다오니오스, 아테나, 아스클레피오스 등 네 개의 큰 우상 전각이 있었고, 또 로마 황제를 숭배하기 위한 두 개의 전각이 있었다. 특별히 아스클레피오스 전각에는 각처로부터 장애인들이 모여들어서 아스클레피오스 신이 주는 꿈으로 치료를 할 수 있다고 믿었다. 이처럼 버가모는 아시아의 우상 숭배 본부와 같은 곳이었다. 제우스 우상 숭배의 유적은 독일 사람 후만(Humann)이 발굴했으며 페르가몬 박물관에 소장되어 있다.

"충성된 증인." 순교하는 자의 삶은 충성이다. 충성은 진실을 의미한다. 누구든지 성경의 뜻을 바르게 알면 믿어지고, 그 말씀대로 진실히 살게 된다. 그 말씀은 진실 자체이다. 참된 신자는 어떠한 고난 앞에서도 진실한 삶을 포기하지 않는다. 그런 강한 힘은 예수님이 함께해 주시는 힘이다. 예수님은 진실한 자와 함께하신다(요 2:24-25). 그러므로 우리는 순교자의 승리가 하나님께로부터 말미암는다는 것을 알아야 한다. 신자가 왜 마귀(사탄)의 핍박으로 죽게 되는가? 그 죽음은 실패인가? 아니다. 그것은 승리이다. 원수가 그를 죽일지라도 그는 자신이 믿는 진리를 빼앗기지 않았다. 그것이 승리이다. 그러므로 주님의 진리를 지키기 위한 영광스러운 죽음은 순교이다. 어떤 순교자는 그를 죽이는 원수에게 말하기를 "너는 내가 보호하기 어려운 생명을 빼앗고 나를 영원한 생명으로 인도해 주는구나."라고 하였다. 오늘날의 신자들은 예수를 편하게 믿으려 한다. 그러나 스펄전은 "신자에게는 하나님의 개가 되는 것이 마귀의 사랑하는 아들이 되는 것보다 좋다"고 하였다. 성도가 순교할 때에는 다음과 같이 생각한다. ① 마귀와 싸우며 괴로움을 당하는 것은 예수님을 기쁘시게 하는 것이다. ② 순교를 각오하고 굳게 서면 하나님의 성령이 역사하시는 기쁨을 얻는다. ③ 순교하면 영원한 내세에서 상급을 얻는다.

"안디바." 이 사람은 버가모에서 순교한 성도인 듯하다. 3세기에 발굴한 버가모의 조각물에 이 이름이 있고(Deissm, 187), 테르툴리아누스(Tertullian)는 이 사람을 버가모에서 실제로 순교한 사람으로 여겼다(adv. Gost Scrp. 12). 그러나 그가 어떤 사람이었는지에 대한 상세한 기록은 없다. 시몬 마타프라테스(Simon Mataphrates)가 전하는 전설(전설일 뿐 성경은 아니다)에 의하면, 안디바는 버가모 교회의 감독이었는데, 그의 명성이 높았기 때문에 로마의 황제 예배 종파에게 잡혀서 놋으로 만든 황소 속에서 불태워져 죽었다고 한다(Moffatt). 에우세비오스(Eusebius)는 말하기를, 카르푸스(Carpus), 파필루스(Papylus), 아가토니케(Agathonike)와 기타 순교자들이 사도 요한 이후의 버가모 교회 출신이었다고 한다.[55] 핍박자들이 그 순교자들로 하여금 그리스도를 훼방하는 말을 하게 하려고 갖은 악형을 가했지만 그

55) Eusebius, H.E., 4:15, 48.

들은 굴복하지 않았다고 한다.

14-15 그러나 네게 두어 가지 책망할 것이 있나니 거기 네게 발람의 교훈을 지키는 자들이 있도다 발람이 발락을 가르쳐 이스라엘 자손 앞에 걸림돌을 놓아 우상의 제물을 먹게 하였고 또 행음하게 하였느니라 이와 같이 네게도 니골라 당의 교훈을 지키는 자들이 있도다. "이스라엘 자손 앞에 걸림돌." 발람이 발락의 요청대로 이스라엘을 저주하지는 않았지만, 이스라엘 남자들을 유혹하여 모압 여인들과 음행하게 하는 꾀를 발락에게 가르쳐 주었다(민 25:1-5; 31:16). 버가모 교회에도 이런 악한 자들이 몰래 들어와서 신자들을 유인하여 우상을 섬기는 장소에 가게 하고, 그 제물까지 먹게 하였다. 이러한 유혹에 빠진 자들은 결국 사도들이 성령의 인도하심을 따라 제정하여 이방 교회에 보낸 명령(행 15:20, 29)을 어긴 것이다.

16 그러므로 회개하라 그리하지 아니하면 내가 네게 속히 가서 내 입의 검으로 그들과 싸우리라. 이 구절은 발람이 하나님의 뜻을 거스르고 모압 왕 발락의 요청대로 가다가 칼을 뽑아 든 천사를 만나게 된 사실(민 22:31)을 염두에 두고 한 말씀이다(겔 3:17-20; 33:6, 13 참조).

"내 입의 검으로 그들과 싸우리라." 주님께서는 택하신 백성들을 해하는 자들을 그대로 두지 않고 반드시 대적하신다. 이런 대적은 발람에게도 있었다(민 22:31-32).

17 귀 있는 자는 성령이 교회들에게 하시는 말씀을 들을지어다 이기는 그에게는 내가 감추었던 만나를 주고 또 흰 돌을 줄 터인데 그 돌 위에 새 이름을 기록한 것이 있나니 받는 자 밖에는 그 이름을 알 사람이 없느니라. "감추었던 만나." 랍비의 전설에 의하면, 예레미야나 이사야가 "만나"를 담은 법궤를 어딘가에 감추었는데, 이것이 메시아 시대에 공개된다고 한다.[56] 그렇다면 이 구절 말씀은 그런 전설을 염두에 둔 것일까? 그렇게 생각되지 않는다. 마이어(Meyer)는 여기 나오는 "감추었

---

56) 2 Macc. 2:4-6, Mechilta Ex 16:25.

던"이란 말을 이 세상에는 없고 하늘에만 있다는 의미로 보고, "만나"는 하늘에서 먹는 양식이라고 하였다. 적합한 해석이다. 크레이다너스(Greijdanus)도 이와 비슷하게 해석하여 말하기를 "감추었던 만나는 신령하고 놀랍고 영화롭고 참된 양식이다."라고 하였다. 그러나 그보다는 영적 양식, 곧 예수님의 상하신 몸을 비유한다(요 6:31, 51 참조).

"흰 돌." "돌"은 신자를 비유하며(벧전 2:5-6), 택하신 백성의 표시이다(출 28:15-21). "흰 빛"은 성결을 의미한다. 모팻(Moffatt)은, "흰 돌"이 이방의 미신 사상에서 유래한 것이라고 잘못 생각하여, 몇 가지 미신을 소개하면서 그것과 결부시켜 해석하였다. ① 고대인들에게 "흰 돌"은 운수 좋은 부적을 의미하였는데, 거기에 신(神)의 이름을 쓰면 그것으로 귀신을 물리칠 수 있고, 또 자기들이 섬기는 신의 거처에 출입할 수 있다고 믿었다는 것이다.[57] 이 미신에 의하여 해석하면서 그는 흰 돌에 그리스도의 이름을 쓴 것은 그것을 소유한 사람이 모든 위험에서 안전하게 하고, 또 하나님께 가까이 나아갈 수 있게 한다고 하였다. 그러나 이 해석은 성경 저자의 마음을 잘못 이해한 것이다. 성경 저자들은 미신의 풍습을 미워하고 또 멀리하였다. ② 또한 모팻은 로마의 황제 예배와 관련된 제사장이 말한 "내 이름을 돌 위에 써라. 그리하면 영원히 존재하리라"고 한 말을 연결시켰다. 그러나 이것도 억지 주장이다. 성경 기자들은 우상 숭배를 미워했는데, 어떻게 그것과 관련된 사상을 받아들일 수 있겠는가! ③ 그는 또다시 신비종파의 견습생이 그 종파의 정회원이 되었을 때 흰 돌에 그의 새 이름을 쓰는 풍속에서 계시록의 이 말씀이 유래한 듯하다고 하였다. 그러나 이것도 성경 저자들의 마음을 모르고 한 말이다. 성경 저자들은 이교의 우상 숭배 풍속을 미워했으므로 결코 거기에서 무언가를 받아들였을 리 없다.

---

57) Dieterich. Mithras Liturgie 31.

"새 이름…받는 자 밖에는 그 이름을 알 사람이 없느니라." 크레이다너스는 말하기를 "흰 돌에 쓴 새 이름은 이기는 자에게 세워 주는 그의 본질과 인격과 거기에 해당하는 영광과 지위의 선물을 상징한다. 우상을 제사하는 자리에 참석하는 것을 거절한 신자는 이 세상에서 박해를 받고, 심지어 생업까지 빼앗기는 일도 있다. 그러나 세상 사람들이 모르게 그는 하늘에서 영광스럽고 명예로운 인격과 지위를 얻는 것이다."라고 하였다.[58] 이것은 바른 해석이라고 생각된다. 그러나 로마이어(Lohmeyer)는 다르게 해석하여 "새 이름"은 그리스도의 것이라고 하며 "그것은 새것이다. 그 이유는, 그것이 지금까지 알려지지 않았다가 그것을 받는 자만 비로소 하늘에서 알게 되기 때문이다"[59]라고 하였다. 계 19:12을 보면, 이 해석도 생각해 볼 만하다. 그리스도께서 자기의 "새 이름"을 흰 돌에 써서 이기는 자에게 주신다는 것은, 그리스도께서 그와 전에 없던 긴밀한 교제를 시작해 주시는 특별한 은혜를 의미한 듯하다. 그러나 우리는 이 해석을 신뢰하기 어렵다.

"흰 돌"에 대한 바른 해석은 다음과 같다. "흰 빛"은 승리와 성결을 의미하고, "돌"은 튼튼함을 가리킨다. 이것은 그리스도의 피로 죄 사함을 받은, 택하신 백성의 인격을 비유한다. "받는 자 밖에는 그 이름을 알 사람이 없느니라." 이것은 구원받은 자의 구원체험과 승리체험이 받는 자에게 국한된 것을 가리킨다. 새 노래도 부르는 자 외에는 학습하지 못한다고 하였다(계 14:3 참조).

18-29절. 두아디라 교회에 보낸 편지

18 두아디라 교회의 사자에게 편지하라 그 눈이 불꽃 같고 그 발이 빛난 주석과 같은 하나님의 아들이 이르시되. "두아디라." 이곳의 현재 이름은 아키사르(Akhissar)

---

58) Greijdanus, *Openbaring*, 77.

59) Lohmeyer, *Die Offenbarung Des Johannes*, 27.

이며 무시아 접경에 있다. 자색 옷감 장사인 루디아가 이곳 여인이었고(행 16:14), 그로 말미암아 이곳에 교회가 설립된 듯하다. 두아디라에는 남신과 여신을 우상으로 섬기는 악한 풍속이 있었는데, 특별히 그 신당 중 하나에는 재앙을 내리는 귀신의 뜻을 전하는 소위 여선지자가 있었다고 한다. 어떤 사람은 이 인물이 계 2:20의 "이세벨"이라고 한다. 그러나 확실하지는 않다.

두아디라에는 구리를 가공하는 사람들과 염료와 관련된 일을 하는 사람 등이 조합을 이루고 있었다. 루디아는 이 지방 출신으로 염료 행상을 하고 있었다(행 16:14). 이처럼 조합의 지배력이 강한 곳에는 생활 통제가 있어서 복음과 충돌하는 경우도 많았을 것이다. 그러므로 미약한 교회는 그 충돌을 면하려고 타협의 길을 취하기 쉽다. 두아디라 교회의 신자들은 그 지방 조합의 지도에 따라서 우상과 관련된 행사에 참석한 듯하다. 그런 경우에는 우상의 제물을 먹었을 것이고, 또한 우상 숭배자들과 함께 음란한 일에까지 연루되었을 수 있다. 고대 교회에는 복음이 신자를 율법에서 해방시킨다는 교리를 오해하여, 반율법주의로 떨어지는 악한 사상이 유행하였다. 그 악한 사상에 감염된 무리는 우상의 제물을 먹는 것과 음행 같은 것을 기탄없이 행하였을 듯하다.

"사자에게 편지하라." 여기서 "사자"란 말(ἄγγελος)은 교역자를 뜻하는 것이 아니다. 문맥으로 보아도 "이세벨"이란 여자로 상징된 자가 두아디라 교회의 교역자이다(계 2:20 참조). 성경에는 교역자를 "사자"라고 한 곳이 없다. 고후 8:23에 "교회의 사자들"이라고 번역된 헬라어(ἀπόστολοι ἐκκλησιῶν)는 '교회의 보낸 자들'이란 뜻이다. 한국 교회에서 교역자를 "사자"라고 칭하며 일반 교인과는 다른 수준의 사람인 것처럼 높이는 것은 잘못이다. 교역자도 일반 교인과 동일한 "제사장"으로서(벧전 2:9), 그 받은 은사대로 교회를 섬기는 자이다. 그가 진실하고 교회의 인정을 받는, 자격 있는 자라면 인도자의 위치에서 일할 뿐이다.

교회에는 믿음과 사랑으로 사는 하나님의 양떼가 있는가 하면, 이세벨과 같이 교인들(20절의 "내 종들"이란 말의 뜻)을 꾀어 잘못 인도하는 자도 들어오기 쉽다. 두아디라 교회는 그런 불행한 교회이다. 교역자가 다른 사람들을 속이는 자가 되는 것은, 그가 ① 육(죄악)을 버리지 않고 아직도 육에 끌리는 수준에 머물러 있으며, ② 진리에 대한 지식이 부족하여 자기의 사상을 가르치기 때문이다.

"그 눈이 불꽃같고 그 발이 빛난 주석과 같은." 계 1:14-15의 해석을 참조하라. 심판적인 행위로 경계하시는(22-23절) 이 편지에서는 주님의 이러한 칭호가 적절하다.

19 내가 네 사업과 사랑과 믿음과 섬김과 인내를 아노니 네 나중 행위가 처음 것보다 많도다. 여기서 "사업"이란 말은 그다음에 나오는 말들을 총괄하는 단어이다. 어떤 사람들은 이를 다음과 같이 해석한다. 이 구절에서 "사랑"이 첫머리에 놓인 것을 보면, 이 교회는 사랑에 부요한 듯도 하다. 그러나 사랑 다음에 믿음이 놓인 것은, 이 교회의 경건이 순리대로 자라지 못했다는 의미가 포함된 듯하다(살전 1:3; 3:6; 5:8 참조). 사랑은 마땅히 믿음에 근거하고 표현되어야 한다. 그래야 신본주의인 것이다. 하나님께서 계시하신 말씀을 믿고 그 결실로 사랑이 나와야 한다. 그러나 두아디라 교회는 "사랑"을 앞세우다가 "믿음"(하나님의 말씀대로 믿는 믿음)을 두 번째로 여긴 듯하다. 따라서 그 교회는 진리를 기본으로 하지 않고 사랑만 중요시하다가 비진리, 곧 이세벨 이단을 포용하게 된 듯하다. 그것은 우선순위가 바뀐 데서 생긴 과오이다. 그러나 이와 같이 말의 순서에서 그 뜻을 캐는 것은 부자연스러운 면이 있다.

이 부분에 대하여 크레이다너스는 "여기서 사랑이란 것은 그다음에 나타나는 모든 활동의 근본이다. 사랑에서 믿음(신실한 활동)과 섬김과 인내가 나온다"고 하였다. 특히 "섬김과 인내"는 그 앞에 있는 "사랑"의 외적 표현이다. 두아디라 교회의 형편은 에베소 교회의 형편과 대조된다. 에베소 교회는 믿는 도리를 강조한다고 하였지만 그것을 건전하게 힘쓰지 못했기 때문에 사랑을 잃어버렸고, 두아디라 교회는 사랑에 힘쓴다고 하였지만 그것을 진리대로 행하지 못했기 때문에 탈선하였다.

"나중 행위가 처음 것보다 많도다." 이것은 칭찬받을 만한 덕행이다. 사람들은 처음에는 덕행에 힘쓰지만 시간이 흐름에 따라서 점점 식어진다. 이것은 일종 태만이요 배신이다(잠 26:15 참조). 그러나 두아디라 교회는 덕행에 힘썼고, 그것이 점점 더하였다. 이것은 꾸준한 신뢰이고, 부지런하고 진실한 덕이다(잠 22:29 참조).

20 그러나 네게 책망할 일이 있노라 자칭 선지자라 하는 여자 이세벨을 네가 용납함이니 그가 내 종들을 가르쳐 꾀어 행음하게 하고 우상의 제물을 먹게 하는도다. "여자 이세벨." 테오도르 찬은 어떤 사본(A. Q)에 "너의"란 말이 있는 것을 보고 "너의 여자 이세벨"이라고 번역하였다. 그리고 "너의 여자"란 말이 그 교회 '교역자의 아내'라는 의미라고 하였다. 모팻은 여기서 "너의"라는 문구가 몇몇 유력한 사본의 지지를 받으면서도 신뢰하기는 어렵다고 하였다. 또한 어떤 사람은 이것이 바벨론의 시빌라(Sibylle)와 상관있는 어떤 인물을 가리킨다고 이야기한다. 쉬러(Schürer)의 증거[60]에 의하면, 두아디라에 바벨론 신당이 있었다고 한다. 우리는 이 점에 대하여 확실한 결론을 내리기 어렵다. 요컨대 "이세벨"은 이스라엘 왕 아합의 아내 이름인데, 그는 이방의 우상 숭배를 들여와 이스라엘의 종교를 어지럽힌 요망한 여자였다(왕상 16:31; 왕하 9:22). 엘리야가 이 여자를 두고 예언하기를, 1) 개가 그 죽은 시체를 먹으리라고 하였는데(왕상 21:23), 그대로 성취되어 예후로 말미암아 창문에서 떨어져 죽었고(왕하 9:33), 2) 하나님께서 그 자녀들을 다 멸망시키리라고 하였는데(왕상 21:21), 이 또한 그대로 성취되었다(왕하 9:6-37). 이 사건들은 계시록의 이세

---

60) Theol. Abhandlungen, 39

벨에게 한 경고와 유사하다. 곧 ① 그 여자 자신을 병상에 던져서 죽임(22절), ② 그와 함께 음행하는 자들, 곧 그의 교훈과 타협하면서 교역하는 자들을 환난 중에 던짐, ③ 그의 자녀, 곧 완전히 그에게 속한 자들을 죽임이다.

그러므로 두아디라 교회의 이세벨은 밖에서 들어온 이교도이며, 자기의 사상으로 복음을 변질시킨 자이다. 이 인물이 여자인지 남자인지는 알 수 없으나, 교회에 들어와서 이세벨과 같은 역할을 하였던 것은 분명하다. 그 인물의 주장은 영지주의(Gnosticism)의 율법파(물질개악설을 주장하며 고행주의를 따름)가 아니라, 반율법파에 속하여 영혼과 물질이 서로 독립되어 있다고 주장하고, 물질인 몸으로 스스로 행하게 하여 무슨 추행이든 꺼릴 것이 없다는 주장이다. 두아디라 교회에는 이런 이단이 침입하여 권력을 잡았던 것이 분명하다.

"용납함이니." 이 말의 헬라어(ἀφεῖς)의 의미는 '그대로 둔다'(방치한다)는 것이다. 즉 적극적으로 동조하지 않으면서, 막지 않는 태도이다. 옳지 않은 인도자를 방관하는 신자들의 심리는 무엇인가? ① 옳지 않은 인도자를 막으려다가 자기들이 어떤 손해를 당할까 봐 염려하고 겁을 내는 것, ② 교회 공동체의 장래 문제를 생각하지 않는 것, ③ 자신들의 수준에서 사랑과 자비를 베풀려고 생각하는 것이다. 이것은 옳지 않은 인도자 한 사람을 도와주려다가 많은 교인의 영혼이 잘못될 것을 생각하지 않는 잔인무도한 방침이다.

"내 종들." 예수님의 "종들"은 누구인가? 이들은 모든 그리스도 신자들을 의미한다. 계시록이 특별히 이렇게 가르친다. 계 22:9에 보면, 천사가 요한에게 말하기를 "나는 너와 네 형제 선지자들과 또 이 두루마리의 말을 지키는 자들과 함께 된 종이니"라고 한다. 여기서 "이 두루마리의 말을 지키는 자들"은 모든 신자를 가리킨다. 신자들을 "하나님의 종"이라고 하는 말씀은 롬 6:22; 고전 7:22에도 있다.

"행음하게 하고." 당시에 우상 숭배와 함께 음행이 자행되었다(민 25:1-5

참조). 우상 숭배는 하나님에 대한 영적 변절이다. 하나님께 변절하여 영적으로 음행을 범한 자는 사람 간에 지켜야 할 도리를 버리고 불결한 죄를 짓기가 더욱 쉬울 것이다. 그러므로 신약 시대에도 하나님께서 신자들에게 우상 숭배와 그 제물을 멀리 하라고 엄히 명하셨다(행 15:20, 28-29).

신자가 우상의 제물을 먹었을 경우에는 어떤 것이 죄가 되는가? 우상의 제물인 줄 모르고 먹었을 경우에는 죄가 아니다(고전 10:25-26). 그러나 우상의 제물을 문제시하는 신자들 앞에서(고전 10:28) 그것을 먹었을 때에는 덕을 세우지 못한다(고전 10: 23-24). 더욱이 이교도들이 제사하는 곳에서 그 제물을 먹으면 그것은 죄가 된다. 사도 바울은 말하기를 "그런즉 내가 무엇을 말하느냐 우상의 제물은 무엇이며 우상은 무엇이냐 무릇 이방인이 제사하는 것은 귀신에게 하는 것이요 하나님께 제사하는 것이 아니니 나는 너희가 귀신과 교제하는 자가 되기를 원하지 아니하노라 너희가 주의 잔과 귀신의 잔을 겸하여 마시지 못하고 주의 식탁과 귀신의 식탁에 겸하여 참여하지 못하리라 그러면 우리가 주를 노여워하시게 하겠느냐 우리가 주보다 강한 자냐"(고전 10:19-22)라고 하였다. 이 말씀은 한 사람이 두 주인을 섬길 수 없다는 주님의 말씀(마 6:24)과 같은 원리이다.

21 또 내가 그에게 회개할 기회를 주었으되 자기의 음행을 회개하고자 하지 아니하는도다. "회개할 기회"는 귀하다. 여기서 "기회"라고 번역된 헬라어(χρόνος)는 '시간'이란 뜻이다. 만사에 다 때가 있다(전 3:1-8). 회개할 기회, 곧 그 시간에 회개하지 않는 것은 그 시간을 하나님의 진노를 쌓는 시간으로 잘못 사용하는 것이다(롬 2:3-5). 이것은 영적 무지인데, ① 사람의 마음을 자세히 아시는 하나님의 전지전능하심을 인정하지 않는 무지이고, ② 장래에 받게 될 화를 느끼지 못하는 무지이다. 이 점에서는 사람이 짐승보다도 못하다. 1970년 초 캘리포니아에 큰 지진이 났다. 그런데 그 지진이 일어나기 얼마 전에 그 지역의 쥐들이 다른 곳으로 전부 이동하였다고 한다.

22 볼지어다 내가 그를 침상에 던질 터이요 또 그와 더불어 간음하는 자들도 만일 그의 행위를 회개하지 아니하면 큰 환난 가운데에 던지고. "침상에 던질 터이요." 이것은 이세벨과 같은 이단자를 벌하여 질병에 걸리게 하시겠다는 말씀이다(1 Macc. 1:5). 소아시아에서 발견된 여러 조각문서에 음행으로 인하여 벌을 받아 병든 사례가 적지 않다(Moffatt).

"그로 더불어 간음하는 자들." 이들은 그 여자의 우상 숭배에 이따금 동참하는 자들을 가리킨다. 그리고 "그의 자녀"는 그 여자의 교훈에 완전히 스며든 자들을 가리킨다. 그들에게 화와 벌이 미치는 것은, 이스라엘의 이세벨의 자녀들이 죽임을 당한 것과 비슷하다(왕상 21:29; 왕하 10:7-8).

"행위를 회개하지 아니하면." 이 말씀을 보면 하나님은 언제나 은혜로우시고 참되신 신(神)이심을 알 수 있다. 가장 큰 죄를 범한 자도 회개(죄를 미워하여 그 죄에서 떠남)하기만 하면 하나님은 그를 용서하신다.

23 또 내가 사망으로 그의 자녀를 죽이리니 모든 교회가 나는 사람의 뜻과 마음을 살피는 자인 줄 알지라 내가 너희 각 사람의 행위대로 갚아 주리라. "나는 사람의 뜻과 마음을 살피는 자인 줄 알지라." 시 7:10; 렘 11:20 참조. 여기서 "뜻"이란 말의 헬라어(νεφροὺς)는 사람의 가장 깊은 욕구와 감각의 근원을 가리킨다. "사람의 가장 깊은 속(감추어진 속)도 하나님 앞에서는 절대로 감추어지지 않는다."[61]

24 두아디라에 남아 있어 이 교훈을 받지 아니하고 소위 사탄의 깊은 것을 알지 못하는 너희에게 말하노니 다른 짐으로 너희에게 지울 것은 없노라. "사탄의 깊은 것." 이것은 당시 두아디라 교회를 둘러싸고 침입한 그노시스파의 주장이었다. 그들은 어떤 일의 이치를 깨닫기 위한 깊은 지각의 필요성을 말하고, 또 그 지각을 얻으려면 나 자신을 그것에 적응시켜야 한다고 주장하면서, 죄의 의미를

---

61) Bavinck, Bijbelsche en Religieuze Psychologie, blz. 65-Er in het verborgenste wezen van den menseh volstrekt niets voor God verborgen is.

알기 위해 죄악에 몸을 던지는 일을 하였다(Zahn, Jülicher). 그들은 그렇게 죄악에 몸을 던져도 그들의 고상한 심령은 조금도 더럽혀지지 않는다고 생각하였다. 그리하여 그들은 마귀를 숭배하기까지 했다. 이 사상에 미혹을 받아서 물든 어떤 기독교인들은 그 당시의 우상 숭배나 음행에 기탄없이 참여하였다. 그러므로 그리스도께서는 여기서 이와 같이 위험한 일을 엄히 금하신다. 모팻도 이와 같이 해석하였다.[62] 모팻이 보수적인 학자는 아니지만 그의 주석에 들어 있는 역사 문학의 내용들은 참고할 만한 것이 있다.

"다른 짐으로 너희에게 지울 것은 없노라." 이 말씀을 볼 때 두아디라 교회의 잘못이 주로 예루살렘 공의회의 결정(행 15:20, 29)에 저촉된 것들이었다고 생각된다(행 15:28-29 참조).

25 다만 너희에게 있는 것을 내가 올 때까지 굳게 잡으라. 두아디라 교회의 장점은 19절 말씀대로 "사업, 사랑, 믿음, 섬김, 인내" 등이다. 그것은 우상 숭배와 타협하지 않고 남아 있는 신자들의 영향력이다(24절). 이러한 것은 주님이 재림하실 때에 칭찬을 받을 만하다. "내가 올 때까지 굳게 잡으라"고 한 말씀이 그 뜻이다.

26 이기는 자와 끝까지 내 일을 지키는 그에게 만국을 다스리는 권세를 주리니. "만국을 다스리는 권세." 시 2:8에 보면 그리스도께서 이 권세를 받으신다. 그리고 그리스도 신자들은 그리스도와 연합되었기 때문에 그가 받으신 이 영광에 동참한다(딤후 2:11-12 참조). 이 권세는 세속적인 것이 아니고 영적인 것이다. 이것은 신자가 그리스도 안에서 죄악과 사망, 세상, 마귀를 이기는 승리를 비유한다. 이것은 새벽별을 받는 것과 같은 것이다. 또한 이것은 신자가 예수 그리스도 자신을 받는 축복의 약속이다.

28 내가 또 그에게 새벽 별을 주리라. "새벽별." 이것은 그리스도 자신을 상징

62) The Expositors' Greek Testament, Revelation of St. John by James Moffatt, 362.

한다(계 22:16). 그리스도를 "새벽별"로 비유한 이유는 왕이신 그의 영광을 생각하여 그리한 것이다(민 24:17).

29 귀 있는 자는 성령이 교회들에게 하시는 말씀을 들을지어다. "귀 있는 자." 7절에 있는 같은 말 해석을 참조하라.

설교 남은 백성(24-29절)

1. 이들은 비진리와 타협하지 아니한 자들이다(24절)

이들이 어떻게 타협을 피했는가? 본문 24절 말씀이 증거한 대로 비진리에 대하여는 "알지 못하는" 것으로 승리하였다. 그것에 대한 이해를 전혀 하지 않고 미련할 정도로(고전 1:21) 거부한 것이다. 어느 정도 이해하면 점차 타협하게 된다. 악에 대한 이해는 해롭다. 성경은 우리에게 "악에는 어린아이가 되라"(고전 14:20)고 하며, "악한 데 미련하기를 원하노라"(롬 16:19)고 한다.

2. 그들은 만국을 다스리는 권세를 받는다(26-27절)

이것은 그들이 장차 내세에서 왕권을 받는다는 것이다. 내세의 왕권은 현세의 왕권처럼 육체적인 영광으로 높아지는 것을 의미하지 않는다. 내세의 왕권은 참된 왕권이며, 그 형태가 이 세상의 것과는 정반대이다.

1) 내세의 왕권은 그리스도 안에 있는 자가 받는다. 내세에 신자들이 받을 "만국을 다스리는 권세"(26절)와 "새벽별"(계 22:16; 민 24:17)은 다 그리스도의 왕권을 가리킨다. 이 선물을 받는 신자는 그리스도 자신을 받는 것이다. 믿음을 소유한 사람은 그 믿음이 크든 작든 그리스도 안에 있는 것이다. 그리스도 안에 있지 않으면 구원을 받지 못한다. 그러므로 구원받은 자는 누구든지 그리스도 안에 있는 자이다. 그는 그리스도의 왕권에 자동적으로 동참하게 된다.

2) 내세의 왕은 어떠한 특성을 지니는가? 그것은 의의 빛이다. 다시 말하면, 죄를 완전히 이긴 승리자의 빛이다. "그 때에 의인들은 자기 아버지 나라에서 해와 같이 빛나리라"고 한 말씀(마 13:43; 벧후 3:13)이 그 뜻이다.

26절의 "이기는 자"란 말은 죄를 이긴 자들, 곧 의를 소유한 자들을 가리킨다. 그리스도 안에서 의를 소유한 사람들은 죄를 이겼으므로, 죄악의 산물(이 세상, 사망, 마귀, 지옥)을 이기기도 한다.

요리

1. 죄를 회개하는 자를 얼마든지 용서하는 것이 기독교의 진리이다(5, 16, 21-22절). 이 진리가 없다면 인간은 영원한 사막이고, 폐허가 될 것이다. 그러나 이 진리가 있으므로 인간에게는 구원과 영생의 소망이 확실하다.

2. 예수 그리스도께서는 우리의 장점과 단점을 아신다(2-3절). 우리 자신보다 더 잘 아시고, 완전히 아신다. 그러므로 우리는 그의 말씀, 곧 성경에 비추어 우리 자신을 용서 없이 판단하여 회개의 열매를 맺어야 하고, 우리의 어두운 마음의 지도에 우리 자신을 맡기는 어리석은 행동에 빠지지 말아야 한다.

3. 하나님은 결코 죄인들에게 회개의 기회를 주시지도 않고 벌하시지 않는다(계 2:21). 그는 자비하신 참된 신이므로 아흔아홉 명의 의인보다 한 명의 죄인이 회개하는 것을 더욱 즐거워하신다(눅 15:7). 또한 하나님께서는 제사보다 자비를 즐거워하신다(마 9:13).

4. 하나님께서는 죄인이 회개하기를 기다리시다가 그 죄인이 회개하지 않

고 극도로 죄악을 채우면, 그때 그를 벌하신다(22-23절). 죄가 가득 차기를 기다리시는 시간이 오랜 기간일 수 있다. 예를 들면 옛날에 홍수로 사람들을 멸하신 사건이다. 그는 멸망을 경고하신 후 120년이 지난 후에야 그 일을 이루셨다. 뿐만 아니라 가나안 일곱 족속의 죄악이 가득 찰 때까지 하나님께서 기다리신 기간은 사대가 흐른(창 15:16), 400여 년이었다. 그러므로 죄를 조금씩 지으면서 계속 죄를 채우는 것은 위험한 일이다. 아무리 작은 죄라도 예사롭게 볼 수 없다.

반면에, 극도로 흉악한 죄는 그것이 단 한 번이었을지라도 하나님께서 묵과하시지 않고 즉각 벌하시는 경우도 있다. ① 이스라엘 백성 중 바알브올에게 속하기를 자원한 죄를 지은 자들 24,000명이 재앙으로 죽은 일(민 25:1-9). 그들은 여호와 하나님의 이적을 많이 본 자들인데, 그와 같이 짧은 시간에 배반한 것은 "짐짓 지은 죄"이므로 용서될 수 없었다. ② 이스라엘 백성이 모세와 하나님을 대적하다가 불뱀에게 물려 죽은 일(민 21:4-6). 그들이 하나님의 이적을 분명히 보고도 하나님과 모세를 대적하였으므로 즉시 벌을 받은 것이다. ③ 가나안을 정탐하고 와서 백성을 낙심하게 한 열 사람이 재앙으로 죽은 일(민 14:37). 이것은 하나님이 친히 하시는 일을 거스른 죄로 인하여 받은 벌이다. ④ 나답과 아비후가 다른 불로 제단에 향을 피우다가 타서 죽은 일(레 10:1-2). 이 사건도 하나님을 거스른 죄로 벌을 받아 죽은 것이다. ⑤ 웃시야 왕이 성전에 들어가서 여호와께 분향하려다가 벌을 받아서 한센병자가 된 일(대하 26:16-21). 웃시야는 하나님이 제정하신 제사 제도를 무시하고 월권하다가 벌을 받은 것이다. ⑥ 아나니아와 삽비라 부부가 죽은 사건(행 5:1-11). 이것은 하나님의 성령을 속인 성령 모독죄이다. ⑦ 헤롯이 충(蟲)에 먹혀 죽은 일(행 12:21-23), 헤롯이 자기를 신으로 높이는 대우를 받다가 벌을 받은 것이다.

제 3 장

내용분해

1. 사데 교회는 영적 생명이 빈약했기 때문에 책망을 받음(1-6절)
2. 빌라델비아 교회는 끝까지 참았기 때문에 칭찬을 받음(7-13절)
3. 라오디게아 교회는 되지 못하고 된 줄로 알았기 때문에 책망을 받음(14-22절)

해석

1-6절. 사데 교회에 대하여

1 사데 교회의 사자에게 편지하라 하나님의 일곱 영과 일곱 별을 가지신 이가 이르시되 내가 네 행위를 아노니 네가 살았다 하는 이름은 가졌으나 죽은 자로다. "사데"는 소아시아의 두아디라 남쪽에 있었던 도시로, 옛날 리디아 왕국의 수도였고, 거기에는 로마 황제 티베리우스(Tiberius)를 섬기는 신전이 있었다(Tac. Ann. IV, 55).

"일곱 영과 일곱 별을 가지신 이." "일곱 영"에 대하여는 계 1:4에 있는 같은 말 해석을 참조하라. "일곱 영"을 가지심은 그가 성령님의 일을 주관하신다는 의미를 포함한다. 그리스도께서 성령님의 일을 주관하신다는 것은 사도 요한의 사상이다(요 14:16). 이 칭호로 오시는 주님께서 성령님의 풍부하신 생명력을 떠난 사데 교회에 적절한 해결을 주실 것이다. "일곱 별"에 대하여는 계 1:16에 있는 같은 말 해석을 참조하라. 교회 역사의 각 시대에 일곱 교회를 배정하는 학파에서는 사데 교회를 가리켜 종교 개혁 후에 세속화된 죽은 정통 교회라고 한다. 그러나 그것이 정당한 견해라고 하기는 어렵다.

2 **너는 일깨어 그 남은 바 죽게 된 것을 굳건하게 하라 내 하나님 앞에 네 행위의 온전한 것을 찾지 못하였노니.** "너는 일깨어." 이 말(γίνου γρηγορῶν)은 잠시 동안만 깨는 것이 아니라 계속 경성하는 것을 의미한다.

"그 남은 바 죽게 된 것을 굳건하게 하라." 사데 교회에 아직 영적 생명이 남아 있었으므로, 그것을 견고히 보존하는 것이 그 교회의 급선무이다. 생명은 잘 보호하고 배양하기만 하면, 비록 미약한 것이라도 점점 활기 있게 자라가는 법이다. 그러므로 사데 교회도 그렇게 해야 된다.

"내 하나님 앞에 네 행위의 온전한 것을 찾지 못하였노니." 사데 교회가 외부에서는 교회적인 행사로 적지 않게 영향력을 발휘하였으나, 하나님 앞에서는 합격하지 못하였다(Greijdanus). "온전함"은 절대적으로 완전한 것을 의미하지 않고, 인간 수준에서 행할 수 있는 표준을 의미한다. 이 말은 특별히 사도 요한이 즐겨 쓰는 말이다(요 17:23; 요일 2:5; 요이 1:8 참조). 신자가 영적 생명력 없이 외부적인 활동에만 열심을 내는 것은 마치 허수아비에 바람이 부풀어 오른 모습과 같다.

3 **그러므로 네가 어떻게 받았으며 어떻게 들었는지 생각하고 지켜 회개하라.** 고전 2:1; 살전 1:9-10; 2:1 참조. 과거에 받은 기이한 은혜를 회고하는 것은 현재의 답답한 심령이 영적 세계의 확실성에 대해 다시금 신념을 가지게 하며, 신앙적인 용단을 고무시킨다.

우리에게 가장 확실한 것은 과거이다. 현재는 괴롭고, 미래는 캄캄하다. 그러나 과거는 확실하다. 사데 교회는 과거에 확실한 신앙 체험이 있었던 것이 분명하다. 그것은 주님이 증거하신 대로 "네가 어떻게 받았으며 어떻게 들었는지 생각하고"란 말씀에 드러난다. 어떤 사람들은 처음 복음을 받을 때 어떤 놀라운 일이나 획기적인 변화 없이 평탄한 환경에서 그저 예배당에 가고 싶어서 다니다가 점차 진리를 깨닫고 꾸준히 신앙생활을 한다. 그것도 귀한 체험이다. 그는 자신도 모르게 인도하신 주님의 자비와 사랑을 체험한 것이다. 그런 은혜를 가리켜 '은밀한 친절'(secret kindness)이라고 한다. 본문의 "받았으며"란 헬라어(εἴληφας)는 완료 능동형인데, 이것은 그 개종 사건이 조용하고도 놀라운 것임을 알려 준다. 그리고 "들었는지"란 말의 헬라어(ἤκουσας)는 과거 능동형이다. 이것은 신자가 개종한 후에 종종 성경이 진리를 깨달은 경험들을 가리킨다. 우리는 다음과 같은 사실도 생각해 보아야 한다. 즉 "내가 예수를 믿지 않았다면 지금쯤 어떻게 되었을까?" 하는 것이다.

만일 일깨지 아니하면 내가 도둑 같이 이르리니 어느 때에 네게 이를는지 네가 알지 못하리라. "내가 도둑같이 이르리니." 이것은 주님께서 깨어 있지 않은 자들에게 임하시는 방법이다(살전 5:1-3 참조). 이것은 그다음 문구가 설명하는 것처럼 그가 뜻밖에 오실 것을 가리킨다. 그러나 여기서는 주님의 재림을 의미하지 않고, 사데 교회를 벌하시는 그의 섭리적 간섭이 뜻밖에 임할 것을 말한다. 개인도 죄악의 잠에서 깨어나지 않으면, 뜻밖의 징벌을 받는 일이 현저하다.

설교 하나님 앞에 미치지 못한 사데 교회(2-3절)

1. 하나님과의 교통에 미치지 못함

주님의 책망은 "내 하나님 앞에 네 행위의 온전한 것을 찾지 못하였노니"란 말씀이다. 여기서 "온전한 것"이란 말(πεπληρωμένα)은 '가득 찼다', 혹은

'이루었다'는 뜻을 가진다. 사데 교회의 예배가 외형적인 의식은 갖추었으나 하나님 앞에서는 그 목적을 이루지 못한 것으로 판정되었다. 그들의 기도도 하나님께 올라가지 못하였으며 그들이 하나님의 말씀을 받는 일에서도 그들은 그 목적(하나님께서 지금 나에게 주시는 말씀을 받는 것)에 이르지 못하였다.

하나님의 말씀은 우리에게 "세미한 소리"로 임한다(왕상 19:12). 왜 세미한 소리라고 하는가? 그것은 사람의 마음속에서 세상적인 욕심과 쾌락의 소리가 없어져야만 들리는 소리이기 때문이다. 밤중에는 작은 소리도 잘 들린다. 그러나 낮에는 다른 소리들이 너무 많기 때문에 작은 소리가 들리지 않는다. 그와 같이 우리가 성경을 읽으면서 하나님의 세미한 소리를 얼마든지 들을 수 있지만, 우리 마음의 귀에 세상 소리가 너무 크게 들리기 때문에 그것을 듣지 못한다.

2. 하나님 앞에서 살지 못함

사데 교회는 윤리적으로도 하나님 앞에서 행하는 표준에 미치지 못하였다. 하나님 앞에서 온전하게 행하는 것은 그가 보시는 줄 알고 그의 시선 앞에서 행하는 것이다. 엡 5:11-12에 말하기를 "너희는 열매 없는 어둠의 일에 참여하지 말고 도리어 책망하라 그들이 은밀히 행하는 것들은 말하기도 부끄러운 것들이라"고 하였다. 우리는 "낮에와 같이 단정히" 행하기를 힘써야 된다(롬 13:13). 곧 하나님께서 보시는 것을 인식하고 행해야 된다. 하나님 한 분이 아시는 것은 온 세상 사람이 다 아는 것보다 더 중용하다.

사실 우리는 사람을 기쁘게 하기보다 하나님을 기쁘시게 하는 것이 쉽다(믿음만 있으면). 그 이유는, 사람은 까다롭고 하나님은 너그러우시기 때문이다. 우리는 언제든지 하나님 앞에서 통과되도록 행하고 마음에 평안을 가져야 한다. 우리가 늘 하나님 앞에서 행하는 것이 부족하면 그것은 죽은 것과 같다. 은밀한 중에 보시는 하나님이 계심을 알고 행하는 자가 진정으로 산 자이다.

4 그러나 사데에 그 옷을 더럽히지 아니한 자 몇 명이 네게 있어 흰 옷을 입고 나와 함께 다니리니 그들은 합당한 자인 연고라. "그 옷을 더럽히지 아니한 자." 이 말씀은 그가 받은 구원과 의(사 61:10)에 합당하게 행하여 세상에 물들지 않고 성결을 지킨 자를 가리킨다(고후 7:1). 물론 그러한 생활도 어떤 의미에서는 도덕적 순결이라고 할 수 있지만, 그 행위의 동기와 결과가 신본주의에 속한다. 다시 말하면, 그것은 하나님께서 입혀 주신 구원과 의를 더럽히지 않고 잘 지키는 경건 생활이다. 모팻(Moffatt)은, "더럽히지 아니한" 그 "옷"이 단순한 인본주의의 도덕적 순결을 의미한다고 하였다. 그러나 그것은 그가 소아시아의 이교 사상에서 취한 그릇된 해석이다.

"몇 명." 헬라어대로 번역하면 "몇 이름들"(ὀλίγα ὀνόματα)이란 뜻으로, 그들의 이름이 주님께 상달된 것을 염두에 두고 한 말씀이다. 우리는 여기서 다음과 같은 영적 사실을 생각할 수 있다. 그들은 "적은 무리"이다. 여기서 "적은 무리"란 말의 헬라어(μικρὸν ποίμνιον)는 '적은 양 무리'라는 의미이다. 이것은 적은 군대의 무리와 대조된다. 양은 저항하지 못하는 짐승으로서, 먹이와 자신에 대한 보호를 전적으로 목자에게 의뢰한다. 이 적은 양 무리는 교만한 신자들의 무리를 의미하지 않고, 온유하고 겸손하며 처음부터 끝까지 주님만 의뢰하는 참된 신자들을 가리킨다. 이들은 이 세상 기준으로 볼 때에는 미약하기 그지없다. 그러나 이들은 존귀한 성도들이다. 다윗은 믿음으로 고백하기를 "땅에 있는 성도들은 존귀한 자들이니 나의 모든 즐거움이 그들에게 있도다"(시 16:3)라고 하였다.

"흰 옷을 입고." 이 "흰 옷"은, 성도들이 하늘나라에 들어가서 받는 하나님의 영광과 완전한 성결을 가리킨다. 모팻은 잘못 해석하기를 "에녹서에서

'흰 색'이 의를 상징하였으므로(85, 90), 여기서도 그러할 것이다. 그것은 마치 베드로계시록이라는 위경에서, 낙원에 거하는 자들이 빛을 입었다고 하며, 지옥에서 죄인을 벌하는 천사들이 검은 옷을 입었다고 하는 것과 같다"고 하였다. 그러나 계시록이 말하는 "흰 옷"은 다니엘 7:9에 근거한 사상이다. 성경을 기록하는 사도가 성경으로 인정하지도 않는 에녹서에서 "흰 옷"이라는 말을 취하였을 리 없다. 뿐만 아니라 사도 시대 이후에 기록된 상상 문학인 베드로계시록과 관련시켜 생각하는 것은 잘못이다.

그렇다면 이 "흰 옷"은 무엇인가? 이것은 신자의 부활한 몸을 가리킨 것이 아니다. 그 이유는, 계 6:11을 볼 때 그것은 별세한 성도가 즉시 하늘에서 받는 것이고 그리스도께서 재림하실 때 받는 것이 아니기 때문이다. "나와 함께 다니리니." 성도들이 주님과 함께 다닌다고 하는 것은 그들이 하늘에서 주님과 밀접한 교제를 나눌 것을 가리킨다(Greijdanus).

"그들은 합당한 자인 연고라." 이것은 그들에게 어떤 공로가 있다는 의미가 아니고, 복음에 합당하게 행하여(빌 1:27) 천국에서 주님과 함께 다닐 자격이 있다(자기의 공의는 없음)는 뜻이다. 다시 말하면, 그들은 그런 축복을 받을 수 있는 참된 신앙의 길을 걸어 왔다는 것이다.

5 이기는 자는 이와 같이 흰 옷을 입을 것이요 내가 그 이름을 생명책에서 결코 지우지 아니하고 그 이름을 내 아버지 앞과 그의 천사들 앞에서 시인하리라. "이기는"이란 말에 대하여는 계 2:7에 있는 같은 말 해석을 참조하고, "흰 옷"에 대하여는 앞절의 해석을 참조하라. "내가 그 이름을 생명책에서 결코 지우지 아니하고." 계 20:12 해석 참조.

6 귀 있는 자는 성령이 교회들에게 하시는 말씀을 들을지어다. "귀 있는 자"에 대하여는 계 2:7에 있는 같은 말의 해석을 참조하라.

설교 사데 교회의 남은 백성(4-6절)

1. 그들은 옷을 더럽히지 않은 자이다

아담 하와가 범죄하기 전에는 옷을 입지 않아도 그들에게 부끄러움이 없었다(창 2:25). 그러나 그들이 범죄한 후에는 무화과나무 잎으로 엮은 치마를 입었다(창 3:7). 알더스(G.Ch.Aalders)는 이러한 그들의 행동을 가리켜 인격 내부의 조화가 손상됨에 따른 불쾌함과 부끄러움 때문에 자기들을 숨기는 행위라고 한다.[63]

하나님을 향하여 살던 인간의 영혼이 범죄 후부터는 하나님을 등지게 되었다. 이렇게 인격의 내부(영혼)가 하나님과의 관계에서 조화를 잃어버리게 되었다. 뿐만 아니라 몸의 상황도 전과 다르게 보기 싫게 되었다. 그때 아담과 하와가 무화과나무 잎으로 치마를 만들어서 입은 것은 하나님 앞에서 그들의 부끄러움을 가리려는 심리였다. 그들은 치마를 만들어 입고도 만족스럽지 않아서 숲속에 숨었다(창 3:8). 이같이 숨는 행동은 점점 발달되어 사람이 자기를 좋게 보이려고 아름다운 옷을 입는 역사로 변천되어 왔다. 사람이 아무리 자기를 단장해도 만족은 없다. 오직 그리스도를 옷 입듯 해야 된다(롬 13:14). 그리스도께서만 우리의 성결이시다(고전 1:30).

우리가 그리스도 안으로 들어가서 사는 방법은 믿음이다. 그것은 나 자신의 연장이 아니라 나를 뛰어넘는 것이다. 예컨대 집에 불이 붙을 때에 뛰어나가는 것과 같다. 그것은 결단이다. 사람이 자기 힘으로 죄와 악습을 끊는다 해도 성결을 이루지는 못한다. 그는 죄를 끊고 그리스도 안으로 뛰어 들어가야 한다. 그것이 성결이다. 본문 4절에 "옷을 더럽히지 아니한 자"란 것은 그리스도 안에서 사는 삶이 중단되지 않은 신자를 말한다(계 22:14 참조).

---

63) G.Ch. Aalders, De Goddelijke Openbaring In De Eerste Drie Hoofdstukken Van Genesis, 1932, 512-513.

사람이 하나님의 은혜로 진실해지면 예수님의 죽음이 나의 죽음을 죽이는 죽음이라고 믿게 된다. 예수님은 이 세상에 오셔서 죄인을 대신하여 죽으셨다. 죄인 된 인간이 이것을 믿지 않고 무엇을 믿겠는가!

2. 그들은 소수이다

성경 본문에 "몇 명"이란 말이 있다. 이것은 소수를 의미한다. 시대적인 부패는 전염병과 같이 대중을 휩쓴다. 이런 때에는 소수의 정의로운 사람들이 살아남는다. 비록 소수일지라도 그들이 정의롭게 신앙을 지킬 때 하나님은 그들을 지극히 사랑하신다. 그들은 사막의 진주와 같다. 눅 12:32에 말하기를 "적은 무리여 무서워 말라 너희 아버지께서 그 나라를 너희에게 주시기를 기뻐하시느니라"고 한다.

3. 그들은 합당한 자들이다

여기서 "합당한"이라는 말(ἄξιοί)은 부르심에 합당하게 행함(엡 4:1-2, 겸손, 온유, 오래 참음, 사랑), 복음에 합당하게 행함(빌 1:27), 주님께 합당히 행함(골 1:10), 그 나라에 합당함(살전 1:5, 그 나라를 위하여 고난을 받음)이다.

범죄한 일이 있는 신자도 진정으로 회개하고 그 죄에서 확실히 떠나면 하나님께 합당한 자로 간주된다. 큰 실수 없이 교만한 자보다 회개한 죄인으로서 겸손한 자가 하나님께 합당하다. 성경은 "하나님이 교만한 자를 물리치시고 겸손한 자에게 은혜를 주신다"(약 4:6)고 말씀한다.

7-13절. 빌라델비아 교회에 보낸 서신

7 빌라델비아 교회의 사자에게 편지하라 거룩하고 진실하사 다윗의 열쇠를 가지신 이 곧 열면 닫을 사람이 없고 닫으면 열 사람이 없는 그가 이르시되. "빌라델비아." 지금은 이곳을 알라샤르(Alahschahr)라고 하는데 지금도 그곳에 기독교 신자들이

산다.

"거룩하고 진실하사 다윗의 열쇠를 가지신 이." 크레이다너스의 해석에 의하면 "거룩하다"는 것은 소극적으로는 그가 죄악에서 완전히 끊어진 상태이고, 적극적으로는 그의 존엄하신 신성과 그의 백성을 구원하시는 성스러운 덕을 가리킨다. "진실"이란 말의 헬라어(ἀληθινός)는 거짓과 대조적인 진실성을 가리키기보다 그림자와 대조되는 실물이나 본체를 가리킨다. 그러면 이 말은 그리스도의 계시자로서 완전하심을 가리킨다. 그리스도로 말미암아 하나님은 완전무결하게 나타나시고, 그의 약속들도 완전하게 성취되었다(고후 1:20). "다윗"은 이스라엘 나라의 임금으로서 이상적인 군주이고, 또한 메시아의 예표였다. 성취자이신 그리스도는 만왕의 왕으로서 "진실하신"(ἀληθινός) 분이다. "다윗의 열쇠"는 천국에 대한 그리스도의 주권을 가리킨다. 그리고 "다윗"은 메시아, 곧 그리스도에게 대한 예언적 칭호이다(겔 34:23).

8 볼지어다 내가 네 앞에 열린 문을 두었으되 능히 닫을 사람이 없으리라 내가 네 행위를 아노니 네가 작은 능력을 가지고서도 내 말을 지키며 내 이름을 배반하지 아니하였도다.

"네 앞에 열린 문." 이것은 신자들이 하나님의 나라에 들어갈 수 있게 하는 기회를 비유한 것이다. 핍박하는 유대인들이 아무리 그것을 막으려고 해도(9절) 어찌할 수 없다.

"작은 능력을 가지고서도 내 말을 지키며." 그리스도께서 빌라델비아 교회를 칭찬하시는 이유는, 그 교회가 소유한 영적 능력이 "작은"데도 신앙을 지키는 데 힘을 다하였기 때문이다. 그것은 그가 가난한 과부의 헌금을 보시고 칭찬하신 것과 같다(막 12:41-44 참조). 주님은 많은 것을 가지고 제멋대로 행동하는 사람을 좋아하시지 않고, 적은 것을 가지고도 천국을 위하여 힘쓰는 자를 귀히 보신다.

설교 빌라델비아 교회가 받은 칭찬(8절)

빌라델비아는 지진이 많은 곳이다. 이 도시는 아탈루스 왕(Attalus Ⅱ)이 세웠는데, 우상이 많아서 작은 아덴이라는 별명이 붙여졌다. 그러나 이 지역에 있던 교회는 신앙을 굳게 지켰다. 이 교회가 주님 앞에서 받은 칭찬은 "작은 능력을 가지고도" 주님의 말씀을 지켰다는 것이다. 신자들이 작은 힘을 가지고 주님께 충성한 것에 대하여 우리는 다음의 몇 가지 진리를 생각할 수 있다.

1. 능력이 작어도 유리하게 되었음

① 신자가 작은 능력을 받고도 감사하며 그것으로 주님을 위하여 힘써 일하면 큰일을 할 수 있다. 주님은 우리가 가진 것을 힘써 바칠 때에 기뻐하신다. 즉 우리가 바치는 것의 양을 기뻐하시기보다 바치는 자의 정성을 기뻐하신다. ② 작은 능력을 가진 사람들이 오히려 겸손한 자리를 차지하기 쉽다. 그들이 성공하는 이유는 하나님께서 겸손한 자에게 은혜를 주시기 때문이다. 슥 13:7에 "작은 자들 위에는 내가 내 손을 드리우리라"고 하였다. ③ 하나님은 작은 것을 소유한 자의 편이 되시기를 원하신다. 그 이유는, 그가 없는 자를 들어서 있는 자를 부끄럽게 하시기 때문이다(고전 1:27-28).

2. 교회의 사명을 다하였음

빌라델비아 교회의 신자들이 "작은 능력"을 가지고 한 일이 무엇인가? 그것은 주님의 말씀을 지킨 것이다. 우리가 하나님의 말씀을 지킬 때에는 쉬운 부분과 어려운 부분이 있다.

1) 쉬운 부분. 신자는 거듭났으므로 하나님의 말씀을 즐거워하게 되었다. 시 119:14에 말하기를 "내가 모든 재물을 즐거워함같이 주의 증거들의 도

를 즐거워하였나이다" 하였고, 56절에는 "내 소유는 이것이니 곧 주의 법도들을 지킨 것이니이다" 하였고, 72절에는, "주의 입의 법이 내게는 천천 금은보다 좋으니이다" 하였고, 136절에는, "그들이 주의 법을 지키지 아니하므로 내 눈물이 시냇물같이 흐르나이다"라고 하였다. 하나님의 말씀을 지키면 생명을 얻을 뿐 아니라 더한 복을 얻게 되므로 우리는 그것을 기쁘게 지킬 수 있다.

2) 어려운 부분. 하나님의 말씀을 지키기 어려운 부분은 매력 있는 죄악이 신자로 하여금 하나님의 말씀을 순종하지 못하도록 방해하는 것이다. 그렇다면 매력 있는 죄악은 무엇인가? 예를 들면 탐심이나 명예심 같은 것이다. 물질은 사람을 미혹한다. 명예도 그러하다. 그러나 성도는 내다본다. 이 부분에서 한 번 실수하면 평생 수치를 당하게 될 것을 분명히 안다. 그리고 하나님의 말씀을 지키기 어려운 또 한 가지 부분은, 세상에서 신자가 하나님의 말씀을 지킬 때, 고난을 받게 될 것이 예상되는 경우이다. 그러나 이런 경우에도 성도들은 주저하지 말고 하나님의 말씀을 지켜야 한다. 신자가 환난과 역경 앞에서도 하나님의 말씀을 지킬 때 하나님이 주시는 영적 생명의 활발한 움직임을 실감하게 되고, 더욱이 핍박하는 자들 앞에서는 평상시보다도 내세의 영광을 더욱 환하게 내다보게 된다. "생각하건대 현재의 고난은 장차 우리에게 나타날 영광과 비교할 수 없도다"(롬 8:18). 하나님의 말씀을 지키기 위해 당하는 고난에는 장래의 축복이 보장되어 있다(롬 5:3-4). 어떤 사람들은 하나님께서 쌓아 두신 축복의 창고에는 지연되는 축복을 보관하는 곳이 있다고 이야기한다. 실제로 어떤 축복은 우리의 기대대로 금방 오지 않고 오래 지연된다. 눅 8:15에 말하기를 "인내로 결실하는 자"라 했고, 눅 21:19에는 "인내로 너희 영혼을 얻으리라"고 하였다.

주님의 말씀을 지키기 어려운 또 한 가지 부분이 있다. 그것은 그 말씀이

요구하는 기준대로 우리의 순종이 완벽해야 된다는 것이다. 사람이 어떻게 그 기준에 맞출 수 있겠는가? 그것은 불가능하다. 이 점에서 우리는 "나는 죄인입니다"라는 깊은 겸손으로 하나님의 은혜를 구한다(눅 17:10; 18:13-14 참조).

9 보라 사단의 회당 곧 자칭 유대인이라 하나 그렇지 아니하고 거짓말 하는 자들 중에서 몇을 네게 주어 그들로 와서 네 발 앞에 절하게 하고 내가 너를 사랑하는 줄을 알게 하리라. "자칭 유대인." 계 2:9에 있는 같은 말 해석을 참조하라. 유대주의자들이 빌라델비아에서 그리스도 신자들을 핍박한 사실은 이그나티오스(Ignatius)도 증거하였다(Philad. 6).

"네게 주어… 네 발 앞에 절하게 하고." 사 45:14; 49:23; 60:14 참조. 이것은 유대인들 중에서도 회개하고 복음을 믿어 교회에 돌아오는 사람이 있을 것을 예언한 것이다. 어떤 학설에 이것은 마지막 날 심판 때에 예수 그리스도를 믿지 않은 유대인들이 성도들 앞에 굴복하고 심판받을 것을 가리킨다고 한다. 그러나 첫 번째 해석이 옳다(Greijdanus).

10 네가 나의 인내의 말씀을 지켰은즉 내가 또한 너를 지켜 시험의 때를 면하게 하리니 이는 장차 온 세상에 임하여 땅에 거하는 자들을 시험할 때라. "네가… 지켰은즉 내가 또한 너를 지켜." 이것은 대구적으로 역설하는 표현이다.

"나의 인내의 말씀." 이것은 ① 사람이 인내를 가져야 지킬 수 있는 복음을 의미한다고 할 수 있고, ② 십자가에 못 박히시기까지 참고 견디신(히 12:2-3) 그리스도의 고난으로 된 복음을 가리킨다고도 한다(Greijdanus). ③ 로마이어(Lohmeyer)는 "나의 인내"라는 어구를 '나를 기다리는 고난'이란 뜻으로 해석하였다. 이 세 가지 가운데 첫 번째가 가장 자연스러운 해석이다.

"시험의 때." 이것은 환난의 시기를 가리키며, 그것이 언제인지는 자세히 알 수 없다. "면하게 하리니." 그들이 이미 유대인의 박해(9절)를 이겼으므로, 앞으로 있을 보다 큰 환난은 주님의 특별한 도우심으로 면하게 된다. 이것은 적은 일에 충성하고 큰 은혜를 입는 원칙에 의한 것이다(마 25:21 참조).

11 내가 속히 오리니. 하나님은 주님의 심판이 섭리적인 것이든 초자연적인 것(재림)이든 "속히"(ταχύ) 이루어진다고 말씀하신다. 이것은 구원사역에 대한 하나님의 열심을 보여 준다. 그 일은 순서와 질서, 과정과 성취가 있으므로 인간의 눈으로 볼 때에는 오랜 세월이 흐르는 것으로 느껴지기도 한다. 그러나 하나님은 그 크신 열심으로 그 일을 속히 이루어 가신다(사 9:7; 고후 11:2 참조).

네가 가진 것을 굳게 잡아. 곧 지금까지 믿어 온 복음 신앙을 끝까지 힘을 다하여 지키라는 것이다. 이것은 유종의 미를 거두라는 의미 있는 말씀이다(계 2:25 참조). 천국은 힘쓰는 자가 빼앗는다(마 11:12).

아무도 네 면류관을 빼앗지 못하게 하라. 이것은 경기장에서 이루어지는 일로 영적인 원리를 비유한 것이며, 상을 잃지 않도록 끝까지 힘쓰라는 말씀이다(히 12:1-4 참조).

12 이기는 자는 내 하나님 성전에 기둥이 되게 하리니. "이기는 자"에 대하여는 계 2:7에 있는 같은 말 해석을 참조하라.

"내 하나님 성전." 이것은 영광스러운 내세에 있는 하늘 성전을 가리킨다. 얼핏 보면 계 21:22의 말씀, 곧 "성 안에서 내가 성전을 보지 못하였으니"란 말씀과 상충되는 것 같다. 그러나 성전이 없다는 말씀은 형체적인 성전이 없다는 뜻이다. 영적인 성전은 영원히 존속한다. 구원을 받아서 하나님과 함께 하늘에 있는 성도들도 영원히 하나님을 경배하며 섬긴다(계 22:3 참조). 하나님을 경배하며 섬기는 처소가 곧 성전이다. 틸리히(Paul Tillich)는 말하기를 "역사의 종말은 종교의 종말이다. 하늘 예루살렘에는 성전이 없다. 영원한 세계에는 종교가 없다"고 하였다.[64] 이것은 잘못된 사상이다.

---

64) Paul Tillich, *Systematic Theology III*, 1976, 403.

"기둥이 되게 하리니." 이것도 작은 일에 충성하여 큰 상급을 받는 원칙(마 25:23)에 의한 보상이다. "기둥"은 든든하게 서서 건축물의 가장 큰 힘받이가 되는 것이다. 빌라델비아 교회가 이 세상에서 작은 힘을 가지고도 충성했기 때문에 내세에서 큰 지위를 얻게 되었다. 주님은 신자가소유할 수 있는 그 어떤 능력, 심지어 영적인 능력보다도 그의 충성을 귀하게 보신다. 충성이란 것은 신자가 하나님을 하나님답게 대하는 진실(ἀληθινός)을 의미하는 것이므로 하나님께서 그것을 귀하게 여기신다. 이 세상에서 작은 힘을 가진 자라도 열심히 충성하여 내세에서는 영광에 부요한 자가 된다면 참으로 놀라운 기쁨이 될 것이다.

그가 결코 다시 나가지 아니하리라. 이것은 그가 내세의 축복을 받는 지위에서 영원히 흔들리지 않을 것을 약속하신 것이다. 어떤 학설에 의하면, 빌라델비아는 지진이 많은 도시여서 그곳에 사는 사람들은 무너진 집을 자주 수리하게 되었고 그런 이유로 세금을 면제받았다고 한다. 그와 같이 변화와 동요가 많은 지역에 거하는 사람들에게 영원히 흔들리지 않는, 안전한 내세의 축복은 얼마나 귀한가!

내가 하나님의 이름과… 새 예루살렘의 이름과 나의 새 이름을 그이 위에 기록하리라. 이것은 그 "이기는 자"를 하늘의 보물로 여기고, 그에 대한 하나님의 소유권을 삼중으로 표현하는 말씀이다. 그를 하나님의 소유, 새 예루살렘의 소유, 그리스도의 소유로 영원히 있게 하려고 그에게 세 가지 거룩한 이름을 기록하시겠다고 약속해 주신다. 특별히 그리스도의 "새 이름"을 쓴 것이 우리의 주의를 끈다. 그의 "새 이름"은 그만 아시는 것이라고 했다(계 19:12). 그야말로 가장 깊은 내막이 담긴 이름이다. 그것은 이 세상에 나타나지 않은 것이다. 이런 의미의 성호로 그에 대한 소유를 말씀하시는 것은, 그가 이 소유를 견고하게, 또는 귀중하게 여기신다는 의미이다. 빌라델비아 교회 신자들이 그 작은 힘으로 애쓸 때에 넘어질 뻔한 적도 있었을 것이고, 혹은 넘어진 것 같은 때도 있었을 것이다. 그러나 주님은 그것을 나무라시지 않고 오히려 귀하게 보셨다. 이제 그들은 비틀거리며 고생하던 과거와는 정반대로, 하나님으로부터 "기둥"같이 든든하게 하늘에 속한 자라는 보증을 받았다. 이것은 은혜의 역설(Paradox)이다. 적은 일에 충성한 자가 큰 상을 받는 복음의 원리이다(마 25:21 참조). 이 말씀을 보면서 우리와 같이 약한 자들도 위로와 소망과 용기를 가지게 된다.

13 **귀 있는 자는 성령이 교회들에게 하시는 말씀을 들을지어다.** 계 2:7에 있는 같은 말 해석을 참조하라.

설교 빌라델비아 교회와 유대인의 적그리스도 운동(7-13절)

주후 1세기 말경에 불신 유대인들이 각국에 흩어져 살았다. 그들은 예수님이 메시아가 아니라고 하였다. 빌라델비아 지방에 거주하던 유대인들도 마찬가지였다. 그러므로 그곳에 사는 그리스도 신자들은 그 말에 미혹을 받기 쉬웠다. 그러나 그들은 그 시험을 이겼다(8절 하반). 그때에 하늘에 계시는 예수님은 사도 요한을 통하여 그곳의 신자들을 위로하셨고, 또한 그들에게 밝은 소망을 주셨다.

1. 예수님께서 자기 자신이 곧 그리스도라고 하심(7절)

본문 7절의 "다윗의 열쇠를 가지신 이"란 말씀은 '그리스도'라는 뜻이다. 메시아(그리스도)를 "다윗"이라고 한 것은 겔 34:23에 예언되어 있다. 이것은 에스겔 선지자가 예수님께서 탄생하시기 600년 전에 예언한 것으로, 그리스도에 대한 구약의 예언 456건 중 하나이다.

2. 영적 이스라엘이 참이스라엘이라고 하심(8-11절)

예수님은 불신앙을 고집하는 육적 유대인들을 "사단의 회당"(9절)이라고 하셨다. 그것은 그가 요 8:44에 말씀하신 것과 유사하다. 이처럼 예수님은 참으로 믿는 자는 어느 나라 사람이든 메시아(구주)로 말미암아 구원을 받는 "하나님의 이스라엘"(갈 6:16)이라고 하신다(갈 3:7 참조). 본문 9절의 말씀은 육적 이스라엘에 속한 자들이 영적 이스라엘을 핍박하지만 마침내 영적 이스라엘에게 항복하고 돌아올 때가 있다는 것이다. 다시 말하면, 복음의 원수들이 마침내 복음으로 돌아올 때가 있다. 신자들이 현재에도 이 사실을 생각하면 믿음에 더욱 힘을 얻게 된다.

3. 신자들에게 장차 닥쳐올 환난에서 승리할 것을 약속하심(10-11절)

이것은 그리스도께서 장차 있을 적그리스도의 환난 중에도 신자들을 지켜 주셔서 믿음으로 승리하게 하신다는 약속이다. 우리가 명심할 것은, 이 약속은 신자들이 환난을 당하지 않는다는 의미가 아니라는 것이다. 이와 같은 말씀은 요 17:15에도 있다. 고난은 우리에게 기쁜 것이 아니지만, 그것에 믿음으로 대처하는 자는 인격이 성결해지는 은혜를 받는다.

설교 확정된 이름(12-13절)

1. 기둥이 되기 전 신자들

그들은 이 세상에서 확정되지 않은 가명을 가지고 있다. 이 땅에서 신앙생활을 한다고 하면서 그 심령은 하나님께 드리지 않고 "주여, 주여!" 하며 예배와 봉사의 활동을 한다. 그와 같이 그의 심령이 이 세상을 사랑하는 데 빠져 있으므로 "신자"라는 그의 이름은 확정된 것이 아니다.

2. "기둥"이 된 자들

구약 시대 성전에는 두 기둥이 있었는데, 그 이름이 야긴과 보아스였다(왕상 7:21-22). "야긴"은 '그가 세우리라'는 뜻이고, "보아스"는 '그에게 능력이 있다'는 뜻이다. 그러므로 이 세상에서 이긴 신자가 천국에 가서 "기둥"이 된다는 것은 하나님께서 든든하게 하셨다는 뜻이다. 그들은 기둥같이 튼튼한 자들이다. 그들에게는 변함이 없다. "다시 나가지 아니하리라"는 말씀이 그 뜻이다.

그들은 거기서 확정된 귀한 이름을 받는다. "하나님의 이름"(하나님의 소유란 뜻), "새 예루살렘의 이름"(그가 새 예루살렘의 소유란 뜻), 예수님의 "새 이름"(영광 중에 계신 주님의 소유란 뜻)을 받는다. "나"라는 존재가 나의 소유가 아니고 하나님의 소유라는 것이 얼마나 기쁜가!

14-22절. 라오디게아 교회에 보낸 편지

14 라오디게아 교회의 사자에게 편지하라 아멘이시요 충성되고 참된 증인이시요 하나님의 창조의 근본이신 이가 이르시되. "라오디게아"는 루쿠스(Lucus)강 남쪽 강변에 자리 잡고 있는 부요한 상공업 도시이며, 빌라델비아의 동남쪽에 있었다. 현재의 이름은 에스키 힛사르(Eski- Hissar)이다.

"아멘." 사 65:16; 계 1:6 참조. 예수님께서는 하나님의 말씀과 약속을 다 성취하심으로써 하나님의 신실하심을 온전히 이루셨다. 이러한 의미에서 그는 "아멘"(אָמֵן =진실함)이시다(고후 1:20 참조).

"충성되고 참된 증인." 이것은 예수님께서 하나님을 계시하시고, 또한 하나님의 신실하심을 증거하시려고 구약의 예언들을 모두 다 성취하신 사역을 염두에 둔 말씀이다(계 1:5 해석 참조).

"창조의 근본." 이것은 예수님께서 창조자라는 말씀이다. 이와 같은 주님의 칭호는 불신실하고 영적으로 궁핍한 라오디게아 교회를 교정하시기에 적합한 자격을 가지고 있다. 주님의 신실하심은 불신실한 교회와 신자들에게 신실성을 공급하시는 원천이다(딤후 2:13 참조). 또한 주님의 창조의 부요하심은 그들의 영적 궁핍함을 치료할 수 있다.

15 내가 네 행위를 아노니 네가 차지도 아니하고 뜨겁지도 아니하도다 네가 차든지 뜨겁든지 하기를 원하노라. 영적인 의미로, 여기에서 말하는 찬 것은 무엇이며 뜨거운 것은 무엇인가? 이것에 대하여 여러 가지 해석이 있다. ① 크레이다너스(S. Greijdanus)에 의하면, 찬 것은 불신자로서 아직 복음을 접하지 못한 상태이고, 뜨거운 것은 복음을 믿는 자로서 사랑과 열심이 가득한 것을 의미한다고 한다. 모팻(J. Moffatt)도 이 해석처럼 "뜨거운 것이 가장 좋고 힘이 있다. 그리고 종교를 솔직하게 배척하는 것(찬 것)이 중간에 서 있는 것보다 소망이 있다. 중간에 서 있는 자는 자기가 회개해야 될 처지라는 것을 깨닫지 못한다."라고 하였다.[65] ② 뉴웰(W.R. Newell)은 말하기를, 찬 것은 신자가 지녀야 할 충성을 의미하고(잠 25:13), 뜨거운 것은 열심을 비유한다(롬 12:11)고 하였다.[66] 그러나 이 해석은 자연스럽지 않다.

16 네가 이같이 미지근하여 뜨겁지도 아니하고 차지도 아니하니 내 입에서 너를 토하여 버리리라. "미지근하여." 이것은 실행력이 매우 부족하여 주님의 말씀대로 살지 않으면서 신앙적인 생각만으로 스스로를 좋게 여기기 때문에 회개의 결단을 내리지 못하는 상태이다. 이것은 영적 각성이 없는 교만이다. 비록 그들이 도덕적으로나 일반 사회생활 기준에서는 허물이 없을지 모르지만 영적 결단이 수반되는 신앙적 행위는 나타내지 못하고 있다. 우리의 신앙생활은 행동으로 명확하게 드러나야 된다.

"내 입에서 너를 토하여 버리리라." 주님께서 미지근한 신자를 토하시는

---

65) J. Moffatt, *The Expositor's Greek Testament, The Revelation of St. John, the Divine*, V, 370.

66) W.R. Newell, *The Book of Revelation*, 1935, 76.

이유는, 되지 못하고 된 줄로 아는 그의 태도가 주님이 가장 미워하시는 두 가지 죄악을 지녔기 때문이다. 그것은 외식과 교만이다. 주님께서 땅 위에서 가장 많이 책망하신 죄는 바리새인들의 외식이었다(마 23장 참조). 하나님께서는 은혜 주시기를 좋아하시지만 교만한 자는 물리치신다(약 4:6).

17 네가 말하기를 나는 부자라 부요하여 부족한 것이 없다 하나 네 곤고한 것과 가련한 것과 가난한 것과 눈 먼 것과 벌거벗은 것을 알지 못하는도다. 이것은 되지 못하고 된 줄 아는 라오디게아 교회의 죄를 드러내어 지적하시는 말씀이다.

"부요하여 부족한 것이 없다." 스스로 영적 생명이 부요하다고 말한다는 의미이다.

"네 곤고한 것과 가련한 것." 이 두 가지는 그들의 영적 궁핍으로 인한 비참한 상황에 대한 말씀이다. 그와 같이 비참한 상황의 원인은 "가난한 것과 눈 먼 것과 벌거벗은 것" 세 가지이다. 그다음 절이 이 세 가지에 대하여 다시 말한다.

설교 미지근한 신자(14-17절)

1. 그 문제성

예수 그리스도를 믿는다면 하나님에 대한 참된 열심이 생겨야 한다. 그러지 않으면 복음을 받지 않았을 때보다 나쁜 상황에 처한다. 그 이유는, 복음을 받지 않으면 적어도 외식하는 죄를 범할 기회는 갖지 않기 때문이다. 그러므로 예수님은 말씀하시기를 "네가 차든지 뜨겁든지 하기를 원하노라"(15절)고 하셨다. 여기서 "차다"는 것은 무엇을 의미하는가? 이는 복음과 아무 관계가 없는 상태를 가리킨다. 그렇다면 예수님께서 왜 우리에게 이런 상태를 원하셨을까? 회색주의는 불신앙에 외식의 옷을 입고 기독교 전체에 해를 끼치기 때문이다. 회색주의는 거짓말을 하는 정도가 아니고 거짓의 옷을 입고 정체를 드러내지 않는다. 이것은 기독교뿐 아니라 전 인류의 적이다.

예수님께서 말씀하시기를 "세리들과 창녀들이 너희(외식하는 바리새인들)보다 먼저 하나님의 나라에 들어가리라"(마 21:31)고 선언하셨다. 외식하는 자들을 매우 심하게 책망하셨다! 또한 그들을 가리켜 "회칠한 무덤"(마 23:27)이라고 하셨고, "뱀들아 독사의 새끼들아"(마 23:33)라고도 하셨다.

2. 교회 역사상의 오점

이런 회색주의는 교회 역사에 계속 있어 왔다. 초기 300년간은 핍박시대로, 10대 핍박이 있었다. 그 핍박들 사이에서 교회가 평안한 때도 있었는데, 그럴 때마다 교역자가 타락하여 돈과 여행을 좋아하였고, 부도덕한 일, 심지어 황제 숭배와 타협한 일도 있었다. 이런 자들은 모두 회색주의자들이다.

콘스탄틴 대제가 기독교 신앙의 자유를 선포한 뒤에 데오도시우스 황제가 기독교를 국교로 만들었다. 그러자 교역자들은 권력과 야합하여 부와 안락을 누렸다. 그들은 모두 진리에 대하여 무지하였으므로 그들 자신이 외식으로 일관하였다. 1517년, 마침내 종교개혁이 이루어졌으나 그 후 150년이 지나자 교회가 다시 타락하였다. 독일의 정권자가 교역자를 임명하게 되었고, 그 결과 진리에 무지하고 경건하지 못한 자들이 성직을 맡게 되었다. 당시의 교회 형편은 매우 한심하였다. 예배 시간에 졸지 않은 것 따위를 큰 공덕으로 여겨 장례식에서 그것을 칭찬할 정도였다.

18 내가 너를 권하노니 내게서 불로 연단한 금을 사서 부요하게 하고 흰 옷을 사서 입어 벌거벗은 수치를 보이지 않게 하고 안약을 사서 눈에 발라 보게 하라. "불로 연단한 금." 이것은 연단을 받아 흔들림이 없는 믿음을 가리키고(벧전 1:7), "흰 옷"은 그리스도께서 십자가에 죽으심으로써 신자에게 주신 칭의이다(계 7:14).

"안약"은 성령께서 밝히 보게 하여 주시는 은혜를 비유한다(요일 2:27).

"사서." 이것은 값을 주지 않고 사는 영적 매수이다(사 55:1). 그러나 어떤 의미에서는 그것도 값을 내고 사는 행위가 된다. 그 이유는, 사람이 성령의 은혜를 받으려면 자신이 가장 좋아하던 세상의 것(육신의 것)을 내버려야 하기 때문이다. 바울은 그렇게 행하였다(빌 3:7-9. 잠 23:23; 마 13:44-46 참조).

19 무릇 내가 사랑하는 자를 책망하여 징계하노니 그러므로 네가 열심을 내라 회개하라. "내가 사랑하는 자." 여기서 "사랑한다"는 말은 헬라어로 필레오(φιλέω)인데, 벵겔은 이것을 불쌍히 여기는 애정의 활동으로 여겼다(잠 3:12; 히 12:6-13 참조). 앞에서 말한 빌라델비아 교회는 주님의 아가페(ἀγάπη=빌라델비아 교회의 좋은 점을 보시고 귀히 여겨 사랑하심)를 받았으나(9절), 라오디게아 교회는 긍휼의 사랑(φιλέω)을 받은 것이다(삼상 7:3; 대하 7:14; 시 34:18; 51:17; 147:3 참조).

"열심을 내라." 이 말의 헬라어(ζήλευε)는 주님을 전심으로 신봉하는 경건을 가리킨다. 이것은 겉으로 나타난 열정이 아니고 중심으로 뜨겁게 행하는 것이다. '뜨겁다', '끓는다'는 뜻은 제오(ζέω)란 말에서 왔다(Bengel). 하나님께서는 신자의 열심을 기뻐하신다(롬 12:11; 고후 11:2 참조). 열심과 반대되는 것은 무관심, 혹은 게으름이다. 라오디게아 교회는 뜨거움이 없고 미지근한 것이 문제였으므로, "열심을 내라"는 주님의 말씀은 매우 적합한 권면이다.

20 볼지어다 내가 문 밖에 서서 두드리노니 누구든지 내 음성을 듣고 문을 열면 내가 그에게로 들어가 그와 더불어 먹고 그는 나와 더불어 먹으리라. "문 밖에 서서 두드리노니." 이 말씀은 그리스도께서 죄 있는 신자들을 회개시키시려고, ① 모든 노력을 하시며, ② 간절히 권면하시는 것이다.

"더불어 먹고." 이것은 비유이며, 영적인 사랑의 교제를 가리킨다.[67)]

---

67) 눅 14:12; 17:8; 계 19:9, 17. 아 5:1-2 참조.

설교 변화에 이르는 두 가지 결단(18-20절)

여기에는 귀한 것을 사들이는 것 같은 매수의 결단이 필요하고 또한 마음 문을 여는 결단이 필요하다.

1. 매수의 결단(18절)

성경에는 천국의 귀한 것들을 사라는 말씀이 종종 나온다. 18절에도 "불로 연단한 금"과 "흰 옷"과 "안약"을 사라고 하였다. "불로 연단한 금"은 환난으로 연단된 신앙을 가리킨다. 라오디게아 교회는 그때까지 환난을 당한 적이 없었다. 후에 마르쿠스 아우렐리우스 황제의 핍박으로 인해 이 교회의 감독 사가리스(Sagaris)가 순교한 사실은 있다(Eus. H. E. Ⅳ. 26, V. 24).

천국의 귀한 것은 무엇으로 사는가? 그것은 내게 있는 것을 다 내어놓아야 살 수 있다(마 13:44 참조). 그런 값을 지불하고 사도 천국의 귀한 것은 거저 받는 것과 같다. 그러므로 "돈 없이 값없이 와서 사라"고 하기도 한다(사 55:1; 계 22:17). 모세는 그리스도를 위하여 받는 능욕을 애굽의 모든 보화보다 더 큰 재물로 여겼고(히 11:26), 바울은 그리스도를 얻기 위하여 모든 것을 잃어버리고 배설물로 여겼다(빌 3:8). 사람들 중에는 천국의 보화(복음)를 산다고 하면서 만지기만 하고 결단을 내리지 못한 채 오랫동안 지체하는 경우가 많다. 그러나 그들도 하나님께서 택하신 백성이라면 죽을 때에라도 모든 것을 다 내어놓고 그것을 사들일 것이다. 하지만 그토록 중요한 일을 늦게 하는 것은 결코 지혜롭지 않다.

계 3:18절에 나오는 "흰 옷"은 예수 그리스도의 의에 대한 비유이고, "안약"은 사람들이 영적 사리를 명확히 구분하게 하고 스스로 속지 않게 하는 성령의 지혜에 대한 비유이다(요일 2:27 참조).

2. 그리스도께 마음 문을 열어 드리는 결단(20절)

1) 예수님을 나의 주님으로 모심

우리가 예수님께 마음 문을 연다는 것은 그를 나의 주인으로 모셔 드리는 것이다. 예수님께서 마음 문을 여는 자에게 들어오셔서 그와 더불어 먹는다고 하셨으니, 이는 잔치를 베푸시는 것이다.

2) 마음 문을 열어야 할 책임자

우리는 왜 예수님께 마음 문을 열지 못하는가? 예수님을 나의 주님으로 모시면 세상 기쁨이 없어질 것을 염려하기 때문인가? 재산상 손해를 있을까봐 염려하는 것인가? 지금까지의 생활 습관(내가 나 자신을 주관하려는 마음)이 굳어져서인가? 사실 이런 사고방식이 문제될 것은 없다.

3) 마음 문을 여는 문제의 최종 해결

내 마음 문의 열쇠는 예수님께 있다. 루디아의 마음을 누가 열었는가? 많은 여자들이 바울의 말씀을 들었지만 주님께서 루디아의 마음을 열어 주셨다(행 16:14). 예수님께서는 택한 사람의 마음을 열어 주신다. 그는 "귀 있는 자는 성령이 교회들에게 하시는 말씀을 들을지어다"(계 3:22)라고 말씀하셨다.

21 이기는 그에게는 내가 내 보좌에 함께 앉게 하여 주기를 내가 이기고 아버지 보좌에 함께 앉은 것과 같이 하리라. "이기는 그에게." 이것은 죄를 회개하여 승리하는 자를 가리킨다. "이기는"이란 말에 대하여는 계 2:7에 있는 같은 말 해석을 참조하라.

"내 보좌에 함께 앉게." 이 말은 이기는 신자가 내세에서 주님과 함께 왕 노릇하게 될 것을 가리킨다(딤후 2:12 참조).

22 귀 있는 자는 성령이 교회들에게 하시는 말씀을 들을지어다. 계 2:7과 3:13에 있

는 같은 말 해석을 참조하라.

설교 회개에 대하여(19-22절)

1. 회개란 무엇인가?

"회개"란 말은 히브리 원어로 나함(נָחַם), 혹은 슈브(שׁוּב)이며, 나함은 '슬퍼함'을 의미하고, 슈브는 '돌아옴'을 의미한다. 이 두 가지 말은 회개의 양면을 보여 준다. 즉 회개는 자기의 죄과를 원통하게 여기며 슬퍼하는 동시에, 그와 같은 죄의 길에서 돌이키는 행위이다. 범죄한 것을 슬퍼하기만 하고 하나님께로 돌아오지 않는 것은 참된 회개라고 할 수 없다. 그런 것은 일종의 절망이다. 기독교는 절망이라는 두 글자를 용납하지 않는다. 그 이유는, 하나님께서는 사람이 그 어떤 상황에서도 절망하지 않고 예수 그리스도께로 돌아오면, 반드시 구원해 주시기 때문이다. 그러므로 회개하기만 하면, 과거의 실패는 도리어 교훈을 주는 경험이 되어 그로 하여금 다시는 그러한 실수를 하지 않게 한다. 그러므로 영국 속담에 말하기를 "실패는 성공에 이르는 돌다리가 된다"(Failure is a stepping stone to success)고 하였다.

회개는 단순한 도덕적 개혁이나 생활적인 변화만을 가리키지 않고, 죄인이 하나님께로 돌아오는 것이다. 단순한 도덕적 개혁은 기독교 밖에도 있지만, 그것은 진정한 회개가 아니다. 헬라인 플레모(Plemo)는 부잣집의 아들로 태어나 방탕하다가 후에 크세노크라테스(Xenocrates)의 인격과 그의 인상 깊은 연설에 감동되어 철저한 도덕 생활을 하게 되었고, 불교의 한 종파인 제나교의 교주 발다마나는 젊었을 때 부도덕한 생활을 하다가 30세에 회심하고, 12년 동안 명상을 한 뒤에 새로운 종파를 세웠다. 토마스 칼라일(Thomas Carlyle)도 죽음과 마귀를 두려워하지 않게 될 만큼 삶이 전환되는 시기가 있었고, 존 스튜어트 밀(John Stuart Mill)도 워즈워드(Wordsworth)의

시를 읽다가 깨닫고 새 생활을 시작하였다고 한다. 그러나 지금까지 말한 일반적인 변화는 진정한 회개가 아니다. 회개는 특별한 삶의 변화, 곧 죄인이 하나님의 말씀과 하나님께로 돌아오는 것이다.

바빙크(Bavinck)는 회개와 비회개를 다음과 같이 구분하였다. 곧 회개는 하나님의 뜻을 따라 근심하는 것인데, 그것은 구원을 성취하므로 후회할 것이 없는 근심이다. 그러나 비회개는 하나님의 뜻을 따른 근심이 아니고 세상을 따르는 것이므로 사망에 이르는 것이다. 이 말은 고후 7:10 말씀을 그대로 전하는 것이다. 그러나 이와 같은 진정한 회개는 인간 스스로의 힘으로 할 수 있는 것이 아니라, 하나님이 주시는 선물이다. 바빙크는 이 사실을 분명하게 지적하였다. 진정한 회개는 성령의 은혜로 이루어지기 때문에 한 번에 많은 사람이 할 수도 있고, 그 일이 꾸준히 계속되기도 한다. 휘트필드(Whitefield)가 킹스우드(Kingswood)에서 광부들에게 설교하였을 때 그들이 회개하며 눈물을 흘려서 검은 얼굴에 흰 줄 모양이 났고, 또 그가 다른 곳에서 설교할 때에는 20,000명이 한 시간 반 동안이나 그의 설교에 빠져들기도 하였고, 사람들이 소리 높여 애곡하는 일도 많았다고 한다. 이런 일은 사람의 능력으로 못하는 일이다.

2. 회개는 심령 속에서부터 나오는 것이어야 한다

회개는 마음의 아픔과 두려움으로 이루어진다. 따라서 외식은 이와 같은 진정한 회개를 막는다. 회개는 돌같이 굳은 마음이 살처럼 부드러워지는 기이한 일이다. 그러므로 마귀는 이 일을 막기 위하여 외식적인 회개를 하게 하는 경우가 많다. 욜 2:13에 말하기를, "옷을 찢지 말고 마음을 찢으라"고 하였다. 마음을 찢는 것이 회개의 목적이다. 이렇게 성령께서 우리의 마음을 찢어 부드럽게 하시는 이유는 큰 은혜를 주시기 위해서다. 우리의 마음이 굳고 사나우면 성령의 은혜가 임할 수 없다. 아무리 좋은 씨앗도 눈 위에 뿌리면 소용이 없다. 마찬가지로 회개하지 않는 굳은 마음은 성령님의 열매를 맺지 못한다.

3. 회개에 방해되는 것

1) 외식

① 외식은 보이는 대로 판단하는 것이다. 예수님께서 말씀하시기를 "어찌하여 형제의 눈 속에 있는 티는 보고 네 눈 속에 있는 들보는 깨닫지 못하느냐 … 외식하는 자여"(마 7:3-5)라고 하셨다. 이렇게 외식하는 자는 눈앞에 보이는 것만 볼 줄 알기 때문에 자신은 회개하지 않고 다른 사람의 허물만 말한다. 자기가 자기의 얼굴을 못 보는 것처럼 사람은 자기의 허물을 모르며, 그 허물을 알아도 그것을 미워하지 않는다. 그래서 회개하지 못한다. 우리는 똑같은 허물이라도 다른 사람에게 있는 것은 미워하고 자기에게 있는 것은 미워하지 못한다. 만일 자기의 허물을 미워한다면 회개할 것이다. 웨이틀리(Whately) 감독은 말하기를 "내 이웃 사람에게 있는 일만 가지 허물이 나를 해롭게 할 수 있지만 내게 있는 하나의 허물이 나를 해롭게 하는 것보다 크지 않다."라고 하였다. 자기의 허물을 미워하는 사람은 다른 사람의 허물을 살필 여유가 없다.

② 외식은 남에게 보이려는 것이다. 그러나 진정으로 회개하는 사람은 인간의 칭찬을 바라지 않는다. 그는 자기의 추악한 죄를 내어놓는다. 그는 하나님 앞에서 칭찬을 받기 원하고, 사람의 추앙과 칭송을 오히려 좋지 않게 여긴다. 그는 인간에게 칭찬을 받지 않으려고 자기의 죄를 폭로하며, 거기에 따르는 치욕과 고난을 기꺼이 받아들인다. 그만큼 천국에서의 상급만을 사모한다. 아우구스티누스는 말하기를 "자기의 선한 행실을 자랑하는 자는 마치 달걀을 낳은 암탉이 꼬꼬댁 꼬꼬댁 우는 것과 같다. 그 암탉이 그렇게 하기 때문에 사람이 와서 그 달걀을 가져간다."라고 하였다. 인간이 자신이 행한

선행을 자랑하는 순간, 그것의 가치는 사라지고 만다. 교만과 자랑은 그의 선행을 없애버리고도 남는 악독함을 가지고 있다. 회개하는 자는 천국을 목표로 하여 깊고 은밀한 생활을 한다. 곧 죄를 고백하고, 잘못을 고치며, 선한 일을 행하는 삶이다. 그는 인간이 알아주는 것에 관심을 두지 않는다. 조용히 은밀한 생활을 한다.

2) 간사함

"그들이 이웃에게 각기 거짓을 말함이여 아첨하는 입술과 두 마음으로 말하는도다"(시 12:2). "그들은 그 이웃에게 화평을 말하나 그들의 마음에는 악독이 있나이다"(시 28:3). "그는 손을 들어 자기와 화목한 자를 치고 그의 언약을 배반하였도다 그의 입은 우유 기름보다 미끄러우나 그의 마음은 전쟁이요 그의 말은 기름보다 유하나 실상은 뽑힌 칼이로다"(시 55:20-21). "내가 신뢰하여 내 떡을 나눠 먹던 나의 가까운 친구도 나를 대적하여 그의 발꿈치를 들었나이다"(시 41:9. 시 55:12-13, 20 참조).

이처럼 표리부동한 사람은 회개하기 어렵다. 이런 사람들은 진리에 순종하지 않는다. 간사한 사람은 충고를 받지 않고 막아 버리는 데 능하고, 자기의 잘못을 감추는 데 능하다.

3) 미지근한 습성

이것은 결단력과 지속성이 없는 것을 가리킨다. 어떤 사람은 결단력이 있어서 잠시 동안 새로운 결심을 하고 나선다. 그러나 지속성이 없으므로 얼마 후에 다시 예전의 습관으로 돌아간다. 그러므로 지속성 없는 결단은 일종의 동요이고, 진정한 결단이 아니다. "엘리야가 모든 백성에게 가까이 나아가 이르되 너희가 어느 때까지 둘 사이에서 머뭇머뭇 하려느냐 여호와가 만일 하나님이면 그를 따르고 바알이 만일 하나님이면 그를 따를지니라 하니 백성이 말 한마디도 대답하지 아니하는지라"(왕상 18:21).

4) 교만함

시 17:10에 "그들의 마음은 기름에 잠겼으며 그들의 입은 교만하게 말하나이다" 하였고(시 119:70 참조), 시 10:2에는 "악한 자가 교만하여 가련한 자를 심히 압박하오니"라고 하였다. 이렇게 교만한 자는 자기가 생각하는 것과 원하는 것이 잘되었다고 자부한다. 따라서 그는 회개하지 않는다. 지옥에서 왕 노릇 할지언정, 천국에서 종이 될 마음이 없다. 그러므로 그는 회개하지 못한다. 자기 마음의 악한 소원을 자랑하는데 어떻게 회개하겠는가? 자기를 왕으로 삼고 자기 주변에 성을 둘러쌓는 사람이 어떻게 회개하겠는가? 헤롯 아그립바는 바울의 설교를 듣고 "네가 적은 말로 나를 권하여 그리스도인이 되게 하려 하는도다"(행 26:28)라고 하였다. 이처럼 교만한 자는 자기를 높이는 자세로 자기를 두르고 있기 때문에, 진리의 말씀이 그에게 들어가지 못한다. 시 73:6에 "교만이 그들의 목걸이요 강포가 그들의 옷이며"라고 하였다. 과연 그렇다. 교만한 자들은 자기의 교만한 태도를 장식처럼 여기며 자랑한다. 그들은 그들의 교만까지 자랑한다. 그러므로 교만한 자는 충고와 견책을 좋아하지 않는다. 잠 15:12에 말하기를 "거만한 자는 견책 받기를 좋아하지 아니하며 지혜 있는 자에게로 가지도 아니하느니라"고 하였다. 그러나 이렇게 회개하지 않으려고 충고를 배척하는 자의 영혼은 멸망한다. 잠 15:32에 "훈계 받기를 싫어하는 자는 자기의 영혼을 경히 여김이라"고 하였다.

4. 회개와 공적인 고백

죄를 자복하는 것에 대하여 웨스트민스터 신앙고백서는 다음과 같이 말한다(이 신앙고백은 121명의 신학자와 경건한 신자 30명이 5년 반 동안 성경을 연구, 발표하여 작성한 영국의 장로교 신경이다). "각 사람은 자기의 죄를 하나님께 자복할 책임이 있다. 그렇게 하면서 그 죄를 버리면 하나님의 자비를 얻는다. 그리고 누구든지 형제나 교회를 해한 죄를 범하였으면, 그 죄를 하나님 앞에 자복하고 그 피해자에게 죄를 고하여 그와 화해하기를 자원해야 된다."(15장 6조 의역). 이 신앙고백을 보면, 죄의 실상에 대한 공적 고백은 죄 사람의 문제라기보다 덕을 세우는 문제이므로, 공적 고백의 범위는 그 죄의 실상이 갖는 범위에 비례한다. 그 죄로 인하여 몇몇 사람이 해를 받았으면 가해자가 그 피해자들에게만 죄를 고하는 것이 옳고, 그 죄로 인하여 공동체가 해를 받았으면 그 공동체 앞에서 죄를 고백해야 한다. 여기서 다시 옥스버그 신경을 참고해 보자. 이 신경은 멜랑톤이 루터의 승인을 얻어서 작성한 것으로, 독일의 찰스 5세(Charles V)가 터키와의 전쟁에서 승리하기 위해 신교와 로마교를 합하도록 작성하게 한 것이다. 그러나 로마교 신학자들은 이것을 받아들이지 않았다. 그 신경은 다음과 같이 말한다. "죄 고백에 관하여 우리의 교회는 범죄자가 그 죄목을 하나하나 들어서 사람(개인이나 단체) 앞에 고백하도록 가르치지 않는다. 그 이유는, 사람 앞에 죄를 낱낱이 밝히는 회개는 사실상 불가능하기 때문이다. 세상의 어느 누가 자기의 죄를 명백히 알며 기억할 수 있겠는가?(시 19:12; 렘 17:9) 옛날 교회의 교부들도 이와 같이 죄를 일일이 계산하는 회개가 필요하다고 여기지 않았다. 크리소스톰(Chrysostom)도 '나는 네가 네 죄를 공식적인 자리나 사람들 앞에서 반드시 자복해야 된다고 말하지 않는다. 그러나 예언자가 말한 것처럼 네 소행을 주님 앞에 다 아뢰라고 말한다. 네 죄를 참된 심판자이신 하나님 앞에 기도로 고백할 것이며, 입술로 말하기보다 양심으로 하여라'고 하였다"(제4조).

여기서 또다시 제2 헬베틱 신경을 참고해 보자. 그 신경은 츠빙글리(Zwingli)의 제자 불링거(Henry Bullinger, 1504-1575)가 작성한 것으로, 츠빙글리 신학의 표현이다. 이 신경은 회개에 대하여 "범죄자가 하나님 앞에서 자복하는 것이 원칙이고, 사람 앞에서 고백하는 것은 범죄자가 피해자와 화해하고 피해자에게 용서를 받아야 할 때 필요한 것"이라고 한다(13장 참조). 그러므로 사람 앞에서 죄를 고백하는 것은 덕을 세울 필요가 있는 경우에 자원하여 할 수 있는 것이다. 범죄자라도 그가 진정으로 회개한 표시(그 죄에서 떠난 것)만 보인다면 교회는 그가 공적으로 죄를 고백하는 것을 요구하지 않을 수 있다. 로마교는 사람 앞에서 죄를 고백하는 것을 회개의 조건으로 삼는다. 트렌트의 교리는 신부나 교직자를 그리스도의 대리자로 오인하고, 그들이 범죄자의 고백을 받아 사죄를 선언하게 한다. 이것은 로마교가 회개관에 있어서 비성경적 견해를 가졌다는 증거이다.

우리는 개혁교회의 교리대로 하나님 앞에서만 반드시 죄를 고백하는 일을 서슴지 않아야 한다. 잠 28:13에 말하기를 "자기의 죄를 숨기는 자는 형통하지 못하나 죄를 자복하고 버리는 자는 불쌍히 여김을 받으리라"고 하였다. 누구든지 정직하게 하나님 앞에 죄를 고백하면 하나님의 긍휼을 입어서 죄 사함을 받으며, 하나님 앞에서 "흠이 없는 자"로 간주된다.

요리

1. 성경을 두루 살펴보면, 이 세상에서 향락만 즐기고 내세를 위해 준비하지 않는 자는 "살았다 하는 이름은 가졌으나 죽은 자"(1절)라고 하였다(딤전 5:6). 그러나 예수 그리스도를 영접한 신자는 바울처럼 죽은 자 같으나 산 자(고후 6:9)이다.

2. 교회와 신자 개인은 끊임없이 죄에 빠지기 쉽다. 일곱 교회 중에서 칭찬을 받은 교회는 오직 두 교회뿐이다. 그러나 예수 그리스도께서는 그 밖의 다른 교회들도 돌아보시고 권면하신다. 교회의 일부분이 부패했다고 하여 그리스도께서 그 교회를 버리셨다고 속단하는 것은, 교회관에서 오류를 범

하는 것이다.

3. 일곱 교회에 보낸 편지는 교회론인 동시에 구원론이다. 땅 위의 교회들이 죄에 빠지지만, 그리스도께서는 자비하심으로 그들을 돌보아 주신다. 그는 감독과 목자가 되셔서(벧전 2:25) 연약한 교회에 임하신다. 감독(왕)으로서 교회의 선악을 판단하시고, 목자(대제사장)로서 범죄한 그 교회가 구원받을 길(회개의 길)을 여신다.

4. 물리적으로 "미지근한" 것은 찬 것보다 더워지기 쉽다. 그러나 영적으로 "미지근한" 신자들은 열심 있는 믿음에 이르기 어렵다. 그들은 오히려 핍박하는 자들(비유컨대 찬 것)보다 신앙의 부흥을 이루기 어렵다. 그 이유는, 그들은 스스로 속아서 자신들에게 신앙이 있다고 자처하며 교만해졌기 때문이다(계 3:16).

5. "나는 부자"란 말(17절)을 보니 라오디게아 교회는 외형적으로 부요하고 핍박도 없었던 듯하다. 이처럼 외형적으로 부요하고 평안한 환경은 사람이 영적 궁핍에 빠지게 하는 불리한 조건이 되는 경우가 많다. 물론 늘 그런 것은 아니다. 이 성구는 외식을 경계하고 책망하는 말씀이다. 외식은 이중 죄악으로, 하나님 보시기에 온전하지 못하고 성결하지 않은 상태에 거짓이 더해진 것이다. 형식적인 예배는 사실상 예배의 적이다. 하나님은 진정으로 예배하는 자를 찾으시고, 거짓으로 예배하는 자를 가증히 여기신다. 사람은 믿지 않으면서 믿는 체하고, 모르면서 아는 체하고, 경건하지 않으면서 경건한 체하며 외식하다가 망한다.

제3부
심판주와 심판 시행에 대한 계시자

계 4:1-5:14

심판주와 심판 시행에 대한 계시자의 의의

• 이 부분은 계 6장부터 시작되는 심판에 대한 머리말이다. 세상의 종말이 어떠한지를 보여 주기 전에, 먼저 그것을 시행하시는 하나님의 영광이 어떠한지와 그가 하실 일에 대한 계시자가 누구이신지를 드러낸다. 계 4장은 장차 일어날 일들을 행하실 거룩하신 하나님에 대한 말씀이고, 계 5장은 그 일에 대한 계시자, 곧 그리스도에 대하여 설명한다.

제 4 장

⚜ 해석

1 이 일 후에 내가 보니 하늘에 열린 문이 있는데 내가 들은 바 처음에 내게 말하던 나팔 소리 같은 그 음성이 이르되 이리로 올라오라 이 후에 마땅히 일어날 일들을 내가 네게 보이리라 하시더라. "하늘"은 종교적 이상이나 심령적인 상태를 가리키는 것이 아니라, 영화로운 하늘의 장소를 의미한다. 성경을 보면, 예수 그리스도께서 부활하신 후에 그곳에 올라가셨고(행 1:9; 엡 4:10; 고후 12:1-4), 그곳에 하나님 아버지께서 계시고,[68] 그곳에 천사들이 있고,[69] 그곳에 구원받은 성도들이 거한다.[70] 그곳으로부터 장차 그리스도께서 다시 오신다.[71] 그리스도 신자가 하늘나라와 연관되는 방식은 다음과 같다. ① 현세에서는 성령의 감화로 말미암아 심령으로 그곳을 알며, ② 별세할 때에는 그의 영혼이 완전히 그곳에 들어가며, ③ 그리스도께서 재림하실 때에는 죽었던 몸까지 부활하여 영혼

---

68) 창 28:17; 시 80:14; 사 66:1; 마 5:12-16, 45, 48; 23:9.

69) 마 24:36; 28:2; 막 13:32; 눅 22:43.

70) 마 5:12; 6:20; 18:10; 엡 3:14; 벧전 1:4; 계 19:1, 4.

71) 마 24:30; 빌 3:20-21; 살전 4:16.

과 몸이 함께 하늘나라에 들어간다.

"열린 문"은 사도 요한이 볼 수 있을 정도로 계시의 문이 열린 것을 가리키는 것이 아니고, 그가 하늘에 들어갈 수 있도록 열린 것을 가리킨다. "이리로 올라오라"는 말씀을 볼 때 그렇게 해석되어야 한다. 요한은 하늘에 올라가서 계시를 받은 대로 기록해야 했다. 그러나 바울은 삼층천에 올라갔다 왔지만 그가 본 것을 말할 수 없었다(고후 12:4). 이처럼 사람들에 따라서 각기 사명이 다르다.

"처음에 내게 말하던 나팔 소리 같은 그 음성." 계 1:10 해석을 참조하라.

2 내가 곧 성령에 감동되었더니 보라 하늘에 보좌를 베풀었고 그 보좌 위에 앉으신 이가 있는데. "성령에 감동되었더니." 계 1:10의 같은 말 해석을 참조하라. "보좌." 이것은 하나님의 우주 통치를 가리키는 상징이다.

"앉으신 이." 하나님의 앉으심은 그의 대주재권이 절대로 흔들리지 않음을 상징한다. 그는 불안전, 불확실한 태도가 전혀 없으신 대주재이시다(Greijdanus).

3 앉으신 이의 모양이 벽옥과 홍보석 같고 또 무지개가 있어 보좌에 둘렸는데 그 모양이 녹보석 같더라. "앉으신 이의 모양이… 같고." 이 문구는 헬라 원문(ὁ καθήμένος ὅμοιος ὁράσει)을 문자대로 번역하면 "앉으신 이는 보기에… 같고"라고 하는 것이 적합하다. 한글 번역대로 "모양이"라고 하면 이것을 읽는 독자가 하나님을 어떤 물체의 형상으로 오해하기 쉽다. 그러나 "보기에"라고 하면 그런 오해를 방지할 수 있다. "보기에"란 말의 헬라어(ὁράσει)는 환상으로 보이는 것을 가리킨다(행 2:17; 계 9:17). 하나님은 물질적 형상이 없으시고 요한의 영적인 눈에 계시된 대로 그의 영광만 보였다. 우리는 하나님께서 계시하신 대로 그의 영광만을 볼 뿐, 그의 본질은 볼 수 없다(딤전 6:16).

"벽옥"(ἰάσπιδι)이란 말이 계 21:11에 다시 나오는데 거기에서는 수정같이 맑은 빛으로 하나님의 영광을 상징하였다. 그렇다면 여기서도 하나님의 성결의 영광이 "벽옥"으로 상징된 것이 확실하다. "홍보석"(σαρδίῳ)의 붉은색은 죄에 대한 하나님의 심판을 상징한다고 생각된다.

"무지개가 있어 보좌에 둘렸는데." 이 말씀은 겔 1:28 말씀을 인용한 듯하다. "무지개"는 무엇을 의미하는가? 이것은 하나님의 신실하심(그의 언약에 대하여)을 상징한다(창 9:13). 그가 세우신 언약은 다음과 같이 설명된다. 하나님께서는 태초부터 사람과 언약으로 관계를 맺으신다. 스킬더(K. Schilder)는 하나님의 언약이 4중으로 이루어졌다고 말한다(What is Hemel?). 곧 ① 행위 언약(Werkverbond)으로(창 2:16-17), 인간이 이 계명(율법)을 순종하면 생명을 얻고 불순종하면 저주를 받게 되는 언약이다. ② 은혜 언약으로, 그리스도의 은혜의 공로로 인하여 그리스도를 믿는 자들을 무조건 용서하시고 축복하시는 언약이다. ③ 자연 언약으로, 주님께서 지으신 우주의 현상을 불변의 법칙대로 유지하시는 언약이다(창 8:22). ④ 평화 언약으로, 인생과 우주가 하나님으로 말미암아, 또한 그와 함께 거룩하고 평화롭게 함께 있던 원래의 상태로 회복되게 하신다는 언약이다. 우리가 확실히 아는 것은, 하나님께서 인간에게 신실하고 자비하신 언약으로 대하시면서 그들을 구원하신다는 사실이다. 하나님은 인생과 우주를 언약으로 다스리시는데, 이 언약 관계의 요점은 그의 신실하심과 자비의 덕이다. 그는 인류와 피조물에 대하여 자비롭게 작정하신 것을 영원히 바꾸지 않으신다. 또한 그는 무지개로 그 언약 행위의 신실하심과 자비하심을 상징하셨다(창 9:12-17). 유대의 랍비들은 무지개를 하나님의 영광의 상징으로 보고 그것에 대한 연구를 금할 정도였다(Chagiga. 16. a). 그러나 이것은 너무 지나치다.

4 또 보좌에 둘려 이십사 보좌들이 있고 그 보좌들 위에 이십사 장로들이 흰 옷을 입고 머리에 금관을 쓰고 앉았더라. "이십사 장로." 이들은 누구인가? 그들은 천사가 아니므로 천사들과는 구별되었다(계 7:11). 그러나 그들의 직책을 비롯하여 그들의 옷과 그들의 행동이 구속받은 자와 같으므로(계 5:8; 7:14), 그들이 교회

의 대표자들인 것은 틀림없다. 그렇다면 그들이 구약 교회와 신약 교회에 있었던 특정 인물이라고 생각할 수 있을까? 아니면 단순한 환상인가? 크레이다너스는 계 1:1의 "알게"란 말씀을 '상징한다'는 의미로 보고, 계시록 책이 상징체로 되었다고 이야기하며 상징적 환상으로 간주하였다.[72] 계 1:1의 "알게"란 말에 대한 해석을 참조하라.

그러나 우리는 천국에 24장로들이 실재하지 않는다고 단언하지 못한다. 그들은 천국에 실재한 인물들에 대한 환상일 것이다. 매튜 헨리(Matthew Henry)는 말하기를 24장로들이 앉은 보좌가 하나님의 보좌를 두른 것은, 그들이 오직 하나님을 즐거워하고 계속 그를 알고 가까이하는 생활을 상징한다고 하였다. 모팻(Moffatt)은 말하기를 "24장로"란 말은, 계시록의 저자가 바벨론의 24 별에 대한 신화를 염두에 둔 표현이라고 한다. 그러나 이것은 성경의 권위를 무시한 말이다. "24"란 숫자는 바벨론 신화에만 있는 것이 아니고 구약에도 있으므로, 요한은 구약에서 24 숫자의 사상을 취했을 것이다. 구약(대상 24:1-19)의 제사장의 24 반열은 여기서 말하는 24와 일맥상통한다. 혹은 사도 요한이 여기서 이스라엘 열두 지파의 수로 구약 교회를 대표하게 하고, 예수님의 열두 사도의 수로 신약 교회를 대표하게 하였을 수 있다(계 21:12, 14).

"흰 옷." 이것은 "어린 양"의 피에 죄를 씻은 뒤 칭의의 인격을 얻고, 천당의 영광에 참여한 것을 가리킨다(계 7:14). "금관." 이것은 승리의 상징이고, 왕의 영광을 가리키는 상징이기도 하다. 이런 영광은 주 예수 그리스도의 것이며, 24장로들은 주님의 공로를 힘입어 거기에 동참한 것뿐이다(딤후 2:12 참조).

---

72) Wij hebben nu niet aan bepaalde Oud-en Nieuwetestamentische personen te denken. We zouden dun ook in groote moeilijkheid komen. Doch ook met deze 24 ouderlingen spreekt de openbaring in beeld, 1:1 zoodat we slechts de zinnbeeldige gedachte te grijpen hebben van vertegenwoordiging der geheele gemeente des Heeren, alle eeuwen door, van het begin der wereld, tot haar einde. - *Openbaring*, 122.

5 보좌로부터 번개와 음성과 우렛소리가 나고 보좌 앞에 켠 등불 일곱이 있으니 이는 하나님의 일곱 영이라. 출 19:16-19 참조. "번개"와 "우렛소리"은 하나님의 위엄, 능력, 진노, 심판에 대한 상징이다(시 29:3-10). "음성"은 하나님께서 사랑하시는 자들에게 주시는 그의 말씀을 상징한다. 시내산에 나타난 그 위엄스러운 현상(우뢰, 번개) 중에도 하나님께서는 사랑하시는 모세에게 "음성"으로 말씀하셨다(출 19:19). 그는 죄에 대하여 엄격한 권위를 세우시지만 택하신 백성에 대해서는 언제나 자비로우시다.

"등불 일곱." 이것은 구약 시대의 성막에 있었던 등불과 같다. 성막에는 지성소(보좌)가 있고 지성소 앞에 일곱 등불이 있다. 그와 같이 계시록에서도 하나님의 보좌 앞에 "등불 일곱"이 있다고 한다. 이 "등불 일곱"은 하반절에서 밝힌 것처럼, 성령을 가리키는 상징이다. 계 1:4의 "일곱 영"에 대한 해석을 참조하라.

6 보좌 앞에 수정과 같은 유리 바다가 있고 보좌 가운데와 보좌 주위에 네 생물이 있는데 앞뒤에 눈들이 가득하더라. "수정과 같은 유리 바다가 있고." 이 문구의 헬라어(ὡς θάλασσα ὑαλίνη ὁμοία κρυστάλλῳ)를 개역하면 "수정과 같은 유리 바다 같은 것이 있고"이다. 곧 수정처럼 맑은 유리 바다 같은 무엇이 있다는 말이다. 이것은 맑고 투명하고 동요가 없는 특성을 지닌다(계 21:11). 이것도 성막, 혹은 성전의 시설과 같다. 성전 안에는 제사장들이 사역하기 전에 먼저 그들의 손을 씻는 큰 대야가 있었다(출 30:18-21; 왕상 7:38). 그러므로 이것은 그리스도의 의와 성결을 상징한다. 그리스도의 의와 성결을 힘입지 않고 하나님께 나아갈 수 있는 자는 아무도 없다(계 7:14 참조).

"네 생물이 있는데." "생물"이란 말의 헬라어 조아(ζῶα)는 '생명'을 의미한다. 이들은 피조물이며, 살려 주시는 하나님의 생명을 충만하게 소유한 자들이다(Noordtzij). 사도 요한은 "생명"이란 말로 구원받은 생명을 가리켰다. 그러나 어떤 때에는 그 말을 자연적인 생명에 대해서도 사용하였다(요 1:4).

"앞뒤에 눈들이 가득하더라." 네 생물의 몸 전체에 눈이 있다고 했다. 이는 끊임없이 관찰하고 부단히 깨달으며 통찰하는 것을 상징한다. 크레이다너스는 이들이 단순한 상징적 의의를 지니고 피조물들을 대표할 뿐 실재로 존재하는 것은 아닌 것처럼 말하였다.[73)] 그러나 창 3:24; 사 6:2을 보면, 스랍이나 그룹과 같은 존재들이 천당에 있다. 요한이 본 생물들은 천당에 있는 그런 존재들의 상징이라고 생각된다. 이는 마치 "어린 양"으로 상징된 그리스도께서 천당에 확실히 존재하시는 것과 같다. 그렇다면 그들이 하는 일은 무엇인가? ① 그들은 하나님께 시종드는 자이다(계 8:2). ② 그들은 주야로 쉬지 않고 하나님을 찬송하는 자이다(계 4:8). ③ 일곱째 인을 뗄 때에 말 탄 자가 나온 일과 일곱 대접 재앙을 쏟는 일이 이들의 인도로 시작된다(계 6:1; 15:7). 그렇다면 그들은 하나님의 진노가 땅 위에 펼쳐질 때 하나님 앞에서 사역하는 거룩하고 엄숙한 영물들이다. 어떤 학설에 의하면 이 "네 생물"을 실재의 영물로 보지 않고, 하나님의 섭리가 나타하는 네 가지 형태에 대한 상징으로만 본다.

모팻은 "네 생물"에 대하여 잘못 말하기를, 이것은 생명과 지능의 완전성을 가리키는 괴기한 상징이라고 하였다. 그러나 그것은 네 가지 영물의 실존을 무시하는 견해이다. 에녹서(40:2)에도 하나님 앞에 있는 네 천사에 대한 말이 있기는 하지만, 거기서는 왕래하는 천사에 대하여 말한다. 그러나 계시록은 보좌를 두르고 그곳에 머무는 실존들을 말하므로, 계시록에 표현된 것은 독특한 것이라고 할 수 있다.

7 그 첫째 생물은 사자 같고 그 둘째 생물은 송아지 같고 그 셋째 생물은 얼굴이 사람 같고 그 넷째 생물은 날아가는 독수리 같은데. "사자"는 용기와 힘의 표상이고, "송아지"는 충성과 희생의 표상이고, "사람"은 지혜의 표상이고, "독수리"는 영적

---

73) Het zijn wedrom symbolische gestalten.

인 능력의 표상이다. 이 네 가지 형상은 하나님을 가까이 모시고 사역하는 영물들이 지닌 능력을 상징한다. 이 세상에서 하나님을 섬기는 종들도 이런 능력을 가져야 한다.

8 네 생물은 각각 여섯 날개를 가졌고 그 안과 주위에는 눈들이 가득하더라 그들이 밤낮 쉬지 않고 이르기를 거룩하다 거룩하다 거룩하다 주 하나님 곧 전능하신 이여 전에도 계셨고 이제도 계시고 장차 오실 이시라 하고. "여섯 날개." 사 6:2 참조. "거룩하다 거룩하다 거룩하다." 이 문구에 대하여는 다음의 설교를 참조하라.

설교 하나님의 거룩하심을 찬송하여라(8절)

"성결"은 무엇인가? "성결"이란 말의 히브리 원어 카도쉬(קָדוֹשׁ)의 어원적 의미는 '단절'을 의미한다. 이것은 하나님께서 피조물과 단절되신 그의 불가침의 초월성과 완전성을 의미한다. 따라서 이것은 첫째, 피조성과 연결되지 않으며, 둘째, 죄와 연결되지 않는다. 그러므로 인간으로서 하나님의 성결을 찬송하는 삶의 태도는 다음과 같다.

1. 자신이 피조물임을 기억하는 생활

1) 다시 말하면, 자신은 조물주가 아니라는 의식을 가지고, 누구에게나 무엇에나 주인공이 되려고 하지 말고, 청지기, 곧 하나님의 뜻대로 사람과 세상을 대해야 한다는 것을 의식하는 것이다. 우리는 나 자신의 주인도 아니다. 우리가 청지기직을 떠나 주인이 되는 것은 우리가 하나님의 역할을 하는 엄청난 죄를 범하는 것이다. 하나님의 청지기는 교만하지 않고 하나님을 두려워한다. 자신이 피조물이라는 인식은 오직 하나님을 두려워하는 것으로 나타난다. 이사야서 6장에 있는 스랍들이 얼굴을 가린 것은, 피조물로서 조물주를 두려워하는 것이다. 피조물로서 조물주를 두려워하는 것은, 피조물

인 자신에 대한 절대적 주재권이 하나님께 있음을 알고 그의 말씀 앞에서 무조건적으로 복종하는 태도이다. 그것은 몸을 산 제물로 드리는 것(롬 12:1)과 같은 순종이다. 제물은 죽은 것이다. 따라서 산 제물은 생명이 있는 인간이 마치 죽은 것처럼 복종하는 것을 가리킨다. 우리가 우리 마음대로 할 수 없다는 책임감으로 사는 것이 곧 하나님을 두려워하는 것이며, 하나님의 성결을 아는 생활이다.

2) 우리는 지식에서도 자신이 피조물임을 인식해야 된다. 우리에게는 하나님을 알려고 할 때 우리의 분수를 지키지 않고 지식에 절제하지 못하는 악한 성질이 있다. 그것은 잘못이다. 우리가 하나님에 대하여 지식으로 알 수 있는 부분이 있으나, 알 수 없는 부분도 있음을 알아야 한다. 알 수 없는 부분에 대하여는 억지로 알려고 하지 말고, 오직 경외해야 한다. 때로 인간은 하나님을 다 알기 위해 불경한 행동을 한다. 그것은 그를 거룩히 모시는 태도가 아니다. 그것은 감히 그의 지위에 앉으려는 교만이다.

2. 나의 죄인 됨을 알고 나 자신을 드러내지 않는 생활

우리는 하나님 대신에 자신을 내세우려 하고, 하나님의 말씀 대신에 사상을 나타내려고 할 때가 많다. 이는 실로 하나님의 영역을 침범하는 죄이다. 자신을 감추지 않고 도리어 거룩하게 여기는 그 순간에 우리는 죄를 범한 것이다. 우리가 은혜 받은 정도에 비례하여 우리의 죄의식도 밝아지는 법이다. 언제든지 하나님 앞에서 자신을 구별하여 볼 줄 알아야 한다. 이러한 구별의식은 곧 자신의 죄에 대한 수치심이다. 그러나 우리는 하나님 앞에서 너무도 파렴치하다. 우리는 우리의 추한 모습을 못 본다. 우리의 심령이 죄로 가득 차면 죄를 예사롭게 여긴다. 우리는 지금부터 자신을 부끄럽게 여기는 마음, 곧 스스로를 책망하고 회개하는 정신으로 살아야 한다. 예수님께서 말씀하시기를 "지금 우는 자는 복이 있나니 너희가 웃을 것임이요 … 화 있을진저 너희 지금 웃는 자여 너희가 애통하며 울리로다"(눅 6:21, 25)라고 하셨다.

9 그 생물들이 보좌에 앉으사 세세토록 살아 계시는 이에게 영광과 존귀와 감사를 돌릴 때에. "영광과 존귀." 이것은 하나님의 지극히 높으신 성품의 광채를 말하는 것이다. 인간의 말이 부족하여 이 정도 표현으로밖에는 말할 방도가 없다.

"감사"는 하나님의 위대하신 창조 사역에 대한 것이다. 계 4장에서는 생물이나 장로 모두 하나님의 창조를 찬미한다.

10 이십사 장로들이 보좌에 앉으신 이 앞에 엎드려 세세토록 살아 계시는 이에게 경배하고 자기의 관을 보좌 앞에 드리며 이르되. 이것은 24장로들이 금관의 영예가 오직 하나님께만 적합하고, 그들에게는 그것을 받는 것이 합당하지 않다는 뜻이다.

11 우리 주 하나님이여 영광과 존귀와 권능을 받으시는 것이 합당하오니 주께서 만물을 지으신지라 만물이 주의 뜻대로 있었고 또 지으심을 받았나이다 하더라. "영광과 존귀." 9절 해석 참조. "권능"은 하나님의 창조하시는 능력을 가리킨다. 우주 만물로 그것이 증명된다. 피조물들의 신비한 구조와 조화는 하나님의 능력의 표현이다.

"주께서 만물을 지으신지라." 헬라어에는 이 문구가 "왜냐하면"이란 말 호티(ὅτι)로 시작하여, 그 앞의 말씀의 이유를 보여 준다.

"주의 뜻대로 있었고"란 말의 헬라어(διὰ τὸ θέλημά σου ἦσαν)를 직역하면 '당신의 뜻 때문에(혹은 위하여) 있었고'이다. 따라서 이 말씀의 의미는 만물을 지으신 방법뿐 아니라, 그것의 원인도 보여 준다. 크레이다너스는 말하기를 "이것은 만물이 생겨난 방법을 말할 뿐 아니라, 만물 존재의 기원까지 말한다. 따라서 만물의 현상과 유지, 양상이 전적으로 지극히 높으신 하나님의 주관에 달려 있고, 그로 말미암아 결정되어 그에게 안식하고 있음을 말한다"

고 하였다.[74] "있었고"란 말은 만물이 창조되기 전에는 하나님의 예정하신 계획 안에 있었다는 것이다.

설교 하나님의 영광(1-11절)

11절의 "하나님의 영광"이란 것은 여러 가지 뜻을 포함하지만 그의 성결을 가리킨다고 할 수 있다. 성결에는 두 가지가 있다.

1. 하나님의 성결

본문 3절의 보석들(벽옥, 홍보석, 녹보석)은 하나님의 성결을 상징하며, 계 21:11의 말씀이 이를 분명하게 해석해 준다. "하나님의 영광이 있어 그 성의 빛이 지극히 귀한 보석 같고 벽옥과 수정 같이 맑더라" 이 말씀의 내용은 "하나님의 영광"이 빛과 같고, 지극히 귀하고 또 맑다는 것이다. 여기서 "맑다"는 것은 '성결'을 가리키고, "빛과 같다"는 것도 '성결'을 비유한다(딤전 6:16). 하나님의 거룩하심은 그의 은혜로우심과 동반된다. 그것은 그의 보좌를 둘러싼 "무지개"로 상징된다. 무지개는 하나님의 자비(구원)의 상징이다(창 9:11-17. 겔 1:28 참조). 그러므로 우리가 하나님을 대할 때 귀신들처럼(약 2:19) 두려워하지 않고 그를 사랑하게 된다. 시 2:11에서 시인은 "여호와를 경외함으로 섬기고 떨며 즐거워할지어다"라고 하였다. 신자가 하나님을 사랑하는 것이 귀신과 다른 증표이다. 귀신들은 멸망하지만, 하나님을 사랑하는 신자들은 멸망하지 않고 구원을 받는다.

---

74) Greijdanus, *Openbaring*, 130.

2. 신자들의 성결

하나님은 “내가 거룩하니 너희도 거룩할지어다”라고 말씀한다(벧전 1:16). 계 4:4에서는 “보좌에 둘려 이십사 보좌들이 있고 그 보좌들 위에 이십사 장로들이 흰 옷을 입고 머리에 금관을 쓰고 앉았더라”고 한다. “이십사 장로들”은 참된 교회의 대표들로서, ‘참된 교회’를 비유한다. 이 교회들이 하나님의 보좌를 둘렀다는 것은 그들이 하나님을 중심에 모시고 있다는 것이다. “하나님 중심”이란 것은 그들이 하나님의 성결과 은혜를 사모하며 하나님처럼 거룩하게 사는 것을 의미한다. 시편의 저자는 “여호와의 아름다움을 바라보게 해 주시기를 구했다”(시 27:4). 여기서 “여호와의 아름다움”(נֹעַם־יְהוָה)이란 것은 ‘하나님의 완전하심’, 곧 그의 거룩하심을 가리킨다.

설교 천국을 사모하자(1-11절)

1. 하나님의 아름다움(3절)

3절에서 하나님의 성결을 여러 가지 “보석”으로 비유하였다. 이것은 하나님의 구원의 아름다움을 나타낸 것이기도 하다. 다윗은 평생 한 가지 일, 곧 “여호와의 아름다움”(נֹעַם־יְהוָה)을 사모하였는데(시 27:4), 이것은 그가 하나님의 구원을 찬송하다가 한 말이다. “보석”들의 빛이나 “무지개”의 빛은 창 9:11-17과 사 54:9-15에 기록된 하나님의 완전한 구원의 아름다움을 상기시킨다. 계 21:10-11의 말씀도 새 예루살렘으로 나타난 구원의 아름다움을 보여 준다.

2. 하나님을 중심에 모신 교회(4-5절 상반)

4절에서 24장로들이 하나님의 보좌를 둘러싸고 있다고 표현한다. 이것은 하나님을 중심에 모신 참된 지상의 교회를 생각하게 한다. 하나님 제일주의를 가지고 하나님만 영화롭게 하려는 신자들이 모인 교회는 참으로 귀하다. 거기에는 하나님이 계신다. 그런 모임이 참으로 주님의 이름으로 이루어진 것이다.

이 땅 위에는 "예수"의 이름으로 모이는 단체들이 많다. 그러나 실상을 들여다보면 인간들의 욕망을 채우기 위한 인본주의 사상으로 움직이고 있음을 보게 된다.

"보좌로부터 번개와 음성과 우렛소리"가 난다고 하였는데(5절 상반), 이 말씀은 24장로들(교회)과 하나님의 관계를 알려 준다. 하나님은 두려운 분("번개"와 "우렛소리"가 상징함)이시고, 또한 기쁜 분("음성"이 상징함)이시다. 출 19:16-25 말씀도 이 내용을 보여 준다. 하나님께서 모세 이외의 사람들에게는 두려운 분으로 알려졌으나 모세에게는 그렇지 않았다. 그는 모세에게 "음성"으로 말씀하셨다(출 19:19). 바울이 다메섹 도상에서 예수님을 만났을 때에도 함께 동행한 사람들은 빛만 보았지만 그는 음성을 들었다(행 22:6-9; 26:13-14).

교회는 하나님을 두려워하는 동시에 그를 즐거워해야 된다. 그것이 참된 경건이다. 에스겔도 "무지개" 빛과 같은 하나님의 영광을 보았고, 하나님의 음성도 들었다(겔 1:28). 다윗은 말하기를 "여호와를 경외함으로 섬기고 떨며 즐거워할지어다"(시 2:11)라고 하였다. 마귀는 하나님을 두려워하기만 하고 하나님을 기뻐하지 못하며 사랑하지도 못한다(약 2:19).

3. 일곱 영(5절 하반)

참된 교회는 성령을 사모한다. 본문의 보좌 앞에 "켠 등불 일곱"은 하나님의 "일곱 영"(성령)을 비유한다. "일곱 영"은 "온 땅에 보내심을 받은 하나님의 일곱 영"이라고도 한다(계 5:6). 이것은 성소에 있는 일곱 촛대의 상징에서 비롯된 표현이다(출 25:37; 슥 4:2). 성령은 한 분이시지만 무수한 은사로 완전하게 역사하신다. 사 11:2 말씀은 어떤 의미에서 "하나님의 일곱 영"에 대한 해설이라고 할 수 있다. 곧 "여호와의 영"이란 말씀이 나온 뒤에 세 묶음의 은사가 진술되었으니 "지혜와 총명", "모략과 재능", "지식과 경외"이다.

그러므로 "일곱 영"은 모든 신자에게 은사를 주시는 성령을 가리킨다. 예수 그리스도를 진실하게 믿는 사람은 누구든지 필요한 은사를 받는다. 이 은사는 천태만상이다. 따라서 신자들 가운데 아무 역할을 하지 못하는 사람은 한 사람도 없다. 북유럽의 어떤 신자는 평생 누워 있어야 하는 병에 걸렸지만 그에게 기도의 은사가 있어서 동네 사람들을 위하여 항상 기도하며 그들에게 은혜를 끼쳤다고 한다.

4. 수정과 같은 유리바다(6절)

구약 시대 성전의 놋바다와 물두멍은 모든 씻는 데 사용되는 시설이었다. "놋바다"는 물을 저장하기 위한 것이고, "물두멍"은 실제로 씻을 때에 사용된다(왕상 7:23-39. 출 30:17-21 참조). 제사장들이 제사하기 전에 먼저 손을 씻은 것은 예수 그리스도의 속죄를 비유한다. 예수님의 보혈로 신자들의 죄를 씻으신 것에 대하여 성경은 "맑은 물"로 몸을 씻는다는 표현도 사용한다(엡 5:26; 히 10:22).

우리에게는 날마다 죄를 씻는 작업이 있어야 된다. 요일 1:7에 "그가 빛 가운데 계신 것 같이 우리도 빛 가운데 행하면… 그 아들 예수의 피가 우리를 모든 죄에서 깨끗하게 하실 것이요"라고 하였고, 요일 1:9에는 "만일 우리가 우리 죄를 자백하면 그는 미쁘시고 의로우사 우리 죄를 사하시며 우리를 모든 불의에서 깨끗하게 하실 것이요"라고 하였다.

설교 네 생물의 찬송(8-11절)

1. 밤낮 쉬지 않고 찬송함

이는 피곤함을 느끼지 않는 찬송이다. 이 찬송은 속에서 나오는 찬송이기 때문에 힘들지 않고, 즐겁고, 능력이 있다. 그러므로 그것은 쉬지 않고 나온다. 네 생물의 속에서 찬송이 나오는 이유는, 그들이 "생물"이기 때문이다. 그들의 이름을 생물이라고 한 이유는, 그들에게 하나님의 생명이 충만하기 때문이다. 그리스도 신자들도 하나님의 생명으로 충만하여질 것이라는 약속을 받고 있다. 요 10:10에서, 그리스도께서 오신 것은 "양으로 생명을 얻게 하고 더 풍성히 얻게 하려는 것이라"고 하였고, 롬 5:17에는 "은혜와 의의 선물을 넘치게 받는 자들은 한 분 예수 그리스도를 통하여 생명 안에서 왕 노릇 하리로다"라고 하였다.

2. 하나님의 거룩하심을 찬송함

이 찬송은 하나님의 성결을 사모하며 귀하게 여기는 의미로 부르는 것이다. 우리는 신앙을 귀히 여기면서 성결을 잊어버리는 과오를 범한다. 우리 자신이 거룩하지 못하면 하나님의 성결을 보지 못한다. 그의 성결을 보지 못하면서 어떻게 그의 성결을 찬송할 수 있겠는가? 히 12:4에서는 죄와 싸우되 피 흘리기까지 하라고 말씀한다. 우리는 행복보다 성결을 구해야 된다. 예수님은 우리에게 "의"를 사모하되 "주리고 목마른 자"같이 하라고 말씀하셨다(마 5:6). 우리가 거룩함을 사모하며 귀하게 여겨야 할 이유는, 주님께서 거룩하시기 때문이다. 대상 16:29에 "아름답고 거룩한 것으로 여호와께 경배할지어다"라고 하였다. 이런 아름다움을 간절히 사모해야 한다(시 29:2 참조). 히 12:14에는 "화평함과 거룩함을 따르라 이것이 없이는 아무도 주를 보지 못하리라"고 하였다.

그러므로 우리는 주님을 보기 위하여 죄와 싸워야 한다. 우리에게 죄와 싸우는 투쟁이 계속되는 한, 하나님은 우리의 편이 되어 주신다. 죄와 싸운다는 것은 어떻게 실행되는가? 자기의 더러움을 알고, 다른 사람의 죄를 미워하는 증오감으로 자신의 죄를 미워해야 한다.

3. 하나님을 찬송함

네 생물은 하나님께서 그들을 위하여 무엇을 하여 주셨다고 해서 찬송한 것이 아니라, 하나님의 살아 계심을 인하여 찬송하였다. 하나님은 어떤 분이신가? 그분은 거룩하신 분이며, 실수와 부족함이 없으신 주님이시다. 곧 모든 것을 주관하시는 분이며, 전능하셔서 못하실 일이 없다. 그런 하나님이 계신 것만으로 만족하는 것이 신앙이다.

1) 하나님께서는 전에도 계셨다. 하나님께서는 전에도 계셔서 우리의 신앙에 증거를 주셨다. 시 74:12에 말하기를 "하나님은 예로부터 나의 왕이시라 사람에게 구원을 베푸셨나이다"라고 하였다.

2) 하나님은 현재에도 계신다. 그는 지금도 계셔서 인생과 현실성 있는 관계를 맺으신다. 만일 그분이 우리와 현실성 있는 관계를 맺지 못한다면 우리와 아무 관계가 없는 것이다. 그러나 그는 실제로 "나"와 함께 계신다. 시 68:19에 말하기를 "날마다 우리 짐을 지시는 주 곧 우리의 구원이신 하나님을 찬송할지로다"라고 하였다. 하나님은 우리의 현실에 관여하신다. 우리가 그와 의논하지 않기 때문에 그의 은혜를 못 받는 것이다. 인생은 죄로 패역해져서 그분과 의논하려고 하지 않는다.

3) 하나님은 미래에도 계시다. 불신자들의 입장에서 볼 때 미래는 수수께끼이다. 그러나 신자들이 볼 때에는 자신들이 받게 될 복이 미래에 더 많다. 미래에는 하나님이 계신 곳에서 우리가 영원토록 하나님을 찬송하며 산다.

설교 창조에 대하여(11절)

성경 66권 중 첫 번째 책인 창세기 1-2장을 비롯하여 신구약성경에서 총 75구절이 하나님의 천지 만물 창조를 말한다. 본문에도 "우리 주 하나님이여 영광과 존귀와 권능을 받으시는 것이 합당하오니 주께서 만물을 지으신지라 만물이 주의 뜻대로 있었고 또 지으심을 받았나이다"(계 4:11)라고 하였다. 이 말씀을 보면, 하늘에 있는 24장로가 만물이 하나님의 뜻대로 창조된 것을 찬송한다. 우리가 만물을 볼 때에 그것이 우연히 생겨난 것이 아니라 하나님이 창조하신 것이고, 또한 하나님의 관할 아래 있다는 것을 생각하면 그저 감사할 수밖에 없다.

하나님께서 지으신 만물을 자연 발달의 결과로 보는 진화론은 인류에게 막대한 해악을 끼치고 있다. 즉 진화론은 가설일 뿐이고 진리가 아니기 때문에 그 사상이 인류에게 끼치는 해악이 크다. 그 사실을 살펴보면 다음과 같다.

1. 진화론 사상을 믿는 사람들은 잘못된 교육을 실시하고 있다.

그들은 생각하기를, 인간의 성품은 선하므로 자유롭게 발달되어야 잘 살아갈 수 있다고 여긴다. 이런 교육은 결국 루소(Rousseau)의 자연주의로 흘러서 인간을 방종과 부패로 타락시킨다.

2. 진화론을 믿는 자들의 역사관은 결국 인류를 파멸시키는 독재주의로 끌고 간다.

진화론에 따르면 생물의 진화는 약육강식 원리로 되어 간다고 하는데, 이것을 역사관에 채용하는 자들이 결국 독재주의를 빚어낸다. 예컨대 히틀러(Hitler)는 다윈(Darwin)의 진화론에 의하여 나치 독재주의를 빚어낸 것이다. 공산주의 독재 역시 진화론에서 나온 것이다. 칼 마르크스(Marx)는 주장하기를, 인류 역사는 자동적으로 피할 수 없이 진화된다고 하였다. 인간은 하나님 앞에서 죄인이므로 회개하여야 된다는 사실을 무시하고 인간의 자율주의에 의한 투쟁을 낙관하는 역사 철학은 결국 대중을 노예로 만드는 독재로 흘러간다.

3. 진화론은 특히 하나님을 무시하고 인간을 우연과 자연 발달의 결과물로 생각한다.

그러므로 이 사상은 많은 사람들로 하여금, ① 심판하시는 주가 없다는 착각을 가지게 하여 기탄없이 범죄하게 만들며, ② 하나님의 형상으로 지음받은 인생의 존귀함을 무시하고, 따라서 다른 사람을 위하여 진정으로 희생하는 사랑이 없는 자로 타락하게 하며, ③ 만물이 하나님의 것임을 인정하지 않고 인간의 마음대로 주장할 수 있는 것으로 착각하여, 다른 사람들을 위해서 그것들을 사용해야 된다는 절대적 신념을 가지지 못하게 하며, ④ 이 세상만 알고 내세를 믿지 않게 하며, ⑤ 모든 것은 다 변화한다고 주장하며, 고대로부터 내려오는 진리와 윤리 도덕을 굳게 붙잡지 않게 한다. 따라서 그들의 사상은 윤리 도덕의 방랑주의가 되어 제멋대로 가는 자들이 된다. 이러한 모든 사실로 볼 때 진화론은 인류를 망치는 사상이다.

설교 하나님의 계획성 있는 만물 창조 (11절)

본문에 "만물이 주의 뜻대로 있었고 또 지으심을 받았나이다"라고 한다. 이 말씀을 보면 하나님께서 만물을 지으시기 전에도 그의 "뜻"이 그것을 계획하셨다는 사실이 드러난다. 만물은 무질서한 것이 아니고 하나님의 의지와 지혜로 창조되었다(잠 8:22-31; 롬 1:20 참조). 우리는 이 사실을 하나님의 말씀(성경)에 근거하여 믿는다(히 11:3). 우리가 이렇게 믿는 것이 정상적이고 또한 하나님께서 기뻐하시는 신앙이다. 이렇게 믿고 우주와 만물을 보면, 만물이 잘 해석된다.

뉴욕 과학회 회장인 모리슨(A. C. Morrison)은 "과학자로서 하나님을 믿는 일곱 가지 이유"라는 작품에서 다음의 몇 가지 사실을 지적하였다. 곧 "만일 지구가 현재 돌고 있는 속도의 10분의 1 속도로 돌아간다면 밤과 낮이 현재보다 10배나 길어질 것이다. 만일 그렇게 된다면 낮에는 모든 식물이 오랫동안 계속 빛을 받아 마를 것이고, 밤에는 오랫동안 낮은 온도가 계속되어 식물들이 얼어 죽을 것이다. 그리고 지구와 태양의 거리가 현재보다 조금만 더 멀어도 우리는 얼어 죽을 것이며, 조금만 더 가까우면 열에 타서 죽을 것이다. 또한 달과 지구는 24만 마일 떨어져 있는데, 만일 그 거리가 5만 마일이라면 바닷물에 모든 육지가 잠길 것이다. 이 밖에도 이와 같은 힘, 곧 하나님의 수학적인 계획 아래에서 생명들이 보존되는 사실이 무수히 많다. 이처럼 이 땅 위에서 생명이 보존되는 일은 억만분의 일이라도 우연이라고 생각할 수 없다."라고 하였다.

영국의 위대한 과학자 제인스(Sir James Janes)는 자연계의 모든 법칙의 구조가 수학적이라는 의미에서 말하기를, 우주는 우연의 산물이 아니고 위대한 수학자의 산물이라고 하면서 하나님을 믿는 신앙을 고백하였다.

그런데 진화론자들은 말하기를 인류가 짐승과 마찬가지로 같은 조상으로부터 진화되었다고 한다. 이 이론을 성립시키기 위하여 그들은 터무니없는 계산법으로 수만 년 전에 있었다고 하는 골격의 화석을 가지고, 그 골격이 현대인과 다른 점을 찾아낸다고 하면서, 현대인은 그것에서 훨씬 진화된 상태라고 주장한다. 그러나 ① 진화론자들도 그 이론을 확정하지 못한다. 그 이유는, 그런 화석이 많지도 않고, 발견되었다는 골격들도 파편에 불과한 것이기 때문이다. ② 뿐만 아니라 그들은 그 화석이 발견된 환경(짐승들이 살 수 있는 굴과 같은 환경)을 볼 때 그 당시의 인류는 하등 동물과 비슷하였을 것이라고 추측한다. 그러나 생활환경이라는 것은 발달되고 변화하는 것이므로, 그것만으로 인류의 근본적인 가치를 정할 수는 없다. 현대인들도 만일 핵무기로 인하여 도저히 살 수 없는 환경에 처한다면 짐승처럼 굴속에 들어가서 살 수밖에 없는 상황에 처하게 될지도 모르는 것이다. ③ 또한 사람의 골격은 질병 때문에 변형되기도 한다. 어떤 화석에 있는 사람의 골격이 짐승의 뼈와 비슷하다고 해서 그것을 진화론의 근거로 삼는 것은 어리석은 판단이다. ④ 뿐만 아니라 진화론자들은 사람과 원숭이의 유래가 같다고 주장하는데 과연 그런가? 외형만을 가지고 무엇을 판정해서도 안 되고 사람과 원숭이는 그 외형도 같지 않다. 특히 생각하는 수준은 천양지차로 다르다.

무엇보다도 우리가 명심해야 될 것은, 진화론자 자신도 자신들의 이론을 확신하지 못한다는 점이다. 진화론자 다윈(Darwin) 자신도 그레이(Gray) 박사에게 보낸 편지에서 "나는 이 훌륭한 우주, 특히 인간의 성품을 볼 때 그것이 맹목적인 세력의 결과라고 생각하고 만족할 수 없다"고 하였고, 또한 "나는 이 세계가 우연의 결과라고 생각할 수 없다"고 하였다. 다윈의 이 말은 진화론의 자살과 같다. 그럼에도 불구하고 사람들은 이런 모순된 학설을 진리인 것처럼 생각하고 다른 사람들에게 가르치기도 한다. 우리는 진리를 말씀하는 성경으로 돌아가야 된다. 창 1:1에 말하기를 "태초에 하나님이 천지를 창조하시니라" 하였고, 시 33:6에는 "여호와의 말씀으로 하늘이 지음이 되었으며 그 만상을 그의 입 기운으로 이루었도다" 하였고, 시 121:1-2에는 "내가 산을 향하여 눈을 들리라 나의 도움이 어디서 올까 나의 도움은 천지를 지으신 여호와에게서로다"라고 하였다.

설교 두 가지 찬송(8-11절)

본문에 두 가지 찬송이 있다. 하나는 네 가지 영물의 찬송이고, 다른 하나는 24장로들의 것이다. 네 가지 영물은 밤낮 쉬지 않고 하나님의 거룩하심과 영생하심을 찬송하고(8-9절), 24장로는 면류관을 하나님께 드리며 그의 창조하시는 능력을 찬송한다(11절).

1. 밤낮 쉬지 않는 찬송

네 가지 영물의 찬송에서 배울 것이 있다. 그것은 그들의 찬송이 밤낮 쉬지 않는다는 사실이다(8절). 하나님의 성결하심과 영생하심을 분명히 인식하는 자는 쉬지 않고 찬송할 수밖에 없다. 그 이유는, ① 하나님은 거룩하게 늘 계시며 죄악 세계를 심판해 주시고, 그에게 속한 것들과 구속하신 백성을 영원히 멸망시키지 않으시고, 그가 영원히 계시는 것과 같게 하시기 때문이며, ② 하나님의 성결하심과 그분이 영원히 존재하시는 것처럼 기쁜 것은 없기 때문이다. 진리를 기준으로 생각하면 성결은 그 어떤 행복보다 귀하다.[75] 우리는 안락하게 생활하는 것보다 성결하게 살기를 원해야 된다. 그것이 하나님의 형상대로 지음받은 참사람의 합당한 요구이다. 하나님께서 영원히 계시다는 사실은 생각만 해도 기쁘다. 천지 만물을 지으신 하나님이 계신 것은 천지 만물이 있는 것보다 형언할 수 없이 기쁜 사실이다. 우리는 하나님께서 우리에게 무엇을 주신 것 때문에 기뻐하기보다 그가 존재하심으로 인하여 더욱 기뻐해야 된다. 하나님께서 거룩하시고 영원히 계시다는 사실을 분명히 인식하는 자는 밤낮 쉬지 않고 찬송할 수밖에 없다.

2. 면류관을 하나님 앞에 드리는 찬송(10-11절)

24장로는 그들이 썼던 면류관을 하나님 앞에 드리며 그의 창조 능력을 찬송하였다. 그 찬송은 모든 것이 하나님의 창조로 말미암았으므로, 모든 영

---

75) Holiness is better than happiness.

광을 그에게 돌려야 합당하다는 고백이다.

고전 4:7에 말하기를 "네게 있는 것 중에 받지 아니한 것이 무엇이냐 네가 받았은즉 어찌하여 받지 아니한 것 같이 자랑하느냐"라고 하였다. 우리는 모든 영광을 하나님께 돌려야 한다. 그 이유는, 모든 좋은 것은 하나님이 만드셨고, 또한 주셨기 때문이다.

인간은 자기가 마땅히 받을 영광도 하나님께 돌려야 된다. 그 이유는, 그것도 하나님께서 지으신 것이기 때문이다. 그러므로 누구든지 자신이 받을 만한 영광이라도 자기 자신에게 돌리는 것은 불신앙이다. 롬 11:36에 말하기를 "만물이 주에게서 나오고 주로 말미암고 주에게로 돌아감이라 그에게 영광이 세세에 있을지어다 아멘"이라고 하였다.

요리

1. "무지개"(3절)는 소나기 후에 빗방울에 반사된 일광의 작용으로 나타나는 현상이다. 어떤 학자는 소나기를 하나님의 진노의 상징으로 보고 무지개는 하나님의 진노 후에 그의 사랑이 시작되는 현상이라고 해석한다(창 9:13-16; 벧후 3:7 참조). 하나님의 심판은 벽옥같이 성결하고, 홍보석같이 화염의 무서운 기세를 띤다. 그러나 하나님의 구원사역은 무지개처럼 자비롭고, 또한 신실하시다. 신자들은 이와 같이 참되신 하나님을 두려워하면서도 그를 즐거워한다. 우상이나 귀신을 섬기는 자는 그 마음에 기쁨은 없고 두려움만 있을 뿐이다.

2. "네 생물"의 찬송(8절)은 하나님의 본질에 대한 것이고, "이십사 장로들"의 찬송(11절)은 하나님의 만물 창조에 대한 것이다. 이 두 가지 찬송은 순서대로 나왔다. 무엇보다 하나님의 존재가 중요하고 그다음이 그의 만물

창조이다.

3. 계 4장은 하늘나라에 대하여 중요한 내용을 밝힌다. 우리가 하늘나라에 대한 지식을 많이 가지고 있어야 하는 이유는 그래야 이 세상보다 하늘나라를 더 많이 생각하게 되기 때문이다. 하늘나라에 대해서 생각하지 않는 사람의 심령은 이 세상의 노예가 되는 것을 피하지 못한다.

4. 하늘나라에 대한 계시록의 묘사는 비교적 간결하다. 이처럼 간결하게 묘사한 것이 성경의 특징이다. 성경이 하늘나라의 일을 복잡하게 말하지 않는 이유는, 그것을 자세히 말하려면 하늘나라의 일을 땅 위의 개념으로 표현해야 하고, 그렇게 되면 하늘나라의 특성이 훼손되기 때문이다. 그러므로 하늘나라에 대한 묘사가 간결한 것은 성경 저자를 감동하신 성령의 뜻이다.

제 5 장

⚜ 해석

1 내가 보매 보좌에 앉으신 이의 오른손에 두루마리가 있으니 안팎으로 썼고 일곱 인으로 봉하였더라. "보좌에 앉으신 이의 오른손에 두루마리가 있으니." 이 "두루마리"는 세계의 장래에 대한 하나님의 계획과 그것에 대한 그의 주재권을 표시한다. 하나님만이 세상의 장래를 아시고 그것을 주재하신다. "오른손"은 힘있는 손이므로, 잘 보관하고 주재하는 것을 상징한다.

"안팎으로 썼고 일곱 인으로 봉하였더라." 이것은 세상의 장래에 대한 그의 계획이 완전하게 작정되어 있으므로 누구든지 그것에 더하거나 뺄 수 없음을 상징한다. 그러나 테오도르 찬은 여기서 "안팎으로 썼고 일곱 인으로 봉하였더라"고 한 어구를 다르게 번역하여 "안에 썼고 밖으로 일곱 인으로 봉하였더라"고 하였다. 이 번역이 옳다면, 그 뜻은 그 책 내용의 비밀성을 강조하는 것이다. 그러나 기존의 번역이 옳다. 그 이유는, 겔 2:10에도 "안팎에" 쓴 두루마리 책에 대한 말이 있고, 또 헬라 원문(γεγραμμένον ἔσωθεν καὶ ὄπισθεν)의 문법도 기존의 번역에 적합하기 때문이다.

하나님께서 인으로 봉한 책을 오른손에 가지신 이유는, 그 오묘하심을 교회가 알게 하시기 위해서다. 하나님께서는 그가 하시려는 일을 택한 백성에게 알리시기를 기뻐하신다. 그가 소돔과 고모라를 멸망시키실 때에도 아브라함에게 말씀하시기를 "내가 하려는 것을 아브라함에게 숨기겠느냐"(창 18:17)라고 하셨다. "일곱 인으로 봉하였더라." "일곱" 수는 완전수를 의미하므로, "일곱 인"은 계시의 일곱 내막에 대한 엄중한 비밀을 상징한다. 이 "일곱 인"의 내막은 6장 이하에 하나씩 드러난다. 어떤 학설에 의하면, 이 "일곱 인"은 로마에서 유언을 확정하기 위해 일곱 번 인으로 봉하는 풍속에서 유래한 것이라고 한다. 그렇다면 그 의미는 하나님께서 그의 자녀들에게 주시려는 기업에 대한 보증일 것이다. 그러나 이 학설은 받아들이기 어렵다. 여기서 문제되는 것은 누가 그 봉한 것을 열 수 있는가, 하는 것이다.

2 또 보매 힘있는 천사가 큰 음성으로 외치기를 누가 그 두루마리를 펴며 그 인을 떼기에 합당하냐 하나. "힘 있는 천사"가 나타나는 이유는 큰 소리로 말하기 위해서다. 그가 부르는 소리는 하늘 위와 땅 위, 그리고 지하까지 두루 미쳐야 했기 때문이다. 일곱 번 인으로 봉한 그 책은 유력한 천사도 알 수 없는 것이었으므로 큰 소리로 부르짖었다. 구속의 대사역은 천사도 놀라며 흥미롭게 구경하는 장관이다(벧전 1:12 참조). "합당하냐." 이 말(ἄξιος)은 일곱 번 인으로 봉한 책을 열 수 있는 '의로운 자격'을 의미한다(Greijdanus).

3 하늘 위에나 땅 위에나 땅 아래에 능히 그 두루마리를 펴거나 보거나 할 자가 없더라. "하늘 위"는 천사들과 이 세상을 떠난 성도들이 있는 곳이고(계 4:1의 같은 말 해석 참조), "땅 위"는 모든 인생들과 생물들이 있는 곳이고, "땅 아래"는 구원받지 못한 영혼들이 있는 곳(음부)이다. 이 셋은 우주와 우주 밖의 모든 경계가 있는 영역을 총망라한다. 세상의 종말에 대한 하나님의 오묘한 계획을 죄 있는 인간들이 알 수 없고 다른 생물들도 알 수 없다(마 11:25-27). 뿐만 아니라 그것을 알 수 있는 자, 곧 하나님과 사람 사이에서 중보할 자격을 가지는 자는 천사들 중에도 없다. 그렇다면 그 자격자는 누구인가?

4 그 두루마리를 펴거나 보거나 하기에 합당한 자가 보이지 아니하기로 내가 크게 울었더니. "내가 크게 울었더니." 요한이 크게 운 이유는 무엇인가? ① 그가 사모하는 계시가 중단될 것으로 생각되었기 때문이다. 이것을 보면, 하나님 나라의 일을 보기 원하는 그의 심령이 얼마나 간절하였는지 알 수 있다. ② 일곱 번 인으로 봉한 책을 열 자가 없는 이유가 인류의 죄악이었음을 알게 되었기 때문이다. 천사가 부르짖는 소리에도 온 우주는 고요하고 아무 대답이 없었다. 죄악으로 폐허가 된 우주의 참상이 알려졌다. 이것을 느낄 줄 아는 예언자가 통곡한 것이다. ③ 어떤 학자는 말하기를, 요한이 크게 운 이유는 그가 기다리던 구원의 계획(일곱 번 인으로 봉한 그 책은 구원에 관한 종말적 계획과 명령이라고 할 수 있음)을 받아서 성취시킬 자가 없음을 통탄했기 때문이라고도 한다. 이 세 가지 이유 모두 일리가 있다.

"울었더니"란 말은 헬라어(ἔκλαιον)에서 과거 미완료 동사이므로 그것을 직역하면 "우는 중에 있었으니"라는 뜻이다. 즉 계속 울었음을 의미한다. 천사가 부르는 큰 소리에 대하여 우주 전체에서 한 마디의 대답도 없었다. 이는 죄악된 세상의 적막이었다. 이것을 느끼는 자는 크게 울지 않을 수 없었다. 이 울음은 하늘 위와 땅 위, 그리고 지하를 진동할 만큼 호소력을 가졌다. 온 인류의 죄와 자기의 죄를 통감하는 회개의 울음소리! 계시와 구원을 애원하는 울음소리! 이 울음소리는 하나님의 보좌에 들리는 귀한 소리이다.

5 장로 중의 한 사람이 내게 말하되 울지 말라 유대 지파의 사자 다윗의 뿌리가 이겼으니 그 두루마리와 그 일곱 인을 떼시리라 하더라. "유대 지파의 사자." 이것은 창 49:9-10의 예언을 염두에 둔 말씀이다. 야곱은 "유대 지파"에서 메시아가 나실 것을 예언하여 말하기를 "유다는 사자 새끼로다… 수사자 같고 암사자 같으니 누가 그를 범할 수 있으랴"고 하였다. 이 예언이 성취되어 예수님은 유다 지파에서 나셨다(히 7:14). "사자"는 이기는 자의 표상이고, 이기는 것은 메시아의 특징이다. 창 3:15에 메시아의 승리에 대하여 예언하기를 "여자의 후손은

네 머리를 상하게 할 것이요 너는 그의 발꿈치를 상하게 할 것이니라"고 하였다. 사탄의 "머리를 상하게 함"은 메시아의 승리를 말한다. 사도 바울도 성령의 감동으로 말하기를 "평강의 하나님께서 속히 사탄을 너희 발 아래에서 상하게 하시리라"(롬 16:20)고 하였다. 이것은 창 3:15 말씀을 염두에 둔 것이다. 창 3:15의 메시아 예언이 있은 후부터 줄곧 하나님의 택한 백성은 이기는 자, 곧 메시아를 대망하여 온 것이다. 예언자들은 메시아를 "사자"로 비유하기도 하였고(창 49:9-10), "왕"이라고도 하였다(미 5:2).

"다윗의 뿌리"는 다윗 혈통의 베어진 그루터기를 말하지만, 그 혈통이 예수 그리스도로 말미암아 영적으로 다시 계승된 것을 의미한다. 메시아는 그 그루터기에서 난 "가지" 혹은 "싹", "줄기"로 상징되었다.[76)]

"이기었으니." 이것은 메시아의 특성이다(창 3:15). 곧 그가 십자가에 못 박히심으로써 승리하여 구속 사역을 성취하신 일이다(골 2:14-15). 그 승리는 사탄과 죄의 권세와 사망과 세상을 이긴 것이다.[77)] 이와 같은 승리자, 곧 메시아만 하나님과 사람 사이의 중보자가 되시며, 하나님의 비밀을 그의 택하신 백성에게 계시하시며, 또 그 계시대로 구원을 완성하신다는 것이 성경의 교훈이다(히 7:26-28 참조).

"그 두루마리와 그 일곱 인을 떼시리라." 그리스도께서 일곱 인으로 봉한 책을 받아서 여심은 계시의 의미를 가질 뿐 아니라, 그 계시의 내용대로 집행하실 것을 의미한다. 그러므로 이것은 그리스도께서 계시, 구원, 심판을 하신다는 것이다. 이 세 가지 일을 하실 수 있는 분은 그리스도밖에 없다. 그 이유는, 그리스도만이 중보자이시기 때문이다. 그는 하나님으로서 다윗의 자손(사람)이 되시어 우리의 죄짐을 맡아 지시고 하나님 앞에 서신 분이며, 계

---

76) 사 11:1, 10; 롬 15:12; 계 22:16 참조

77) 눅 10:18; 요 12:31; 14:30; 계 1:18 참조.

시와 구원, 심판의 책임자이시다.

6 내가 또 보니 보좌와 네 생물과 장로들 사이에 한 어린 양이 서 있는데 일찍이 죽임을 당한 것 같더라 그에게 일곱 뿔과 일곱 눈이 있으니 이 눈들은 온 땅에 보내심을 받은 하나님의 일곱 영이더라. "보좌… 생물… 장로." 계 4:2, 4, 6의 해석 참조.

"사이에 한 어린 양이 서 있는데." "어린 양"께서 장로들의 밖에 계시지 않고 보좌와 생물과 장로들의 "사이에" 서 계신 것은 그의 중보성을 상징한다. "어린 양"은 이스라엘 백성이 유월절에 먹던 짐승으로, 곧 속죄 제물을 상징한다. 그러므로 이것은 속죄자 예수 그리스도를 가리킨다(사 53장; 요 1:29, 36 참조). 그런데 여기 나오는 "어린 양"이라는 말(ἀρνίον)은 요 1:29의 "어린 양"이란 말(ἀμνὸς)과 다르다. 계시록의 "어린 양"은 아형명사(Dimunitive)이다. 여기서 아형명사가 사용된 이유는 그리스도의 부드러우심, 온유하심, 희생하심, 사랑이 충만하심을 강조하려는 것이다.[78)]

5절에서는 예수님을 "사자"라고 하고, 여기서는 "어린 양"이라고 불렀다. 이 계시는 의미심장하다. 메시아는 "사자" 같은 승리자이시지만 그의 행동 원리는 "어린 양" 같았다. 그는 어린 양같이 자신을 하나님 앞에 희생제물로 드리시고 십자가를 지셨기 때문에, 사자같은 승리자가 되신 것이다. 불신 유대인들은 메시아의 사자같이 이기는 행동 원리(창 49:9)를 이 세상에서 권세 잡은 자 같은 것으로 잘못 알았기 때문에 실패하였다. 모든 그리스도 신자들은 사도처럼 메시아를 찾아야 된다. 메시아께서는 이 세상에서 구속 사역을 이루어 가실 때에 항상 어린 양 같으셨다. 마 12:18-21에 메시아에 대하여 말하기를 "보라 내가 택한 종 곧 내 마음에 기뻐하는 바 내가 사랑하는 자로다 내가 내 영을 그에게 줄 터이니 그가 심판을 이방에 알게 하리라 그는 다투지도 아니하며 들레지도 아니하리니 아무도 길에서 그 소리를 듣지 못하

---

78) Greijdanus, de idee van het teedere, zachte, overgegevene, liefdevolle, te accentueeren.

리라 상한 갈대를 꺾지 아니하며 꺼져가는 심지를 끄지 아니하기를 심판하여 이길 때까지 하리니 또한 이방들이 그의 이름을 바라리라 함을 이루려 하심이니라" 하였고, 행 8:32-33에는 "그가 도살자에게로 가는 양과 같이 끌려갔고 털 깎는 자 앞에 있는 어린 양이 잠잠함과 같이 그의 입을 열지 아니하였도다 그가 굴욕을 당했을 때 공정한 재판도 받지 못하였으니 누가 그의 세대를 말하리요 그의 생명이 땅에서 빼앗김이로다"라고 하였다. 벵겔은 말하기를, 여기 사용된 아형명사 "어린 양(ἀμνός)"은 '친애'의 의미까지 포함한다고 하였다. 그리스도께서는 우리를 대신하여 죽으셨으므로, 지금 천국에 계시면서도 우리와 친밀한 관계를 가지시는 구주님이시다.

"일찍이 죽임을 당한 것 같더라." 이 어구는 그 앞에 있는 "서 있는데"를 설명한다. 곧 어린 양께서 서 계시며, 그의 몸에 전에 죽으셨던 표를 여전히 가지고 계신다는 말이다.[79] 이것은 그리스도께서 십자가를 지심으로써 대속의 공로를 세우신 것이 하늘에서 영원토록 그 효과를 발휘하신다는 상징적 표현이다. 다시 말하면, 그가 하나님께 순종하여 속죄의 십자가를 지고 죽으신 공로는 내세에서도 영원히 남는다. 그러므로 그는 우리의 영원한 속죄가 되시고, 의가 되시고, 성결이 되시고, 지혜가 되신다(고전 1:30).

"일곱 뿔." 이것은 그리스도께서 부활 승천하셔서 하나님 우편에 앉으심으로써 받으신 완전한 권세와 능력을 상징한다.[80]

"일곱 눈이 있으니 이 눈들은 온 땅에 보내심을 받은 하나님의 일곱 영이더라." 슥 3:9; 4:10 참조. 이 말씀은 성령을 상징한다. 성령께서는 거룩하신 하나님과 하나이실 뿐 아니라, 성자와도 하나이시다(사 11:2). 또한 이 말은 성자께서 승천하신 후에 성령을 특별한 방식으로 보내셔서(행 2장) 자기를

---

79) Charles, ὡς ἐσφαγμένον, i.e. as though slain in sacrifice and still retaining the appearance of death wounds on its body.

80) 마 11:27; 28:18; 행 2:36; 빌 2:9-11 참조.

증거하게 하시는 것을 가리킨다.[81)]

설교 다윗의 뿌리의 역사(5-6절)(사 53:2 참조)

1. 복음 사역은 미약해 보이는 싹의 움직임이다

그리스도의 복음 사역은 그 시작이 작은 싹과 같이 움직인다. 그러나 그 사역은 그리스도께서 영원토록 다윗의 집에 왕이 되시는 사역이다. 성경은 "주 하나님께서 그 조상 다윗의 왕위를 그에게 주시리니 영원히 야곱의 집을 왕으로 다스리실 것이며 그 나라가 무궁하리라"(눅 1:32-33)고 말씀한다.[82)] 그의 사역은 미약한 싹과 같이 움직여서 세상에서 업신여김을 당한다. "천국은 마치 사람이 자기 밭에 갖다 심은 겨자씨 한 알 같으니 이는 모든 씨보다 작은 것이로되 자란 후에는 풀보다 커서"(마 13:31-32)라고 하였다. "하나님께서 전도의 미련한 것으로 믿는 자들을 구원하시기를 기뻐하셨도다"(고전 1:21). "하나님께서 세상의 미련한 것들을 택하사 지혜 있는 자들을 부끄럽게 하려 하시고 세상의 약한 것들을 택하사 강한 것들을 부끄럽게 하려 하시며 하나님께서 세상의 천한 것들과 멸시 받는 것들과 없는 것들을 택하사 있는 것들을 폐하려 하시나니"(고전 1:27-28). "하나님의 어리석음이 사람보다 지혜롭고 하나님의 약하심이 사람보다 강하니라"(고전 1:25).

우리는 그리스도의 나라가 현세에서 사람들이 보기에 지혜 있고 강한 것이 아님을 명심해야 한다. 그리스도의 나라는 현세에서 오직 하나님 보시기에만 지혜 있고 강하다. 이 세상에서는 하나님을 모르는 자가 지혜 있어 보이고 강해 보인다. 그 이유는, 하나님을 모르는 것이 이 세상의 특징이기 때문

---

81) 요 14:26; 15:26; 16:8, 13-15.

82) 단 2:44; 7:14, 18, 27; 히 1:8; 계 11:15 참조.

이다. 하나님을 모르는 이 세상에서는 하나님을 모르는 삶이 지혜 있고 유력한 것으로 여겨진다. 반면에 예수님의 천국 복음 사역은 하나님을 알게 하고 그를 영화롭게 하는 것이 핵심이므로, 하나님보다 사람을 더 중요시하는 이 세상에서는 이해될 수 없는 것이다. 성경 신학자 게할더스 보스(G. Vos)는 말하기를 "천국의 개념은 필연적으로 하나님 대신에 사람을 높이는 이 세상의 눈으로 이해할 수 없는 것이다."라고 말했다.[83)]

복음 사역이 세상의 눈에 미약해 보이는 또 한 가지 이유는 그것이 정치적인 것이 아니라 영적인 것이기 때문이다. 복음은 사탄과 죄를 정복하는 일이다. 이것은 마치 벌목할 때 줄기나 가지보다 뿌리를 뽑는 지혜와 같다. 그러나 이 세상은 사탄과 죄를 문제시하지 않으므로, 예수님의 천국 복음 운동을 어리석고 미약하게 보는 것이다. 보스는 다시 말하기를 "예수님의 일은 나라로 나라를 대적하는 것이니, 곧 사탄의 나라를 대적하여 천국을 실현하는 것이다. 이 나라들은 로마보다 높은 차원에 속한다"고 하였다. 과연 성경은 예수님의 싸움이 사탄의 나라를 대적하여 정복하는 데 있음을 분명하게 지적한다. "그러나 내가 만일 하나님의 손을 힘입어 귀신을 쫓아낸다면 하나님의 나라가 이미 너희에게 임하였느니라"(눅 11:20). 하나님 보시기에 지혜로운 것과 강한 것이 진정한 지혜이고 진정으로 강한 것이다. 그 이유는, 그것이 인간의 지혜나 능력이 아니고 하나님의 것이기 때문이다. 이 세상이 그것을 미련한 것으로 보고 약한 것으로 본다 하더라도 그것이 만유의 주 하나님의 것인 한, 그것은 진정한 지혜이고 진정한 능력이다. 하나님을 아는 것이 지혜이고 하나님을 중심에 모시는 삶이 능력이다. 이 지혜와 능력은 하나님이 주신 것이므로, 일시적인 현상이 아니고 영원한 새 창조를 일으키는 것이다. 그러므로 하나님을 알고 그를 영화롭게 하는 삶을 살아가는 자는 이미 영원한 새 창조의 은혜

---

83) G. Vos, *The Kingdom of God and The Church*, 88.

를 입은 것이다. 그에게는 진정한 지혜와 능력이 임한 것이다. 이 지혜와 능력은 장차 천지를 완전히 변화시키실 세력의 선행적 사역이다.[84)]

2. 복음 사역은 미약해 보여도 거기에 성령의 능력이 동반된다

본문 6절에 보면 "어린 양"에게 "일곱 눈"이 있다고 하였다. 이는 인간에게 참된 지혜(하나님을 알게 하는 지혜)를 주시는 오순절에 강림하신 성령을 상징한다(사 11:1-2 참조). 이 성령은 예수님께서 보내 주시겠다고 약속하신 대로 오신 분이다. "그러나 진리의 성령이 오시면 그가 너희를 모든 진리 가운데로 인도하시리니 그가 스스로 말하지 않고 오직 들은 것을 말하며 장래 일을 너희에게 알리시리라 그가 내 영광을 나타내리니 내 것을 가지고 너희에게 알리시겠음이라"(요 16:13-14).

예수님의 천국 복음 운동은 곧 성령의 운동이다. 마 12:28에 말한 대로, 성령께서 일하시는 곳도 하나님의 나라이다. 예수님께서 성령의 기름부음을 받아 모든 능력을 행하신다고 하였다(눅 4:18). 예수님께서 귀신 들린 아이를 고치셨을 때 그 사건을 훼방한 바리새인 행위를 예수님은 성령 훼방죄로 보셨다(마 12:31-32). 또한 그는 성령으로 행하신 물리적 변동(이적)은 동일한 성령으로 행하시는 도덕적, 혹은 영적 세계의 변혁을 상징하는 것뿐이라는 의미로 말씀하셨다(눅 11:20). 예수님의 제자들도 성령으로 말미암아 비로소 하나님의 사람이 된 것이다. 그들은 예수님의 말씀을 많이 들었으나, 그 들은 바를 믿은 것은 성령을 받은 후였다. 또한 천국에 들어가는 자들도 성령을 받아 중생한 자뿐이다(요 3:3). 성령을 받지 못하면 아무도 예수님을 "주"라고 할 자가 없다고 하였다(고전 12:3). 예수 그리스도를 믿는 자는 누구든지 성령의 지혜를 받은 자이다. 신자들이 성령을 받은 분량과 정도에는 차이

---

84) *Ibid.*, 93.

가 있으나, 본질은 같다. 어떤 사람은 자타가 공인할 정도로 성령을 받은 증거가 뚜렷하지만 어떤 사람은 그 증거가 불분명할 수 있다. 예수님을 믿는 열심이 부족해 보이지만, 그들 역시 예수님을 믿지 않고는 살 수 없는 새 마음을 받은 것이다. 우리는 성령의 은혜가 충만하기까지 기도하며 힘써야 한다.

7 그 어린 양이 나아와서 보좌에 앉으신 이의 오른손에서 두루마리를 취하시니라. "어린 양이 나아와서." 이 말씀은 예수님께서 죽음에서(6절 하반)에서 부활하셔서 구속사역을 더욱 완전하게 실행하신 것을 보여 준다. 이런 의미에서 "나아와서"란 말(ἦλθεν)은 중요하다.

"취하시니라." 이 말은 헬라어로 아이레펜(εἴληφεν)이다. 현재분사로서 그 취한 두루마리를 영구히 가지고 계신 것을 일컫는다. 그리스도께서는 하나님의 계시를 잠깐 동안만 취하지 않고 영구히 맡으신다.

설교 구주의 자격(1-7절)

"보좌에 앉으신 이의 오른손에 두루마리가 있으니." 이 두루마리는 인류 구원의 계획서이다. 그렇다면 이대로 실행하실 분은 어떤 자격을 지니셨는가?

1. 유일하신 분

인류의 구주는 예수님밖에 없다. 본문 3절에 "하늘 위에나 땅 위에나 땅 아래에" 없다고 한다. 그러므로 우리는 그분만 믿고 그분만을 사랑해야 한다. 사도 베드로는 말하기를 "예수를 너희가 보지 못하였으나 사랑하는도다 이제도 보지 못하나 믿고 말할 수 없는 영광스러운 즐거움으로 기뻐하니"(벧전 1:8)라고 하였다. 또한 그는 성령이 충만하여 말하기를 "다른 이로써는 구원을 받을 수 없나니 천하 사람 중에 구원을 받을 만한 다른 이름을 우리에게 주신 일이 없음이라"(행 4:12)고 하였다.

2. 유다 지파의 사자요 다윗의 뿌리

예수님 탄생하시기 약 1,500년 전에 장차 오실 예수님을 예언하여 유다 지파의 "사자"(창 49:9 참조)라고 하였고, 또 약 800년 전에는 다윗의 "뿌리"(사 11:1 참조)라고 하였다.

그런데 왜 예수 그리스도를 "사자"란 짐승에 비유했을까? 그 예언의 본문을 읽어 보면 그 이유를 알 수 있다. 그 본문(창 49:9-10)에 "움킨 것을 찢고 올라갔도다"(מִטֶּרֶף עָלִיתָ)라고 했다. 이는 사자가 그 먹이를 잡아먹고 산 위의 굴로 올라갔다는 말이다. 여기서는 '동물의 왕'으로 불리는 사자로 영적 세계에서 승리하시는 그리스도의 왕격을 비유한 것이다. 그는 세상의 승리자이며(요 16:33), 마귀를 이기시고(골 2:15; 히 2:14; 요일 3:8), 죽음을 이기셨다(고전 15:54, 57).

"다윗의 뿌리"란 말도 예수 그리스도를 가리킨 예언이다. 그는 다윗의 자손이면서 다윗의 뿌리이시다(계 22:16). 곧 예수님은 다윗이 다윗 되게 하신 하나님이시다(마 22:41-45. 시 110:1 참조). "다윗의 뿌리"란 말씀 역시 예수님의 승리, 곧 영적 전쟁에서 '메시아 왕'으로서 승리하신 것을 의미한다. 그는 우리를 위하여 구원을 실행하시는 힘 있는 구주이시다.

8 그 두루마리를 취하시매 네 생물과 이십사 장로들이 그 어린 양 앞에 엎드려 각각 거문고와 향이 가득한 금 대접을 가졌으니 이 향은 성도의 기도들이라. "거문고"는 하나님께 감사의 노래를 드리는 악기이고, "금 대접"은 거기에 담긴 향을 가리킨다. 본문은 "향"이 성도들의 기도에 대한 상징이라고 밝힌다. 향을 성도들의 기도라고 했으므로, 하나님께서는 향기로운 냄새와 같이 성도들의 기도를 즐

거워하신다는 것을 알 수 있다. 기도는 하나님께만 향기처럼 즐거운 것이 아니고, 성도 자신에게도 그러하다. 참된 신자에게는 기도할 때처럼 기쁘고 향기로운 것이 없고, 또 그가 다른 사람의 기도 소리를 들을 때에도 그런 기쁨을 느낀다(계 8:3-4 참조).

9 그들이 새 노래를 불러 이르되 두루마리를 가지시고 그 인봉을 떼기에 합당하시도다 일찍이 죽임을 당하사 각 족속과 방언과 백성과 나라 가운데에서 사람들을 피로 사서 하나님께 드리시고. "새 노래." 이것은 구원의 새로운 체험에서 터지는 새로운 찬송이다.

"족속"은 혈통적인 유래를 염두에 둔 것이고, "방언"은 종족과 종족 간 거리에 상관없이 언어가 같은 국민을 가리키고, "백성"은 정치적으로 모인 집단이고, "나라"는 생활 습성이 유사한 집단이다.[85] 이러한 정의가 정확하다고 단언하기는 어렵지만, 분명한 것은 이 네 가지 표현이 온 인류를 망라한다는 것이다. 하나님께서 인간을 구원하실 때에는 어느 민족도 차별하시지 않는다. 그러나 이 말은 그가 인류 전체를 한 사람도 빠짐없이 다 구원하신다는 의미가 아니다. 그다음에 나오는 "가운데에서"(ἐκ)란 말이 선택적 구원을 가리킨다. 하나님께서는 민족이나 인종을 차별하시지 않지만 그의 기쁘신 뜻대로 구원할 자들을 선택하신다. 이러한 사실은 성경 모든 곳에서 일관성 있게 가르친다(롬 9:7-18; 살후 3:2 하반 참조).

"피로 사서 하나님께 드리시고." 이 말씀은 복음의 핵심이다. 참신자는 하나님께서 거저 얻으신 습득물이 아니다. 그의 피로 사신 값비싼 보배이다.

10 그들로 우리 하나님 앞에서 나라와 제사장들을 삼으셨으니 그들이 땅에서 왕 노릇 하리로다 하더라. "나라와 제사장." 계 1:6의 같은 말 해석 참조.

"그들이 땅에서 왕 노릇 하리로다." 여기서 "왕 노릇 하리로다"란 말의

85) H. Cremer-J. Kögel, Wörterbuch d. Neutest. Grazitat.

헬라어(βασιλεύσουσιν)는 미래 동사이며, 중요 사본들에서 발견된 문구이다. 어떤 사본(A. Q)에는 이 말이 현재사(βασιλευουσιν)로 쓰여 있으나, 모팻(Moffatt)은 첫 번째 것을 채택하였다. 20:4의 말씀(성도들이 그리스도의 재림과 함께 부활한 후에 왕이 됨)에 비추어 생각할 때 현재사보다는 미래사("왕 노릇 하리로다")가 타당해 보인다. 찰스(R.H. Charles)는 이것이 현재사인 경우에도 계 20:4의 종말관적 군림의 의미를 가리킬 수 있다고 하였다.

11 내가 또 보고 들으매 보좌와 생물들과 장로들을 둘러 선 많은 천사의 음성이 있으니 그 수가 만만이요 천천이라. "보좌와 생물들과 장로들을 둘러 선 많은 천사." 여기서 "천사"들은 성도들을 대표하는 장로를 둘러싸고 움직인다. 이것은 그들이 성도들의 수종자라는 사실을 보여 준다(히 1:14 참조). 천사에 대한 성경의 증거가 많다.[86] 앞에 나온 성구들에 의하면, 천사들은 생각하는 능력이 있고, 도덕이 있고, 지능이 있는 격위(person) 있는 존재로서, 행동하고, 사랑하고, 기뻐하고, 다투고, 경배하고, 왕래한다. 하나님께서 그들을 창조하셨다(골 1:16). 천사의 종류는 몇 가지로 생각할 수 있다. 즉 선한 천사와 악한 천사[87]라고 하는 도덕적 구분이 있고, 몇 가지 특별한 이름으로도 성경에 기록되었다. 예컨대 "그룹",[88] "스랍"(사 6:2), "가브리엘",[89] "미가엘"[90] 등이다.

"만만이요 천천."[91] 곧 만의 만이고 천의 천이란 말이다(시 68:17; 단 7:10; 히 12:22 참조).

12 큰 음성으로 이르되 죽임을 당하신 어린 양은 능력과 부와 지혜와 힘과 존귀와 영광과 찬송을 받으시기에 합당하도다 하더라. "능력, 부, 지혜, 힘, 존귀, 영광, 찬송." 헬

---

86) 창 19:1; 삼하 14:20; 슥 1:9; 마 22:30; 24:36; 눅 1:13; 9:26; 15:10; 히 1:6; 벧전 1:12; 유 1:6, 9; 계 12:7; 14:10.

87) 마 4:11; 18:10; 24:31; 28:5; 막 8:38; 눅 1:13; 9:26; 20:36; 고후 11:14; 딤전 5:21; 벧후 2:4; 유 1:6; 계 14:10.

88) 창 3:24; 출 25:18; 삼하 22:11; 시 18:10; 99:1; 사 37:16; 히 9:5.

89) 단 8:16; 9:21; 눅 1:19, 26.

90) 단 10:13, 21; 유 1:9; 계 12:7.

91) μυριάδες μυριάδων καὶ χιλιάδες χιλιάδων

라 원문에는 이 문구 앞에 관사(τὴν) 하나가 있다. 그것은 이 일곱 가지 찬송의 말을 하나로 묶는 공통 관사이다. 태양의 일곱 가지 색이 하나의 흰 빛을 내는 것처럼, 여기서도 천사들의 일곱 찬송이 합쳐져 하나의 완전한 찬송을 이룬다. 이 일곱 찬송이 하나의 공통 관사를 가졌으므로 각각에 "그"라는 말을 붙여서 읽어야 한다. 천사들이 그 일곱 가지 말에 각각 관사를 붙인 이유는, 그 찬송의 내용을 남김없이 "어린 양"께 전속시키기 위해서다. 예를 들면 "그 능력"이라는 것은 어떤 능력이든 다 "어린 양"께 속한다는 말씀이다. 여기서 "능력"(δύναμιν)은 자연계의 일반적인 능력과 초자연적인 하나님의 능력을 가리킨다. "부"는 예수님께서 부활 승천하신 후에 성부께 받으신 모든 것을 가리킨다.[92] "지혜"는 신자들에게 주시는 성령으로 말미암은 영적 지혜이고(고전 1:30; 골 1:9), "힘"은 그가 행하시는 강한 능력을 염두에 둔 말이다. 그렇다면 이것은 능력과 어떻게 다른가? "능력"은 그가 행하시는 불가사의한 것들이고, "힘"은 그것의 불가항적인 부분이다. 이 구절에서 크레이다너스는 "힘"을 가리켜 "그가 무엇이든 원하는 대로 하시는 막을 수 없는 실행력"이라고 했다. 이 네 가지 덕(능력, 부, 지혜, 힘)은 어린 양께서 자기를 위함보다 교회에 구원을 베푸시려고 받으신 것이다. 그리고 나머지 세 가지 찬송은 주님의 높으신 덕을 칭송하는 의미를 지닌다.

"존귀와 영광." 계 4:9의 같은 말 해석 참조. "존귀"는 주님의 고귀하심이고, "영광"은 그 고귀하신 본체가 밖으로 빛나는 광경이다. "찬송"은 헬라어로 율로기아(εὐλογία)이며, 그리스도의 "영광"이 천사와 성도들에게 인식되고 고백되는 것이다.

13 내가 또 들으니 하늘 위에와 땅 위에와 땅 아래와 바다 위에와 또 그 가운데 모든 피조물이 이르되 보좌에 앉으신 이와 어린 양에게 찬송과 존귀와 영광과 권능을 세세토록 돌릴

---

92) 대상 29:11-12; 마 28:18; 엡 4:7-13 참조.

지어다 하니. 이 구절은 앞에 나오는 천사의 일곱 가지 찬송에 대한 만물의 네 가지 화답을 말한다. 그 화답은 묘하게도 천사들의 노래의 종결어인 "찬송"이란 말을 받아서 시작되며, 이는 화답의 성격을 잘 보여 준다. 또한 여기서 주목할 것은, 천사의 찬송과 만물의 화답 모두 그리스도께서 죽으셨다가 영광을 얻으신 것을 찬송한다는 것이다. 천사들은 "죽임을 당하신 어린 양"이라고 하고, 만물은 "어린 양"(희생이 되신 자)에게 찬송한다고 한다.

"피조물이 이르되." 이것은 만물이 영적 세계와 소통할 수 있다는 것이 아니다. 성경은 엄연히 만물과 하나님의 구분, 그리고 만물과 사람의 구분을 이야기한다. 창 3:1-5에 기록된 사건, 곧 뱀이 인간과 이야기한 것은 뱀 스스로 한 것이 아니고 마귀가 그렇게 시킨 것이며, 민 22:28-30에 있는 사건, 곧 나귀가 말을 한 것도 나귀 스스로 한 것이 아니라, 하나님께서 권능으로 그렇게 하도록 하신 것뿐이다. 이 구절에서 "피조물"이 말한다고 한 것은 의인적 표현이다. 이것은 만물이 무언중에도 우주의 구속에 반응하여 움직이게 된다는 말씀이다(롬 8:19 참조). 한국에서 오랫동안 전해 내려오는 이야기 중 백발노인이 변하여 호랑이나 여우가 되었다는 이야기나 동물이 인간과 말을 하였다는 것 등은 범신론에서 나온 헛된 사상이다.

14 네 생물이 이르되 아멘 하고 장로들은 엎드려 경배하더라. 만물의 찬송(13절)에 대하여는 만물에 대한 섭리의 사역을 맡은 자들이라고 생각되는 "네 생물"이 화답한다. 그리고 교회의 대표자들(24장로들)은 어린 양 앞에 "엎드려 경배"하는 특징을 지닌다(계 4:10; 5:8 참조).

설교 큰 울음과 큰 기쁨(1-14절)

계시록 5장에는 큰 울음(신령하고 귀한 울음)이 기록된 동시에 큰 기쁨(신령하고 귀한 기쁨)도 기록되어 있다.

1. 사도 요한의 큰 울음

사도 요한이 크게 운 이유는 일곱 인으로 봉한 책을 열어서 보여 줄 사람이 없었기 때문이다. 다시 말하면, 그때는 중보자가 그의 눈에 보이지 않았기 때문이다. 중보자 없이 우리는 죽음에서 해방될 수 없다(히 2:15). 유일하신 중보자 예수 그리스도를 만나기 전까지 우리는 통곡할 수밖에 없는 비운에 처해 있었다. 우리가 예수님을 믿은 후에도 그가 우리에게서 멀어졌을 때에는 울어야 된다. 이것이 신령한 눈물이다. 신령한 눈물을 흘릴 줄 알아야 참된 생명을 보존한다. 예수님께서 말씀하시기를 "지금 우는 자는 복이 있나니 너희가 웃을 것임이요"(눅 6:21)라고 하셨다.

2. 전 우주적인 큰 기쁨

중보자가 나타나시니 성도들과 천사들과 만물이 다 찬송하였다. 이것이야말로 우주적인 기쁨이다(7-14절). 예수 그리스도는 이런 큰 기쁨의 대상이시다. ① 24장로로 대표된 성도들이 기뻐하는 이유는 그들이 직접 구원을 체험하기 때문이다. 그 구원 체험은 낡아지지 않는 기쁨을 준다. ② 만물이 기뻐하는 이유는 그것들도 성도들의 구원을 사모하고 있다가, 이제 그 구원의 영광이 나타나는 것을 보기 때문이다. 롬 8:18에 말하기를 "피조물이 고대하는 바는 하나님의 아들들이 나타나는 것이니"라고 하였다.

요리

1. 사도 요한의 "큰 울음"(4절)은 우리에게도 있어야 한다. 우리는 육신과 고통 때문에 운다. 재산의 손해 때문에 울고, 자녀의 죽음 때문에 울고, 질병이나 환난 때문에 운다. 이것은 매우 작은 울음이다. 요한은 계시를 받거나

그것을 열어서 보여 줄 자가 나타나지 못한 것 때문에 울었다. 그 울음은 죄로 말미암아 황폐해졌고, 적막해졌고, 하늘의 부르심에 응답하지 않는 온 인류의 참상에 대한 울음이다. 그것이야말로 우주와 세계를 위한 큰 울음이며, 인류의 죄를 위한 거룩한 울음이다.

2. "어린 양" 되신 예수 그리스도께서 하시는 일에 대하여는 천지 만물 중 그 어느 하나도 찬송하지 않을 존재가 없다(7-14절). 그 이유는, 그가 천지 만물을 구속하시며 바른길로 인도하시기 때문이다(골 1:20). 그러므로 예수님께서 말씀하시기를 "내가 너희에게 말하노니 만일 이 사람들이 침묵하면 돌들이 소리 지르리라"(눅 19:40)고 하셨다. 우리가 가장 즐거워할 일은 우리에게 계시자, 곧 구세주가 살아 계신다는 사실이다. 그런데 우리는 이 참된 즐거움을 잊어버리고 사소한 세상 즐거움에 빠지기 좋아한다.

3. 향 같은 기도를 가질 것(8절). "향"은 악취를 물리쳐서 사람과 사람의 교제를 향기롭게 한다. 신부가 향을 사용하는 이유는 신랑과의 교제와 동거를 향기롭게 하려는 까닭이다. 자연계에서도 나비와 벌은 향과 꿀이 있는 꽃으로 모여든다. 하나님께서는 기도가 가득한 성도를 찾아오시며, 기도가 가득한 성도와 함께하시기를 기뻐하신다. 여기서 "가득하다"는 말을 주의해야 한다. 기도가 없을 때 우리는 악취가 가득한 사람이 된다. 우리에게 있는 악취를 물리치려면 우리의 삶을 기도로 가득 채워야 한다. 그러므로 성경은 "항상 기도"할 것을 역설한다(눅 18:1; 살전 5:17).

제 4 부
일곱 인으로 봉한 책을 열어보이심

계 6:1-8:5

'일곱 인으로 봉한 책을 열어보이심'의 의의

● 이 부분은 "어린 양" 예수님께서 받으신 일곱 인으로 봉한 책을 열어보이시는 광경이다. 일곱 인을 하나씩 열 때 나타난 광경은 해석하기 어렵다. 따라서 이에 대한 해석도 여러 가지이다.

1. 엘리엇(Elliott)의 해석

그의 말에 의하면, 일곱 인의 내용은 계시록이 기록될 때부터 395년까지의 로마 제국의 모든 시대를 가리킨다. 즉 첫째 인은 갈바 황제부터 코모두스 황제 시대의 쇠퇴기까지이고, 둘째 인은 코모두스 황제의 종말기부터 디오클레시안 황제의 즉위까지이고, 셋째 인은 카라칼라 황제의 혹독한 과세 시대이고, 넷째 인은 전쟁, 온역, 맹수 등이 로마에 성한 시대(248-268)이고, 다섯째 인은 디오클레시안 황제가 기독교를 박해한 시대이고, 여섯째 인은 콘스탄틴 대제 때 기독교는 해방되고 이교는 압박을 당한 것을 가리키고, 일곱째 인은 8장에서 시작되는 일곱 나팔 재앙을 포괄하는 395-1453년의 로마 역사를 가리킨다고 하였다.

2. 스튜어트(Moses Stuart)의 해석

그는 계시록 대부분이 AD 70년 예루살렘 멸망까지의 교회의 발전 원리를 상징적으로 설명한다고 보았다. 그리하여 그는 일곱 인의 내용이 교회의 원수들이 쇠망하는 것을 원리적으로 보여준다고 하였다.

3. 워즈워스(Wordsworth)의 해석

그는 너무 과도한 풍유적 해석을 취하였다. 즉 백마를 탄 자는 그리스도라 하고, 그를 따르는 말 탄 자들은 사탄의 세력을 가리킨다고 하며, 붉은 말을 탄 자는 교회를 핍박하는 세력이고, 검은 말을 탄 자는 이단의 세력이고, 청황색 말을 탄 자는 교황의 세력이나 로마 제국의 세력이라고 하였다.

4. **어떤 학자들은 이 일곱 인의 계시를 마 24:4-7의 순서**(거짓 선지자, 전쟁, 기근, 지진, 기독교 박해)**에 맞추어 해석하기도 한다.**

제자들이 예수님께 말세의 징조를 물었을 때, 그는 장차 거짓 그리스도들이 많이 나올 것이므로 속지 말라고 하셨다(마 24:1-5). 이 학자들은 예수님의 대답 첫머리에 거짓 그리스도에 관한 말씀이 나왔으므로, 계 6:2의 흰 말 탄 자가 거짓 그리스도를 상징하는 것이라고 하였다. 그러나 우리는 이 학설을 받아들일 수 없다. 예수님께서 그때에 우선적으로 거짓 그리스도에 대한 경고를 하신 것은 세상 끝날에 있을 징조의 첫 순서를 말씀하신 것이 아니다. 그는 제자들의 질문에 대하여 무엇보다 먼저 그들을 주의시켜 거짓 교사들의 그릇된 종말관을 따르지 않게 하려고 하셨다. 그래서 가장 먼저 거짓 교사들에 대한 제자들의 주의를 환기시키신 것이다. 그러므로 우리는 예수님의 이 말씀을 세상 끝날에 있을 여러 징조 중 첫 징조에 대한 교훈으로 간주할 수 없다.

5. 알포드(Alford)의 해석

그는 말하기를 "인을 뗄 때 나타나는 광경은 모두 그리스도의 재림을 재촉하는 섭리적 사건들의 전개로 보인다. 흰 말을 탄 자는 그리스도의 승리에 대한 상징이며, 그 승리가 실현될 때 붉은 말을 탄 자, 검은 말을 탄 자, 청황색 말을 탄 자 등이 따라온다. 그리스도의 승리는 그가 재림하실 때 완성되도록 모든 섭리적 사건들이 단계적으로 전개된다. 처음 네 인을 뗄 때에 '오라'는 말은 그리스도의 재림을 재촉하는 것이며, 다섯째 인을 뗄 때에 순교자들이 부르짖는 것도 주님의 재림에 대한 탄원이고, 여섯째 인을 뗄 때의 광경은 그의 재림이 임박했음을 예시하는 것이다."라고 하였다. 우리는 알포드의 이 학설을 유력하게 본다.

6. 크레이다너스(Greijdanus)의 해석

그의 견해는 알포드의 견해와 크게 다르지 않다. 그는 일곱 인 계시에서 첫째 인을 뗄 때 나타난 계시를 중심으로 해석을 진행한다. 곧 첫째 인은 복음을 가리키고, 둘째, 셋째, 넷째, 다섯째 등은 복음 전도의 승리가 실현되는 섭리적 사건들이라고 이야기한다. 이 해석이 가장 타당하다.

제 6 장

해석

1　내가 보매 어린 양이 일곱 인 중의 하나를 떼시는데 그 때에 내가 들으니 네 생물 중의 하나가 우렛소리 같이 말하되 오라 하기로. "네 생물 중의 하나가 우렛소리 같이 말하되." 이것은 첫째 "생물"인 사자 같은 자의 소리이며, 승리자의 소리이다. 이것은 첫째 인을 뗄 때 나타난 자(흰 말 탄 자)가 승리자, 곧 그리스도의 복음 사역이라는 사실을 한층 더 밝힌다.

"오라 하기로." 이것은 하나님의 섭리를 주관하는 영물이 전달하는 하나님의 명령이다. 이것은 그리스도로 말미암은 복음적 섭리가 실현되게 한다. 그리스도의 복음 사역(흰 말 탄 자)이 선봉이 되어서 모든 사건이 뒤따른다. 복음이 승리하기 위하여 모든 재난이 뒤이어 일어난다. 특별히 일곱 인의 수 '7'은 신의 숫자로, 그 재난들이 하나님의 계획 안에서 움직이고 있음을 암시한다. 그러므로 이런 재난들은 하나님의 손안에서 통제를 받는다. 그것이 비록 무서운 것이라도 하늘에서 그것을 통제하여 성도를 유익하게 한다. 그러므로 성도는 그것을 볼 때 머리를 들어야 한다. "오라"는 말씀은 복음을 중심으로 하는 섭리들이 실현되는 것을 부르는 것이다. 우주의 구원을 완성하기 위해 이루어져야 할 일들은 그것이 쓰든 달든 신속히 이루어져야 한다. 어떤 학설에서는, "오라"는 말이 그리스도의 재림을 재촉하는 기도라고 한다. 그러나 이것은 이치에 맞지 않는다. 즉 "우렛소리 같이" 나타난 어투가 기도의 성격과 맞지 않는다.

2 이에 내가 보니 흰 말이 있는데 그 탄 자가 활을 가졌고 면류관을 받고 나아가서 이기고 또 이기려고 하더라. "흰 말이 있는데 그 탄 자가 활을 가졌고." 이것은 무엇에 대한 상징인가? ① 어떤 학자들은 "흰 말을 탄 자"가 적그리스도를 상징한다고 하였다. 그러나 "이기고 또 이기려고 하더라"란 말씀이 적그리스도에 부합되지 않는다. ② 램지(Ramsay)는 이것을 파사왕이라고 하였다. 왕과 그 군대는 흰 말을 타고 활을 무기로 사용했다고 한다. 그러나 크레이다너스는 계시록이 상징적인 문학이고 직설적인 역사가 아니라는 이유로, 직설적으로 보는 해석을 배척하였다.[93] ③ 엘리엇(Elliott)은 이 "흰 말 탄 자"가 로마의 전성시대(도미시안 황제가 죽은 후부터 코모두스 황제가 즉위한 때까지)라고 하였다. 그러나 우리는 이 견해를 받아들일 수 없다. 그 이유는 다음의 학설이 정설이기 때문이다. ④ 크레이다너스는 "흰 말 탄 자"를 복음의 상징이라고 하였다. 어떤 학자는 비평하기를, "다른 모든 인을 뗄 때마다 심판적 재앙이 나옴에도 불구하고 하필 첫째 인을 뗄 때에만 복음의 축복이 나온다고 하는 것은 적합하지 않다"고 하였다. 그러나 멸망당할 자들에게는 복음이 곧 심판이다(요 3:16-21; 9:39-41; 고후 2:16). 그러므로 크레이다너스의 해석이 정당하다고 본다. 뉴웰(Newell)은, 이 점에 관하여 합당하게 말하였다. 곧 "이 '흰 말 탄 자'는 세계의 종말을 맞아 멀리서 땅을 향하여 싸우시는 그리스도이시고, '활'은 멀리서 적을 사격하는 무기이니, 곧 하나님의 말씀을 상징한다."라고 하였다(시 45:5 참조).

---

93) De Openbaring Spreekt met de beelden 1:1.

3-4 둘째 인을 떼실 때에 내가 들으니 둘째 생물이 말하되 오라 하니 이에 다른 붉은 말이 나오더라 그 탄 자가 허락을 받아 땅에서 화평을 제하여 버리며 서로 죽이게 하고 또 큰 칼을 받았더라. "둘째 생물이 말하되 오라 하니 이에 다른 붉은 말." 이 말을 보면, "붉은 말"이 전쟁의 표상인 것만은 사실이다. 문제는 그것이 '어느 때의 전쟁을 가리키는가?'이다. 크레이다너스는 이 전쟁을 복음 전파의 방편으로 보았다. 그의 견해대로라면 이 전쟁은 종말 심판과 관계있는 것이 아니라, 신약 시대에 일어나는 모든 전쟁을 가리킨다. 예를 들면, A. D. 100-138년까지 유대인들이 전쟁으로 많은 희생을 당한 참사와 같은 것이다. 그 당시에 유대인들이 58만 명이나 살해되었다고 한다(Scott).

"허락을 받아." 이 말을 보면 무서운 전쟁들도 하나님의 손안에서 움직인다는 것을 알 수 있다. 그러므로 그것은 하나님의 허락이 있는 동안만 존속할 수 있으며, 하나님의 뜻을 성취하는 데 사용된다.

"큰 칼을 받았더라." 이것은 전쟁에 쓰는 군사용 칼을 가리키며, 엘리엇(Elliott)과 반즈(Barnes)는 이것이 로마의 내란 시대(AD 185-284년)를 상징한다고 하였다. 그러나 우리는 이 전쟁을 반드시 하나의 사건에만 국한하여 생각할 필요가 없다. 복음 전파와 관련 있는 전쟁들은 역사적으로 무수히 많았다.

5-6 셋째 인을 떼실 때에 내가 들으니 셋째 생물이 말하되 오라 하기로 내가 보니 검은 말이 나오는데 그 탄 자가 손에 저울을 가졌더라 내가 네 생물 사이로부터 나는 듯한 음성을 들으니 이르되 한 데나리온에 밀 한 되요 한 데나리온에 보리 석 되로다 또 감람유와 포도주는 해치지 말라 하더라. "검은 말." "검은색"은 슬픔을 상징하며(애 5:10), 그 탄 자가 "저울"(흉년의 상징: 레 26:26; 겔 4:10, 16-17)을 가졌으므로, 이 계시는 흉년과 기근에 대한 것이다. 이 계시가 앞에 나온 계시와 시대적으로 반드시 구분되는 것은 아니다. 이 일들이 같은 시대에 함께 있을 수도 있다. 전쟁 때에는 흔히 기근의 재앙도 있는 법이다.

"한 데나리온에 밀 한 되요." 그 당시 로마의 화폐 한 데나리온은 노동자의 하루 일당이었다. 이것으로 "밀 한 되"밖에 못 산다면, 그 가격은 보통 때보다 8배나 비싼 것이라고 한다. "한 데나리온에 보리 석 되로다." 보리는 밀보다 싼 곡물인 듯하다. 밀의 3분의 1 값이다. 이와 같은 기근으로 곡식이 귀하여 사람들이 도탄에 빠진다. 스코트는, 이것이 AD 138-192년의 로마 제국의 흉년을 예언한 것이라고 하였다. 그러나 우리는 이것을 한 시대의 일로만 간주하지 않는다.

"감람유와 포도주는 해치지 말라." 팔레스타인과 소아시아에서는 이것들이 호화로운 식료품이 아니라 일상 식품이다. 이것들을 해치지 않는 것은 하나님의 긍휼이다. 로마이어(Lohmeyer)는 이것을 가리켜 신자들의 종교 생활에 대한 보호를 상징한다고 하였다.[94] 기름과 포도주는 성경에서 종교를 상징한다(사 55:1; 눅 10:34; 약 5:14).

7-8 넷째 인을 떼실 때에 내가 넷째 생물의 음성을 들으니 말하되 오라 하기로 내가 보매 청황색 말이 나오는데 그 탄 자의 이름은 사망이니 음부가 그 뒤를 따르더라 그들이 땅 사분의 일의 권세를 얻어 검과 흉년과 사망과 땅의 짐승들로써 죽이더라. "청황색 말." 여기서 청황색은 공포와 시체를 상징한다. 또한 이것은 환난의 절정에 이른 것을 의미한다.

"검과 흉년과 사망과… 짐승"은 모든 재앙이 총 출동한 것이다. 여기서 "검"은 전쟁 때의 살육을 상징한다. 이방 각지에 복음이 선포될 때에 전쟁과 정치적인 변화가 도움이 된 경우가 많다. 고대 로마에는 내란이 심하여 살육이 쉬지 않고 계속된 시기가 있었다. 곧 코모두스 황제가 살해된(AD 193년) 뒤에 90년간이나 계속되는 소요 중에 32 황제가 폐립되었는데, 그중 22 황제

94) Lohmeyer, *Offenbarung*, 61.

는 위군(僞君)이었다.[95] 이처럼 땅 위의 질서가 혼란하여 안전을 보장받지 못할 때 많은 사람들이 복음으로 돌아왔다. "흉년"은 정치가 어지러워지고 전쟁과 난리가 일어날 때 동반되는 것이다. "사망"이란 말의 헬라어 다나토스(θάνατος)는 70인역(LXX)에서 '전염병'(히브리어 데베르, דֶּבֶר)의 의미로 사용한 경우가 많다(30/50). 그러므로 헬라어 다나토스는 '전염병'의 의미를 가진다. 그렇다면 이 재앙들은 예수님이 예언하신 것(눅 21:10-11, 전쟁, 기근, 온역)과 유사하다(겔 14:21 참조). 전염병 때문에 많은 사람이 사망한 경우는 역사적으로 많이 있어 왔다. 로마에서는 하루에 10만 명이나 죽은 일도 있었다. 이 계시가 그것을 가리킨다는 학자도 있다.

9 **다섯째 인을 떼실 때에 내가 보니 하나님의 말씀과 그들이 가진 증거로 말미암아 죽임을 당한 영혼들이 제단 아래에 있어.** 여기서 "죽임을 당한 영혼들"이란 말의 헬라어(τὰς ψυχὰς τῶν ἐσφαγμέν)를 바르게 번역하면 "죽임을 당한 자들의 영혼들"이다. 이 말은 역사적으로 순교한 사건들을 가리킨다. 어떤 학설은 이것이 AD 270-304년의 로마 디오클레시안 황제의 기독교 박해를 예언한 것이라고 한다.

"제단 아래에 있어." 성경은 모세가 설립한 성소의 "제단"이 "하늘에 있는 것들의 모형"이라고 말한다(히 9:23). "하늘에 있는 것"은 예수님께서 승천하셔서 우리를 위하여 기도하시는 자리이다(히 9:24). 순교자들은 하늘에서 하나님께 기도하는 이 성스러운 제단 아래에서 겸손히 간구한다.

설교 그들은 왜 순교하였는가?(9절)

본문의 "죽임을 당한 영혼들"이란 말(τὰς ψυχὰς τῶν ἐσφαγμέν)을 바르게

95) Gibbon, 50-197.

번역하면 "죽임을 당한 자들의 영혼들"이다. 여기서 우리가 생각할 만한 것은, 그 순교자들이 '왜 순교하였는가?'이다. 그들이 순교한 이유는,

1. 하나님의 말씀이 참된 것이므로 순교함

인류의 역사에는 착오가 있을지언정 하나님의 말씀인 성경에는 전혀 오류가 없다. 일부 신학자들은, 성경은 그 교훈과 원리에 착오가 없지만 그 기록에는 조금씩 오류가 있을 수 있고, 또 있어도 무방하다고 한다. 그것은 마치 물동이에 큰 구멍이 뚫린 것은 못 쓰지만, 작은 구멍이 뚫린 것은 문제될 것이 없다는 어리석은 말과 같다. 물동이에 구멍이 있으면 그것이 아무리 작은 구멍이라도 그 안에 있는 물이 다 새어 버릴 것이다. 인간의 마음은 패역하여 참된 것도 의심하려는 경향이 있는데, 성경에 참되지 않은 것이 조금이라도 있다면, 성경의 참된 부분에 대해서도 '이것도 오류가 있는 말 아닐까?' 하고 의심할 것이다. 그러나 하나님은 참되시기 때문에 그 말씀 또한 참될 수밖에 없다. 성경에 오류가 없다는 사실은 우리 주 예수님께서 가지셨던 의견이다. 예수님께서 말씀하시기를 "내가 율법이나 선지자를 폐하러 온 줄로 생각하지 말라 폐하러 온 것이 아니요 완전하게 하려 함이라 진실로 너희에게 이르노니 천지가 없어지기 전에는 율법의 일점 일획도 결코 없어지지 아니하고 다 이루리라"(마 5:17-18)고 하셨다(요 10:35 참조). 사도들 역시 예수님의 성경관과 같은 성경관을 가졌다.

개혁파 신학자들은 다 그렇게 믿었다. 삼대 칼빈주의 학자 중 한 사람인 바빙크(H. Bavinck)는 다음과 같이 말하였다. "개혁파 신학자들은 성경과 그 영감의 도리(道理)를 교회가 전한 그대로 받았다. 루터는 정경에 관하여 그의 구원관과 다르게 기록되었다는 편견으로 야고보서를 낮게 평가하였다(그러나 말년에는 야고보서를 정경으로 받아들였다고 한다). 그러나 그도 가장 엄밀한 의미에서 문자적 영감설을 믿은 것이다. 루터파 신학자들은 모두 다 이

같은 영감의 도리를 믿었다. 칼빈은 전적으로 문자적 영감설을 믿었다." 워필드(B.B. Warfield) 역시 문자적 영감설을 믿었다. 그는 말하기를 "성경은 신인 합작으로 나타난 산물이다. 그러나 인간적인 요소로도 실수 없이 기록되었다. 그 이유는, 그것이 성령의 인도하심과 감화로 기록되었기 때문이다."라고 하였다.[96] 조직신학자 찰스 핫지(Charles Hodge) 역시 문자적 영감설을 믿었다.[97]

2. 하나님의 말씀이 영화롭고 귀한 까닭에 순교함

성경은 그리스도를 믿는 자들에게 많은 축복을 약속한다. 그것은 영생을 비롯하여 하나님의 자녀로서 받을 복을 가리킨다. 롬 8:32은 이것을 "모든 것"(πάντα)이라고 부른다. "모든 것"이라고 한 이 축복은 그 수를 다 헤아리기 어렵고, 그 영화로움을 이루 다 말할 수 없다(고후 9:15; 벧전 1:8).

3. 성경은 하나님의 명령이기 때문에 순교함

성경은 단지 하나의 의견이 아니라 주님의 명령이기 때문에 사람이 그 말씀에 순종하지 않으면 죽거나 화를 받고, 그 말씀에 순종하면 영생을 받는다. 그러나 우리는 이 세상에서 죄인들이 회개하지 않고도 잘 살고 있는 것을 본다. 이에 대하여 우리는 그 이유를 잘 살펴야 된다. 이 세상은 아직 심판이 이루어지지 않았다는 것을 알아야 한다. 하나님께서는 이 세상에서 어떤 죄인들을 그대로 버려두신다. 그러나 어떤 죄인들은 벌하시기도 한다. 그가 그들을 벌하시는 이유는, 심판주 하나님이 계시다는 것과 최후 심판이 있다는 것을 깨닫게 하시기 위함이다. 그가 어떤 죄인들을 벌하실 때에는 종종 자승

---

96) B.B. Warfield, *International Standard Bible Encyclopaedia III*, 1980, 1482.

97) *Systematic Theology Vol. I*, 163.

자박(자기 노끈에 자기가 묶임)과 같은 형태로 나타내시어, 그것의 심판적 성격을 분명하게 드러내신다. 신교도를 죽이기 위하여 음모한 프랑스의 앙리(Henri) 3세는 음모를 꾸미던 그 집 안에서 자기 자신이 칼에 맞아 죽었고, 로마의 황제 막시미누스(Maximinus)는 기독교 신자 수천 명의 눈을 뽑았는데, 그 나라에 안질이 유행하여 자기도 그 안질로 죽고 말았다.

진정한 순교자들은 하나님의 말씀을 위하여 죽기까지 하였다. 우리는 이 사실을 보고 순교자에게 너무 집중하지 말고 하나님을 찬송하며 믿음을 더욱 굳게 해야 된다. 우리는 순교자들이 죽기까지 충성할 만큼 하나님의 말씀이 참되고 좋다는 것을 다시 한 번 기억하고, 가졌던 의심도 부서뜨리고, 다시 말씀으로 돌아가서 힘을 얻어야 된다.

10-11 큰 소리로 불러 이르되 거룩하고 참되신 대주재여 땅에 거하는 자들을 심판하여 우리 피를 갚아 주지 아니하시기를 어느 때까지 하시려 하나이까 하니 각각 그들에게 흰 두루마기를 주시며 이르시되 아직 잠시 동안 쉬되 그들의 동무 종들과 형제들도 자기처럼 죽임을 당하여 그 수가 차기까지 하라 하시더라. 어떤 학자는 말하기를 이러한 순교자들의 간구(10절)는 신약적인 것이 아니라 구약 시대의 복수 사상이며, 구약 시대 순교자들의 기도라고 한다. 그러나 우리가 알 것은, 구약 시대의 성도들도 함부로 복수해 주시기를 기도하지 않았다는 사실이다. 시편을 읽어 보면, 성도는 오직 "하나님의 원수"에게만 저주하였고 자기 개인의 원수에 대해서는 그렇게 하지 않았다. 그것은 신약 시대에도 마찬가지이다. 신약 시대의 신자도 하나님의 원수를 위해서는 복을 빌지 않고 저주했다(갈 1:8). 그러나 누가 하나님의 원수인지 알기 어려우므로, 그런 기도를 함부로 할 수 없다. 다만 하늘나라에 가서는 그 원수를 분명히 알 수 있으므로, 그런 기도를 할 수 있다. 그러므로 이 기도는 신약 시대 순교자들의 것일 수 있다.

모팻(Moffatt)은 순교자들의 이 기도에 대한 말이 에녹 외경에서 가져온 사상이라고 한다. 에녹 외경에 보면 "심판을 위하여 계속 부르짖으라. 그것(심판)이 반드시 오리라. 너희가 받은 고난이 너희를 괴롭게 한 자들에게 돌아가리라"(En. 104:3)고 하였다. 에녹 외경은 "계속" 부르짖으라고 한 반면에, 요한계시록의 문구는 "아직 잠시 동안 쉬"라(11절)고 하지 않았는가? 그러므로 모팻(Moffatt)의 견해는 억측이고 신뢰할 수 없는 말이다. 순교자의 피가 하나님께 호소한다는 것(창 4:10)과, 또 그것이 갚음을 받는다는 것은 주님께서 친히 가르치신(마 23:35) 것이므로, 이 구절은 정경에 근거한 것이다.

하나님의 "거룩하심"은 죄와 반대되는 성품으로, 성도의 억울함을 풀어주시는 성품이다. 또한 "참되신 대주재"란 말은 그가 참으로 선한 자에게 상을 주시고 악한 자를 벌하실 권세를 가지셨다는 것이다. "대주재"란 말(despo,thj)은 '전재자'란 의미이고, '전재'는 누구도 그의 뜻에 항거할 수 없다는 의미의 주권을 뜻한다. 즉 그가 성도의 억울함을 풀어주시려고 할 때에는 아무도 그의 행하심을 방해할 수 없다.

"땅에 거하는 자들"은 하나님 나라의 대적이며, 땅에 속한 자들이다.[98] "어느 때까지 하시려 하나이까"란 말을 보니, 하나님은 오래 참으시는 분이며, 사람들의 죄악이 가득 찰 때까지는 벌하시지 않는 분임을 알 수 있다(창 15:16 참조). 그러므로 성도들은 그 기간 동안 참으며 신음한다.

"흰 두루마기." 찰스(Charles)는 이것이 일종의 영적인 물건을 의미한다고 하였으나, 이것은 그리스도의 보혈로 죄 사함을 받아서 얻게 된 완전한 칭의와 구원의 영광을 가리킨다. 모팻은 이것을 외경(Ascension of Isaiah 9:6)의 비슷한 구절과 관계가 있는 것으로 보았다. 외경에 말하기를 "칠층천에서 아벨, 에녹, 기타 유대의 성도들이 위의 세계의 옷을 입었는데 그것은 부활체라"고 하였다. 그러나 이러한 외경의 사상은 계시록과 판이하다. 계시록의

98) 계 3:10; 8:13; 11:10. 요 8:23 참조.

"흰 옷"은 결코 부활체를 가리키지 않는다(계 6:11 참조).

"잠시 동안 쉬되." 이것은 복된 하늘나라의 안식을 가리킨다(계 14:13). "그 수가 차기까지 하라." 히 11:39-40 참조.

설교 하나님의 말씀과 천당(9-10절)

본문에 "죽임을 당한 영혼들이 제단 아래에 있다"고 한 것은 그들이 천당에 들어간 사실을 가리킨다. 그들은 천당에서 하나님께 간구하기를 "거룩하고 참되신 대주재여 땅에 거하는 자들을 심판하여 우리 피를 갚아 주지 아니하시기를 어느 때까지 하시려 하나이까"(10절)라고 한다. 그들은 이제 할 말을 할 수 있는 자리에 들어갔다. 그들이 천당에 들어가게 된 것은 하나님의 말씀과 그들이 가진 증거 때문이다. 하나님의 말씀과 영혼 구원은 서로 떠날 수 없는 관계를 가지고 있다. 그 이유는, 하나님 말씀이 영혼을 구원하기 때문이다. 약 1:21에 말하기를 "능히 구원할 바 마음에 심어진 말씀"이라고 하였고, 히 4:1-3에는 하나님의 말씀과 화합한 자들만이 안식에 들어간다고 하였고, 벧전 1:23-2:2에는 "너희가 거듭난 것은 썩어질 씨로 된 것이 아니요 썩지 아니할 씨로 된 것이니 살아 있고 항상 있는 하나님의 말씀으로 되었느니라 … 그러므로 모든 악독과 모든 기만과 외식과 시기와 모든 비방하는 말을 버리고 갓난 아기들 같이 순전하고 신령한 젖을 사모하라 이는 그로 말미암아 너희로 구원에 이르도록 자라게 하려 함이라"고 하였다. 하나님의 말씀을 받고 또 증거하는 자만이 천국에 들어간다. 좋은 사람이든 나쁜 사람이든 하나님의 말씀으로 거듭나지 않고는 천국에 들어갈 수 없다. 우리는 천국에 들어가는 영혼이 하나님의 말씀으로 변화받은 자라는 것을 잊으면 안 된다.

9절의 "죽임을 당한 영혼들"이란 말이 순교자들에게 국한된 것이 아니라,

참된 일반 신자들을 가리켰다는 해석에 대해서는 생각해 볼 필요가 있다. 곧 릭날다(Ds. A. Ringnalda)는 말하기를 "일반 신자도 그리스도의 고난과 죽음에 동참하는 자이다."라고 하였다.[99] 그러므로 요한이 여기서 순교자들만을 특별히 생각한 것이 아니라 그리스도의 고난과 죽음에 동참하는 모든 참된 신자를 가리켰다고 하였다.[100]

설교 복음 전파와 환난(1-11절)

계시록 11장은 교회가 이 세상에서 환난을 당할 것을 보여 준다. 그런데 환난이 왜 교회가 받을 분깃인가? 헨드릭슨(Hendriksen)이 말한 것과 같이, 환난은 하나님의 자녀들을 위하여 마련되어 있다. 그 이유는, 신자들은 환난을 당해야 세상과 연결된 줄을 끊고 진정으로 주님께 돌아오며, 또한 환난 중에 연단을 받아야 그들의 믿음이 견고해지기 때문이다.

"일곱 인"을 떼시는 계시에서 계 6장에는 그중 여섯 인을 떼신 장면들이 기록되어 있다.

첫째 인을 떼실 때에 나타난 "흰 말… 탄 자"는 그리스도의 복음 사역을 비유한다. 계속적으로 일어날 환난들에 대하여 말하려는 이 부분은 먼저 "이기고 또 이기려고" 하는 그리스도의 복음 사역을 보여 준다. 이 계시는 신자들이 모든 환난을 확실히 승리할 것으로 내다보게 한다. 그리스도의 승리는 신자들의 승리이다. 주님께서 말씀하시기를 "이것을 너희에게 이르는 것은 너희로 내 안에서 평안을 누리게 하려 함이라 세상에서는 너희가 환난을 당하나 담대하라 내가 세상을 이기었노라"(요 16:33)고 하셨다.

---

99) 고전 15:31; 고후 4:10-11; 빌 3:10; 골 1:24 참조.

100) Het Koningschap Van Christus, 1939, Kampen, 131-132.

둘째 인을 떼실 때에 나타난 것은 붉은 말을 탄 자이며, 이것은 전쟁의 상징이다. 마 24:7-8에 "민족이 민족을, 나라가 나라를 대적하여 일어나겠고… 이 모든 것은 재난의 시작이니라"고 하였다. 이것을 보면, 전쟁은 세상 끝날까지 있을 것이라 여겨진다. 어떤 사람들은 이 세상에 평화의 시대가 올 것이라고 잘못 알고 있지만, 성경은 이 세상 끝날까지 전쟁이 있으리라고 하므로, 우리는 이 세상에 소망을 두지 않아야 된다.

셋째 인을 떼실 때에 나온 것은 검은 말을 타고 손에 저울을 가진 자이다. 이것은 본문이 해설한 것같이 흉년을 상징한다. 전쟁 때엔 기근도 따라오는 법이다. 마 24:7에도 "곳곳에 기근"이 있으리라고 하였다. 먹을 것이 많으면 사람들은 도리어 하나님에게서 멀어진다. 이 세상에 기근이 심한 것은 사람들이 하나님께로 가까이 나아오게 하시려는 하나님의 섭리이다. 시 37:16에 "의인의 적은 소유가 악인의 풍부함보다 낫도다"라고 하였다. 그 이유는, 의인은 가난 때문에 오히려 믿음을 가지기 때문이다. 기근은 심해도 하나님께서는 그 당시의 사람들이 "감람유와 포도주"는 빼앗기지 않도록 하겠다고 말씀하신다. 여기서 "감람유와 포도주"는 신령한 은혜를 상징한다(사 55:1 참조).

넷째 인을 떼실 때에 나온 것은 청황색 말을 탄 자이며, 그 이름은 사망이다. 이것은 여러 가지로 사람을 죽이는 재앙인데 "검과 흉년과 사망과… 짐승들로써" 사람들을 죽인다고 하였다. 사람은 이 세상의 끝(대종말)이 오기 전에도 계속 사망의 위협을 받고 있다. 히 2:15에 "죽기를 무서워하므로 한평생 매여 종 노릇 하는 모든 자들"이라고 하였다. 대종말이 가까울 때에는 사람들이 더욱 사망의 위험을 느낄 재앙들을 만난다. 이 세상의 끝이 가까울수록 큰 나라들이 경쟁적으로 많은 사람을 죽일 연구를 계속하고 있다. 이렇게 사망의 위협이 높아지는 것을 하나님께서 허용하시는 이유는 사람들로 하여금 그 위협보다 강한 능력으로 영생하게 하는 복음으로 돌아오게 하시려는 것이다. 복음은 사람을 얼마든지 살릴 수 있는 능력이다.

다섯째 인을 떼실 때에는 신자들이 핍박을 받아 순교하는 일이 나타난다. 이것 역시 복음이 잘 전파되게 하려는 환난이다. 복음은 환난을 통하여 널리 퍼진다. 순교자들이 죽음을 감수한 것은 하나님의 말씀과 그들이 가진 증거 때문이다. 하나님의 말씀은 생명의 말씀이며, 죽음의 문제를 해결하는 생명의 자원이다. 그러므로 그 말씀이 진실한 신자들에게 순교의 용기를 준다. 뿐만 아니라 "그들이 가진 증거"라 함은 그들이 그리스도에 대하여 증거한 것을 말한다. "증거"란 말(μαρτυρία)은 법정 증거와 관계된 용어이므로 증인이 그 증거한 일에 대하여 책임을 지게 된다. 복음의 증인도 자신이 증거하는 사실에 확신을 가지고 생사를 같이 할 수 있어야 한다. 그러므로 복음의 증인은 원칙상으로는 이미 죽은 사람이다.

그러나 순교는 사람의 결심으로 할 수 있는 일이 아니다. 마음은 원이로되 육신이 약한 것이 문제이다. 그러므로 순교는 선물이다. 하나님께서 누구에게든지 힘을 주시면 순교할 수 있다. 따라서 순교의 행적을 읽는 자들은 순교자 자신을 너무 높이지 말고 하나님의 능력을 바라보아야 한다. 그래야만 순교자의 행적이 우리에게 은혜가 된다. 그 이유는, 그의 행적으로 인하여 하나님의 능력의 원천을 깨닫기 때문이다. 골 1:10-12에 말하기를 "주께 합당하게 행하여 범사에 기쁘시게 하고 모든 선한 일에 열매를 맺게 하시며 하나님을 아는 것에 자라게 하시고 그의 영광의 힘을 따라 모든 능력으로 능하게 하시며 기쁨으로 모든 견딤과 오래 참음에 이르게 하시고 우리로 하여금 빛 가운데서 성도의 기업의 부분을 얻기에 합당하게 하신 아버지께 감사하게 하시기를 원하노라"고 하였다. 이 말씀에 "게"란 글자가 여덟 번 나온다. 모든 좋은 일은 하나님께서 신자들에게 은혜를 주셔서 "하게" 하여 주실 때 가능한 것이다. 스펄전 목사의 부친이 "은혜"에 대하여 설교하면서 "죽는 은혜"에 대하여 말하였다. 그때에 그는 회중에게 말하기를 "죽음의 은혜는 당신들이 지금 받지 못하는 것이고 죽을 때에만 받는 것입니다."라고 하였다.

설교 복음 사역과 일반적인 재앙(2-11절)

계시록 6장은 복음 사역과 일반적인 재앙에 대하여 계시한다. 일반적인 재앙이란 사람들이 회개하게 하기 위하여 내리는 것으로, 계시록 6장에 있는 전쟁, 기근, 핍박 등의 재앙들이다. 계시록에는 악인들을 벌하기 위한 특별한 재앙도 있다. 그것은 8장 9장에 기록된 재앙이다. 또한 최후 심판의 재앙도 있다. 그것은 16-20장에 기록되었다.

복음 사역은 주님의 재림의 징조이므로, 그 일이 실현되어 간다는 것은 주님의 재림이 임박해 오는 것을 경고한다. 2절에 기록된 "흰 말 탄 자"는 복음 사역을 가리킨다. 주님의 재림 준비로 가장 먼저 복음 사역이 있을 것은 당연한 순서이다. 마 24:14에 말하기를 "천국 복음이 모든 민족에게 증언되기 위하여 온 세상에 전파되리니 그제야 끝이 오리라" 하였고, 눅 21:24에는 "예루살렘은 이방인의 때가 차기까지 이방인들에게 밟히리라"고 하였다. 그렇다면 이 복음 사역은 얼마나 힘 있게 진행되어 왔는가? 2절의 "이기고 또 이기려고"라는 말은 복음의 승리를 예언한 것이다. 그것이 역사에서 그대로 성취되어, 기독교는 세계적인 종교가 되었다. A. D. 1000년경에 신자의 수가 5,000만이었는데, 그로부터 500년이 지난 후에는 배가 되어 1억이 되었고, 그 후 300년이 지나서는 다시 그 배가 되어 2억이 되었고, 그 후 80년이 지나서는 또 배가 되어 4억이 되었다.

그렇다면 이러한 복음 사역이 가장 성과 있게 이루어진 시기는 어느 때였는가? 그것은 일반적인 재앙이 있는 시기였다.

1. 전쟁

본문 3-4절에는 붉은 말을 탄 자가 나오는데, 그것은 전쟁을 의미하고, 5-6절에는 검은 말을 탄 자가 나오는데, 그것은 흉년을 의미한다. 전쟁이 있는 때에는 대개 흉년이 든다. 7-8절을 보면 청황색 말을 탄 자가 나오는데, 그것은 "검과 흉년과 사망과 땅의 짐승들"(전쟁 때의 곤고와 기타 고난들)을 가리킨다. 이 세 가지 일은 주로 전쟁을 중심으로 일어나는 환난을 가리킨다. 전쟁은 역사적 교훈으로 볼 때 복음 전도와 밀접한 관계를 가진다. 그러므로 이 환난은 주께서 택하신 사람들을 불러 모으는 일, 곧 복음 전도를 위하여 임하는 섭리적 환난이다. 로마의 디도(Titus) 대장이 유대를 공격했을 때 많은 유대인이 해외로 흩어졌고, 그들이 각국에서 복음을 전파하였다. 로마 제국에는 5세기까지 각처로 복음이 들어갔다. 유럽의 다른 나라에는 복음이 들어갈 길이 없었는데 AD 476년에 반달족이 로마에 침입하면서 로마인 포로들이 유럽의 여러 나라로 들어가게 되어 거기서 복음을 전하게 되었다. 프랑크족 역시 전쟁 중에 그들의 왕 클로비스(Clovis)가 복음을 믿게 되어, 그 백성들이 전도되었다. 뿐만 아니라 고트족(서고트)도 로마를 침략하여 잡아간 포로들로부터 복음을 받았고, 아일랜드도 전쟁 포로들에게 복음을 받았다. 아일랜드 다운(Down)이란 지방에서 성 패트릭(St. Patrick)이란 16세의 포로가 6년 동안 양치는 일을 하며 살았는데 그가 어렸을 때에 받은 복음 신앙으로 기도에 힘썼다. 그는 아침 일찍 산속에 들어가서 기도했고, 눈 위에서, 그리고 비가 올 때에도 기도에 힘쓰던 중 하나님께 헌신하기로 결심하였다. 후에 자유의 몸이 되어서 고국으로 돌아갔다가 선교사가 되어 아일랜드로 다시 돌아와서 그가 전에 섬기던 주인의 집에서부터 전도를 시작하였다. 그는 전에 먹이던 양 우리의 땅을 기부받아 거기에 큰 예배당을 세웠다. 이후 그는 아일랜드 여러 곳에 365 교회를 세웠다고 한다. 블랙번(Blackburn)은 말하기를 "이태리와 고울(프랑스)의 교회들은 침략자들에게 압제를 당하였으나, 그 침략자들에게 복음을 주었다."라고 하였다. 프랑크 왕 피핀(Pipin)이 독일 지역을 침입하였을 때에도 그 지역에 복음 전도의 큰 문이 열리게 되었다.

이러한 역사적 사실들을 볼 때 우리는 전쟁의 참상이 복음 운동에 해로운 것이 아님을 잘 알 수 있다. 시 119:67에 말하기를 "고난 당하기 전에는 내가 그릇 행하였더니 이제는 주의 말씀을 지키나이다" 하였고, 시 119:69-72에는 "교만한 자들이 거짓을 지어 나를 치려 하였사오나 나는 전심으로 주의 법도들을 지키리이다 그들의 마음은 살져서 기름덩이 같으나 나는 주의 법을 즐거워하나이다 고난 당한 것이 내게 유익이라 이로 말미암아 내가 주의 율례들을 배우게 되었나이다 주의 입의 법이 내게는 천천 금은보다 좋으니이다"라고 하였다.

2. 박해

다섯째 인을 떼실 때에 나타나는 광경은 순교자이다(9-11절). 기독교 복음은 박해로 인하여 없어지는 것이 아니라 도리어 승리한다. 초대교회에는 유대주의자들의 핍박으로 스데반이 순교하였고(행 7:59-60), 예루살렘 신자들이 각처로 흩어져서 복음을 전하였다(행 8:4). 아우구스티누스는 말하기를 "초기 300년간은 교회가 핍박을 받았기 때문에 성장하였으나, 콘스탄틴 대제가 기독교를 국교로 세운 때부터는 교회가 쇠퇴하기 시작하였다"고 하였다. 교회는 핍박을 받아야 그 순결함이 보존된다. 장로교 역시 핍박을 받은 결과로 나타난 것이다. 복음의 빛은 핍박 중에 더욱 밝게 비친다.

히에로니무스(Jerome)는 바른 신앙을 가지려다가 붙잡혀서 화형을 받게 될 때에 다음과 같이 말하였다. "내 주께서 나를 위하여 가시 면류관을 쓰신 것처럼, 나는 그를 위하여 기쁨으로 능욕의 면류관을 쓰노라." 그는 화형장으로 가면서 찬송하였고, 불길 속에서 말소리조차 사라졌지만, 그 불 가운데에서도 입술을 움직이며 기도하였다. 예수님은 나를 위하여 십자가를 지셨는데, 내가 어찌 평안한 자리에 있겠는가! 환난은 신자로 하여금 죄를 멀리하게 한다. 성도는 평안하면 방심하고 범죄하기 쉬우나 괴로우면 깨어 기도하여 빛을 발하게 된다. 벧전 4:1에 말하기를 "그리스도께서 이미 육체의 고난을 받으셨으니 너희도 같은 마음으로 갑옷을 삼으라 이는 육체의 고난을 받은 자는 죄를 그쳤음이니"라고 하였다. 이 구절의 의미는 신자들이 평안을 구하지 말고 고난을 당하며 근신하라는 것이다. 러더포드(Rutherford)는 말하기를 "우리가 져야 할 십자가는 무거우나 맛있는 것이다. 새에게 그 날개가 무겁지만 그것 때문에 날아가고, 배는 그 돛이 무겁지만 그것 때문에 앞으로 간다. 신자에게는 십자가가 짐이 되지만 그것이 그를 천국으로 전진하게 한다"고 하였고, 무디(Moody)는 말하기를 "밤이 어두울수록 별빛이 더욱 밝고, 용광로의 온도가 높을수록 금은 더욱 순결해진다"고 하였다. 윌리엄 목사는 환난은 "가장한 축복"(Blessing in Disguise)이라는 의미로 말하였다.

설교 순교자의 탄원과 그가 받은 위안(9-11절)

1. 그들이 순교한 이유

본문 9절의 "하나님의 말씀과 그들이 가진 증거로 말미암아"란 말씀은 순교의 이유를 보여 준다. 그들은 하나님의 말씀을 증거 하다가 죽었다. 신자는 이렇게 죽는 것을 영광으로 여겨야 한다(마 5:10-11). 인간은 하나님의 말씀이 보여 주는 그리스도로 말미암아 영생을 얻고, 또한 그 말씀을 굳게 잡음으로 내세에서 생명의 부요함을 얻는다. 어떤 순교자는 자신을 죽이는 자를 향하여 말하기를 "너는 내가 지킬 수 없는 생명을 가져가고, 내가 잃을 수 없는 생명에 이르게 하는구나!"[101]라고 하였다고 한다.

101) You take a life from me that I can not keep, and bestow a life upon me that I can not lose

2. 그들의 슬픈 하소연

우리는 순교자들을 생각할 때 그들이 죽음의 고통을 즐거워하여 죽은 것이라고 여기면 안 된다. 핍박받는 일은 괴로운 일이다. 순교는 아픈 일이다. 순교하는 그들의 걸음은 끝까지 괴로움이었다. 그들은 "우리 피를 갚아 주지 아니하시기를 어느 때까지 하시려 하나이까"라고 말할 경우를 많이 당하였을 것이다. 그러나 그들이 그 많은 고초를 당하면서도 때때로 주님의 위안을 받은 것만은 확실하다. 진실한 성도는 이것을 알기 때문에 핍박이나 환난을 당하는 중에도 참고 나가며 기다린다. 이사야는 말하기를 "이제 야곱의 집에 대하여 얼굴을 가리시는 여호와를 나는 기다리며 그를 바라보리라"(사 8:17) 하였고, "그러나 여호와께서 기다리시나니 이는 너희에게 은혜를 베풀려 하심이요 일어나시리니 이는 너희를 긍휼히 여기려 하심이라 대저 여호와는 정의의 하나님이심이라 그를 기다리는 자마다 복이 있도다"(사 30:18)라고 하였다. 스펄전은 다음과 같이 말하였다. 곧 하나님께서 그의 자녀들에게 괴로움을 주시고 오래 기다리시는 이유는, 그 자녀들이 하나님을 경홀히 여기고 멀리 떠나는지를 시험하시기 위해서라고 하였다. 사무엘 루터포드는 말하기를 "예수님께서 나를 떠나 계신 것처럼 캄캄한 시기에, 그 캄캄한 것을 인하여 내가 한 걸음이라도 예수님께 가까워졌다면 나는 그 캄캄한 시기를 고맙게 여기겠다. 쨍쨍한 햇볕만 계속되는 것보다 밤의 어두움이 화초에 필요한 것처럼 그리스도께서 떠나 계신 것 같은 캄캄한 시기는 우리에게 유익하다. 그런 때에 우리는 겸손하게 주님을 더욱 신뢰하게 된다"고 하였다. 신앙은 단기간에 결론을 내리는 것이 아니다. 그 이유는, 하나님께서 종종 오래 기다리시다가 은혜를 주시기 때문이다. 어떤 여인은 18년 동안 귀신이 들렸다가 예수님의 권능으로 고침을 받았고(눅 13:11-13). 베데스다 연못의 병자는 38년 만에 병 고침을 받았다. 그러므로 우리는 괴로운 시기를 만나도 참고 기다려야 한다.

설교 조급하게 심판하시지 않는 하나님을 기다리는 생활(9-11절)

사 55:8-9에 "이는 내 생각이 너희의 생각과 다르며 내 길은 너희의 길과 다름이니라 여호와의 말씀이니라 이는 하늘이 땅보다 높음 같이 내 길은 너희의 길보다 높으며 내 생각은 너희의 생각보다 높음이니라"고 하였다. 우리는 조급하지만 하나님과 그의 진리는 조급하지 않다. 하나님께서 오래 참으시는 것은 결코 방심하거나 게으르시기 때문이 아니다. 그것은 무지하고 협소한 우리의 조급한 행위와 반대로, 지혜로우시고, 크고 넓으시며, 세밀하시고, 신실하신 하나님의 행위이다. 그러므로 우리는 하나님을 기다려야 된다. 그를 기다리는 행동 원리는 다음과 같다.

1. 조급해하지 말 것

사람이 하나님께서 오래 참으시는 걸음을 맞추지 않고 떠들며 조급하게 행하면 실족하기 쉽다. 아무리 좋은 일도 조급히 하면 도리어 잘못되는 법이다. 초나라의 어떤 농부가 곡식이 빨리 자라지 않는 것을 답답하게 여겨서 그 곡식들을 손으로 조금씩 뽑아 놓았더니 이튿날 곡식이 다 말라서 죽어버렸다고 한다. 잠 19:2에 말하기를 "발이 급한 사람은 잘못 가느니라"고 하였고, 잠 28:22에도 말하기를 "악한 눈이 있는 자는 재물을 얻기에만 급하고 빈궁이 자기에게로 임할 줄은 알지 못하느니라" 하였고, 잠 28:20에도, "충성된 자는 복이 많아도 속히 부하고자 하는 자는 형벌을 면하지 못하리라" 하였고, 잠 20:21에도 "처음에 속히 잡은 산업은 마침내 복이 되지 아니하느니라"고 하였다. 복음 사역의 수확은 급속하게 오지 않는다. 진리는 우주를 그 발아래 둘 능력이 있으나, 핍박을 받을지라도 때가 이르기 전에는 왕의 권한을 발동하지 않는다. 진리는 고요히 일하다가 최후에 왕으로(승리자로) 나타난다.

2. 은밀하게 선을 행할 것

하나님은 은밀히 일하신다. 그는 안 계신 것 같으나 가장 진실하신 존재이고, 무력한 것 같으나 가장 유력하고 전능하신 분이다. 그는 광대한 우주를 끊임없이 움직이시면서 아무 소리도 내지 않으신다. 그는 말씀이 없으신 것 같으나 항상 말씀하시는 역사를 쉬지 않으신다. 시 19:1-4에 "하늘이 하나님의 영광을 선포하고 궁창이 그의 손으로 하신 일을 나타내는도다 날은 날에게 말하고 밤은 밤에게 지식을 전하니 언어도 없고 말씀도 없으며 들리는 소리도 없으나 그의 소리가 온 땅에 통하고 그의 말씀이 세상 끝까지 이르도다 하나님이 해를 위하여 하늘에 장막을 베푸셨도다"라고 한 것은 하나님 아버지의 행동 원리를 말한 것이고, 마 12:18-21에 "보라 내가 택한 종 곧 내 마음에 기뻐하는 바 내가 사랑하는 자로다 내가 내 영을 그에게 줄 터이니 그가 심판을 이방에 알게 하리라 그는 다투지도 아니하며 들레지도 아니하리니 아무도 길에서 그 소리를 듣지 못하리라 상한 갈대를 꺾지 아니하며 꺼져가는 심지를 끄지 아니하기를 심판하여 이길 때까지 하리니 또한 이방들이 그의 이름을 바라리라"고 한 것은 우리 주님 예수 그리스도의 행동 원리를 가리키는 말씀이다.

12-17절. 여섯째 인의 계시는 앞에 나오는 모든 인 떼는 계시(1-11절)의 절정이다. 앞의 계시들이 보여 주는 것처럼 세상 끝날의 재앙들은 한 번에 다 내리지 않고, 인간의 회개를 기다리며 여러 차례 점진적으로 내린다. 이것을 보면, 하나님의 긍휼이 지극히 크다는 사실을 알 수 있다.

우리는 12-17절의 계시를 문자적으로 해석하기보다 상징적으로 보아야 한다. 여기 있는 말씀은 에돔에 대한 이사야의 비유적인 말과 같다(사 34:4). 그러므로 이 구절들이 보여 주는 계시는 어떤 정치적 변혁을 가리킨다. 어떤 학자들은 이것이 로마의 콘스탄티누스(Constantine) 대제로 말미암은 이교와 그 실권자들의 철폐를 예언한 것이라고 한다. 그러나 우리는 그렇다고 확신할 수 없다. 어떤 학설에서는 이 부분의 계시가 주님의 재림으로 인한 이 세상 국가들의 멸망이 임박한 것을 가리킨다고 하였다. 이는 합당한 해석이다.

12 내가 보니 여섯째 인을 떼실 때에 큰 지진이 나며 해가 검은 털로 짠 상복 같이 검어지고 달은 온통 피 같이 되며. "큰 지진." 계 8:5; 11:13; 16:18 참조. 이것은 문자적으로 지진을 의미할 수도 있지만, 상징적으로 정치나 사회의 큰 혼란을 의미하는 듯하다. 국가나 사회에 큰 혼란이 있을 때에 실제로 큰 지진이 있었던 것도 사실이다. 반즈(Barnes)는 말하기를, 12-14절에 묘사된 정치적 큰 혼란은 로마가 고트족과 반달족 때문에 망할 것을 가리킨 것이라고 하였다. 그러나 계시록의 이 말씀이 로마의 멸망 사건으로 다 성취되었다고 보기는 어렵다. 이것은 그리스도의 재림 때에 일어날 일을 예언하는 것이며, 이 세상 국가들이 멸망하는 절정의 성취를 보게 될 것이다.

"상복." 이것은 털로 짠 검은 자루이다.

"해가… 검은 털로 짠 상복 같이 검어지고 달은 온통 피 같이 되며." 사 13:10; 50:3; 겔 32:7; 욜 2:10; 마 24:29; 막 13:24; 눅 21:25 참조.

13 하늘의 별들이 무화과나무가 대풍에 흔들려 설익은 열매가 떨어지는 것 같이 땅에 떨어지며. "별"에 대하여는 단 8:10을 참조하라.

14 하늘은 두루마리가 말리는 것 같이 떠나가고 각 산과 섬이 제 자리에서 옮겨지매. "하늘은 두루마리가 말리는 것 같이 떠나가고." 사 34:4 참조. 해와 달과 별과 하늘의 움직임은 정치계의 큰 변화를 상징한다.

15-17 땅의 임금들과 왕족들과 장군들과 부자들과 강한 자들과 모든 종과 자유인이 굴과 산들의 바위 틈에 숨어 산들과 바위에게 말하되 우리 위에 떨어져 보좌에 앉으신 이의 얼굴에서와 그 어린 양의 진노에서 우리를 가리라 그들의 진노의 큰 날이 이르렀으니 누가 능히 서리요 하더라. 이 구절들에 기록된 대로 "굴과 산들의 바위 틈에 숨어"서 하

나님과 "어린 양의 진노"를 두려워하며 떠는 자들은 모든 계층의 사람들이다. 즉 "임금들과 왕족들과 장군들과 부자들과 강한 자들과 모든 종과 자유인"(15절)이다. 이들 대부분이 지위와 돈이 있는 자들이다. 그들은 그들의 권세와 지위, 돈으로 인하여 교만해져서 죄를 많이 범하였을 것이다.

설교 역사의 주인공이신 그리스도(1-16절)

1. 환난 세상(1-8절)

이 세상에는 전쟁("붉은 말"의 표상)과 기근("검은 말"의 표상)과 기타 여러 가지 재앙들("청황색 말"의 표상)이 계속된다. 그러나 이런 환난들을 주님께서 모르시지 않는다. 도리어 그것들이 그리스도의 손안에서 사용되고 있다. 잠 16:4에 말하기를 "여호와께서 온갖 것을 그 쓰임에 적당하게 지으셨나니 악인도 악한 날에 적당하게 하셨느니라"고 하였다. 사람들은 환난 때문에 예수님께로 돌아온다. 이 세상에서 부요한 자들은 그리스도의 복음에 무관심하다. 그러므로 신자들은 이런 환난 중에서도 안심할 수 있다(요 16:33 참조).

2. 성도들이 순교할 세상(9-11절)

하나님이 신임하시는 성도일수록 이 세상에서는 고난을 받게 되는 경우가 많다. 그들은 마침내 순교하는 자리에까지 나아가게 되는 때도 있다. 하나님은 고난을 당하면서도 끝까지 신앙을 지키는 성도들과 함께하신다. 그 이유는, 그들이 신임할 만한 자들이기 때문이다(요 2:25 참조). 본문 9절에서 그들은 "하나님의 말씀과 그들이 가진 증거로 말미암아" 죽임을 당하였다고 한다. 다시 말하면, 그들이 하나님의 말씀을 객관적으로 따라갈 뿐만 아니라, 그것을 믿고 영적인 능력을 받아 세상을 향해 증거하는 신자들이 된 것이다.

3. 심판받을 세상(12-16절)

하나님이 성도들의 억울함을 풀어 주시는 날도 있다. 그것은 하나님의 "진노의 큰 날"이다. 그날에 관한 말씀은 다음과 같다. "그러나 주의 날이 도둑 같이 오리니 그 날에는 하늘이 큰 소리로 떠나가고 물질이 뜨거운 불에 풀어지고 땅과 그 중에 있는 모든 일이 드러나리로다 이 모든 것이 이렇게 풀어지리니 너희가 어떠한 사람이 되어야 마땅하냐 거룩한 행실과 경건함으로 하나님의 날이 임하기를 바라보고 간절히 사모하라 그 날에 하늘이 불에 타서 풀어지고 물질이 뜨거운 불에 녹아지려니와 우리는 그의 약속대로 의가 있는 곳인 새 하늘과 새 땅을 바라보도다"(벧후 3:10-13).

요리

1. "면류관을 받고"(2절 하반), "큰 칼을 받았더라"(4절 끝), "감람유와 포도주는 해치지 말라"(6절 하반), "그들이 땅 사분의 일의 권세를 얻어"(8절 하반). 이 말씀들을 보면, 모든 일이 인격적이신 하나님의 섭리, 곧 그의 지배 아래에서 움직일 뿐, 그 어떠한 사건도 스스로 존재하거나 스스로 움직일 수 없다. 이것을 보면, 성경의 섭리관이 얼마나 참되고 고상한지 알 수 있다. 이교에서는 섭리의 움직임을 자율화했다. 불교나 기타 범신론적인 역사 철학이 모두 다 섭리의 세계를 자율 운동으로 본다. 공자의 이기적 우주론도 그러하다. 그의 역사 철학은 그의 저서인 『춘추전』에 나타났다. 거기에 나타난 섭리관은 원칙에 따라 움직이는 섭리가 아니라, 만물이 기계적으로 서로 호응한다는 기계적 우주론이다.

2. 기독교의 신조는 죄악된 세상과 타협하지 않는 것이므로 신자는 이 세상에서 핍박을 받을 수밖에 없다. 그러나 신자는 핍박을 받을지언정 다른 사

람들을 핍박하지는 않는다(9절).

3. 영혼(9절)은 인간에게만 있는 것이며, 하나님의 형상대로 창조된 것이다. 영혼이 존재한다는 증거는 여러 가지가 있다.

1) 의지의 작용으로 증명된다. 우리의 의지는 물질적 원소의 배합으로 나오는 산물이 아니다. 의지가 작용하는 것은 물질인 신체에서 시작되지 않는다. 영혼이 몸에서 독립적인 것처럼, 몸은 죽어도 그것은 죽지 않는다.
2) 책임감, 자책, 회개 등의 고상한 심리 작용으로 증명된다. 이러한 심리 작용은 기계적인 것이 아니다. 기계적인 것은 반성이 없으며, 시비의 분별도 없고, 자기를 객관적으로 관찰하거나 통제할 수 없다. 책임감은 비기계적, 비물질적, 비생리적 현상으로, 영혼에 속한다. 따라서 물리적, 생리적으로 조직되고 활동하는 신체가 죽은 뒤에도 이처럼 고상한 심리를 가진 영혼은 존속할 수밖에 없다.
3) 성경적으로 증거된다. 성경의 증거가 가장 유력하다.[102] 이 밖에도 수많은 성구를 들 수 있다. 성경의 사상 체계가 영혼의 존재를 증거한다.

4. 그리스도의 재림 사건은 이 세상을 사랑하는 자들에게 한없는 공포가 된다(12-15절).

5. 하나님의 은혜의 시기가 있는 것처럼, 그의 진노의 시기도 반드시 있다. 모든 일에는 시기가 있는 법이다(16-17절. 전 3:1-8 참조).

102) 전 12:7; 단 12:13; 마 10:28; 눅 12:19-20; 16:19, 31; 23:43-46; 빌 1:22-24 참조.

제 7 장

앞장 끝(여섯 째 인을 뗄 때)에서 주님의 재림 직전에 있을 무서운 환난을 내다보게 되었다. 그 환난이 실제로 임하는 시기는 미래이다. 그것이 미래인 것은 7장 앞부분(1-3절)에 이 환난을 지연시키는 천사의 운동이 있는 것으로 확실히 알 수 있다. 여기서 먼저 해결되어야 할 문제는 '어떻게 하나님의 택한 백성이 되는가?'이다. 물론 이 문제는 하나님께서 그들에게 영원한 생명을 주시는 구원사역이며, 환난의 해를 당하지 않게 하시는 것이다. 그러므로 7장은 앞으로 있을 대환난(8장 이하에 기록됨)에서 신자들이 영적으로 해를 당하지 않게 하신다는 위로의 계시이다. 3절의 인 치는 행위는 복음 전파를 통하여 택한 백성에게 성령을 주시는 것이며, 계 8:7에서 시작되는 대환난에서 영적 구원을 보장한다는 상징 계시이다.

해석

1 이 일 후에 내가 네 천사가 땅 네 모퉁이에 선 것을 보니 땅의 사방의 바람을 붙잡아 바람으로 하여금 땅에나 바다에나 각종 나무에 불지 못하게 하더라. "네 천사가… 사방의

바람을 붙잡아." 숫자 '4'는 땅에 관한 수이다. "네 천사가… 사방의 바람을 붙잡았다"고 한 것은 성도의 구원을 확보하는 것, 곧 성도의 이마에 인 치는 일을 마치기 전에는 대환난이 오지 못하도록 만류하는 것이다. "바람"은 전쟁의 재앙을 가리킨다(렘 49:36-39; 51:1). 세상 끝에 "바람"이 땅을 휩쓸 것이라는 사상은 외경[103]에서 유래된 것이라고 보는 학자가 있으나, 그것은 계시록의 이 문구를 읽을 줄 모르는 자의 잘못된 견해이다. 계시록의 이 문구는 상징적인 것이고, 외경에서처럼 문자적 의미의 자연재해가 있을 것이라는 뜻이 아니다. 재해에 대한 상징적 의미는 구약에서도 찾아볼 수 있다(렘 49:36-37; 51:1). 사도 요한이 정경을 버려두고 위경 문학을 인용했을 리 만무하다.

"땅"은 계시록에서 불신자들의 지역이고, "바다"는 이 세상 국가들이며(단 7:2), "나무"는 이 세상 사람들을 상징한다(사 10:18-19; 겔 31:3-5, 15, 17).

2-3 또 보매 다른 천사가 살아 계신 하나님의 인을 가지고 해 돋는 데로부터 올라와서 땅과 바다를 해롭게 할 권세를 받은 네 천사를 향하여 큰 소리로 외쳐 이르되 우리가 우리 하나님의 종들의 이마에 인치기까지 땅이나 바다나 나무들을 해하지 말라 하더라. "살아 계신 하나님의 인을 가지고… 우리 하나님의 종들의 이마에 인 치기까지." 하나님을 "살아 계신"이라고 한 것은 그가 환난 중에 성도들을 돌아보시는 것을 생각하게 하는 귀한 진리이다.[104] 이것은 하나님께서 그 백성을 환난에서 구원하시는 사역을 가리킨다.

위경(솔로몬의 시: Psalms of Solomon 15:6)도 세상 끝날에 의인들이 환난에서 면하게 됨을 말한다. 곧 "하나님의 표가 의인의 구원을 위하여 그에게 인 쳐지리니 흉년, 검, 사망이 그들에게서 멀어지리라"[105]고 하였다. 그러나

---

103) Sibyll 1. 8. 203 Enoch 13:22.

104) 마 16:16; 26:63; 롬 9:26; 히 3:12; 계 4:9-10; 15:7 참조.

105) ὅτι τὸ σημεῖον τοῦ θεοῦ ἐπὶ δικαίους εἰς σωτηρίαν λιμὸς καὶ ῥομφαία καὶ θάνατος ἀπὸ δικαίων

우리는 위경의 이 문구를 요한계시록의 기본이라고 생각할 수 없다. 요한계시록의 기본은 언제나 구약 정경이다. 성도의 구원을 위하여 인 치는 것은 출 12:13; 겔 9:4-6 등에 나타나 있다.

그렇다면 "하나님의 인"을 치는 행위는 무엇을 비유하는가? 이 문제에 대한 몇 가지 해석이 있다. ① 어떤 학설에서는 7장의 인 치는 행위가 그리스도께서 재림하실 때 성도들을 불러 모으시는 일(마 24:31)과 같다고 한다. 그 이유는, 계시록의 이 사건도 해와 달과 별의 큰 소동이 있은 뒤에 있고(계 6:12-17), 마태복음(마 24:31)에 기록된 성도를 소집하는 사건도 그러하기 때문이다. ② 또 어떤 학설에 의하면, 이 인 치는 사건은 그리스도의 재림 직전에 회개하고 그리스도께로 돌아올 유대인들에 대한 복음 전파를 상징한다고 한다(롬 11:12-15 참조). ③ 이것은 복음을 전함으로써 성령에 의하여 하나님의 백성에게 인 치는 사역이다.

고후 1:22에는 "그가 또한 우리에게 인치시고 보증으로 우리 마음에 성령을 주셨느니라"고 하였고, 엡 1:13에는 "그 안에서 너희도 진리의 말씀 곧 너희의 구원의 복음을 듣고 그 안에서 또한 믿어 약속의 성령으로 인치심을 받았으니"라고 하였고, 엡 4:30에는 "하나님의 성령을 근심하게 하지 말라 그 안에서 너희가 구원의 날까지 인치심을 받았느니라"고 하였다. 여기서 성령은 신자들의 심령에 인 친 표가 되어 있는 것이며, 그 의미는 ① 우리가 하나님의 것이라는 표시이고, ② 우리의 구원을 끝까지 보증하여 주신다는 약속의 의미이다. 신자들이 하나님의 소유라는 것은 신자들의 구원이 확실하다는 것을 보여 준다. 하나님은 자기의 소유를 잃지 않으신다. 뿐만 아니라 그는 신자들이 확실히 구원받는 것을 알게 하시려는 증거로 성령을 주셨다. 성령을 받은 것은 영원을 받은 것이며, 그것은 영생을 의미한다.

"해 돋는 데." 이것은 자비가 있는 곳을 말한다(겔 43:2; 말 4:2).

"우리 하나님의 종들"은 하나님의 백성을 가리킨다(9절 해석 참조).

4 내가 인침을 받은 자의 수를 들으니 이스라엘 자손의 각 지파 중에서 인침을 받은 자들이 십사만 사천이니. "이스라엘 자손의 각 지파." 이것은 문자적으로 유대 민족을 가리키지 않고 영적 이스라엘(갈 6:16), 곧 그리스도 신자들을 상징한 듯하다. 이것을 그렇게 보는 이유는 다음과 같다. ① 계시록은 신약의 구원 사역을 구약 이스라엘의 구원 역사적인 서술로 표현하는 습관을 가지고 있다(계 7:4; 21:12 참조). ② 그다음에 기록된 지파들의 순서와 내용이 영적이며, 그리스도께서 나신 유다 지파가 맨 먼저 나와 있다. ③ 어떤 학자들은 여기 나오는 "이스라엘의 각 지파"가 영적 이스라엘(모든 그리스도 신자들)을 가리키기 때문에 적그리스도 지파로 간주되는 '단 지파'가 그 명단에서 빠진 것이라고 한다. '단 지파'를 적그리스도 지파로 보는 것은 이레나이우스(Irenaeus)에게서 명백해졌으나, 그 전에도 많은 성경학자들이 그렇게 보았다. 그들이 단 지파를 그렇게 보는 근거는 창 49:16-17; 신 33:22; 삿 18:27-31이다.

"십사만 사천." 로마이어는 이것을 가리켜 계시문학 숫자, 곧 종교적 완성수, 혹은 정한 수까지 가득 찬 만수(滿數)라고 하였다(Offenbarung, p.69). 크레이다너스는 이 숫자를 다음과 같이 풀었다. 곧 한 지파에서의 12,000=12×10×10×10. 12는 3(하나님의 속성을 의미하는 수)과 4(세상의 수)를 곱한 것이고, 10은 만수이다. 이렇게 성립되는 12,000을 다시 종교적 의미가 있는 12로 곱하면 144,000이 된다. 그러면 이 숫자의 의미는, ① 하나님의 수와 세상의 수와의 연합, 곧 임마누엘의 수(선민의 수)인 12를 기본으로 하고, ② 그것을 10이란 만수로 증식하였으므로, 하나님께서 하실 수 있는 대로 많이 구원하시는 큰 긍휼에 의한 이상적인 수이다.

"14만 4천"은 택함받은 자들의 상징 숫자이다. 숫자 '12'는 구약에서도 택함받은 백성(12지파)이고, 신약에서도(12사도) 그렇다. 특별히 3절의 인 친다는 것이 선택을 전제로 한 행위이다("미리 정하신 그들을 또한 부르시고"[롬

8:30]). 이스라엘의 모든 지파 사람들 전부에게 인 친 것이 아니고 각 지파 중에서 얼마를 인 쳤다는 말이 선택을 의미한다. 이 세상에 나기도 전에 우리는 하나님의 사랑의 계획 안에 들어 있었다. 그것은 "나"라는 존재의 유일하고도 중요한 의미가 된다. 성경은 참신자에게 하나님의 사랑이 영원하다고 계시한다(시 136:1-26; 롬 8:35-39 참조). 하나님의 예정(선택)을 진정으로 믿는 자의 신앙은 견고하다. 칼빈과 그의 제자 베자는 이런 신앙을 소유하는 데 모범을 보였다. 칼빈은 50여 종류의 질병을 가지고 있었다고 하며 "걸어다니는 병원"이라는 별명을 얻고 있었다. 그런데도 그는 낙심하지 않고 55세에 별세할 때까지 믿음을 지켰고, 별세하면서도 하나님께서 그를 택하여 주신 것에 대하여 감사하였다. 베자는 철저한 예정론을 그의 저서(신학적 문서)에 드러냈다. 또한 그는 하나님의 영원한 사랑을 믿었으므로 평생 600번이나 죽을 고비를 넘기는 많은 환난을 당하면서도 신앙을 지켰다.

신자가 구원 예정(선택)에 들어 있는지 어떻게 알 수 있는가? 하나님이 나를 택하신 증표는 내가 하나님을 '나의 하나님'으로 믿는 마음이다(행 13:48; 살전 1:4-6). 다시 말하면 '하나님이 나를 택하시지 않았다면 어떻게 할까?'라고 근심하는 심리이다(고후 7:11 참조).

설교 인 맞은 자의 수(4절)

1. 인장(印章)의 권세

인장은 그것을 소유한 자의 권세를 표시할 때 사용되는 것이다. 부자의 인장은 그의 재산에 대한 권리를 표시하고, 법관의 인장은 그의 권세를 표시한다. 그와 같이 하나님의 인장은 하나님이 소유하신 권세, 곧 크고 높으신 대주재의 권세를 표시하는 것이다. 하나님은 이 큰 권세를 가지고 우주를 감시하시고 관할하신다. 하나님이 그 인장을 쳐서 확보하시는 것은 아무도 변경할 수 없다. 하나님은 큰 권세를 가지셨을 뿐 아니라 그것을 시행하신다. 우리는 이 인장이 "살아 계신 하나님의 인"(2절)이란 것을 기억해야 한다. 아무리 큰 권세를 대표하는 인장이라도, 그것을 소유한 자가 살아있지 않으면 아무 효력을 발휘하지 못한다. 그런데 영생하신 하나님께서 이 세상에서 가장 큰 권세를 가지셨으니, 그의 인장은 그 권세를 대표하는 효력을 갖는다. 한 번 선택되어 성령의 인을 받은 성도는 영원히 멸망하지 않는다.

2. 하나님의 인장으로 확보된 구원

살아 계신 하나님의 인장으로 확보된 구원은 여기서 두 가지 위대한 사실을 보여 준다.

1) 하나님의 공평

본문에 인 맞은 자들의 수효가 12지파의 각 지파마다 12,000명씩이다. 이것은 하나님의 공평하심을 의미한다. 물론 이 숫자를 문자적으로만 볼 수 없지만 우리가 알 수 있는 사실 하나는 하나님께서 공평하시다는 것이다. 한 나라 안에 아무리 강도와 도둑이 많아도 그 나라의 국민이 안심하고 사는 것은 공평한 법이 있다는 것을 믿기 때문이다. 우리가 이 모순된 세상에서 위안을 받는 길은 공평하신 하나님이 마침내 모든 일을 절대적으로 공평하게 완성하신다는 사실을 믿는 것이다.

2) 최다수에 미치는 구원

144,000이란 수는 구원을 얻는 자가 최다수임을 의미한다. 12,000명씩 각 지파에서 뽑았으니, 12,000이란 수는 문자적으로 12,000일까? 아니다. 만일 계시록의 숫자를 문자적으로 본다면 계 5:6의 "일곱 영"은 일곱 개의 영이라고 해야 할 것이다. 그러나 우리는 그렇게 생각할 수 없다. 성령은 한

분이시다. "일곱 영"이란 말은 상징적 표현이며, 성령의 사역은 어디에나 미치는 완전성을 가리킨다. 12,000 역시 하나의 상징적 숫자이다. 그렇다면 이것은 무엇을 상징하는가? 숫자 '12'는 하나님께서 택하신 백성의 수이다. 12지파와 12사도로 알 수 있다. 그런데 12를 1,000배로 하면 12,000이 된다. '1,000'은 히브리인들에게 최다수를 의미하는 숫자다(시 90:4; 벧후 3:8 참조). 선택 수인 '12'를 가장 큰 수로 증가시킨 것은 하나님께서 인간을 선택하셔서 구원하실 때 가능한 한 많은 사람을 구원하신다는 의미이다.

5-8 유다 지파 중에 인침을 받은 자가 일만 이천이요 르우벤 지파 중에 일만 이천이요 갓 지파 중에 일만 이천이요 아셀 지파 중에 일만 이천이요 납달리 지파 중에 일만 이천이요 므낫세 지파 중에 일만 이천이요 시므온 지파 중에 일만 이천이요 레위 지파 중에 일만 이천이요 잇사갈 지파 중에 일만 이천이요 스불론 지파 중에 일만 이천이요 요셉 지파 중에 일만 이천이요 베냐민 지파 중에 인침을 받은 자가 일만 이천이라. 이 구절들에는 이스라엘 "각 지파"의 이름이 열거된다. 구약의 명단[106]과는 다소 차이가 있다.

계시록에 나온 명단에서 그 이름들의 순서와 내용은 영적인 의미를 가진다. 그러므로 그것들은 문자적으로 유대의 12지파를 가리키지 않는다. 로마이어의 말대로 "이스라엘"이란 칭호는 계시록(2:9; 3:9)에서뿐만 아니라 초대 기독교인들이 영예롭게 여기는 이름이었다.[107] 그리고 12지파의 이름 역시 그러하였다.[108] 좀 더 자세히 설명하면, 여기 나오는 열두 지파의 이름은 문자적으로 유대 민족의 열두 지파를 의미하지 않고 언약 백성이 신약 시대에 영적으로 계속 이어져 완성됨을 상징한다. 신약의 성도들을 구약 이스라엘의

---

106) 창 35:22-; 46:8-; 49장; 출 1:1-; 민 1-2장: ; 13:4-; 26장; 34장; 신 27:11-; 33:6-; 수 13-22장; 삿 5장; 대상 2-8장; 12:24-; 27:16-: 겔 48장.

107) 롬 2:29; 갈 3:29; 6:16; 빌 3:5; 벧전 1:1; 약 1:1.

108) *Offenbarung*, 69.

열두 지파에 기초하여 세우는 것은 신약의 성도들이 하나님의 이스라엘(갈 6:16) 체계 아래의 백성들이라는 것을 상징한다. 그러므로 반 데르 묄렌(Van Der Meulen)은 하도른(Hadorn)의 해석을 인용하여 다음과 같이 말하였다. "그것(열두 지파에게 인 침)은 엘리야가 제단을 보수할 때에 열두 돌로 쌓은 것과 같다(왕상 18:31). 이스라엘의 재건을 잃어버린 열두 지파의 회복으로 성취한다는 사상은 고대 원시 교회의 소망이었고, 그것을 예수님 자신이 확실하게 긍정하신 것이다."[109)]

우리가 그리스도를 믿게 된 것은 하나님의 언약 백성의 반열에 참여하게 된 것이며, 이것이야말로 우주적으로 자랑할 만한 일이다. 하나님께서 이와 같이 영원한 언약을 성취하시기 위하여 "나"라는 사람을 부르셨다는 것은 생각할수록 감사한 일이다. 땅 위에서도 좋은 나라의 시민권을 얻은 것을 자랑하는데, 하물며 영원히 망하지 않는 하나님 나라의 언약 백성이 된 기쁨이 얼마나 큰 것인가!

"유다"는 그리스도께서 나신 지파이므로 앞부분에 놓이고, "르우벤"은 장남임에도 불구하고 뒤에 놓였다. 여기에 "에브라임"은 제외되었는데, 그 이유는 그 지파가 교만했기 때문인 듯하다(삿 8장, 12장 참조). "단"도 빠졌는데, 그 이유는 그 지파가 우상을 섬기는 지파(삿 18:27-31)나 적그리스도 지파로 알려진 까닭인 듯하다(3절 해석 참조).

9 이 일 후에 내가 보니 각 나라와 족속과 백성과 방언에서 아무도 능히 셀 수 없는 큰 무리가 나와 흰 옷을 입고 손에 종려 가지를 들고 보좌 앞과 어린 양 앞에 서서. 여기에 열거된 무수한 대중은 다른 사람들이 아니고, 앞에서 144,000이라는 수로 상징된 동일한 사람들을 가리킨다. 이들은 땅 위에서 복음을 받고(인 침이 되어) 하늘에 간 무수한 성도들이다. 밀리건(W. Milligan)은 이 말씀이 아직 땅 위

---

109) *De Openbaring In Het Laatste Bijbelboek*, 215.

에 있는 교회를 가리킨다고 하였으나, 이는 합당치 않은 해석이다. 그 이유는, 그들이 "하나님의 보좌 앞에 있고, 또 그의 성전(하늘 성전)에서 밤낮 하나님을 섬긴다고(λατρεύουσιν=현재 동사)" 하였기 때문이다(15절 참조). 그러므로 계 7:9-17의 말씀은 천당에서 이루어지는 일들을 묘사한 것이다. 하도른(Hadorn)이란 학자도 이것이 천당을 묘사한다는 의미로 말하였다.[110] 스밀데(E. Smilde)도 이와 같은 생각으로 말하기를 "계 7:17은 세상 교회와 거듭난 자들의 삶에 관한 것이 아니라 천당에서 성도들이 누릴 생명을 말하는 것이다."라고 하였다.[111]

"각 나라와 족속과 백성과 방언에서." 이 문구는 셀 수 없는 무리의 유래를 말한다. 이 어구의 의미는 계 5:9의 해석을 참조하라. "아무도 능히 셀 수 없는 큰 무리." 크레이다너스는 말하기를, 이것은 사람도 셀 수 없고 천사도 셀 수 없는 "성도의 무리"를 의미한다고 했다. 구원받은 자들의 수가 너무 많기 때문에 그 누구도 셀 수 없지만, 하나님께서는 그들 개인을 다 아신다(요 6:37-39).

"흰 옷"은 14절이 밝혀 준 것처럼 성도가 그리스도의 보혈로 죄 사함을 받고, 칭의의 영광으로 빛나는 것을 가리킨다.

"종려 가지를 들고." 요 12:13 참조. "종려 가지"는 승리의 상징보다는 기쁨의 상징이다. 이것을 승리의 표지로 사용한 것은 위경 문학(1 Macc. 13:51)에서 찾아볼 수 있다.

10 큰 소리로 외쳐 이르되 구원하심이 보좌에 앉으신 우리 하나님과 어린 양에게 있도다 하니. 이것은 하늘나라 성도들의 신앙 고백이다. 광명한 그 세계의 신조가 어두운 이 세상에 있는 우리의 신조와 같음을 알 수 있다. 우리는 캄캄한 밤

110) W. Milligan, *Theol. Hand komm. Zum Neuen Testament, XIII.*

111) E. Smilde, *Leven In De Johanneischen Geschriften*, 194-195.

에 등불을 가진 것과 같다. 구원은 인간의 공로로 얻을 수 있는 값싼 것이 아니고, 오직 하나님의 독생자의 피로만 살 수 있는 보배로운 것이다. 하나님은 그 값진 구원을 믿는 자들에게 거저 주신다.

11-12 모든 천사가 보좌와 장로들과 네 생물의 주위에 서 있다가 보좌 앞에 엎드려 얼굴을 대고 하나님께 경배하여 이르되 아멘 찬송과 영광과 지혜와 감사와 존귀와 권능과 힘이 우리 하나님께 세세토록 있을지어다 아멘 하더라. "찬송과 영광과 지혜와 감사와 존귀와 권능과 힘." 계 5:12 해석을 참조하라. 이 일곱 단어 찬송에서 주목할 것은 다음과 같다. ① 헬라어에는 이 일곱 단어에 각각 관사가 붙어 있어서 그 의미를 더해 준다. 예를 들면 "그 찬송"이란 말은 '그 어떤 찬송이든지 다'라는 의미이다. ② 그리고 이 일곱 단어 찬송은 "아멘"으로 시작하여 흰 옷 입은 성도들의 구원 찬송에 화답한 것이다. 찬송은 이처럼 화답하는 것이다. 영적 화답이 없는 찬송은 생명이 없는 것이다. 로마이어는 이 찬송이 주님의 우주 창조와 유지에 대한 것이라고 하였다. 그러나 이 찬송 역시 구속에 대한 것이라고도 할 수 있다.

설교 확실한 구원을 확실히 믿으라(1-12절)

그리스도를 믿는 우리는 확신을 가져야 한다. 확신이 없는 신자는 기쁨도 없고, 소망도 없고, 담대함도 없다. 우리가 우리 신앙에 확신을 가질 수 있는 근거가 무엇인가?

1. 우리가 받은 복음은 하나님의 인장과 같다(3-8절)

우리는 복음을 듣기만 하고도 믿을 수 있다. 그 이유는, ① 복음사역은 하나님의 인 치시는 사역이며, 그것은 그의 진실하심이 뒷받침되는 사역이기 때문이다. 그가 그리스도를 보내실 때에도 인 치시어 보내셨고(요 6:27), 성령을 보내실 때도 우리에게 인 치시는 관계로 보내셨다(고후 1:22; 엡 1:13; 4:30). 따라서 그리스도를 믿는 자는 하나님의 진실하심에 인 치는 것이고(요 3:33), 믿지 않는 자는 하나님을 거짓말하는 분으로 여기는 자이다(요일 5:10). ② 복음사역은 144,000인에게 인 치는 사역이며, 곧 택하신 백성에게 인 치는 사역이다. 여기에 참여한 자는 자기의 구원을 확실히 믿고 안심할 수 있다. 그러므로 우리는 복음사역에서는 성경말씀을 듣는 것 외에 다른 것을 기대하지 말고, 그 말씀을 진실하게 받아들여야 한다. 누구든지 그 말씀을 듣고 믿으면 참된 믿음에 이를 것이고, 듣는 것을 중요하게 여기지 않으면 믿음에 이르지 못할 것이다.

2. 하늘에 있는 교회에서 볼 수 있다

믿음은 볼 수 있는 그때가 올 것을 소망한다. 본문 9절에 말하기를 "이 일 후에 내가 보니"라고 하였다. 우리는 하늘에 가서 볼 수 있다. ① "능히 셀 수 없는 큰 무리"를 본다. 이것은 '한 큰 무리'(πολύς ὄχλος)를 보았다는 뜻이다. 하늘에는 여러 무리가 없고 오직 한 무리가 있을 뿐이다. 그 무리는 사랑으로 하나 된 무리이다. ② 그리고 "아무도 능히 셀 수 없는 큰 무리"란 것은 구원받는 자들의 수가 많다는 것을 보여 준다. 아무도 셀 수 없다는 것은 힘 있는 말이다. 이것은 그 수가 많음을 강조한 표현이다. 딤전 2:4에 "하나님은 모든 사람이 구원을 받으며 진리를 아는 데에 이르기를 원하시느니라"고 하였다.

그렇다면 구원받는 자들이 많다고 해서 우리가 방종할 수 있을까? 오히려 구원받는 자들이 소수라면 "나" 같은 사람은 소망이 없다고 자포자기하여 방종할 우려가 있다. 그러나 구원받는 자들이 많다는 것을 알면, 나도 그 구원에 참여할 수 있다는 소망으로 힘쓰게 된다. 그리스도 신자는 자기가 구원받은 것을 모르고 힘쓰는 자가 아니라, 구원받은 줄 알고 감사하며 순종하는 자이다. 구원받은 자들의 큰 무리가 하늘에 있다는 것을 아는 자는 너그럽고 힘차게 걸어간다. 무수한 사람이 구원받는다는 것을 아는 신자는 복음의 구원 사역이 확실한 성과를 가져온다는 것을 알고, 그것을 힘써 믿으며 순종한다. "흰 옷"(9절)도 그리스도의 승리로 성립되었지만 승리도 그의 피로 이루어졌다. "구원하심이 보좌에 앉으신 우리 하나님과 어린 양에게 있도다"라고 하는 하늘 성도들의 찬송(10절)이 이 진리를 노래한다. 신자들이여, 그리스도의 승리를 기뻐하자!

13 장로 중 하나가 응답하여 나에게 이르되 이 흰 옷 입은 자들이 누구며 또 어디서 왔느냐. "장로 중 하나가 응답하여 나에게 이르되." 여기서 "응답"하였다고 밝힌 것은 사도 요한이 무언중에 의문을 가지고 있었기 때문이다. 이처럼 영적 세계에서는 말로 표현되지 않은 생각을 알 수 있음이 여기에 드러난다. "이 흰 옷 입은 자들이 누구며 또 어디서 왔느냐" 사도 요한의 의문을 답하려는 장로는 질문 형식으로 말한다. 이런 문답식 가르침은 배우는 자가 깨닫게 하는 데 매우 효과적이다.

14 내가 말하기를 내 주여 당신이 아시나이다 하니 그가 나에게 이르되 이는 큰 환난에서 나오는 자들인데 어린 양의 피에 그 옷을 씻어 희게 하였느니라. "큰 환난"이란 말(τῆς θλίψεως τῆς μεγάλης)에 대하여 알포드(Alford)는 "그 환난, 그 큰 것"이라고 번역하였다. 이것은 이 문구에 크다는 형용사를 강조한 것을 지적하고, 그 환난은 특별히 세상 끝날에 있을 큰 환난을 가리킨다고 한 것이다. 그러나 크레이다너스(Greijdanus)는 "큰 환난"이란 말이 이 세상의 환난을 통칭한 것으로 보고 말하기를 "성경은 우리의 이 세상에서의 삶, 다시 말하면 땅 위의 삶 자체를 가리켜 신자들과 교회들에게 슬픔, 핍박, 궁핍, 위험이라고 한다."라

고 하였다.[112] 그는 또 말하기를, "죄와 부패와 옛 성질(롬 7:18, 24; 마 26:41)과 세상과[113] 마귀의 왕국[114]이 모든 신자를 넘어뜨리며 온 교회를 부패하게 한다"고 하였다.[115] 천국의 성도들은 이 세상의 환난, 특히 세상 끝날에 있을 대환난(계 8:7부터 기록될)에서 영적인 피해 없이 구출되어 통과한 자들이다.

"어린 양의 피에 그 옷을 씻어 희게 하였느니라." 이 말씀은 비유이며, 성도의 구원이 순전히 죄 사함으로 인한 것이고 자기의 공로로 인한 것이 아님을 밝혀 준다. "어린 양의 피"로 죄를 씻었다고 한 것은 예수님의 속죄하여 주시는 보혈로 우리의 죗값이 치러졌다는 뜻이다. 이 피를 믿는 자들의 죄는 그 어떠한 큰 죄라도 도말된다. 그러므로 우리의 신앙은 언제나 예수님의 피에서 시작된다. 인간은 이 사죄의 문을 통해서만 구원을 얻는다. 그 이유는, 인간은 언제나, 누구나 죄인이기 때문이다.

* * * * *

{특별참고}

인간의 전적 부패

1) 칼빈이 말한 "인간의 전적 부패"는 사도 바울의 교훈(롬 3:20)과 예수님의 교훈에서 나온 것이다. 스티븐스(G. B. Stevens)는 예수님의 인생관을 바울이나 칼빈의 것과 다르게 보았는데, 그것은 예수님의 말씀을 오해한 것

112) 창 5:29; 47:9; 시 90:10; 요 16:33 참조.
113) 요 15:19; 행 14:22; 요일 3:14; 5:19.
114) 요 12:31; 엡 2:2; 6:10-11; 벧전 5:8.
115) *Openbaring*, 175.

이다. 예수님께서 사역 초기에 "회개하고 복음을 믿으라"(막 1:15)고 하셨는데, 그것은 사람들 중에서 어떤 사람들만 죄가 있기 때문에 그들에게 회개해야 된다고 하신 것이 아니다. 그 말씀은 "사람이 거듭나지 아니하면 하나님의 나라를 볼 수 없느니라"(요 3:3)고 하신 말씀과 같은 것이다. "인간"이란 말의 헬라어(τίς)는 '누구든지'란 뜻을 함축하는 부정대명사이다. 천국의 문 앞에서는 누구나 다 죄인이다. 그러므로 예수님께서 이 세상에 오신 것은 죄인을 찾아오신 것이다. 바빙크는 말하기를 "예수님께서 그 사역 초기에 사람들에게 '회개하고 복음을 믿으라'고 하신 것은 인간의 전적 부패를 염두에 두신 것이다."라고 하였다.[116] 예수님께서 말씀하시기를 "선한 이는 오직 한 분(하나님)이시니라"(마 19:17 하반)고 하셨다.

2) 스티븐스(Stevens)는 마 9:37의 "추수할 것은 많되"라고 한 말씀을 볼 때, 예수님이 모든 사람에게서 가능성(의의 싹)을 인정하신 것이 분명하다고 하였다. 이것은 예수님의 말씀을 오해한 해석이다. 예수님은 인간들에게서 어떤 가능성을 발견하셨기 때문에 그렇게 말씀하신 것이 아니다. 그는 그들에게서 가능성보다는 불가능성, 즉 그들이 죄로 여지없이 상한 것을 보시고 그들을 긍휼히 여기며 구원하시기 위하여 그렇게 말씀하신 것이다. 스티븐스는 다시 마 18:3의 "돌이켜 어린 아이들과 같이 되지 아니하면 결단코 천국에 들어가지 못하리라"란 말씀을 들어 말하기를 "예수님께서 '어린아이들'을 천국인의 표본으로 보신 것은 인간의 전적 부패를 염두에 두지 않으신 것이다."라고 한다. 예수님께서 "어린아이들"을 천국인의 표본으로 보신 것은 어떤 의미의 말씀일까? 그들에게는 바로잡아야 할 죄가 없어서 그렇다는 말씀인가? 결코 그렇지 않다. 어린아이들에게도 부패성이 있고, 교정받아야 할

---

116) H. Bavinck, *Gereformeerde Dogamatiek*, *III*. 63.

행동들이 많다는 것은 상식으로도 말할 수 있다. 예수님의 이 말씀은 천국에 대한 비유이며, 어린아이들은 부모에 대한 신뢰가 두텁다는 것을 가리킬 뿐이다. 어린아이들의 신뢰는 자연은총의 결과이므로, 그것이 그들로 하여금 구원을 얻게 하는 조건은 되지 못한다. 구원받게 하는 조건은 오직 특별은총과 관계가 있다. 즉 어린아이들이 구원을 받는 것도 예수님의 공로로만 이루어진다.

15 그러므로 그들이 하나님의 보좌 앞에 있고 또 그의 성전에서 밤낮 하나님을 섬기매 보좌에 앉으신 이가 그들 위에 장막을 치시리니. 여기서 그들이 하나님의 "보좌 앞에" 있다고 한 것은 그들이 하늘에 가 있는 것을 말한다. 따라서 이들은 성도들의 영혼들이고 아직 몸의 부활은 받지 못한 자들이다. 스밀데(E. Smilde)는 이 점에 대하여 말하기를 "여기 나오는 성도들의 생활은 이 세상에서 신자들이 신앙으로 누릴 수 있는 정도의 영생을 가리키는 것이 아니라 구속을 받은 무리가 하나님의 보좌 앞에서 누리는 생명이 어떠한지를 보여 준다. 그리고 이것은 엄밀한 의미에서 종말 때에 받을 생명(부활 생명)을 가리키지도 않는다."라고 하였다.[117] 이들이 하나님의 보좌 앞에 있다는 것은 하나님의 존엄하심 앞에 직접 서는 것을 의미한다. 이것은 쉬운 일이 아니다. 이것은 어린 양의 피로 속죄함을 받은 자만이 얻을 수 있는 축복이다. 그러므로 14절에 말하기를 "어린 양의 피에 그 옷을 씻어 희게 하였느니라"고 하였다.

"그의 성전에서 밤낮 하나님을 섬기매." 여기서 "성전"이란 말(ναῷ)은 지성소를 가리키며, 하나님과의 가장 밀접한 교제를 의미한다. 그들이 이와 같이 하나님과 가까워진 것은 예수님의 피를 믿었기 때문이다(14절). 예수님의 피를 믿는 신앙보다 더 높은 신앙은 없다. 사람들이 종종 이 신앙 외에 더 높

117) E. Smilde, *Leven In De Johanneïsche Geschriften*, 194.

은 신앙이 있는 것처럼 생각하지만, 그것은 불건전한 신비주의자들의 불경한 생각이다.

"장막을 치시리니." 이 말씀은 하나님께서 그들과 함께 계실 것을 비유한다(계 21:3 참조). 이것은 하나님의 보호와 구원을 가리키는 비유이다. 이 말이 미래사(σκηνώσει)로 표현된 것은 그 구원 사역이 영원히 계속되기 때문이다.

16 그들이 다시는 주리지도 아니하며 목마르지도 아니하고 해나 아무 뜨거운 기운에 상하지도 아니하리니. 이것은 옛날 이스라엘의 광야(열대 지방) 생활(렘 2:6)을 염두에 두고 한 말씀이다. 광야에는 음식물이 부족하고 햇볕도 뜨겁다. 그러나 이스라엘은 그곳에서 하나님의 도우심으로 만나와 메추라기를 먹었고, 반석에서 나오는 물을 마셨으며, 또 낮이면 하나님의 구름 기둥으로 뜨거운 햇볕을 가리기도 하였다. 광야는 이 세상을 상징한다. 천당에는 이 세상과 같은 고생이 없다. 그곳에서는 하나님께서 성도들을 장막으로 가리듯 친히 보호하신다.

17 이는 보좌 가운데에 계신 어린 양이 그들의 목자가 되사 생명수 샘으로 인도하시고 하나님께서 그들의 눈에서 모든 눈물을 씻어 주실 것임이라. "보좌 가운데에 계신 어린 양." 하나님의 보좌와 이십사 장로들의 중간 위치인 그리스도의 자리는 그의 중보자 되심을 상징한다. 이와 같이 그리스도는 하늘에서도 중보자로서 그의 성도들을 돌보시므로 그들에게 부족함이 없다(시 23:1 참조).

"모든 눈물을 씻어 주실 것임이라." 사 25:8 참조. 계 7:9 말씀은 신자가 죽은 후 그의 영혼이 누리게 될 천국의 복된 생활을 묘사한 말씀이다.

설교 어린 양의 피(14-17절)

우리를 구원하시는 예수 그리스도의 피는 영원 전부터 하나님께서 친히 이루신 속죄의 피다. 인생의 문제는 죄의 문제를 해결해야만 해결된다. 죄는 극히 작은 것일지라도 그것의 대가는 지옥이다(마 5:22). 그러므로 우리는 죄가 얼마나 무서운 것인지 알 수 있다. 그러나 우리의 죄를 사하실 수 있는 분이 계시다. 그는 오직 죄를 심판하실 수 있는 하나님뿐이다. 하나님께서 친히 우리 죄를 사하여 주시기 위하여, 그의 독생자의 보혈로 우리의 죗값을 치르셨다. 하나님께서는 홀로 이 일을 행하셨고, 오랫동안 사역하셨다. 창조는 하나님께서 몇 날 동안에 말씀으로 이루셨지만, 속죄는 그의 독생자의 피로 이루시려고 영원 전에 계획하시고(딤후 1:9), 수천 년 동안 선지자들과 여러 모양으로 예언해 오시다가 마침내 이루셨다. 이와 같이 이루어진 속죄의 피는 영원 전부터 이루어진 언약의 피이다. 고후 1:20에 "하나님의 약속은 얼마든지 그리스도 안에서 예가 되니"라고 하였다.

하나님은 예수 그리스도의 언약의 피로 영원한 구원을 약속하신다. 곧 그 피를 믿는 자에게 영생이 있다는 약속이다. 이 언약은 요 6:53-56에 대표적으로 표현된다. 이 네 구절에 그리스도의 피로 말미암아 영생을 얻게 된다는 말씀이 세 번 나온다. 이처럼 같은 의미의 말씀이 세 번이나 반복된 것은 역설체이다. 그리스도의 피로 속죄함을 받는 이 진리는 너무도 참되며, 또 복된 진리이므로, 우리는 그것을 먹고 마시듯이 믿어야 된다. 이 언약은 특히 신자들이 죽을 때 그것의 진실성을 드러낸다. 신자들이 그리스도의 피를 믿고 별세할 때 천국으로 들어가는 기쁨을 확실하게 체험한다. 그러므로 스펄전은 말하기를 "성도들이 별세하는 모습을 보는 것은 참으로 은혜롭다"고 하였다. 우리는 언제나 예수님의 보혈을 굳게 붙잡아야 한다.

요리

1. 이 세상에는 환난의 물결이 쉬지 않는다. 그러나 하나님의 복음은 그 물결보다 강하여 거기서 택하신 백성의 영혼을 구원한다. 그러므로 쉬지 않는 환난의 물결을 거스르면서, 복음은 계속 전파되어야 한다. 복음 전파는 택하신 백성으로 하여금 환난을 통과하게 하는 유일한 방법이다. 복음 없이 이 세상의 환난에 처한 자는 배 없이 깊은 바다에 던져진 것과 같다(1-14절).

2. 15-17절은 이스라엘 민족이 광야에서 고생한 역사를 연상시킨다. 이 세상은 광야의 사막과 같다. 그것은 영적인 배고픔과 목마름이 심한 인간에게 생명수를 주지 못한다. 그런데도 인간은 이 세상의 것을 가지고 영적인 배고픔과 목마름을 면할 수 있는 것처럼 덤빈다. 그것은 마치 사막에서 탈진한 여행자가 신기루를 보고 그것을 오아시스로 착각하여 찾아갔다가 심한 열기에 상하는 것과 같다.

제 8 장

- 01 -

✤ 해석

1 일곱째 인을 떼실 때에 하늘이 반 시간쯤 고요하더니. "반 시 동안쯤 고요하더니"는 무엇을 의미하는가? 여기에 대한 여러 가지 견해가 있다. ① 빅토리누스(Victorinus)는 "성도들이 장차 누릴 영원한 안식의 징조"라고 하였고,[118] ② 크레이다너스(Greijdanus)는 "이것이 장차 내릴 재앙(나팔 재앙)의 두려움을 암시한다"고 하였고,[119] ③ 스웨트(H. W. Swete)는 "이것은 다만 잠깐 동안 찬송 소리나 우렛소리나 기타 부르짖는 소리 같은 것이 없었다는 진술에 불과하다"고 하였고, ④ 찰스(Charles)는 이것이 앞으로 나올(3-4절) 성도들의 기도를 위한 고요함을 의미한다고 하였다. 그는 이 견해가 타당함을 증명하기 위하여 유대주의 문헌에서 하나의 문구를 제시한다. 그 문구에 의하면 "다섯째 하늘에서 봉사하는 천사의 무리가 밤에는 찬송하지만, 낮에는 이스라엘 백성의 찬송이 상달되게 하기 위하여 고요히 있다"는 것이다. 이것은

---

118) Semi hora nitium quictis aeternae.

119) En dat wijst op het verschrikklijke van hetgeen te wachten staat.

성도들의 기도가 상달되기 위하여 천사들의 찬송이 중단되고 고요해졌다는 것이며,[120] 기도하는 시간에 모든 사람이 조용할 것은 구약도 가르친다는 것이다(대하 29:29). ⑤ 릭날다(Ringnalda)는 말하기를 "이것은 이 세상 종말에 일어날 일을 앞에 놓고 있을 수밖에 없는 최대의 긴장을 가리킨다"고 하였고, 또한 "이것은 종말의 시작이다. 마지막 날이 온다. 그리스도께서 온 세상에 왕권을 실행하기 시작하신다"고 하였다.[121] ⑥ 또 다른 학설에 의하면, 이 고요함은 죄인에 대한 하나님의 은밀한 긍휼의 상징이라고 한다. 하나님께서는 죄인이 죽는 것을 기뻐하시지 않는다(겔 33:11). 그래서 회개하지 않는 죄인들을 향하여 오랫동안 조용히 침묵하신다. 이것은 회개하는 자에게 생명에 이를 좋은 기회가 되지만, 회개하지 않는 자에게는 하나님의 진노를 쌓는 무서운 기간이 되고 만다(롬 2:3-5). ⑦ 밀리건(W. Milligan)도 이것이 중단된 시간(break time), 곧 그다음 계시를 준비하는 의미 있는 시간을 가리킨다고 하였다.[122]

이러한 모든 해석 가운데 네 번째 해석, 곧 기도를 위한 고요함을 의미한다는 것이 옳다고 생각된다. 그 이유는 본문 3절에 기도하는 순서가 계시되었기 때문이다.

2 내가 보매 하나님 앞에 일곱 천사가 서 있어 일곱 나팔을 받았더라. 하나님을 모신 천사에 대한 말은 사 6:1-3에도 있지만 그들의 수인 '7'은 여기에 처음 나타난다. 모팻(Moffatt)은 이것이 위경(Tobit 12:15)에서 유래된 것처럼 말한다. 토빗 위경에 말하기를 "나는 성도들의 기도를 가지고 지극히 거룩한 자의 영광 앞에 들어가는 일곱 천사 중 하나인 라파엘이다."라고 하였다. 그렇지만 여

120) R. H. Charles, *International Critical Commentary, Revelation*, 223-224.

121) Ringnalda, Het Koning-schap Van Christus, 157.

122) W. Milligan, *The Book of Revelation*, 1889, 135-136.

기 있는 "일곱 천사"라는 문구가 반드시 위경에서 유래되었다고 하는 것은 억측이다. 여기 나온 천사의 수 '7'은 일곱 나팔과 관련되어 사용되었으며, 또 상징적 의미를 가졌을 것이다. 그러나 위경 문학의 '7'은 문자적인 의미를 가진다.

3 **또 다른 천사가 와서 제단 곁에 서서 금 향로를 가지고 많은 향을 받았으니 이는 모든 성도의 기도와 합하여 보좌 앞 금 제단에 드리고자 함이라.** "다른 천사." 이 천사가 하는 일이 중보자와 같기 때문에 그를 그리스도로 보는 학자가 있다. 그러나 이 천사는 자기의 공로를 가지고 사역하는 중보자에 미치지 못한다. 이 천사는 많은 향을 "받았다"(ἐδόθη)고 했으므로, 그 "향"이 자기의 것이 아님을 알 수 있다. "향"(속죄의 공로)은 그리스도께만 속한다(고후 2:15-16 참조). 그러므로 이 천사는 그리스도 앞에서 수종드는 자이다(계 1:1).

"많은 향을… 성도의 기도와 합하여." 크레이다너스는 말하기를 "기도는 하나님께로 오를 아무런 힘이 없다"고 하였다. 기도는 하나님께 올라가려면 그리스도의 공로를 받아야 한다. 그렇다면 이 기도는 어떤 기도인가? 그것은 하나님의 나라와 그의 의를 구하는 것이며, 죄와 천국의 원수를 처분하시는 하나님의 심판이 임하기를 구하는 것이다(마 6:33; 눅 18:7; 계 6:10 참조). 옛날부터 성도들의 이런 기도는 하늘에 오르고 또 오르다가 이제 일곱 나팔 재앙으로 말미암아 응답을 받게 된다. 그런데 본문의 "많은 향"(θυμιάματα πολλά) 이란 말을 볼 때 성도들에게서 먼저 많은 기도가 올라가야 한다. 하늘은 성도들의 많은 기도가 오를 동안 고요하다가(계 8:1) 그 뒤에는 하나님의 진노로 크고 요란하게 될 것이다. 곧 일곱 나팔 소리에 따라 떨어지는 무서운 재앙들이다.

4 **향연이 성도의 기도와 함께 천사의 손으로부터 하나님 앞으로 올라가는지라.** 이 말씀을 보면, "기도"보다 "향연"이 주도적인 역할을 하면서 "기도"가 하나님의 보좌 앞으로 올라가게 해 준다. 계 5:8에서는 성도의 기도를 "향"이라고 할

만큼 기도를 이루는 요소는 "향"(그리스도의 공로)이기 때문이다.

5 천사가 향로를 가지고 제단의 불을 담아다가 땅에 쏟으매 우레와 음성과 번개와 지진이 나더라. "제단의 불"은 '하나님의 진노'를 의미한다. 그러므로 여기서 "제단의 불을 담아다가 땅에 쏟으매"는, 이 땅에서 회개하지 않은 죄인들을 멸하시는 하나님의 진노가 내릴 것을 상징한다. 여기서 우리의 주의를 끄는 것은 기도와 향을 담았던 금향로가 이제는 진노의 불을 담는 데 사용된다는 사실이다. 이 그릇이 성도에게는 하나님의 호의를 받는 데 사용되고, 천국의 원수에게는 하나님의 진노를 담아서 붓는 데 사용된다. 이것은 묘한 대조이다. 성도에게 생명에 이르는 냄새가 멸망당할 자에게는 사망에 이르는 냄새가 된다(고후 2:14-16).

"우레와 음성과 번개와 지진." 이것은 대부분 하나님의 진노를 상징한다. 여기서 "음성"은 인간이 이해할 수 있도록 들리는 소리로, 회개를 독촉하는 듯하다. 그 소리만은 아직 하나님의 자비의 표시인 것이다. 그러나 우리는 이 점에 대해 확실한 결론을 내리지 못한다. 그 이유는 "음성"도 무서운 심판의 소리일 수 있기 때문이다(시 29편. 계 4:5 해석 참조).

설교 하나님 앞에 올라갈 수 있는 기도(응답될 수 있는 기도)(1-5절)

성도들은 땅 위에서 핍박을 받지만 그것을 대비하기 위해 더욱 열심히 기도에 힘써야 한다. 시 109:4에 "나는 사랑하나 그들은 도리어 나를 대적하니 나는 기도할 뿐이라"고 하였다. 계 8:4에는 성도의 기도가 향연과 같이 하늘로 올라간다고 한다.

1) 약 4:3에 "구하여도 받지 못함은 정욕으로 쓰려고 잘못 구하기 때문이라"고 하였다. 그리스도의 공로로 이기주의를 버리고 하나님의 영광을 위해 드리는 기도만이 올라간다.

2) 사 59:1-2에 "여호와의 손이 짧아 구원하지 못하심도 아니요 귀가 둔하여 듣지 못하심도 아니라 오직 너희 죄악이 너희와 너희 하나님 사이를 갈라 놓았고 너희 죄가 그의 얼굴을 가리어서 너희에게서 듣지 않으시게 함이니라"라고 하였다. 우리가 그리스도의 이름으로 죄를 회개하면서 기도해야 그 기도가 올라간다. 토레이(R. A. Torrey)는 전도 사역을 위하여 필요한 금액을 위해 기도하였지만 응답을 받지 못하였다. 그러나 그가 사 59:1-2을 기억하고 통회하고 자복하며 하나님께 구하자 이상하게도 마음이 평안해졌다. 그 이튿날 그에게 뜻밖의 전도비가 전달되었다고 한다.

3) 겔 14:3에 "인자야 이 사람들이 자기 우상을 마음에 들이며 죄악의 걸림돌을 자기 앞에 두었으니 그들이 내게 묻기를 내가 조금인들 용납하랴"고 하였다. 마음에 우상을 둔 사람은 기도 응답을 받을 수 없다. 하나님을 모셔야 할 마음에 다른 것을 두고 그것을 하나님보다 더 사랑하는 것은 우상이다.

4) 잠 21:13에 "귀를 막고 가난한 자가 부르짖는 소리를 듣지 아니하면 자기가 부르짖을 때에도 들을 자가 없으리라"고 하였다. 우리가 기도 응답을 받으려면 그리스도의 이름으로 다른 사람을 불쌍히 여기고 자비를 베풀어야 한다.

5) 막 11:25에 "서서 기도할 때에 아무에게나 혐의가 있거든 용서하라 그리하여야 하늘에 계신 너희 아버지께서도 너희 허물을 사하여 주시리라 하시니라"고 하였다. 그리스도의 이름으로 다른 사람을 용서하는 자가 되어야 기도 응답을 받는다.

6) 벧전 3:7에 "남편들아 이와 같이 지식을 따라 너희 아내와 동거하고

그를 더 연약한 그릇이요 또 생명의 은혜를 함께 이어받을 자로 알아 귀히 여기라 이는 너희 기도가 막히지 아니하게 하려 함이라"고 하였다. 신자들은 그리스도 안에서 부부간에 화목해야 기도가 막히지 않는다.

7) 약 1:6-8에 "오직 믿음으로 구하고 조금도 의심하지 말라 의심하는 자는 마치 바람에 밀려 요동하는 바다 물결 같으니 이런 사람은 무엇이든지 주께 얻기를 생각하지 말라 두 마음을 품어 모든 일에 정함이 없는 자로다"라고 하였다. 우리가 기도 응답을 받으려면 그리스도를 의지하고 의심하지 않아야 한다. 조지 뮬러는 기도하기 전에 먼저 성경을 읽고 마음을 깨끗이 한 다음 믿음으로 기도했기 때문에 많은 기도 응답을 받았다고 한다.

설교 하나님 앞으로 올라가는 기도 (3-5절)

1. 향연과 합한 기도

"향"은 그리스도를 아는 냄새(고후 2:14-16)이므로, 기도는 그리스도의 이름으로 드려야 한다. 그것은 그리스도의 공로로 기도하는 것(요 14:14)이고 그의 뜻을 이루기 위한 기도이다(마 6:9-10). 이런 기도는 개인의 욕심을 금한 기도이며, "모든 성도의 기도"이다. 곧 모든 성도가 함께 바라는 기도이다. 우리는 개인의 욕심을 위하여 기도하지 말아야 한다. 기도 응답을 많이 받은 조지 뮬러는 몇 천 번이라도 응답되는 기도는 다음과 같이 드리는 기도라고 하였다. ① 그리스도의 공로만 의지하여 기도할 것(요 14:13-14; 15:16). ② 죄에서 떠날 것. 시 66:18에 말하기를, "내가 나의 마음에 죄악을 품었더라면 주께서 듣지 아니하시리라"고 하였다. ③ 하나님의 약속을 믿을 것(히 6:13-20; 11:6). ④ 하나님의 뜻대로 구할 것(약 4:3; 요일 5:13). ⑤ 간절히 구할 것(눅 18:1-10; 약 5:7) 등이다. 그리스도의 공로를 의지하며 기도하는 사람은 이와 같은 모든 성경적 조건을 지키며 기도한다. 그런 기도가 향기 있는 기도이다.

2. 기도를 중요하게 여기며 힘을 다하는 기도

대환난 전에 우리는 우리의 성화를 위해서도 기도해야 된다. 우리가 진정으로 그리스도의 이름("향")으로 기도하면, 우리 안에 있는 악도 소멸되어 간다. 기도를 많이 할수록 사람은 더욱 거룩해진다.

예수님도 친히 기도에 힘쓰셨다. ① 그는 군중보다 기도를 중요하게 여기셨다. 눅 5:15-16에 말하기를 "예수의 소문이 더욱 퍼지매 수많은 무리가 말씀도 듣고 자기 병도 고침을 받고자 하여 모여 오되 예수는 물러가사 한적한 곳에서 기도하시니라"고 하였다. ② 그는 주무시는 것보다 기도를 중요하게 여기셨다. 눅 6:12에 말하기를 "이 때에 예수께서 기도하시러 산으로 가사 밤이 새도록 하나님께 기도하시고"라고 하였다. ③ 그는 기도로 마귀를 막는다는 의미의 말씀을 하셨다. 곧 그는 "시험에 들지 않게 깨어 기도하라"(마 26:41)고 하셨다. ④ 그는 기도를 정성스럽게 하셨다. 마 26:39에 보면, 그는 "얼굴을 땅에 대시고 엎드려 기도"하셨다.

욥은 말하기를 "나라면 하나님을 찾겠고 내 일을 하나님께 의탁하리라"(욥 5:8)고 하였다. 기도는 반드시 올라가기 때문에 신자들은 기도생활을 계속해야 한다. 주님의 뜻대로 드린 기도는 마침내 응답된다.

조지 뮬러는 기도 응답이 없는 때에도 마음에 평화가 있었다고 한다. 그는 기도 응답이 더딘 이유에 대하여 말하기를, ① 하나님의 때가 아직 이르지 않았기 때문이며, ② 응답이 더뎌서 신자들이 기도를 더 많이 하게 되므로, 믿음이 자라는 유익이 있다고 하였다. 그는 선교회에 다섯 번이나 외국 선교사로 지원하였지만 다섯 번 다 허락되지 않았고, 40년 동안 고아원 사역을 한 뒤에야 선교사로 외국에 나가게 되었다. 그가 70세가 넘은 후였다. 그의 기도는 40년 후에 마침내 이루어진 것이다.

제 5 부
일곱 나팔 재앙

계 8:6-11:19

일곱 나팔 재앙

- 첫째 나팔 재앙-피 섞인 우박과 불의 재앙(8:7). 둘째 나팔 재앙-불붙는 큰 산이 바다에 던져짐(8:8-9). 셋째 나팔 재앙—"쑥"이란 별이 여러 물 근원에 떨어짐(8:10-11). 넷째 나팔 재앙-해와 달과 별의 3분의 1이 어두워짐(8:12). 다섯째 나팔 재앙—무저갱에서 나오는 황충의 재앙(9:1-11). 여섯째 나팔 재앙-마병대의 재앙(9:13-21)과 계시의 준비(10:1-11:14). 일곱째 나팔 재앙-구원의 최종 완성을 선언하는 하늘의 큰 음성(11:15-19).

나팔 재앙은 무엇을 의미하는가? 이에 대한 해석은 여러 가지가 있다.

1. 랑게(Lange)의 해석

나팔은 전쟁을 위하여 군인들을 경고하거나 소집할 때 사용하는 것이다. 그런 의미에서 나팔은 교회를 영적 전쟁으로 인도하는 하나님의 지시를 상징한다. 교회가 영적 전쟁을 하게 된 이유는 이 세상에 이단과 거짓 교훈이 일어나기 때문이다. 계시록의 나팔 재앙들은 주로 이단과 관계된 것들이다. 첫째 나팔 재앙으로 일어나는 것은 "피 섞인 우박과 불"인데, "우박"은 하나님의 진리를 이해하지 않는 불신앙을 상징하고, "불"은 진리에서 벗어난 광신주의를 상징하고, "피"는 진리가 바르게 파악되지 못한 사회에서 일어나는 사상적 충돌로 인한 박해를 상징한다. 둘째 나팔 재앙은 "불 붙는 큰 산과 같은 것이 바다에 던져지는 것"으로, "바다", 곧 국가에 해를 입히는 광적인 종파의 활동을 상징한다. 셋째 나팔 재앙에 "횃불같이 타는 큰 별이 하늘에서 떨어짐"은 초자연주의를 합리주의로 떨어뜨려 생각하는 거짓된 신학 사상을 가리킨다. 넷째 나팔 재앙은 계시된 진리가 인간들의 그릇된 해석 때문에 그 빛을 나타내지 못하는 것을 상징하고, 다섯째 나팔 재앙은 복음을 가리는 이단의 활동이고, 여섯째 나팔 재앙은 악한 천사들이 마병대와 같이 위력 있는 거짓 교훈으로 땅 위를 한 번 휩쓸게 될 것을 의미한다. 그러나 랑게의 해석은 성경적인 근거를 가지지 못했으므로 우리는 그의 견해를 채용하기 어렵다.

2. 엘리엇(Elliott)의 해석

첫째 나팔 재앙은 고트족(Goth)의 로마 침략(AD 400-410년)을 가리키고, 둘째 나팔 재앙은 고트족, 반달족, 훈스족 등의 로마 침략(AD 429-477년)을 가리키고, 셋째 나팔 재앙은 아틸라(Attila)의 로마 침략(AD 450-453년)을 가리키고, 넷째 나팔 재앙은 오도아케르(Odoacer)로 말미암아 로마 제국이 몰락하게 될(476년 혹은 479년) 것을 가리키고, 다섯째 나팔 재앙은 모하메드(Mohammed AD 612년에 활동하기 시작하였음)의 군대가 150년간 로마를 침략한 사실을 예언한 것이고, 여섯째 나팔 재앙은, 오스만 튀르크가 동로마 제국을 침략하여 1453년에 멸망하게 한 사실을 예언한 것이다. 그러나 이러한 엘리엇의 해석도 우리는 확실성 있게 보거나 채용하기 어렵다.

3. 글라스고우(Glasgow)의 해석

첫째 나팔 재앙은 유대 민족 3분의 1이 로마 군대로 말미암아 멸망한 사실을 가리키고, 둘째 나팔 재앙은 유대인들이 바르 코크바(Bar Kochba)의 지도 아래에서 로마에 대하여 반란을 일으킨 사건으로 그들이 열국으로 분산된 사실을 가리키고, 셋째 나팔 재앙은 교권주의가 일어난 것, 넷째 나팔 재앙은 아리안 이단 운동, 다섯째 나팔 재앙은 모하메드의 이교 운동, 여섯째 나팔 재앙은 로마교가 112년부터 개혁 시대에 이르기까지 기독교인들을 죽인 사실을 예언한 것이라고 한다. 그러나 우리는 이 해석도 확실하게 채용하기 어렵다.

4. 앞에 언급한 해석들은 지나치게 독단적인 경향을 띤다. 따라서 우리는 이 나팔 재앙들에 대하여 몇 가지 확실한 견해를 가질 수 있다.

1) 이 재앙들은 성도들을 영적으로 해롭게 하지 않고(계 9:4) 오직 악도들을 해롭게 한다. 이는 마치 애굽에 내린 열 재앙이 애굽 사람들만 괴롭힌 것과 같다. 애굽에 내린 열 재앙과 여기의 나팔 재앙이 서로 비슷한 점은, ① 우박과 불(계 8:7; 출 9:24), ② 물이 피가 됨(계 8:8; 출 7:20), ③ 어두워짐(계 8:12; 출 10:22), ④ 황충(계 9:3; 출 10:14) 등이다.

2) 나팔 재앙들의 상징적 표현에서, ① 피(첫째 나팔 재앙)는 살육을 의미하는 것이며, 전쟁의 표시이고, ② 불붙는 큰 산(둘째 나팔 재앙)은 예레미야의 예언(렘 51:25)에서 적그리스도의 나라 바벨론의 멸망을 가리킨 것처럼, 여기서도 적그리스도의 나라를 표시하지 않았다고 보기 어렵고, ③ 물의 근원을 쓰게 만드는 떨어진 별(셋째 나팔 재앙)은 종교 지도자의 타락을 상징한다. 그 이유는, 쓴 물을 달게 만드는 일은 참된 선지자가 한 일이었고(출

15:25; 왕하 2:19-22), 물을 쓰게 만드는 것은 거짓 선지자의 일이기 때문이다. 물을 쓰게 만드는 것은 하나님의 말씀을 혼잡하게 하는 이단 운동을 상징한다(고후 2:17 참조). ④ 해와 달과 별이 빛을 잃는 것(넷째 나팔 재앙)은 앞에 나온 셋째 나팔 재앙(이단)으로 종교가 어두워짐에 따라 국가의 정치도 어지러워지는 것을 상징한다. 해와 달과 별은 종교 지도자들을 상징하고(단 12:3), 또한 정치 지도자들을 상징할 수도 있다(사 13:10; 계 6:13-15). 이 재앙은 오늘날의 세태와도 관련이 있는 듯하다. 2차 대전 후에 우리는 교회의 정화와 부흥을 기대하였다. "불붙는 산"과 같이 적그리스도의 나라들은 패하고 종전되었음에도 불구하고 오늘날의 교회는 더욱 타락하고 있다. "쑥"과 같은 이단의 교훈이 성하여짐에 따라 교회의 지도자들(해와 달과 별)은 혼미하여졌다. 그들은 진리를 바르게 보지 못하며, 성직을 간사하게 사용하는 경향이 많다. 이 세대는 이처럼 배교의 기미를 농후하게 나타내고 있다. 머지않은 장래에 다섯째 나팔 재앙, 곧 배교가 땅에 가득할 듯하며, 거기에 따라 여섯째 나팔 재앙, 곧 대전쟁이 다시 있게 될 듯하다. ⑤ 하늘에서 떨어진 별이 무저갱을 여는 것(다섯째 나팔 재앙)은 종교적 타락, 혹은 배교를 상징하고, ⑥ 마병대의 살육 행위(여섯째 나팔 재앙)는 글자 그대로 살육 행위, 곧 전쟁이라고 하지 않을 수 없다.

이러한 모든 재앙은 부분적으로 과거의 어떤 시대의 현상과도 관련이 있다고 할 수 있지만, 특히 세상의 종말에 있을 일들이다. 이것들은 주로 전쟁, 이단, 배교의 반복, 또는 악화를 의미한다는 것이 올바른 해석이다.

크레이다너스도 이 나팔 재앙들이 계 6장에 기록된 일반 재앙들과 비교할 때 특이하다고 지적했다. 계 6장에 있는 것들은 복음 전파에 유익한 방편으로 사용된 것들이지만, 계 8장부터 나오는 나팔 재앙들은 세상에 속한 자

들을 벌하시기 위하여 내리는 재앙들이라고 하였다.[123]

5. 아브라함 카이퍼(A. Kuyper)의 해석

그는 말하기를 "은혜의 때는 지나갔다. 지금 하나님의 보좌 앞에서 나오는 것은, 회개하지 않는 죄인들과 타락한 천사들을 벌하시는 심판의 시작이다. 하나님의 참으심은 오랫동안 계속되었다. 하나님께서 은혜의 때를 속히 단절시키신 것이 아니다. 앞으로도 두 선지자의 최후 증거가 있을 것이다(계 11:3). 그러나 성도의 억울함을 풀어 주시는 심판의 때는 이미 시작된다. 나팔 부는 천사로 계시되는 이 부분의 말씀은 분명히 최후의 심판을 의미한다고 할 수 밖에 없다. 예수님도 심판의 때를 가리켜 말씀하시기를, 세상 끝날에 하나님께서 '큰 나팔소리와 함께 천사들을 보내리니 그들이 그의 택하신 자들을 하늘 이 끝에서 저 끝까지 사방에서 모으리라'(마 24:31)고 하셨다. 사도 바울 역시 천사와 나팔소리를 마지막 심판과 관련지었다(고전 15:52; 살전 4:16)"라고 하였다.[124]

123) Greijdanus, *Openbaring*, 179.

124) A. Kuyper, *The Revelation of St. John*, 86-87.

제 8 장

- 02 -

8:6-7 일곱 나팔을 가진 일곱 천사가 나팔 불기를 준비하더라 첫째 천사가 나팔을 부니 피 섞인 우박과 불이 나와서 땅에 쏟아지매 땅의 삼분의 일이 타 버리고 수목의 삼분의 일도 타 버리고 각종 푸른 풀도 타 버렸더라. "나팔을 부니." 나팔은 전쟁 시작의 경보를 의미한다. 여기서 천사의 나팔은 땅(교회와 반대되는 세상)에 대한 하나님의 진노의 발동되었음을 선언한다. 여리고성은 이런 나팔 소리로 무너졌다. 세상 끝날에도 그와 같은 의미의 징계가 있을 것이다(렘 4:19 참조).

"피 섞인 우박과 불." 출 9:18-26에 보면, 천국의 원수인 애굽에 이와 비슷한 벌이 내렸다. 그러나 "피"에 대한 말은 없다. "피"는 우박의 재앙으로 인한 사상자들이 많을 것을 암시한다. 이 문구는 문자적으로 해석될 말씀이 아니라, 하늘에서 내린 벌로 일어난 전쟁을 상징한다. "우박과 불"은 하나님의 진노를 상징한다.[125]

"삼분의 일." 겔 5:2; 슥 13:8-9 참조. 어떤 학설에 "3"은 하나님의 속성을 의미하는 수이며, 이 재앙은 하나님께서 친히 보내셨기 때문에 그 재앙의 결과(3분의 1이 사라짐)를 이 숫자로 말한 것이라고 한다. 다른 학자들은 말하

---

125) 시 18:13; 사 28:2-7; 30:30; 겔 13:13; 38:22 참조.

기를, 로마는 고트족과 반달족의 침략으로 세 부분(동부, 중부, 서부)으로 나뉘어 있었고, 본문의 "3분의 1"이 이 지역 중 하나를 가리킨다고 한다. 그러나 이 숫자가 그런 뜻으로 사용되었다고 단언하기는 어렵다. 여기서는 이 숫자가 이 세상의 한 부분을 벌하신다는 것을 가리키기 위하여 사용된 것이라 여겨진다.

8장 말씀은 인류에게 내릴 재앙이 현재보다 장래에 더 많을 것을 확실히 암시한다. 재앙을 받는 자들의 수가 "3분의 1"이라고 선포되었으니, 나머지 더 많은 수가 멸망하는 재앙은 얼마나 무섭겠는가? 성경말씀은 이 세상 끝날이 가까울수록 재앙이 더욱 많고 클 것이라고 가르친다(계 8:13; 15:1). 그러므로 우리는 땅 위에서 앞날의 평안을 꿈꾸지 말고 하늘에만 소망을 두고 더욱 굳센 신앙을 가져야 한다.

"땅, 수목, 푸른 풀." 어떤 학설에 의하면, 이것들은 문자적으로 앞에 언급된 우박 재앙으로 피해를 당한 것들을 가리킨다고 한다. 그러나 어떤 학자는, 이것이 장래에 형벌을 당할 사람들까지 상징한다고 한다. 곧 "땅"은 죄인들의 거처이고, "수목"은 권세 있는 자들이고,[126] "푸른 풀"은 평범한 사람들을 가리킨 것이라고 한다(사 40:7).

8 둘째 천사가 나팔을 부니 불 붙는 큰 산과 같은 것이 바다에 던져지매 바다의 삼분의 일이 피가 되고. 이 문구에서 "같은"(ὡς)이란 말을 주의해야 된다. 우리는 글자 그대로 이런 일들이 있을 수 있음을 부인하지 않는다. 그러나 이 계시의 요지는 이 어구의 상징적 의미에 있다. AD 1570년에 밧모섬이 있는 에게(Aegean) 바다에 큰 화산이 터져서 20마일 주변의 바닷물이 피 같은 흙색이 된 일이 있었다고 한다. 그리고 AD 1707년에는 그 바다에 큰 암석이 솟아오르면서 물이 독의 기운을 띤 까닭에 항만에 있는 모든 고기들이 다 죽었다고 한다

---

126) 렘 7:20; 17:8; 겔 31:3; 단 4:20-22.

(Moffatt). 땅 위에 이런 재앙이 있을 수 있으나, 우리는 그런 것을 가지고 이 예언이 성취된 것이라고 하지 않는다.

"불붙는 큰 산과 같은 것"은 천국의 원수로 천벌을 받게 될 나라를 가리킨다. 고대에는 이것을 바벨론이라고 하였다(렘 51:25). "바다"는 열국을 상징한다(계 17:15).

"피가 되고." "피"는 죽음을 상징한다. 하나님께서 적그리스도 나라인 애굽을 벌하실 때에 물이 피가 되게 하는 재앙을 내리셨다. 그러므로 이것은 412-450년에 훈스(Huns)의 침략으로 로마가 도탄에 빠진 것을 예언한 것이라는 학자들이 있다. 비록 문자적으로 물이 피가 된 일은 없다 해도 그 악한 나라가 열국("바다") 중에서 파멸하여 그 국민들이 죽게 되면, 그것이 곧 피가 되는 일이다. 이 예언이 로마의 멸망으로 성취되었다 할지라도 그 사건으로 완전히 끝났다고는 생각되지 않는다. 이 예언은 역사적으로 여러 번 적그리스도 나라들이 멸망하는 것에서 그 부분적인 성취를 볼 수 있다. 예언이란 것은 단 한 번의 성취로 끝나는 것도 있지만 점층적으로 발전하여 그것의 성취가 절정에 이르는 것도 있다. 이것은 마치 멀리서 큰 산을 바라보면 한 개의 산이 보일 뿐이지만 그 산을 오르다 보면 새로운 봉우리들을 발견하게 되는 것과 같다.

9 바다 가운데 생명 가진 피조물들의 삼분의 일이 죽고 배들의 삼분의 일이 깨지더라. "생명 가진 피조물들"과 "배들"은 여러 나라의 모든 소유물을 가리킨다. 여러 나라에 있는 사람들이 하나님의 벌을 받게 될 때에는 다른 모든 피조물들도 그와 같이 된다(욘 4:11; 습 1:3 참조). "삼분의 일"이란 수에 대하여는 7절에 있는 같은 말 해석을 참조하라.

10 셋째 천사가 나팔을 부니 횃불 같이 타는 큰 별이 하늘에서 떨어져 강들의 삼분의 일과 여러 물샘에 떨어지니. "횃불같이 타는 큰 별이 하늘에서 떨어져." 이것은 교역자가 타락하여 하나님의 말씀을 혼잡하게(고후 2:17) 하고, 그 결과로 많은

영혼이 죽게 될 것을 의미한다. 어떤 학자는 이것을 이단자 아리우스(Arius)라고 하고, 혹은 펠라기우스(Pelagius)라고 한다. 그러나 이것은 역사에 나타나는 이단 운동을 모두 가리키는 것이며, 특히 이 세상 끝날에 일어날 이단자들을 가리키는 것이다. 주님의 재림이 임박할 때에 땅 위에는 큰 배교가 있을 것이다(살후 2:3-7). 이 일이 일어나기 전에 먼저 이단의 교훈이 성행할 것이다. 이것은 끝까지 회개하지 않으며 "진리의 사랑을 받지 아니하는" 자들에게 임하는 벌이다(렘 9:15; 살후 2:10-12 참조).

11 **이 별 이름은 쓴 쑥이라.** 히 12:15에 "쓴 뿌리"란 표현이 있는데, 이것은 거짓 선지자를 가리킨다. 그러므로 여기서 "쑥"이란 말은 떨어진 별이 거짓 교사의 상징임을 명백히 드러낸다.

물의 삼분의 일이 쓴 쑥이 되매 그 물이 쓴 물이 되므로 많은 사람이 죽더라. 참된 선지자 모세는 쓴 물을 달게 하였으나, 그와 반대로 거짓 선지자는 물을 쓰게 만든다. 물은 영혼을 살리는 복음을 상징하는데(요 7:38; 계 22:17), 그것을 쓰게 만든다는 것은, 하나님의 말씀을 혼잡하게 하는 것(고후 2:17)을 가리킨다. 하나님의 말씀은 그대로 순전하게 전파되어야 그것을 받는 자들이 영생한다. 그런데 그것에 다른 교훈을 섞어 혼잡하게 하면 그것의 효과가 상실된다.

12 **넷째 천사가 나팔을 부니 해 삼분의 일과 달 삼분의 일과 별들의 삼분의 일이 타격을 받아 그 삼분의 일이 어두워지니 낮 삼분의 일은 비추임이 없고 밤도 그러하더라.** 해와 달과 별의 3분의 1이 빛을 잃는다고 한 것에 대한 문자적 해석도 있지만(출 10:21-22), 그보다 이 말씀은 상징적인 의미를 가진다. 사 13:10에 보면, 바벨론이 메대(Medes)로 말미암아 망하게 될 것에 대하여 해와 달과 별이 빛을 잃는다고 표현하며 상징적으로 예언되었다(사 13:13 참조).

13 **내가 또 보고 들으니 공중에 날아가는 독수리가 큰 소리로 이르되 땅에 사는 자들에게 화, 화, 화가 있으리니 이는 세 천사들이 불어야 할 나팔 소리가 남아 있음이로다 하더라.**

"독수리"는 하나님의 심판을 상징한다.[127]

설교 하나님 앞으로 올라가는 기도와 그 응답(1-13절)(눅 18:1-8 참조)

1. 애절하게 기도하는 이유

성도들이 하나님 앞에 애절하게 호소하며 간구하는 이유는 무엇인가? 하나님의 이름이 불의한 자들의 핍박으로 인하여 모독을 당하기 때문이며, 하나님이 무시를 당하시는 이 세상에 속히 하나님의 나라가 임하기를 원하기 때문이다. 계 6:9에 있는 대로 "하나님의 말씀과 그들이 가진 증거로 말미암아 죽임을 당한 영혼들"의 기도에 그렇게 말하고 있다. 그들의 애절한 호소는 생활고나 질병이나 개인의 어떤 억울함에 대한 것이 아니다. 사람은 하나님의 섭리 안에서 받게 되는 고통을 잘 참고 견뎌야 하며, 또한 자기의 죄 때문에 받는 고통을 당연한 것으로 알고 달게 받아야 된다.

2. 성도들의 참된 기도(1-4절)

본문 4절에 "향연이 성도의 기도와 함께 천사의 손으로부터 하나님 앞으로 올라가는지라"고 하였다. 이 말씀이 무슨 뜻일까? 계 5:8에서는 성도들의 기도를 "향"이라고 말하였는데, 여기서는 "향"을 "기도"와 구분하였다. "향"은 사실상 예수님 자신, 곧 속죄 제물을 가리키며("자신을 버리사 향기로운 제물과 희생제물로 하나님께 드리셨느니라"[엡 5:2 하반]), 그가 없이는 성도의 기도가 성립될 수 없다. 그러므로 그리스도의 속죄제물 되신 공로가 기도의 생명이다. 계 5:8 말씀("이 향은 성도의 기도들이라")은 그런 의미의 표현이다. 성도들이 기도하는 궁극적 목표는 하나님의 나라가 임하는 것이다(마 6:10). 이러

---

127) 신 28:49; 렘 48:40; 겔 17:3; 호 8:1; 합 1:8; 마 24:28 참조.

한 그들의 소원은 기도함으로써 위로와 소망과 응답을 보게 된다. 우리가 매일 드리는 기도 중에서 한 마디라도 하나님께 상달될 만한 기도를 했다면 그 날의 생활은 새로움과 소망으로 달리게 될 것이다. 이런 놀라운 소망의 힘을 얻기 위해 하나님의 택하신 백성은 밤낮 기도로 일관해야 한다("하물며 하나님께서 그 밤낮 부르짖는 택하신 자들의 원한을 풀어 주지 아니하시겠느냐"[눅 18:7]).

3. 기도의 응답(5-12절)

모든 시대의 성도들이 기도를 드리는 동안에는 하늘이 고요하였다(1절). 그동안에는 성도들이 하나님의 원수들에게 박해를 받아 왔다. 그러나 이제 하나님께서 그들의 호소에 응답하시는 진노의 날이 온다. 그때는 예수님의 재림이 임박한 때이다. 예수님께서 말씀하시기를 "내가 너희에게 이르노니 속히 그 원한을 풀어 주시리라 그러나 인자가 올 때에 세상에서 믿음을 보겠느냐"(눅 18:8)라고 하셨다. 계 6:9-11도 성도들의 억울함을 풀어 주시는 때가 세상 끝날이라는 의미로 말씀한다. 곧 "아직 잠시 동안 쉬되 그들의 동무 종들과 형제들도 자기처럼 죽임을 당하여 그 수가 차기까지 하라"고 하였는데, 여기서 말하는 순교자들의 수가 차는 때는 곧 주님의 재림이 임박한 때이다(마 24:14 참조).

이때에 ① 하나님은 자연계의 재앙으로 그의 원수들을 벌하신다. 땅이 "불"에 타고 초목이 타 버린다는 것(계 8:7)이 그 뜻이다. ② 적그리스도의 나라("불 탄 산"[렘 51:25])가 패망하는 전쟁이 일어나 많은 사람이 죽게 되도록 하나님께서 섭리하신다. 세상에서 적그리스도 나라가 망하고 성도들은 구원을 얻을 때마다 그들의 신앙은 더욱 공고해진다. 겔 39:28에 보면 "그들이 내가 여호와 자기들의 하나님인 줄을 알리라"고 하였다. 한국의 신자들을 핍박하고 죽였던 일본이 2차 대전으로 패망한 것이 그 일례이다. ③ 이단("물이 쓰게 됨", 곧 쓴 것은 이단에 대한 비유이다. 히 12:15 참조)이 왕성하고(계 8:10-11), ④ 세계적으로 정치 지도자들("해"와 "달"과 "별들"은 정치 지도자들에 대한 비유)이 어두워지며 타락하게 된다(12-13절).

요리

8장의 말씀은, 인류에게 내릴 재앙이 현재보다 장래에 더 많은 것을 확실히 암시한다. 재앙 받는 자들의 수효가 3분의 1이란 숫자로 발표되었으니, 나머지 더 많은 수효가 멸망 받는 재앙은 얼마나 무서울 것인가? 성경 말씀은, 이 세상 끝날이 가까울수록 재앙은 더욱 많고 클 것을 가르친다(8:13, 15:1). 그러므로 우리는 이 땅 위에서 앞의 평안보다는 하늘에만 소망을 두고 더욱 굳센 신앙을 가져야 한다.

제 9 장

내용분해

본 장은 앞장에 계속하여 나팔 재앙에 대한 말씀이다.

1. 다섯째 나팔 재앙은, 세상의 빛을 어둡게 만드는 마귀의 운동의 출현이다(1-11절). 그때에 택함받지 못한 외식하는 신자들이 많이 배교할 것이며, 그 밖에 모든 사람들의 양심과 도덕이 부패해질 것이다(살후 2:3-7).

2. 여섯째 나팔 재앙은 큰 전쟁을 상징한 듯하니(12-21절), 이 전쟁 뒤에도 땅 위에 평안이 없고(20-21절), 최후의 적그리스도가 나타나게 된다(13장). 이 최후의 적그리스도가 세상을 가장 어지럽게 한 후에 그리스도께서 재림하신다(계 19:11-21).

해석

1 **다섯째 천사가 나팔을 불매 내가 보니 하늘에서 땅에 떨어진 별 하나가 있는데 그가 무저갱의 열쇠를 받았더라.** "하늘에서 땅에 떨어진 별 하나." 이것은 타락한 천사, 곧 마귀를 상징하거나 마귀의 사자(마귀의 일을 하는 사람)를 상징한다. 그것이 "하늘에서 떨어졌다"고 한 것으로 보아, 분명히 타락한 자이다. 크레이다너스는 말하기를 "이것은 사탄과 사탄이 타락한 사실과 암흑세계에서 사탄이 가지는 권세를 가리킨다."라고 하였다.[128] 이러한 그의 해석은 그리스도 재림 직전에 있을 사탄의 어떤 타락을 의미하지 않고, 그 본래의 타락을 가리키는 것이다. 스코트는 이것이 AD 7세기 초에 일어난 모하메드를 가리키거나 그의 운동을 가리킨다고 하였다. 그러나 1-2절이 계시하는 사탄의 운동은 땅 위에서의 인류의 삶 말기에 일어날 일이다. 아브라함 카이퍼도 그런 의미로 말하였다.[129]

"무저갱의 열쇠를 받았더라." 하나님은 마귀를 이용하신다. 마귀가 활동하는 것도 하나님이 허락하신 한계에서 할 뿐이고, 또 하나님의 영광이 나타나는 일에 사용될 뿐이다. 그러므로 스코트는 말하기를, "우리는 하나님이 모든 교만한 원수(마귀)를 붙잡으시고 통제하시는 것에 대하여 기뻐할 수 있다"고 하였다.

2 **그가 무저갱을 여니 그 구멍에서 큰 화덕의 연기 같은 연기가 올라오매 해와 공기가 그 구멍의 연기로 말미암아 어두워지며.** "화덕의 연기 같은 연기"는 그다음 구절을 볼 때 햇빛과 공기를 어둡게 하는 것이고, 황충의 무리를 발생시키는 연기이다. 햇빛과 공기를 어둡게 하는 것은 악한 사상을 세상에 퍼뜨려 진리를 흐

---

128) Greijdanus, *Openbaring*, 195.

129) *The Revelation of St. John*, 99.

리는 것이고, 황충의 무리는 이 악한 사상을 가지고 모든 불신자들의 영혼을 멸망하게 하는 군대와 거짓 선지자들의 무리를 상징한다. 아브라함 카이퍼는 특히 황충의 무리가 구약에서 군대를 상징하므로 여기서도 그렇다고 역설한다. 그것들이 "꼬리"로 인간을 해한다고 한 것(10절)은, 그것들이 비진리로 거짓 선지자처럼 사람들을 해롭게 한다는 의미이다(사 9:15).

"해와 공기가 그 구멍의 연기로 말미암아 어두워지며." 크레이다너스는 여기 나오는 "해와 공기"는 하나님이 계시하신 복음 진리를 상징한다고 하였다. 그렇다면 세상 끝날이 가까울 때에 무서운 병력을 가지고 온 세상에 악한 사상을 퍼뜨리는 운동이 일어나 하나님의 교회의 복음을 흐리게 할 것이다.

3 또 황충이 연기 가운데로부터 땅 위에 나오매 그들이 땅에 있는 전갈의 권세와 같은 권세를 받았더라. "전갈"은 악한 세력을 상징한다. 전갈이 사람을 쏘면 많이 붓지 않아도 사흘 동안 쓰라린 고통을 느낀다고 한다. 이것은 하나님께서 인간을 징계하시는 데 사용된 독한 동물이다(왕상 12:11, 14; 겔 2:6; 눅 10:19).

4 그들에게 이르시되 땅의 풀이나 푸른 것이나 각종 수목은 해하지 말고 오직 이마에 하나님의 인침을 받지 아니한 사람들만 해하라 하시더라. 어떤 학설에, 모하메드의 군대에 속한 장교 예제드(Yezed)가 행군할 때에 명하기를 수목이나 곡물을 상하게 하지 말라고 한 일이 있다고 한다. 그리고 모하메드의 군대가 침략한 곳은 당시 기독교가 부패한 지방(이마에 하나님의 인 침을 받지 아니한 사람들)이었다고 한다(Thomas Scott). 이 다섯째 나팔 재앙이 모하메드교의 군사적 침략을 가리킨다는 학자들은 앞에 열거된 사실들에도 그 학설의 근거를 둔다.

아브라함 카이퍼는 이것을 큰 적그리스도가 나타나기 전에 있을 사탄의 역사라고 한다. 곧 인류 사회의 말기에 일어날 배교 운동을 가리킨다는 것이다(살후 2:3-12 참조).

"이마에 하나님의 인 침을 받지 아니한 사람"은 택함받지 못한 자를 가리킨다. 계 7:3 대조. "해하라" 함은 육체적으로 해를 가하는 것이 아니라, 영적으로 화를 당하게 하는 것이다(9:6 참조). 이러한 영적 해를 당하는 자는 그 영혼이 망하게 될 것이다.

5 **그러나 그들을 죽이지는 못하게 하시고 다섯 달 동안 괴롭게만 하게 하시는데 그 괴롭게 함은 전갈이 사람을 쏠 때에 괴롭게 함과 같더라.** "다섯 달 동안." 이 날의 수는 150일이며, 계시록의 날수를 연수의 상징으로 계산하는 학자들은 이 기간이 150년을 의미한다고 이야기한다. 스코트는 이 연수(150년)가 모하메드교 군대의 침략 연수라고 하였다. 모하메드는 612년에 이슬람교를 창시하였는데, 그것이 150년 후에 최고도에 달하였다가 쇠퇴하기 시작하였다고 한다. 그러나 우리는 이 연수 계산을 정확하다고 생각하기 어렵다. 모하메드교가 확실히 150년 동안만 성하였는가? 설령 이 예언이 모하메드교 군대의 침략으로 어느 정도 성취되었다고 할지라도 그것은 부분적 성취에 불과한 것이다. 이 예언의 최종적 성취는 세상 끝날에 일어날 배교일 것이다.

어떤 학자는 "다섯 달 동안"이란 것이 황충의 수명을 염두에 둔 표현이라고 한다. 그러나 그보다는 마티아스 리시(Mathias Rissi)가 말한 것처럼, 8장에서 재앙을 받은 면적이 부분적(3분의 1)이라고 한 것과 같이 여기서도 재앙을 받는 기간이 부분적임을 가리키는 것뿐이다.[130)]

6 **그 날에는 사람들이 죽기를 구하여도 죽지 못하고 죽고 싶으나 죽음이 그들을 피하리로다.** 이 말씀을 보면, "무저갱"(2절)에서 올라온 재앙은 곧 지옥 형벌의 모형이다. 지옥 형벌은 죽음보다도 무서운 것이다. 이것은 이 세상 끝날에 회개하지 않는 자들이 받게 될 벌이다. 하나님께서는 마귀를 따르는 자들이 그 마귀의 손에서 재앙을 받게 하신다. 그러므로 마귀를 섬기는 자들은 마귀로 인하여 복을 받지 못하고 도리어 화를 받는다. 그들이 "죽기를 구하였다"고 한

---

130) Zeit und Geschichte in der Offenbarung des Johannes, 32.

것은 낙심과 절망 상태에 빠진 것이다. 하나님의 계시(성경)를 믿는 택한 백성은 그리스도 안에 있는 하나님의 평강을 누리지만, 택함을 받지 못하여 마귀와 함께 어두움에 거하는 자들은 절망 상태에 있게 되고, 장래의 소망과 기쁨이 없다(Greijdanus).

7 **황충들의 모양은 전쟁을 위하여 준비한 말들 같고.** "황충"이 군마처럼 생겼다는 것은 일찍이 선지자 요엘도 말한 것이다(욜 2:4). 군마는 힘 있게, 그리고 빠르게 달리는 특성을 가지고 있다. 그러므로 그것은 광범위하게 빨리 퍼지는 배교를 상징한다.

그 머리에 금 같은 관 비슷한 것을 썼으며. 이것은 비진리 운동(이단)이 일시적으로 승리하여 휘날리는 기세를 상징한다. 금 같기만 하고 금은 아니므로, 그것은 영구성이 없는 것을 의미한다.

그 얼굴은 사람의 얼굴 같고. "사람의 얼굴"은 지능을 가지고 있음을 나타낸다. 그러므로 마귀의 세력은 무모하게 나오는 것이 아니라 피상적이라도 모략을 가지고 있다.

8 **또 여자의 머리털 같은 머리털이 있고.** 모하메드의 군인들이 머리털을 길렀으므로 이 예언의 대상이 모하메드라고 하는 학자가 있다. 그러나 남자가 긴 머리를 가진 것은 자기의 지위를 떠난 것을 상징한다(고전 11:14). 자기의 지위를 지키지 않고(유 1:6) 하나님을 배반한 사탄의 사자들에게는 이와 같은 상징적 묘사가 적합하다.

그 이빨은 사자의 이빨 같으며. 이것은 무서운 병력과 거짓 교훈을 가지고 사람들의 영혼을 해치는 잔인성을 가리킨다.

9 **또 철 호심경 같은 호심경이 있고 그 날개들의 소리는 병거와 많은 말들이 전쟁터로 달려 들어가는 소리 같으며.** 이것은 그들의 일시적 정복력을 암시하는 것이다.

10 **또 전갈과 같은 꼬리와 쏘는 살이 있어 그 꼬리에는 다섯 달 동안 사람들을 해하는 권세가 있더라.** "꼬리"는 거짓 선지자를 상징하며(사 9:15), 마귀의 말("악한 자의

모든 불화살"[엡 6:16])을 가지고 인간의 영혼을 해롭게 하는 것에 대한 상징이다. 이 군대는 먼저 인간의 육체를 해하기보다 영혼을 해한다. 다시 말하면, 그것들은 인간의 영혼에 악한 사상을 주입시켜 병들게 만든다.

11 **그들에게 왕이 있으니 무저갱의 사자라 히브리어로는 그 이름이 아바돈이요 헬라어로는 그 이름이 아볼루온이더라.** "아바돈"과 "아볼루온"은 둘 다 '멸망시키는 자'라는 뜻을 가진 단어이다.

설교 황충떼에 대하여(1-11절)

3절의 "황충"(ἀκρίδες)이란 것은 큰 메뚜기(locusts, 3인치 정도)를 가리킨다. 옛날 근동지방에서는 이 메뚜기떼가 날아와서 곡물을 모조리 먹어 버릴 때가 있었는데, 그때마다 흉년이 들었다고 한다. 본문 2절에 보면, 이런 메뚜기떼가 깊은 구덩이(φρέατος)에서 놓여나 이 세상에 나왔고, 그것이 너무 많아 "큰 풀무의 연기 같은 연기"로 묘사되었다. 이것은 실제 메뚜기가 아니라 악령(귀신)들의 무리를 비유한다.

악령들의 유래. 벧후 2:4에 보면 "범죄한 천사들을 용서하지 아니하시고 지옥에 던져 어두운 구덩이에 두어 심판 때까지 지키게 하셨으며"라고 한다. 여기서 "어두운 구덩이"란 것은 지구를 둘러싼 공중이다. 이렇게 해석되는 이유는 계 12:8-9에 "하늘에서" 악령들이 "땅으로" 쫓겨났다고 하기 때문이다. 뿐만 아니라 성경은 악령들을 가리켜 "어둠의 세상 주관자"(엡 6:12), 또는 "공중의 권세 잡은 자"(엡 2:2)라고 표현한다.

1. 악령들의 최후 발악(1-6절)

"하늘에서 땅에 떨어진 별 하나"(1절)는 마귀를 가리키는데, 그가 "무저갱"을 열었다는 것은 그곳에 갇혀 있던 악령들에게 활동할 자유를 주었다는 의미이다. 악령들의 활동으로 말미암아 주님의 재림 직전에 세계적으로 "배교"하는 일이 있게 된다(살후 2:3). "배교"란 말의 헬라어(ἡ ἀποστασία)는 "그 배교"이며, 세계적인 배교를 가리킨다. 예수님께서 말씀하시기를 "인자가 올 때에 세상에서 믿음을 보겠느냐"(눅 18:8)라고 하셨고, "불법이 성하므로 많은 사람의 사랑이 식어지리라"(마 24:12)고 하셨다. 그때에는 노아의 때처럼 될 것이다. "노아의 때에… 사람들이 먹고 마시고 장가 들고 시집 가더니 홍수가 나서 그들을 다 멸망"하였다(눅 17:26-27). 다시 말하면, 세계적으로 배교할 때에는 사람들이 이 세상에서의 삶에만 집중하여 하나님을 버린다. 신자들도 가장 먼저 생활을 염려할 것이고, 그 후에야 하나님을 생각하게 될 것이다.

계 9:3-6에 있는 재앙들은 "이마에 하나님의 인침을 받지 아니한 사람들"(택함받지 못한 자들)이 받게 되는 고통이며, 사람들을 괴롭히는 악령들의 방법이다. ① 어두움의 고통. 사람이 마귀 때문에 어두워지면 하나님을 모르는 어두움 속에 있게 되어 아무런 소망도 없고 참된 생명의 생활을 할 수 없게 된다. ② 죄악의 고통. 죄악의 고통은 "전갈"이 쏘는 것 같은 고통이다(5절). 이 세상에서는 죽음보다도 더한 슬픔이 있으니, 곧 죄악의 고통이다. 죄는 사람을 쏜다고 하였다(고전 15:55; 딤전 6:10).

2. 악령들이 사람들을 유혹하는 방법(7-9절)

1) 정복력. "전쟁을 위하여 준비한 말들 같다"(7절 상반)는 것과 "금 같은 관 비슷한 것을 썼다"(7절 하반)는 것은 악령들의 정복력을 비유한다. 그들의 힘은 군대처럼 강하여 승리의 자세를 보여 준다. 이 세상에서 그들이 활동하는 기간("다섯 달 동안"으로 비유됨, 10절)에는 그들이 판을 친다. 이 세상에 있는 불의한 세력들의 배후에는 악령들의 활동이 있다. 그러므로 선을 행하는 것은 힘들고 악은 쉽게 행해지며, 그 결과는 영구하다.

2) 인간의 매력. "그 얼굴은 사람의 얼굴 같다"(7절 끝)고 한 것은 인간이 지능과 발명, 철학 등의 영향을 받아 하나님을 떠나게 하는 것을 가리킨다. 또한 "여자의 머리털 같은 머리털이 있다"(8절 상반)고 한 것은 그들의 영광을 가리킨다(고전 11:15 참조).

3) 무섭게 하는 위협(8 하반-9절). "그 이빨은 사자의 이빨 같다"(8절 하반)고 한 것은 세상 세력의 무서움을 비유한다. 그리고 "철 호심경 같은 호심경이 있다"(9절 상반)고 한 것은 그 세력이 견고함을 가리킨다. "그 날개들의 소리는 병거와 많은 말들이 전쟁터로 달려 들어가는 소리 같다"(9절 하반)고 한 것도 악령들이 사용하는 이 세상의 세력이 어떠한지를 알려 준다. 그것은 사람들을 겁먹게 하는 위세를 상징한다.

3. 그 결과(10절)

"전갈과 같은 꼬리와 쏘는 살이 있다"고 한 것은 메뚜기의 꼬리 뒷부분에 쏘는 기능이 있다는 것이다. 즉 악령들이 이 세상 권세를 가지고 인류를 달콤하게 유혹한 뒤에는 쏘는 것과 같이 슬프고 유감스럽고 아픈 마음이 영원히 남는다는 의미이다.[131)]

12 첫째 화는 지나갔으나 보라 아직도 이 후에 화 둘이 이르리로다. "첫째 화." 이것은 계 8:13에 말한 것으로, 남아 있는 세 가지 화 중 하나를 말한다. 여기서 앞으로 올 화에 대하여 예고한 것은 사람들로 하여금 회개하게 하려는 것이다.

13 여섯째 천사가 나팔을 불매 내가 들으니 하나님 앞 금 제단 네 뿔에서 한 음성이 나

---

131) Herman Hoeksema, Behold He Cometh, 1974, 317-321.

서. 이것은 성도가 드린 기도의 응답을 상징한다. 제단의 "뿔"에는 제사장이 희생의 피를 바르는데, 이것은 제단의 그 부분에 속죄하는 구원 능력이 있음을 상징하는 것이다(레 4:25). 그러므로 그 뿔에서 "음성"이 나온다는 것은 예수 그리스도의 보혈의 공로로 말미암아 상달된 성도들의 기도가 응답된다는 뜻이다.

14 나팔 가진 여섯째 천사에게 말하기를 큰 강 유브라데에 결박한 네 천사를 놓아 주라 하매. "천사"는 하나님 앞에서 천지의 모든 것을 관리하는 권리를 받았다(계 16:5). 그렇다면 "유브라데에 결박한 네 천사"는 무엇을 의미하는가?

1) 어떤 학자들은 이 "네 천사"를 악한 천사들이라고 해석하면서 이것은 네 천사가 유브라데 지대에 네 나라를 일으켜 많은 사람이 죽게 될 것을 가리킨다고 한다. 곧 이 네 나라는 터키가 11세기에 세운 네 개의 술탄 국가이며, AD 1282년에 로마의 영토들을 약탈하기 시작하여 1672년까지 그렇게 하였다. 그 기간이 도합 391년인데, 계 9:15의 "그 년 월 일 시"란 기간과 같다는 것이다. 곧 "년"은 360일, "월"은 30일, "일"은 1일이며, 모두 391일이므로, 일수를 연수로 보는 것이 계시록의 방식이라면 이것은 391년이 된다. 그러나 이러한 연대 계산이 얼핏 이치에 맞는 것처럼 보이지만, "그 년 월 일 시"[132)] 에서 "시"란 말을 제외했으므로, 이 해석을 신뢰하기는 어렵다.

2) 유브라데 강은 하나님께서 이스라엘에게 약속하셨던 국경이며(창 15:18), 하나님의 채찍으로 사용되는 이방 국가들의 세력을 상징한다(사 8:5-8). 그렇다면 여섯째 나팔 재앙이 상징하는 문학적 표현에서 유브라데 강은 그 지역의 국가나 민족에 국한되지 않은 일반적인 이 세상 세력을 상징한다. 즉 하나님께서 장차 세계의 종말에 이 세력을 채찍으로 사용하셔서 그리스도를 믿지 않는 인류를 벌하신다는 의미이다.

---

132) τὴν ὥραν καὶ ἡμέραν καὶ μῆνα καὶ ἐνιαυτόν

15 네 천사가 놓였으니 그들은 그 년 월 일 시에 이르러 사람 삼분의 일을 죽이기로 준비된 자들이더라. "그 년 월 일 시"란 문구는 문법적으로 볼 때 기간이 아니라 시와 일의 위치를 가리킨다. 알포드(Alford)는 이 문구에서 "그"(τὴν)라는 관사에 주의하였다. 곧 "그"라는 말이 첫머리에서 "년", "월", "일", "시"에 공통적으로 연결되므로, 이것은 이 국가들의 침략이 시작되는 시점에 대한 하나님의 작정을 역설한 것이라고 하였다.

16 마병대의 수는 이만 만이니 내가 그들의 수를 들었노라. "마병대"란 것은 그다음 구절의 묘사로 볼 때 일종의 무서운 병기를 의미한다. 그리고 "이만 만"은 거대한 숫자이다. 오늘까지 만만을 동원한 전쟁은 없었다. 이것을 보아도 이 예언의 성취는 아직 일어나지 않은 미래에 있을 것으로 보인다.

17 이같은 환상 가운데. 이 말의 헬라어는 엔 테 호라세이(ἐν τῇ ὁράσει)이며, "환상 가운데"란 말이다. 그러므로 그다음 말은 글자대로 읽을 것이 아니라 상징적으로 보아야 한다(Düsterdiek).

그 말들과 그 위에 탄 자들을 보니 불빛과 자줏빛과 유황빛 호심경이 있고. 스코트는 터키 침략군의 옷 색깔이 이와 같았다는 사실을 지적한다. 그러나 이 예언이 그것으로 완전히 성취된 것은 아니다. "자줏빛"은 심판이나 살육을 상징하고, "유황"은 현대 전쟁에 필수적인 것이다. 그러므로 이 어구는 앞으로 있을 무서운 전쟁을 상징한 듯하다.

또 말들의 머리는 사자 머리 같고. 성경에서 "말"은 무력, 혹은 기동력의 상징으로 사용되며, 글자 그대로의 말을 의미하지 않은 구절도 있다(시 20:7). "사자"는 무자비한 정복을 상징한다.

그 입에서는 불과 연기와 유황이 나오더라. 이 어구를 글자대로 이해하는 것은 일반적인 이치에 어긋난다. "입"으로 "불"을 토하는 군마가 어디 있는가? 그러므로 이것은 명백히 폭격, 포격, 뇌격, 사격 등이 발달된 전술을 상징한다.

18 이 세 재앙 곧 자기들의 입에서 나오는 불과 연기와 유황으로 말미암아 사람 삼분의

일이 죽임을 당하니라. "사람 삼분의 일이 죽임을 당하니라." 계 8:9의 같은 말 해석을 참조하라.

19 이 말들의 힘은 입과 꼬리에 있으니 꼬리는 뱀 같고 또 꼬리에 머리가 있어 이것으로 해하더라. 이 말들의 "입"으로 말미암는 전력과 전술은 앞절에 언급되었다. 그리고 "꼬리"의 전력과 전술은 사 9:15의 말씀과 같은 거짓 선지자의 교훈이다. 마귀의 군대가 잠시 승리하는 비결은 거짓 교훈과 악한 사상을 사람의 심령에 선포하여 미혹시키는 것이다(살후 2:9-12 참조). 이 전쟁은 하나님께서 이교 국가를 일으켜 땅 위에 징벌을 내리시는 것이므로, 그것이 한동안 무력으로, 또는 사상으로 승리와 기세를 얻는다.

20-21 이 재앙에 죽지 않고 남은 사람들은 손으로 행한 일을 회개하지 아니하고 오히려 여러 귀신과 또는 보거나 듣거나 다니거나 하지 못하는 금, 은, 동과 목석의 우상에게 절하고 또 그 살인과 복술과 음행과 도둑질을 회개하지 아니하더라. "이 재앙에 죽지 않고 남은 사람들." 스코트(Scott)는 이것이 터키의 침략 때에 살아남은 로마 사람들을 가리킨다고 한다. 그러나 이 예언의 본격적인 성취는 미래에 있을 것이다.

"금, 은, 동과 목석의 우상에게 절하고… 살인과 복술과 음행과 도둑질." 이 죄목들은 십계명에 대한 위반을 가리킨다. 20절에 열거된 죄목들("금, 은, 동과 목석의 우상에게 절하고")은 우상 숭배 죄이며, 이것은 하나님에 대한 범죄(1계-4계)를 대표한다. 그리고 21절("살인과 복술과 음행과 도둑질")은 사람에 대한 범죄(5계-10계)를 가리킨다. 여기서 제5계명을 범한 죄는 제외된 것처럼 보이지만 사실상 "살인"죄에 포함되어 있다. 또한 거짓 증거하는 죄는 "복술"이란 죄에 포함되었고, 탐심은 "도둑질"하는 죄에 포함되었다.

"회개하지 아니하더라." 재앙으로 많은 사람이 죽었는데 그 가운데서 죽지 않고 살아남은 자들은 하나님의 은혜를 느낄 수밖에 없다. 그럼에도 불구하고 그들이 회개하지 않는 것은 배은망덕의 죄를 다시 범하는 악한 행위이다. 성경에 의하면, 그런 자들에게는 갑자기 멸망이 임한다. 잠 29:1에 "자주 책망을 받으면서도 목이 곧은 사람은 갑자기 패망을 당하고 피하지 못하리라"고 하였다(출 32:9-10; 33:3, 5; 잠 28:14 참조).

인간의 마음은 벌로 다스리기 어렵다. 그러므로 벌로 다스림을 받기 전에 은혜로 다스림을 받는 기회를 얻어야 한다.

설교 사탄의 최후 발악(1-21절)

8-11장에 나오는 일곱 나팔 재앙 중에서 8장에 네 가지 재앙이 나오고, 9장에 다섯째와 여섯째 재앙이 나온다. 이 나팔 재앙들은 택하심을 받지 못한 자들이 받은 것이다.

1. 세상을 죄로 덮음

"하늘에서 땅에 떨어진 별"(1절)은 무엇을 의미하는가? 이것은 마귀, 곧 "무저갱의 사자"(11절)를 비유한다. 그는 "무저갱의 열쇠"를 가졌는데(1절), 그 열쇠는 그가 타락한 뒤에 받은 것이다. 그가 그것을 받은 이유는 무저갱을 열기 위해서이다. "무저갱이 열리면 죄가 세상에 터져 나오고, 그것이 닫히면 죄가 세상에서 없어진다"(천년 왕국에서처럼. 계 20:1-3 참조).

2. 세상을 극도로 악하게 만듦

"큰 화덕의 연기 같은 연기"(2절)는 무엇인가? 이것은 메뚜기떼로 비유된(욜 1:4; 2:10) 군대 같은 악귀들의 세력이다. 그것 때문에 공중("해와 공기")이 어두워진다. 곧 주님의 재림 직전에 세상이 극도로 악해진다는 의미이다.

3. 이마에 하나님의 인침을 받지 아니한 사람들의 고통이 심함

3-6절에 있는 재앙들은 "이마에 하나님의 인침을 받지 아니한 사람들",

곧 택하심을 받지 못한 자들이 그때에 받게 되는 고통이다.

1) 어두움의 고통. 어두움의 고통은 실제로 경험해 보지 않으면 잘 알 수 없다. 스코틀랜드의 어느 깊은 탄광에서 광부들이 석탄을 캐다가 등불이 고장 나서 불이 꺼졌다. 그 구덩이에서 도저히 나올 수 없었던 그들의 고통이 얼마나 심했겠는가? 어두움 가운데는 소망이 없다. 그러므로 성경에 구원을 얻지 못한 자들을 가리켜 말하기를 "바깥 어두운 데에 내던지라 거기서 슬피 울며 이를 갈게 되리라"(마 22:13)고 한다. 사람이 마귀로 말미암아 어두워지면 이처럼 괴롭다. 곧 하나님을 모르는 어두움 속에 있게 되어 아무런 소망을 갖지 못한다.

2) 죄악의 고통. 죄악의 고통도 사람이 흔히 느끼지 못하는 고통 중 하나이다. 이것은 마치 "전갈"이 쏘는 것 같은 고통이다(5절). 고전 15:56에 "사망이 쏘는 것은 죄요"라고 하였다. 죄악의 고통을 "쏘는 것"이라고 표현한 이유는, 죄는 그 범죄자의 심령에 불쾌한 흔적을 남기기 때문이다. 다윗은 범죄 후에 고백하기를 "내 죄가 항상 내 앞에 있나이다"(시 51:3)라고 하였고, "여호와여 주께서 죄악을 지켜보실진대 주여 누가 서리이까"(시 130:3)라고 하였다. 사람이 하나님 앞에 서려고 할 때마다 그가 범한 죄악이 그의 양심을 찔러서 서지 못하게 한다.

지옥의 고통을 당하는 영혼은 죽어 없어지기를 원해도 그렇게 되지 않고 계속 그 고통을 받는다. 이 세상에는 죽음보다도 더 나쁜 슬픔이 있다. 바로 죄악의 고통이다. 그러므로 성도들은 죽음을 당할지라도 그런 슬픔을 피하기 위해 힘써야 한다. 곧 피 흘리기까지 죄를 대적해야 하고(히 12:4), 하나님의 뜻이라면 죽임을 당할지라도 계속 주님을 의뢰하여야 한다(욥 13:15 참조). 그리고 몸은 죽여도 영혼은 능히 죽이지 못하는 자들을 두려워하지 않아야 한다(마 10:28).

4. 강력한 악귀들의 역사(7-11절)

악귀들의 강한 세력은 욜 2:4-11에 묘사된 메뚜기떼의 비유와 비슷하다. 즉 그것은 군대의 전투에 비유되었는데, 기병과 같고, 위협하게 달리는 소리, 군대의 달림, 항오를 지킴, 질서 정연, 도적같이 집에 들어감, 점령함과 같은 무서운 세력 등이다. 요컨대 악귀들의 역사는 전투하는 군대처럼 조직적이고, 질서 정연하고, 후퇴가 없고, 사자같이 잔인하다. 그 세력은 파괴를 목적으로 한다. 그들의 임금의 이름은 아폴루온(Ἀπολλύων)이며, '파멸'이란 뜻이다.

설교 세계대전(12-21절)

1. "하나님 앞 금 제단 네 뿔"에서 나온 선전 포고(12-14절)

여기서 "금 제단"은 금으로 만든 향단을 가리키며, 하늘에 있는 것이다. 금은 변하지 않는 성질 때문에 하늘나라의 영원성에 비유된다. 금 제단 네 뿔에서 음성이 나왔다는 것은 금 향단에서 하나님께 상달된 성도들의 기도 응답을 의미한다(계 8:3 참조).

"큰 강 유브라데"는 이방 세력을 상징한다. 사 8:7의 "흉용하고 창일한 큰 하수"는 유브라데 강을 가리키며, 그것은 이방 세력을 비유한다.

구약 시대 성전 시설의 "뿔"은 하나님의 긍휼을 비유한 것이다(왕상 2:28 참조). 그런데 여기서는 하나님의 긍휼이 악인들을 죽이기 위하여 선전포고를 한다. "네 천사를 놓아주라"고 한 것은 전쟁을 일으키기 위해서이다. 하나님의 긍휼로도 용서받을 수 없는 자들은 죄악이 극에 달한 자들이다. 그러한 자들은 심판을 받아 마땅하다.

2. 하나님의 진노로 임하는 전쟁(15-16절)

15절에 "그 년 월 일 시에 이르러 사람 삼분의 일을 죽이기로 준비된"이란 말씀이 있다. 그 의미는 마지막 때에 악인들을 심판하시기 위한 전쟁이 하나님의 진노로 임한다는 것이다. 이것은 세계적인 전쟁이다. 거기에 동원되는 마병대의 수가 "이만 만"(2억)이나 되는 엄청난 숫자로 알 수 있다(16절). 장차 세계 인구의 3분의 1이 희생되는 큰 전쟁이 있을 것이다.

여기서 우리는 전쟁이 하나님의 허락하심으로 일어난다는 것을 명심해야 된다. 아니, 전쟁은 하나님이 예비하신 것이다. 인류는 하나님을 대적하는 근성을 지니고 있으므로, 그것을 다스리기 위하여 전쟁으로 그들이 서로 죽이도록 경륜하셨다. 인류가 화합하면 서로 의논하여 하나님을 대적한다. 창 11:1-9을 보면, 하나님을 대적하는 인류의 교만을 꺾으시기 위하여 하나님께서 그들의 언어를 혼잡하게 하셨다. 이것이 교만한 인류가 단합하지 못하게 만드신 하나님의 간섭이고, 또한 전쟁의 기원이기도 하다. 인류 역사상 전쟁은 계속 꼬리를 물고 일어나는데, 이것은 하나님의 경륜에 속한 것이다. 하나님께서 하시는 일 중에는 사람들이 서로 죽이게 하시는 것도 있다(계 6:4 하반). 그것이 어떤 때에는 하나님께서 간섭하신다는 증표가 된다(삿 7:22 참조). 전쟁은 인류가 서로 죽이는 비참한 일이다. 그러나 이 일은 주님이 재림하실 때까지 계속될 것이다. 특히 핵전쟁은 인류가 서로를 죽이는 가장 두드러진 것이다. 또한 그것은 전쟁의 계속성과 연속성을 두드러지게 보여 준다. 2차 세계 전쟁이 끝나자마자 3차 세계 전쟁이 준비되어 왔다. 그 내용을 간추려 본다.

미국이 원자 무기를 소유함에 따라 소련(지금의 러시아)도 경쟁적으로 그와 같이 위험한 무기를 갖추었다. 이 무기 경쟁에 대한 근원을 밝혀 보면 다음과 같다. 2차 세계 대전에서 독일이 패한 후 또다시 미국과 소련의 무기 제조 경쟁이 일어났다. 원자폭탄은 미국이 처음으로 개발한 것인데, 미국 내의 공산주의자가 원자폭탄 제조에 필요한 중수(heavy water)를 소련에 밀수시켜서 소련도 경쟁적으로 원자폭탄을 제조하게 되었고, 오늘날 무시무시한

핵무기를 여러 나라에서 보유하게 되었다. 그와 같이 쌓아 놓은 무기를 사용하지 않고 내버릴 수 있을까? 앞으로도 세계 전쟁은 일어날 것이다. 그 이유는, 인류는 악하기 때문이다.

로켓을 만드는 기술도 루즈벨트가 소련에 넘겨준 셈이다. 2차 대전에서 승리한 미군이 동독 어느 지점에 들어가려고 할 때에 당시 미국의 대통령이었던 루즈벨트가 이를 금지하였다. 그런데 그 지방에는 로켓 공장이 있었고, 미군이 못 들어가는 동안에 소련군이 그곳에 들어가서 로켓 기술자들을 데려갔다. 무기 제조에 국제적 경쟁이 있는 한, 세계 전쟁은 또다시 일어나게 될 것이다. 뿐만 아니라 전쟁의 후유증으로 사람들이 더욱 악화되어 전쟁은 또 일어나게 된다(렘 49:2 참조). 사람이 죽고 사는 것이 하나님의 손안에 있으므로(삼상 2:6), 우리는 사나 죽으나 주님의 것이 되는 것만이 복이라고 생각해야 되고(롬 14:8), 그런 전쟁이 일어나도 무서워하지 말아야 한다. 그때에 우리는 하나님께서 간섭하시는 일이라고 생각하며 안심해야 한다.

3. 무기로 좌우되는 전쟁(17-18절)

계 6:4에서는 "붉은 말"을 탄 자가 "땅에서 화평을 제하여 버리며 서로 죽이게" 한다고 하였다. 그런데 본문(계 9:17-18)에서 말씀하는 전쟁은 무기가 그 중요성을 독점한다. 그 무기가 사람의 3분의 1을 죽인다고 역설한다. 이렇게 되는 전쟁은 현대의 핵전쟁이나 미사일 전쟁을 암시한다고 볼 수 있다. "말들의 머리는 사자 머리 같고 그 입에서는 불과 연기와 유황이 나오더라"(17절 하반)고 한다. "불과 연기와 유황"과 관련된 무기는 대포와 미사일 같은 것이다. 사도 요한의 시대에는 불과 연기와 유황을 무기로 사용하지 않던 때였으므로 이런 것을 상상하지도 못했을 것이다. 총을 발명한 것이 주후 1324년이고, 원자폭탄과 미사일을 발명한 것은 20세기 후반이다. 그런데 사도 요한이 어떻게 1224년 후의 일을 알 수 있었겠는가! 그와 같이 놀라운 예언은 그가 성령의 지혜로 말씀한 것이다.

4. 남은 사람들이 회개하지 않음(20-21절)

많은 사람의 죽음을 보고도 회개하지 않는 심령은 크게 병든 심령이다. 성경말씀에 "초상집에 가는 것이 잔칫집에 가는 것보다 나으니 모든 사람의 끝이 이와 같이 됨이라 산 자는 이것을 그의 마음에 둘지어다"(전 7:2)라고 하지 않았는가! 앤드류 머레이(Andrew Murray)라는 유명한 목사는 학생 시절에 자기 형의 시체를 보고 회개하였다. 계 9:20에 진술된 사람들은 악만 남은 폐인들(dehumanized)이고, 마귀화된(demonized) 사람들이다.

요리

1. "오직 이마에 하나님의 인침을 받지 아니한 사람들만 해하라" 하심(4절), 참된 신자는 하나님의 인을 맞아 구원에 대한 하나님의 확보(確保)를 받았다. 그러므로 그들에게는 모든 일이 합동하여 유익을 줄 뿐이고(롬 8:28), 결코 해를 주지 못한다.

2. 7-11절의 황충들은 자연스럽지 않은 흉한 모양을 가지고 나타난다. 그것은 잔인한 군세는 물론이고, 건전하지 않고 괴이(怪異)하기만 한 이단을 상징한다. 이런 기괴한 교훈의 운동은 결국 인간의 영혼을 멸망시킨다. 성경은 초자연적 사실들과 교훈을 가르친다. 그러나 그 말씀은 괴이한 성격을 띠지 않는다. 본문 7-8절에 나온 황충은, 사람(남자)의 얼굴에 여자의 머리털 같은 머리털이 있다고 하였으니, 그것은 괴이한 모양이다.

3. 15절 말씀을 보면, 하나님의 하시는 일이 자세하게 예정되어 있음을 알 수 있다. 참된 신자는, ① 마땅히 범사를 하나님에게 일임하고 염려는 하지 말 것이며, ② 근신하고 힘써서 기회를 잃지 말 것이다.

4. 우리가 극히 경계할 것은, 어떤 죄로 인하여 천벌이 내린 것을 보고도, 같은 죄를 범하는 사실이다(21절). "자주 책망을 받으면서도 목이 곧은 사람은 갑자기 패망을 당하고 피하지 못하리라"(잠 29:1). 출 32:9-10에, "여호와께서 또 모세에게 이르시되 내가 이 백성을 보니 목이 뻣뻣한 백성이로다 그런즉 내가 하는 대로 두라 내가 그들에게 진노하여 그들을 진멸하고 너를 큰 나라가 되게 하리라"(출 32:9-10). "너희는 목이 곧은 백성인즉 내가 길에서 너희를 진멸할까 염려함이니라"(출 33:3). "너희는 목이 곧은 백성인즉 내가 한 순간이라도 너희 가운데에 이르면 너희를 진멸하리니"(출 33:5). "항상 경외하는 자는 복되거니와 마음을 완악하게 하는 자는 재앙에 빠지리라"라고 하였다(잠 28:14).

5. 인간의 마음은 벌로써 다스리기 어렵다(20-21절). 그러나 이것도 다스리는 방법 중 하나인 것만은 의심할 수 없다. 그러므로 벌로써 다스림을 받기 전에 은혜로 다스림 받는 기회는 귀하다. 바로는 얼마나 재앙을 받았던가? 그러나 그는 회개하지 못하였다. 그의 마음은 다시금 완악하여질 뿐이었다. 그가 그 재앙을 받을 때에는 일시 동안 두려움을 가지는 것같이 보이기도 하고, 새로이 결심하는 듯이 보이기도 하였으나, 그 재앙이 지나간 후에는 다시 완악해진 것이다.

제 10 장

일곱째 인을 떼기 전에 교회에 위안을 주는 삽화(7장)가 있었던 것처럼, 이제 일곱째 나팔을 불기 전에 또 그와 유사한 삽화가 10장에 나온다. 이 삽화의 목적은 앞으로 임할 재앙들은 땅 위에 어떤 부분에만 미치는 것이 아니라 온 세계에 미치는 것이라고 한다.

해석

1 **내가 또 보니 힘 센 다른 천사가 구름을 입고 하늘에서 내려오는데 그 머리 위에 무지개가 있고 그 얼굴은 해 같고 그 발은 불기둥 같으며.** "힘센 다른 천사."에 대하여 칼빈주의 신학자 훅스마(H. Hoeksema)는 그리스도 자신이 취하신 고급 천사의 모습이라고 해석하였다. 그러나 크레이다너스는 그를 그저 고급 천사라고 하였는데,[133] 이 해석은 맞지 않는 듯하다.

"구름을 입고." 성경에서 종종 "구름"은 주님과 관련되며(시 104:3; 단

133) *Openbaring*, 214.

7:13; 계 1:7; 14:14), 그것은 하늘의 영광을 상징한다. 이 "천사"(그리스도)는 중대한 사명을 가지고 오시는 분이므로, 이와 같이 장엄하게 나타난다.

"그 머리 위에 무지개가 있고." 여기 나오는 "무지개"란 말에 관사(ἡ)가 있으므로 직역하면 "그 무지개"이다. 왜 "그 무지개"라고 하였는가? 크레이다너스는 말하기를 "그것은 계 4:3의 보좌에 둘린 무지개와 다른 일반 자연계의 무지개, 곧 우리에게 잘 알려진 '그 무지개'란 말이다. 계 4:3에서는 무지개가 관사 없이 쓰였으며, 그것은 이상한 무지개라는 의미를 가지고 하나님께만 관련되어 있다"고 하였다.[134] 그러나 이 해석은 사변적(speculative)이고 옳지 않다고 생각된다. 즉 이 본문(계 10:1)의 "무지개"도 하나님의 구원 언약의 신실하심을 상징한다(계 4:3의 해석 참조).

"그 얼굴은 해 같고." 마 13:43 참조. 천국에 계신 그리스도는 성결하시므로 이처럼 빛나는 얼굴을 가지셨다(계 1:16 참조). "그 발은 불기둥 같으며." 계 1:16 하반; 겔 1:27-28 참조. 이것은 심판의 위엄을 상징한다.

2 그 손에는 펴 놓인 작은 두루마리를 들고 그 오른 발은 바다를 밟고 왼 발은 땅을 밟고. 혹설에, 이것은 다른 두루마리가 아니고 하나님의 오른손에 있던 심판 두루마리(계 5:1)를 다시 환상으로 나타내어 보이는, "작은 두루마리"라고 한다. 그러나 다른 학자들은 말하기를, 이것은 앞으로 11장 이하의 예언을 가리킨다고 하였다. 그 천사가 이 두루마리를 환상으로 가지고 사도에게 임한 이유는, 그로 하여금 그것을 예언해야 될 사명을 인식하게 하려는 까닭이다(11절 참조).

"바다"와 "땅"은 땅 위의 세계 전부를 가리키는 표현이다(출 20:4, 11; 시 69:34; 98:4, 7). 그 천사(그리스도)가 바다와 땅을 "밟고" 있는 것은 그가 모든 것을 영적으로 정복하신 것을 상징한다(마 28:18). 따라서 그의 말씀(사도 요한이 받아서 전달할 11장 이하의 예언)은 온 세계와 관련이 있다.

---

134) Greijdanus, *De Openbaring des Heeren Aan Johannes*, 1925, 214.

3 사자가 부르짖는 것 같이 큰 소리로 외치니. "사자"는 창 49:9-10에서 메시아를 예언할 때 사용된 표현이다. 계 5:5 하반의 말씀("유대 지파의 사자")으로 이 해석이 성립된다. 예수님을 "사자"로 비유한 것은, 동물 세계의 왕이라고 할 수 있는 사자로 하나님의 백성을 다스리시는("그에게 모든 백성이 복종하리로다"[창 49:10]) 그의 행사를 나타낸 것이다. 하나님은 인생으로 하여금 영적 세계의 높은 진리들을 깨닫게 하기 위하여 인생보다 낮은 짐승들의 세계에서 비유를 취하셨다. 이는 유치원에서 교사가 그림 교재로 아이들을 가르치는 것과 같다. "부르짖는다"는 말은 헬라어로 뮈카타이(μυκᾶται)이며, 사자의 부르짖음에 대하여 일반적으로는 사용하지 않는 말이다(벧전 5:8). 스웨트(H. B. Swete)는 말하기를 "이 말의 뜻은 그 음성이 심히 클 뿐 아니라 그 어조가 매우 간절하여 듣는 자들의 주의와 경외를 일으키는 것을 가리킨다"고 하였다.[135)]

그가 외칠 때에 일곱 우레가 그 소리를 내어 말하더라. 이것은 헬라어의 뜻을 완전히 드러내지 못한 번역이다. 헬라어[136)]를 바르게 번역하면 "외칠 때에 일곱 우레들이 각기 제 소리로 말하더라"이다. 그렇다면 이것은 일곱 우레가 각기 특색 있는 소리를 냈다는 것이다. 시 29편에 "여호와의 소리"란 말이 일곱 번 사용되었는데, 계시록의 이 어구가 그것과 관련된 듯하다. 이 우렛소리처럼 들리는 하나님의 계시의 실례는 요 12:28-29에도 있다. 그러므로 이것은 자연적 우렛소리가 아니고 초자연적 우렛소리이며, 심판의 성격을 띤 하나님의 말씀을 의미한다(계 8:5).

4 일곱 우레가 말을 할 때에 내가 기록하려고 하다가 곧 들으니 하늘에서 소리가 나서 말하기를 일곱 우레가 말한 것을 인봉하고 기록하지 말라 하더라. 일곱 우레의 내용을 요

---

135) H.B. Swete, *Commentary On Revelation*, 1980, 127.

136) ὅτε ἔκραξεν́ ἐλάησαν αἱ ἑπτὰ βρονταὶ τὰς ἑαυτῶν φωνάς

한 자신만 이해하고 그것을 기록으로 남기지 못했으므로, 우리는 그 내용을 알 수 없다. 이 점에서 우리가 생각할 것은 기록되지 않은 일곱 우레 계시가 사도 요한에게 무슨 의미가 있는 것인가, 하는 문제이다. 그것은 다음과 같이 생각할 수도 있다. 즉 그가 다른 사람들은 모르게 홀로 그 일곱 우레 계시를 알고 있었으므로, 그의 가슴이 확신으로 뛰고 영적인 열기로 뜨거웠을 것이라는 점이다. 모든 복음 전도자들은 이처럼 다른 사람들에게 드러내지는 않지만 식지 않는 영적 은혜를 간직하고 있어야 한다(고후 12:4 참조).

"일곱 우레" 소리는 최후에 임하는 하나님의 완전하신 심판을 상징한다. 그렇다면 그것을 "인봉"해 두시는 목적은 무엇인가? 단 12:4에 보면 "마지막 때까지 이 말을 간수하고 이 글을 봉함하라"는 말씀이 있다. 즉 사람들에게 알리지 말라는 뜻이다. 그러므로 일곱 우렛소리는 세상 끝날(심판 때)에 이르러 비로소 사람들에게 알려질 것이다. 이 우렛소리는 사탄이 실패하여 쫓겨나게 하시는 하나님의 심판을 상징한다. 예수님께서는 일찍이 십자가에 못박혀 죽으심으로 마귀를 심판하여 쫓아내셨다(요 12:28-31 참조).

5-6 내가 본 바 바다와 땅을 밟고 서 있는 천사가 하늘을 향하여 오른손을 들고 세세토록 살아 계신 이 곧 하늘과 그 가운데에 있는 물건이며 땅과 그 가운데에 있는 물건이며 바다와 그 가운데에 있는 물건을 창조하신 이를 가리켜 맹세하여 이르되 지체하지 아니하리니.
"천사"로 나타나신 그리스도께서는 가까워진 대심판을 예고하시면서 먼저 하나님이 어떤 분이신지를 말씀한다. 이런 대주재께서는 대심판을 하실 수 있고, 하실 것이며, 이제 곧 머지않아 심판을 시작하신다는 것이 이 부분의 사상이다. 크레이다너스는 말하기를 "그 천사가 그와 같이 하나님께서 만물을 창조하신 업적을 지적한 이유는, 그의 대심판이 그 지으신 만물에 미치지 못함이 없음을 암시하기 위해서다"라고 하였다.[137)]

---

137) Greijdanus, *Openbaring*, 218.

여기서 "맹세"는 구원이 신속하게 성취된다는 것이다. 맹세는 우리가 받을 구원이 확실하다는 것이다. 그리스도께서는 천지의 권세를 받으신 분이고(5절), 하나님은 그 창조자이시다(6절). 이 두 분이 원하시는 대로 모든 일이 다 이루어진다. 그런데 이 두 분이 우리의 구원을 최종적으로 완성하시기 위해 서두르고 계신다. 그리스도의 맹세는 이 사실을 담보하시는 것이다. 이것은 오래 참는 자가 받게 된다(히 6:15 참조).

"지체하지 아니하리니." 헬라어(χρόνος οὐκέτι ἔσται)의 문자적 번역은 한글 번역의 각주처럼, "시간이 다시 없으리니"이다. 이 문구의 의미는 성도의 억울함을 풀어 주실 종말적 심판이 임박하였다는 것이므로, 계 6:11의 말씀과 관련되어 있다. 로마이어는 이 문구를 단 12:7에 의하여 해석하면서 "거기(단 12:7)에서 적그리스도의 나라에 대하여 말한 것같이, 여기서도 일곱째 나팔을 불 때에 그 나라가 임할 시간에 대하여 말한다"고 하였다.[138] 즉 적그리스도 나라의 출현은 천국이 완성되며 실현되는 전주곡이므로(살후 2:3, 8), 성도의 억울함을 풀어 주시기(구원의 완성) 전에 먼저 적그리스도 나라가 이른다고 할 수 있다는 것이다. 그러나 여기서 천사는 적그리스도 나라가 올 것을 염두에 두지 않고 그리스도의 재림에 대하여 말한다.

7 일곱째 천사가 소리 내는 날 그의 나팔을 불려고 할 때에 하나님이 그의 종 선지자들에게 전하신 복음과 같이 하나님의 그 비밀이 이루어지리라 하더라. "하나님의 그 비밀이"(τὸ μυστήριον τοῦ θεοῦ)이란 것은 '하나님의 복음'을 가리킨다. 복음을 "비밀"이라고 하는 이유는, 성령을 받지 않은 자는 복음을 이해하지도 못하고 믿지도 못하기 때문이다. 뿐만 아니라 복음의 내용이 심판 때에 완전히 실현되기 전에는 누구에게나 비밀과 같다.

8-9 하늘에서 나서 내게 들리던 음성이 또 내게 말하여 이르되 네가 가서 바다와 땅을

---

138) *Ibid.*, 85.

밟고 서 있는 천사의 손에 펴 놓인 두루마리를 가지라 하기로 내가 천사에게 나아가 작은 두루마리를 달라 한즉 천사가 이르되 갖다 먹어 버리라 네 배에는 쓰나 네 입에는 꿀 같이 달리라 하거늘. "먹어 버리라"는 것은 하나님의 말씀을 진정으로 받아서 믿는 것을 말한다. 우리가 음식을 먹는다는 것은 음식과 동화될 정도로 우리의 몸속에 깊이 섭취하는 것을 가리킨다. 그와 같이 우리는 성경말씀을 영혼 깊이 믿고 받아야 된다(요 6:53). 하나님의 말씀을 먹는 것같이 믿는 자는 영생을 얻으며 단맛(기쁨)을 느낀다. 먹지 않고 구경만 하는 자는 그 단맛을 알 수 없다. 그렇다면 그 말씀을 먹는 것같이 믿게 되는 자는 어떤 사람인가? 그는 성령의 증거를 받은 자이다.

10 내가 천사의 손에서 작은 두루마리를 갖다 먹어 버리니 내 입에는 꿀 같이 다나 먹은 후에 내 배에서는 쓰게 되더라. 이 말씀에 대한 해석은 다음과 같다. "작은 두루마리"는 하나님의 말씀이므로, 그것을 받은 예언자는 거기에 포함된 복음의 기쁜 맛을 누린다(Greijdanus). 그것은 달고 기쁜 체험이다. 그렇다면 그것이 "배에서는 쓰게 되더라"는 말은 무슨 의미인가? 이에 대한 두 가지 해석을 소개한다. ① 예언자가 그것을 섭취한 후 그대로 예언하려면 여러 가지 핍박이 있다는 뜻이고, ② 그 예언의 내용에는 적그리스도의 재앙(계 13장)도 포함되어 있으므로 성도들에게 고난이 있을 것이다. 그러므로 요한의 근심이 커서 고통거리가 되었다는 말이다.

11 그가 내게 말하기를 네가 많은 백성과 나라와 방언과 임금에게 다시 예언하여야 하리라 하더라. "예언한다"는 말은 '하나님을 대리하여 말한다'는 뜻이다. 그러므로 그 일은 성령의 완전한 영감을 받지 않으면 할 수 없는 일이다. 하나님 자신의 권위를 나타내는 일은 하나님의 완전한 역사하심 없이 불가능하다. "다시 예언하여야 하리라" 함은 앞으로 일곱째 나팔을 불 때에 나타날 일들(7절), 즉 계 11:15부터 계시될 새 예언을 말해야 된다는 의미이다(Charles). 그러나 어떤 학자들은 이 새 예언이 계 11:1 이하의 모든 말씀을 전해야 할 것

을 가리킨다고 한다. 예언의 사명을 받은 자는, 그것을 실행하지 않을 수 없다. 그는 하나님의 포로이다.

설교 달고 오묘한 말씀(8-11절)

우리가 하나님의 말씀을 올바르게 배우기만 하면 그 말씀의 단맛을 알게 된다. 다윗은 하나님의 말씀을 "꿀과 송이꿀보다 더 달도다"(시 19:10)라고 하였다. 하나님의 말씀을 왜 달다고 하였을까? 그 단맛의 원인은 두 가지로 나눌 수 있다.

성경을 읽다가 성령의 감화로 그 말씀을 깨닫게 될 때, 그 심령은 우주의 난제를 다 해결한 것처럼 뜨겁고 기쁘다. 그 이유는 하나님께서 인간과 우주를 소망 있게 지으셨고, 그것을 알게 하는 유일한 책(성경)을 올바르게 깨달으면 그 소망이 환하여지기 때문이다. 눅 24:32에 보면, 엠마오로 가던 두 제자의 마음이 뜨거워진 것은 예수님께 성경을 배웠기 때문이다. "뜨겁다"는 말의 헬라어(καιομένη)는 '탄다'는 의미이다. 우리가 볼 때 인류의 역사는 사망의 역사이고, 해골의 역사처럼 보인다. 그래서 쓸쓸함을 금할 수 없다. 그러나 우리는 엠마오로 가던 제자들처럼 성경을 깨달아 마음이 뜨거워져야 한다. 그래야 그 모든 쓸쓸함을 이기고 영광과 축복의 세계를 바라볼 수 있다.

철학자 유스티누스는 사마리아 사람으로, 주후 2세기 초에 출생하여 모든 철학을 연구하면서 진리를 알아 갔다. 그는 스토아 철학, 아리스토텔레스 철학, 피타고라스 철학, 플라톤 철학 등을 다 공부했다. 그러나 아무런 진리를 찾지 못하여 쓸쓸한 마음으로 해변을 산책하다가 한 노인을 만났다. 그 노인이 물었다. "네가 나를 아시오? 어찌하여 나를 자세히 살피는 것이오?" 그 말에 유스티누스는 "나는 진리를 찾는 사람이오."라고 대답하였다. 그 노인은 유스티누스에게 구약성경 한 권을 주었다. 그때부터 유스티누스는 구약성경을 읽었고 마침내 진리를 깨달아 많은 변증론 문서를 기록하여 전도하였다. 훗날 그는 로마의 안토니우스 황제에게 다음과 같은 글을 보냈다. "네가 우리를 죽일 수는 있다. 그러나 우리를 해롭게 하지는 못한다." 그는 결국 자신이 깨달은 진리를 지키기 위해 순교하였다.

아우구스티누스는 AD 354년에 출생하여 청년 시절에 방탕한 생활을 하며 각처로 돌아다녔다. 386년경에는 회의주의에 빠지기도 하였다. 그러던 중 밀라노 지방에서 회개하며 기도하다가 "취하여 읽으라"는 소년의 말소리를 들었고, 그것을 자기에게 임하신 하나님의 명령으로 알고 얼른 성경을 펴서 롬 13:11-14을 읽었다. 그때에 그의 마음이 뜨거워져, 마침내 주님께 헌신하게 되었다. 그는 고백하기를 "하나님이여, 주님을 위하여 우리를 지으셨사오니 우리의 마음은 주님에게서 편히 쉬기 전까지 평안이 없나이다."라고 하였다.

루터는 1507년 5월 2일에 신부가 되었다. 그러나 진리는 깨닫지 못한 상태였다. 그는 로마를 지성소와 같은 거룩한 성으로 알았고, 그곳에 한번 다녀오면 큰 축복을 받는다고 생각하였다. 그래서 1511년에 알프스 산맥을 넘고 롬바르디아 평원을 건너서 로마를 향하여 갔다. 도중에 그는 볼로기아(Bologia)란 곳에 머물다 병이 들어 치료를 받던 중 "의인은 믿음으로 말미암아 살리라"(롬 1:17)는 성구가 큰 소리처럼 강하게 느껴졌다. 그는 전에도 비텐베르크 대학교에서 로마서를 가르치다가 동일한 성구에 대하여 그런 강한 느낌을 가진 적이 있었고, 이때가 두 번째 경험이었다. 그는 치료를 마치고 다시 출발하여 로마로 가던 중 플로렌스를 지나 목적지에 이르렀다. 그곳에서 그는 성 계단(Scala Sancta, Holy Stairs)이라는 사다리를 올라가게 되었다(그 당시 교회는 누구든지 무릎으로 그 사다리를 한 번 올라가면, 15년 동안의 죄를 사함받는다고 가르쳤기 때문이다). 그가 그 사다리를 올라가던 중 "의인은 믿음으로 말미암아 살리라"라는 말씀이 또다시 그의 심령에 강하게 울려 왔다. 그는 그때에 성경 말씀대로 예수 그리스도를 올바르게 믿어야 함을 깨닫고, 로마교회의 전통을 버렸다.

AD 1527년경, 칼빈이 파리의 어떤 곳(Place de Greve)을 지나가다가 신부들과 병정들과 시민들이 모여서 신교도 한 사람을 불태워 죽이는 것을 보았다. 그는 화형당하는 그 성도가 평안하고 기쁘게 죽는 모습을 보고 홀로 마음에 생각하기를 '불에 타 죽는 저 성도는 어떻게 저런 평화를 가졌을까? 그는 불속에서 타고 있지 않는가! 그는 어떻게 그토록 무서운 화형 중에도 담대한 것인가? 그렇다! 나의 친척 올리베탕(Olivetan)의 충고대로 성경을 연구하자! 나도 새 길을 찾아보자!' 하고, 성경을 폈다. 그는 성경을 읽는 중 너무도 두려움을 느꼈고, 자기의 죄책감으로 괴로워했다.[139] 그의 주위에 헤아릴 수 없이 많은 깊은 구덩이가 열리는 것 같았다. 그는 공포에 사로잡혀서 성경 읽는 것을 중단할까 했지만 계속해서 읽던 중 그리스도께서 고난을 당하신 장면에 이르러 구속의 진리를 확실히 깨닫고 마음에 평안을 얻었다. 그런데도 그의 마음에 여전히 남아 있는 고민거리는 그가 로마교회를 떠나기 어렵다는 것이었다. 로마교회를 떠난다는 것은 마치 자기의 이름을 생명책에서 지워 버리는 듯한 두려움이었기 때문이다. 그는 고심하며 '내가 어떻게 저 거대한 교회를 떠나서 내던져진 사람들과 함께 갈 수 있을까?' 생각하였다. 그리고 결국 성경으로 문제를 해결하였다. 즉 '진리가 없는 곳에는 교회도 없다. 로마교회에는 어리석은 발명과 거짓과 우상적 의식이 있다. 그런 것들을 바탕으로 하는 단체는 교회라고 할 수 없다'고 깨달았다. 이후로 그는 종교개혁의 선봉자가 되어 한평생 성경을 유일한 신앙의 근거로 가지는 신학자로 살아가며 주님을 위하여 충성하였다. 그는 세상을 떠나기 전 8일 동안 계속 기도하였고, 그의 눈은 끝까지 반짝이면서 내세를 소망하는 그의 신앙을 나타냈다. 그는 별세하기 전에 성경 말씀, 곧 "생각하건대 현재의 고난은 장차

139) D'Aubigne, Reform in Eruope bk. 2. chap. 7.

우리에게 나타날 영광과 비교할 수 없도다"(롬 8:18)란 말씀을 거듭 암송하다가 숨을 거두었다.

우리도 성경을 읽으면서 성령의 증거를 받을 때에 신관, 우주관, 인생관, 구원관이 해결된다. 또 진리에 대한 확신을 얻게 된다. 이것이 하나님 말씀의 단맛이다.

설교 쓰고도 오묘한 그 말씀(8-11절)

입은 음식을 섭취하는 기관이고, 배는 그것을 소화하는 기관이다. 하나님의 말씀이 입에는 달지만 배에는 쓰다고 한 것은 그 말씀을 섭취하여 실행하는 데 고통이 따른다는 뜻이다. 우리가 말씀을 소화하는 것은 그 말씀대로 실행하고 전파하는 것이며, 그것이 쉬우 일이 아니다. 그것은 마치 전쟁과 같아서, 나 자신을 쳐서 복종시켜야 하고(고전 9:27; 히 12:4), 또한 계속해서 마귀와 싸워야 하며(엡 6:10-19), 핍박도 받아야 한다(딤후 3:12). 그리스도 신자는 이 세상에서 평안을 누리는 자가 아니다. 그는 그가 받은 말씀으로 경험과 연단을 받아야 한다(히 5:13-14). 이와 같이 하나님의 말씀대로 살아가는 것은 하나의 전쟁이다. 이런 의미에서 예수님은 말씀하시기를 "누구든지 나를 따라오려거든 자기를 부인하고 자기 십자가를 지고 나를 따를 것이니라"(마 16:24)고 하셨다.

그리스도 신자는 말씀의 쓴 경험을 통하여 그 영혼에 영양 공급을 받게 되고, 다시 힘을 얻어 찬송하게 된다. 이것은 참으로 오묘하다. 하나님이 그 말씀을 가지고 신자에게 열어 주시는 길은 고난을 통하여 평안에 이르는 길이고, 죽음으로 살게 되는 길이다. 사도 바울은 말하기를 "그의 죽으심을 본받아 어떻게 해서든지 죽은 자 가운데서 부활에 이르려 하노니"(빌 3:10-11)라고 하였다. 그는 또 말하기를 "겉사람은 낡아지나 우리의 속사람은 날로 새로워지도다"(고후 4:16)라고 하였다. 영국인 순교자 브래드포드(Bradford)는 평생 류머티즘(관절염)으로 고생하였는데, 그가 주님을 위하여 옥에 갇혀 있을 동안에는 항상 그 병이 없어졌다고 한다.

신자가 하나님의 말씀 때문에 당하는 고난은 위로가 동반되기도 한다(고후 1:7). 바울은 말하기를 "우리가 항상 예수의 죽음을 몸에 짊어짐은 예수의 생명이 또한 우리 몸에 나타나게 하려 함이라 우리 살아 있는 자가 항상 예수를 위하여 죽음에 넘겨짐은 예수의 생명이 또한 우리 죽을 육체에 나타나게 하려 함이라"(고후 4:10-11)고 하였다.

그리스도 신자들이 육신의 삶에서 어려움 없이 평안히 살게 되는 경우에는 반드시 신앙이 쇠퇴한다. 그럴 때에는 힘써 기도해야 되며, 죄를 이기기 위하여 전쟁하는 자같이 힘써야 되며, 또 하나님의 말씀을 증거하기 위해 역경도 통과하며 고난을 감수해야 된다. 그렇게 해야만 영적으로 살 수 있다.

요리

1. 하나님의 말씀을 믿는 자에게는 그 말씀을 기쁘게 순종하는 체험이 있어야 한다. 그는 그가 받은 말씀의 파수꾼이 되지 않으면 안 된다. 파수꾼의 책임을 다하지 않는 자들에 관하여 선지자 이사야는 말하기를 "(그) 파수꾼들은 맹인이요 다 무지하며 벙어리 개들이라 짖지 못하며 다 꿈꾸는 자들이요 누워 있는 자들이요 잠자기를 좋아하는 자들이니"(사 56:10)라고 하였다.

2. 하나님의 말씀을 맡은 자는 다른 사람의 영혼이 죽고 사는 문제에 관하여 책임을 맡은 자이다. 그러므로 그는 잘못하면 반드시 벌을 받게 된다. 그가 맡은 일은 쓴맛이 있는 일이다(계 10:10-11). 그런데도 어떤 사람들은 교역을 일종의 출세거리로 알고 무책임하게 임직하며, 무책임하게 처사하는

경우가 너무도 흔하다. 그런 교직자는 책임 있는 사람이 아니고 제멋대로 행하는 사람이다. 성경에 말하기를 "내 형제들아 너희는 선생된 우리가 더 큰 심판을 받을 줄 알고 선생이 많이 되지 말라"(약 3:1) 하였고, 또 "알지 못하고 맞을 일을 행한 종은 적게 맞으리라 무릇 많이 받은 자에게는 많이 요구할 것이요 많이 맡은 자에게는 많이 달라 할 것이니라"(눅 12:48)고 하였다(롬 1:14; 고전 9:16 참조). 교역자의 책임이 너무도 무겁기 때문에 주님의 참된 종들은 교직을 가볍게 받지 아니하였고, 어떤 이들은 피하려고 하였다. 아우구스티누스는 392년에 원하지 않는 감독직에 뽑혔고, 암브로시우스도 뜻밖에 원치 않는 감독이 되었고, 칼빈(Calvin)은 파렐(Farel) 때문에 강제로 제네바에 머물다가 성직을 받았다.

제 11 장

개요

본 장의 의미는 알기 어렵지만 2절의 "마흔두 달"이란 것을 바르게 이해하면 어느 정도 알 수 있다. "마흔두 달"에 대한 해석을 몇 가지 소개한다.

1. 과거파 학자들은 말하기를, 계시록은 예루살렘 멸망 전에 기록되었고, "마흔두 달"은 AD 70년에 예루살렘을 함락시킨 로마의 침략 기간(AD 67년 봄부터 70년 가을까지)을 가리킨다고 한다. 그러나 이것은 계시록이 기록된 시기를 오해한 해석이다. 계시록이 예루살렘 멸망 후에 기록되었다는 것은 일반 학자들의 보편적인 견해이다.

2. 교회사 학파에서는 "마흔두 달"이 1,260일(1,260년의 상징)과 같다고 하며, 어떤 학자들은 이 시기가 왈도파의 진리 운동 시작(AD 1170년)부터 계산될 연대라고 하고, 또 어떤 사람들은 루터의 종교개혁 연대(1517년)부터 계산될 시기라고 한다. 그렇다면 이 해석은 두 증인의 사역을 종교개혁 운동에 대한 비유로 본 것이다. 그러나 두 증인의 승천 사건(12절)은 이들의 해석과

잘 맞지 않는다.

3. 세대주의 학자들 중 어떤 사람들은 말하기를, "마흔두 달"은 후일에 유대인들이 독립한 후, 오래지 않아 완전히 적그리스도 나라(이방인)의 점령하에 들어가게 될 기간을 가리킨다고 한다. 이 해석에서는 "하나님의 성전"(1절)이란 말을 문자적으로 해석하여 세상이 종말할 때에 유대인들이 본토로 돌아가서 성전을 재건한다는 것을 전제한다. 이 해석이 옳다고 할 수 없는 이유는 다음과 같다. 하나님께서 유대인의 회복을 신약에 말씀하셨으나(롬 11:12, 15), 그것은 국가의 재건이나 성전 재건을 말하는 것이 아니라, 유대인들이 그리스도께로 돌아오는 것을 말하는 것이다. 구약 시대의 성전 제도는 예수 그리스도의 속죄 사역으로 말미암아 영적으로 성취되었으므로 더 이상 성전 제도가 필요하지 않다. 예수 그리스도를 믿지 않고 성전 안의 제사를 중요하게 여기는 유대주의는 하나님 앞에 가증스러운 것이다. 그러므로 여기에 세워진 "성전"을 문자적으로 간주하는 것은 잘못이다.

4. 크레이다너스는 "성전"을 교회(성도들의 단체)에 대한 비유로 보고, "마흔두 달"을 신약 시대로 보았으며, "제단과 그 안에서 경배하는 자들"을 참신자로 생각한 동시에 "성전 바깥 마당"(2절)은 외식하는 자들에 대한 비유라고 하였다. 그리고 "두 증인" 역시 신약 시대의 교회를 비유한다고 하였다.

⚜ 해석

1 또 내게 지팡이 같은 갈대를 주며 말하기를 일어나서 하나님의 성전과 제단과 그 안에서 경배하는 자들을 측량하되. "지팡이 같은 갈대"에 대하여는 겔 40:3을 참조하라.

"성전"이란 말(ναοῦ)은 '지성소'를 의미한다. 따라서 "지성소와 제단과 그 안에서 경배하는 자들"은 영적 성전인 주님의 교회, 곧 참된 신자들(고전 3:16; 6:19-20; 엡 2:20-22)을 비유한다(Charles, Swete).

"측량하는 것"은 소유한 것을 확보하거나 보호하는 것을 의미하는데, 여기서는 하나님께서 참된 신자들과 함께 계시고 보호하시는 것을 의미하는 행위이다(겔 40-48장; 슥 2:1-5). 즉 하나님의 교회가 복음으로 세워지고 택한 백성들을 불러 모으는 것(복음사역)을 비유한다. 여기서 측량하는 것에 들어 있는 부분은 주님의 소유가 된 백성이다. 어떤 학설에서는 이것이 이 세상 말기에 일부 유대인들이 복음으로 돌아오는 것을 비유한다고 이야기한다. 그러나 이 해석은 적합하지 않다.

2 **성전 바깥 마당은 측량하지 말고 그냥 두라.** 이것은 외형적으로, 혹은 명목으로만 하나님을 경배하는 자들, 특히 예수님과 사도들 당시에 유대인이라는 우월감으로 복음을 받지 않은 자들을 새로운 이스라엘 운동(복음 사역)에서 제외하는 것이다(Swete). 겉모양으로 유대인인 것이 이스라엘 자손의 자격이 아니라 하나님의 택하심을 입고 주님을 믿는 것만이 이스라엘 자손의 자격이다(롬 9:6-7. 롬 2:28-29 참조).

이것은 이방인에게 주었은즉. 이것은 유대인이 국토를 잃고 세계 각지로 흩어진 뒤에 이방인들이 그 땅을 주관하게 될 것을 가리키며, 예수님께서 예언하신 그대로이다(눅 21:24). 그들이 복음을 배척한 죄로 그렇게 되었다.

그들이 거룩한 성을 마흔두 달 동안 짓밟으리라. "마흔두 달"은 단 9:27의 "한 이레"란 말에 근거한 것이며, 한 이레의 전반부("절반", 3일 반)이다. 즉 하루를 1년으로 계산하여 7년의 절반인 3년 반을 달수로 계산하면 마흔두 달이다. 이것을 "한 때 두 때 반 때"라고도 하고(계 12:14 하반), 날수로 풀어서 "1,260일"이라고도 한다(계 11:3; 12:6). 이것이 계시록 문체의 특징이다. 이 본문의 뜻에 관하여는 필자의 다니엘서 주석 9:27에 대한 해석을 참조하라. 그 후반부는 몹시 심한 환난으로 가득할 것이며, 이것은 계시록 13장에 기록된 것과 같다. 그러나 앞에서 말한 전반부는 문자적으로 해석될 기간이 아니고, 신약 시대 전부를 가리킨다. 따라서 이것은 복음서에 있는 "이방인의 때"(눅 21:24)를 가리킨다.

3 내가 나의 두 증인에게 권세를 주리니 그들이 굵은 베옷을 입고 천이백육십 일을 예언하리라. "두 증인"에 대한 해석에는 두 가지 의견이 있다. ① 찰스는 이것이 율법의 대표자인 모세와 예언의 대표자인 엘리야가 이 세상 말기에 땅 위에 다시 나타날 것을 가리킨다고 하였으나, ② 그다음 구절의 "이 땅의 주 앞에 서 있는 두 감람나무와 두 촛대"란 말씀이 슥 4:14과 관련되어 있는 것으로 볼 때 "두 증인"은 교회를 가리킨다는 사실을 알 수 있다. 스가랴서 3-4장은 대제사장 여호수아와 예루살렘 성전을 재건한 스룹바벨을 교회의 대표자로 여겼다(느 7:5-7). 그러므로 그들은 그 당시의 교회를 상징하였다. "감람나무"는 "촛대"에 기름을 공급하는 것이므로 기름으로 비유된 성령(사 61:1; 행 10:38; 딛 3:6; 히 1:9; 요일 2:27)의 역사가 있는 기관, 곧 '신약 시대의 교회'를 상징한다. 성령은 "두 촛대"에 기름처럼 공급되신다. "두 촛대"도 교회에 대한 비유이다(계 1:20). 크레이다너스는 "두 증인"을 가리켜서 "주님의 증인들"이라고 하였으며,[140] 이는 역대 교회의 모든 참된 증인들을 가리키는 의미이다. 이 해석은 "두 증인"을 '교회'로 해석하는 것과 다르지 않다. 증인의 수 둘은 그 증거가 진실임을 보증하는 데 요구되는 수이다(신 19:15). 예수님께서 제자들을 전도하러 보내실 때에 두 사람씩 보내신 것도 이러한 뜻이다. 또한 성경에는 두 사람이 협력의 의미로 언급되기도 하였다(전 4:9-12).

"굵은 베옷을 입고." 이것은 통회하는 사람의 슬픔을 상징한다(왕상 21:27; 욘 3:5-6; 마 11:21). 그들의 슬픔은 자기들의 죄보다 세상 사람들의 죄

---

140) Greijdanus, Kommentaar Op Het Nieuwe Testament, Openbaring, 1925, 229.

로 인한 것이다. 예언자나 전도자는 이와 같이 다른 사람들의 죄에 대하여 연대 책임을 지고(히 13:17), 그들의 영혼 구원의 문제를 맡은 자들이다(겔 3:16-21).

"천이백육십 일." 이 문구는 2절의 "마흔두 달"이란 말과 같은 뜻으로, 신약 시대를 가리킨다. 신약 시대에는 두 증인으로 상징된 교회가 복음을 증거한다.

설교 두 증인(3절)

1. "증인"이란 말의 중요성

"증인"(μάρτυσίν)이란 말은 법정 용어이다. 복음 전파자를 가리켜 복음의 증인이라고 하는 것은 그가 복음적인 사건(그리스도께서 죽으셨다가 다시 살아나신 사건)을 역사적 사실로 확실히 알고 진실하게 말하기 때문이다. 법정에 선 증인이 거짓 증언을 하는 경우에는 벌을 받게 된다. 복음의 증인도 자신이 그런 엄중한 처지에 있음을 기억하고, 하늘 법정에 선 자처럼 그리스도 사건을 성경대로 진실하게 증거해야 된다. 그러므로 복음의 증인은 자기의 인간적 사상이나 자기의 신앙 체험을 위주로 말하는 자가 아니다. 복음의 증인은 성령의 인도를 따라 그리스도 사건만 바르게 증거해야 된다.

2. "두 증인"의 중요성

여기서 "둘"이란 수는 무엇을 의미하는가? 그것은 증거의 완전성을 의미한다. 예수님도 복음 전파를 위하여 제자들을 보내실 때에 두 사람씩 보내셨다(눅 10:1). 증거하는 자들이 협력하는 것은 결국 그 증거가 참되다는 것이다(요 8:17). 또한 협동할 때 그들의 세력이 더욱 커진다. 연을 띄우는 아이들에게 그 연이 뜨게 하는 힘을 물으면 각기 대답하기를 "바람"이라고도 하고,

"연 꼬리"라고도 하고, "연줄"이라고도 한다. 다 맞는 말이다. 그 모든 것이 다 협동하여 연을 날린다. 이와 같이 복음 증거도 증인들의 협력을 통하여 이루어 간다.

4 그들은 이 땅의 주 앞에 서 있는 두 감람나무와 두 촛대니. "두 감람나무와 두 촛대"는 앞절에서 말한 "두 증인"과 같은 뜻이다. 스가랴서 4장에 의하면 "두 감람나무"는 기름을 촛대에 공급하는 것이므로 성령의 역사가 있는 기관, 즉 교회를 가리킨다. 그리고 "두 촛대"는 복음의 빛을 발하는 것이므로, 이것 역시 교회를 상징한다(계 1:20 참조).

5-6 만일 누구든지 그들을 해하고자 하면 그들의 입에서 불이 나와서 그들의 원수를 삼켜 버릴 것이요 누구든지 그들을 해하고자 하면 반드시 그와 같이 죽임을 당하리라 그들이 권능을 가지고 하늘을 닫아 그 예언을 하는 날 동안 비가 오지 못하게 하고 또 권능을 가지고 물을 피로 변하게 하고 아무 때든지 원하는 대로 여러 가지 재앙으로 땅을 치리로다. 이 말씀은 일종의 상징적 표현이므로, 문자적으로 해석하지 말아야 한다. 이것을 글자대로 본다면 "그들의 입에서 불이 나와서"란 어구를 해석하기 어렵다. 이 구절들은 모세(민 16:25-35)와 엘리야(왕하 1:9-12)의 행적을 염두에 두고 한 말씀이다. 이것은 신약 교회에 모세나 엘리야처럼 하나님의 능력의 도우심이 있을 것이라는 의미이다. 신약 교회의 사역자들이 감당할 위대한 일에 대해서는 예수님께서도 말씀하셨다(마 21:21; 막 16:17-18; 요 14:12-14).

7 그들이 그 증언을 마칠 때에. 하나님께서 세우신 참된 복음의 증인은 그 일을 미완성으로 두고 죽지 않는다. 위클리프(Wycliff)는 루터보다 100년 더 먼저 영국 종교개혁의 선구자로서 로마교회의 교권에 대항하여 성공하였다. 그가 그렇게 싸울 때 세상 사람들은 말하기를, 그는 오래 살지 못하고 죽게 될 것이라고 하였다. 그러나 그는 하나님의 보호하심 아래에서 장수하였다. 성도를 박해하는 자들이 땅 위에서 아무리 강한 세력을 가졌다 해도 하나님

께서 정하신 때가 이르기 전에는 성도의 복음 증거를 금하지 못한다.

무저갱으로부터 올라오는 짐승이. 이 말은 그 "짐승"이 이때에 비로소 "무저갱"에서 올라온다는 것을 의미한다기보다는 그것의 소속이 무저갱임을 밝히는 것이다. 곧 그 짐승은 무저갱에 속했으므로, 지옥과 같이 잔인무도한 자라는 의미가 이 문구에 포함되어 있다. 이 짐승은 적그리스도 나라를 의미하며, 옛날부터 여러 번 일어났다가 멸망(무저갱에 들어감)하곤 하였다. 예를 들면 애굽, 바벨론, 메대 바사, 헬라 등이다. 또한 여기서 말하는 "짐승"(적그리스도 나라)의 전성기는 "한 이레"(7년)의 후반부, 곧 후기 3년 반이다(단 9:27 참조).

그들과 더불어 전쟁을 일으켜 그들을 이기고 그들을 죽일 터인즉. 이것은 계 13:5-7의 사실을 앞당겨 나타낸 것이다.

8 **그들의 시체가.** 여기서 "시체"란 말의 헬라어(πτῶμα)는 집합체를 가리키는 단수 명사이다. 이것을 보아도 앞절의 "두 증인"은 두 사람이 아니라 한 집합체, 즉 교회의 많은 사역자들을 가리킨 듯하다.

큰 성 길에 있으리니. 교회를 대적하는 세상 사람들은 언제나 순교자들을 미워하여 그 시체들을 거리에 굴리듯 멸시한다.

그 성은 영적으로 하면 소돔이라고도 하고 애굽이라고도 하니. "소돔"은 불경건하고 도덕이 부패한 사람들로 가득했으므로(벧후 2:6-7), 하나님께서 그곳을 멸하셨고(창 19:24-25), "애굽"은 잔인하여 하나님의 택한 백성을 핍박하였다(출 1:8-22). 불경건과 도덕적 부패와 기독교 박해는 이 세상의 속성이며, 적그리스도 나라에서는 더욱 그러하다. 그러므로 신자들은 소돔 같고 애굽 같은 적그리스도 나라에서 고통과 모욕을 당한다.

곧 그들의 주께서 십자가에 못 박히신 곳이라. 이 말은 "골고다"라는 장소를 의미하는 것이 아니라 극악한 세상을 비유한 것이다. 이 세상은 그리스도를 잡아서 죽인 곳이다. 그런데 이 세상이 어떤 때에는 신자에게도 좋게 느껴지기도 한다. 그러나 그것은 일시적이고, 우리를 속이는 것뿐이다. 이 세상을 사랑하는 자는 하나님을 미워하는 자이다(약 4:4 참조).

9 백성들과 족속과 방언과 나라 중에서. 계 5:9의 같은 말 해석 참조.

사람들이 그 시체를 사흘 반 동안을 보며 무덤에 장사하지 못하게 하리로다. 이 말씀은 적그리스도 나라가 있을 동안(후기 3년 반 동안) 성도를 박해하는 일이 끊이지 않을 것을 암시한다. 하나님께서 복음 증인들의 시체까지 모욕을 당하는 것을 허락하시는 이유는, 그들에게 내세의 더 큰 영광을 주시려는 까닭이다.

10 이 두 선지자가 땅에 사는 자들을 괴롭게 한 고로. 이것은 그들이 진정한 예언자들이었다는 증표이다. 거짓 예언자는 사람에게 아첨하며(렘 6:14; 8:11), 사람들의 죄를 정직하게 말해 주지 않으며, 그들을 치료해 주지 않는다. 그러나 진정한 예언자는 사람들이 듣기 싫어할지라도 그들의 죄를 책망한다(겔 2:7; 딤후 4:2). 그러므로 그들은 세상 사람들에게 미움을 받는다(요 15:18-21 참조).

땅에 사는 자들이 그들의 죽음을 즐거워하고 기뻐하여. 이것은 하나님의 교회를 핍박하던 자들이 성도들의 말씀 증거가 없어진 것을 보고 즐거워하는 것을 의미한다. 성도들의 복음 전파가 핍박 때문에 계속되지 못할 때가 있다. 그럴 때 불신자들은 그렇게 된 것을 기뻐한다. 그들은 죄에 대한 책망을 듣지 않고 얼마든지 범죄하게 된 것을 즐거워한다.

서로 예물을 보내리라 하더라. 그들은 서로 마음이 맞아서 육체적 쾌락을 가지는 것에 공감한다. 그것이 여기서 "예물을 보내리라"는 말로 비유된 것이다.

11 삼 일 반 후에 하나님께로부터 생기가 그들 속에 들어가매 그들이 발로 일어서니 구경하는 자들이 크게 두려워하더라. 이 말씀은 적그리스도의 시대가 지난 후(그리스도께서 다시 오시므로) 주님을 섬기다가 죽은 참 신자들이 부활할 것을 예언한 것으로, 뒤(계 20:5)에 말할 사건을 앞당겨 말한 것이다. 여기서 말하는 "생기"는 호흡(숨)의 기운을 의미하지 않고, 몸과 영혼이 결합하고 생존하는 능력을 가리킨다. 그것은 오직 하나님께서 창조의 능력으로 행하시는 것이다.

그는 주로 인생을 창조하실 때와 부활시키실 때에 이 능력을 나타내신다. 두 증인의 시체가 이 생기를 받고 일어설 때에 "구경하는 자들이 크게 두려워하더라"고 한 것은 그들이 하나님의 능력을 보았기 때문이다. 핍박하는 자들이 성도를 두려워할 때가 반드시 있다. 그것은 하나님께서 오래 참으시다가 마침내 그의 성도들을 구원하시는 때이다(벧후 3:15 참조).

설교 무섭고 두려운 전도에 대하여(3-11절)

10절을 보면, 두 선지자가 사람들이 복음을 받지 않고 그것을 쓰게 여겨도 그들에게 복음을 전하였다. 하나님께서 선지자 이사야에게 부탁하시기를 "이 백성의 마음을 둔하게 하며 그들의 귀가 막히고 그들의 눈이 감기게 하라 염려하건대 그들이 눈으로 보고 귀로 듣고 마음으로 깨닫고 다시 돌아와 고침을 받을까 하노라"(사 6:10) 하였다. 이것은 하나님의 긍휼을 전하는 전도가 아니고, 하나님의 진노를 전하는 전도이다. 성경에는 이런 진노를 나타내는 전도도 있다. 모세의 전도로 말미암아 애굽 왕 바로의 마음이 강퍅하게 된 것은 진노의 전도였다. 롬 9:15-18에 "모세에게 이르시되 내가 긍휼히 여길 자를 긍휼히 여기고 불쌍히 여길 자를 불쌍히 여기리라 하셨으니… 그런즉 하나님께서 하고자 하시는 자를 긍휼히 여기시고 하고자 하시는 자를 완악하게 하시느니라"고 하였다. 이 말씀을 보면, 하나님께서 어떤 사람들을 강퍅하게 하신다고 하였다. 그것은 그의 강퍅하지 않은 심령을 강퍅하게 만드신다는 것이 아니고, 본래의 강퍅한 마음을 그대로 버려두신다는 의미이다.

계 11:10에 "이 두 선지자가 땅에 사는 자들을 괴롭게" 하였다고 한 것은, 그들이 복음을 전할 때에 사람을 골라서 전한 것이 아니라, 듣든지 말든지 누구에게나 복음을 전했다는 의미이다.

그렇다면 듣든지 말든지 복음을 전해야 하는 이유는 무엇인가? 그것은 진리가 그대로 성취될 것을 예고하여 두었다가 그것이 성취될 때에 하나님의 영광이 드러나게 하기 위해서이다. 증거했던 진리가 성취될 때에 하나님의 살아계시고 신실하신 증거가 나타난다. 전도가 인간을 구원하기 위한 것이라고만 아는 것은 오해이다. 전도는 하나님의 영광을 드러내기 위한 것이다. 인간이 하나님의 말씀에 순종하여 구원을 받을 때에도 하나님의 영광이 드러나지만, 인간이 말씀에 불순종하여 하나님을 배척할 때에도 그 전도가 결코 수포로 돌아가지 않았다는 것을 기억해야 한다. ① 아담의 칠세 손 에녹도 그 당시에 하나님을 거스르는 사람들에게 정죄를 예고하였다(유 1:14-15). ② 노아가 120년 동안 의를 전파한(벧후 2:5) 것도 소용없는 일이 아니었다. 그 전도도 하나님의 영광을 위한 그의 진노와 구원을 선포하는 것이었으며, 일종의 정죄 선언이었다(히 11:7). ③ 모세가 광야에서 40년 동안 전도한 것도 헛되지 않았다. 거기서 패한 자들도 있고 흥한 자들도 있었으므로, 광야 전도의 의의는 주님의 공의와 인자를 나타내시는 것이었다. 전도의 목적은 "인간의 회개"뿐 아니라 하나님의 영광을 드러내기 위한 것이다. "비와 눈이 하늘로부터 내려서 그리로 되돌아가지 아니하고 땅을 적셔서 소출이 나게 하며 싹이 나게 하여 파종하는 자에게는 종자를 주며 먹는 자에게는 양식을 줌과 같이 내 입에서 나가는 말도 이와 같이 헛되이 내게로 되돌아오지 아니하고 나의 기뻐하는 뜻을 이루며 내가 보낸 일에 형통함이니라"(사 55:10-11)고 하였다.

12 하늘로부터 큰 음성이 있어 이리로 올라오라 함을 그들이 듣고 구름을 타고 하늘로 올라가니 그들의 원수들도 구경하더라. 신약의 다른 부분에서는 그리스도께서 재림하실 때에 성도들의 부활을 독촉하는 소리가 날 것이라고 한다(요 5:28; 고전 15:52; 살전 4:16). 그런데 계시록에는 그런 말씀이 생략되었다. 여기서 부활

한 두 증인(교회)의 승천을 독촉한 하늘의 음성은 그들의 부활 사건과도(11절) 관련되었을 것이다.

설교 참된 교회의 승리(5-12절)

"두 증인"(3절)으로 비유한 것은 '참된 교회'를 말한다. 그렇게 해석되는 이유는 "두 증인"은 "두 촛대"(4절)라고도 불리기 때문이다. 여기서 "촛대"는 "교회"를 비유한다(계 1:20).

1. 복음 증거를 완성하기까지의 승리(5-6절)

"그들의 입에서 불이 나와서 그들의 원수를 삼켜 버릴 것이요"(5절 중간). 이 말씀은 참된 신자들이 핍박을 받을 때에는 능력이 나타난다는 의미이며, 특히 그들이 전하는 말씀이 승리한다는 것이다. 성경에는 하나님의 말씀이 "불"로 비유되어 있다(렘 23:29).

사도 바울은 말하기를 "내가 약한 그 때에(핍박받을 때에) 강함이라"고 하였다(고후 12:10). 바울이 구브로에서 전도할 때에 그를 대적하던 마술사의 눈이 어두워진 일이 있다(행 13:11). 그러나 그런 일이 언제나 나타난 것은 아니고 그보다는 복음의 능력이 항상 바울과 함께하였다.[141)]

"하늘을 닫아… 비가 오지 못하게"(계11:6) 한다는 말씀과 "물을 피로 변하게"(6절 중간) 한다는 말씀은 구약 시대에 하나님의 일을 대적하던 자들에게 내려진 재앙들을 연상시킨다(참조. 왕상 17:1; 출 7:20-21). 이 말씀이 여기에 기록된 목적은 구약 시대처럼 신약 시대에도 하나님의 원수가 재앙을 받

---

141) 행 9:19-22; 16:29-32; 17:22-31; 18:9-11; 19:8-10; 22:1-21; 23:11; 24:10-21, 25; 25:8-11; 26:1-23, 25-27, 29; 27:24-25 참조.

는 일이 있음을 경고하는 것이다.

2. 죽임을 당하나 부활함(7-12절)

이 세상에서는 참된 신자들이 적그리스도 때문에 해로운 일을 당할 때가 있을 것이다. 그러나 그것은 하나님의 다스리심에 따라 필요한 때에만 온다. 살후 2:3-8에 적그리스도가 올 때를 순서적으로 밝혔는데, 곧 그때는 교회의 복음 전파가 끝난 때이다.

그 적그리스도의 행동은 "소돔" 사람이나 "애굽" 사람처럼 완전한 세속주의이다. 소돔과 애굽은 예수님을 십자가에 못 박아 죽인, 타락한 예루살렘과 같은 곳이다. 이 세상에는 하나님을 섬긴다는 탈을 쓰고 있는 종교인들이 많다. 그들은 사실상 종교인이 아니라 종교업자들이다.

13 그 때에 큰 지진이 나서 성 십분의 일이 무너지고 지진에 죽은 사람이 칠천이라. 여기서 "십분의 일"이란 수와 "칠천"이란 수는 계시록의 상징수이므로, 인간이 사용하는 일반적인 수의 개념으로는 그것이 어느 정도인지 정확하게 알기 어렵다. 이것은 하나님께서 성도들이 영적 전쟁에서 승리하게 하실 때에 반드시 그의 원수들을 벌하신다는 것을 알려 준다. 세계 역사를 살펴보면, 교회를 핍박하던 나라에 하나님의 징벌이 내렸던 것을 알 수 있다.

"지진"은 정치적 동요와 소란을 상징하는 것으로 볼 수 있다. "십분의 일"은 이 세상의 일부분을 가리키고, "칠천"은 적그리스도 나라 사람들 중에 남은 자들이다. 이들의 멸망은 마지막 죽음이며, 계 19장 끝의 사건을 여기에 앞당겨 말한 것이다.

그 남은 자들이 두려워하여 영광을 하늘의 하나님께 돌리더라. 이것은 세상 끝날에 살고 있는 사람들이 회개하는 것을 가리킨다. 하나님은 자비하셔서 마지막까지 구원의 역사를 쉬지 않으신다. 렌스키(Lenski)는 이 문구를 회개로 보지 않는다. 그와 같이 주장하는 이유는, 그때에 "두 선지자"로 대표된 하나님의 말씀사역이 철수되었으므로(12절), 회개가 일어날 수 없다는 것이다. 그러나 그들이 "두 선지자"(참된 교회)의 부활(혹은 변화)과 승천 전에 그들의 전도를 들었을 수도 있다.

14 **둘째 화는 지나갔으나 보라 셋째 화가 속히 이르는도다.** "둘째 화"는 여섯째 나팔 재앙이고. "셋째 화"는 일곱째 나팔 재앙이다(계 8:13; 9:12 참조).

15 **일곱째 천사가 나팔을 불매 하늘에 큰 음성들이 나서 이르되 세상 나라가 우리 주와 그의 그리스도의 나라가 되어 그가 세세토록 왕 노릇 하시리로다 하니.** 15-18절은 재림하신 그리스도께서 세상을 심판하실 것과 성도들을 구원하실 것을 말한다.

"세상 나라가 우리 주와 그의 그리스도의 나라가 되어." 그때까지는 공중의 권세 잡은 자, 곧 사탄이 이 세상을 다스리고 있었다(하나님의 섭리적 통치는 있었다). 그러나 이제부터는 하나님께서 전적으로 이 세상을 다스리신다. 그때에는 세상 끝날에 그리스도께서 재림하셔서 세계를 하나님께로 바르게 이끄실 것이다.

16 **하나님 앞에서 자기 보좌에 앉아 있던 이십사 장로가 엎드려 얼굴을 땅에 대고 하나님께 경배하여.** 계 4:10 해석 참조.

17 **이르되 감사하옵나니 옛적에도 계셨고 지금도 계신 주 하나님 곧 전능하신 이여 친히 큰 권능을 잡으시고 왕 노릇 하시도다.** "옛적에도 계셨고 지금도 계신 주 하나님." 24장로들의 이 찬송에 "장차 오실 이"란 문구가 없다. 그 이유는, 이 찬송은 주님의 재림을 맞이한 때에 드릴 것이기 때문이다.

18 **죽은 자를 심판하시며.** 이는 만유를 통치하시는 대주재이심을 고백한 말이다. 인간은 죽은 후에도 그가 행한 대로 보응을 받는다(계 20:13 참조). 죽은 자들이 심판을 받는다고 한 것은 그들이 다시 살아나 주님 앞에서 판단을 받게 됨을 가리킨다.

설교 세상 나라와 그리스도(15-18절)

이 세상 사람들의 세계에서는 옳은 것이 완전히 승리하지 못한다. 이 땅 그 어느 때에 진리에 입각한 정치가 있었는가? 이스라엘의 역사를 보아도 그런 정치가 없었다. 모세는 신정국가의 대표였지만 그 역시 이스라엘 백성에게 원성을 받았다. 사사 시대는 불순종의 시대이자 암흑 시대였고, 왕정 시대는 군왕 대부분이 악한 죄악의 역사였다. 그때의 예언자들이 얼마나 괴로워하였는가? 신약 시대는 어떠한가? 그리스도께서 십자가에 못 박히셨고, 사도들도 모두 다 고난을 받았다. 사도 이후 시대는 핍박 시대로, AD 202-311년까지 약 100년 동안 큰 핍박이 있었다. 그 후에 콘스탄티누스 대제가 기독교를 공인하였으나, 그것으로 인하여 기독교가 오히려 진리를 떠나게 되는 일이 많았고, 중세 시대 교회는 진리에서 벗어났다. 개혁 시대에 이르러 종교가 개혁되었으나 로마교회라는 큰 덩어리는 그대로 암흑 속에 머물고 있으며, 개혁 교회 역시 많은 부분이 부패해 가고 있다.

1. 진리를 증거하는 사역

여기서 말하는 "진리"는 복음(예수님)을 가리킨다. 진리는 지금 이 세상에서 증거자로 계시기 때문에 왕이 안 되는 것이지, 무력한 것이 아니다. 사람들이 진리를 억지로 왕으로 세우려 할 때가 있지만, 진리는 그것을 원하지 않는다. 예수님 당시의 군중도 그를 억지로 왕으로 삼으려고 하였다. 그러나 이 세상에서 진리는 주관하기 위하여 있는 것이 아니라 증거하기 위하여 있다. 진리는 이 세상에서 난 것이 아니다. 진리는 위에서 온 것이므로 때(이 세상 끝날)가 이르기 전에는 이 세상을 지배하지 않는다. 진리가 이 세상에서 하는 일은 이 세상을 책망하는 것이고, 회개하게 하는 것이고, 구원하는 것이다. 그러므로 진리는 이 세상보다 강하지만 핍박을 받고 있다. 진리가 핍박을 받는다고 해서 진리를 약자라고 할 수 없다. 진리가 회개를 외치는 것은 내세를 증거하는 것이다. 그러므로 그 예언자적, 제사장적 역할이 끝날 날이 있고, 왕으로서의 통치가 시작될 때가 있다. 예수님께서는 진리의 왕이심에도 불구하고 이 세상에서는 핍박을 받으셨다. 그 이유는 그가 진리를 증거하셨기 때문이다(요 18:36-37).

2. 복음 전파의 절정

진리가 왕 노릇할 날이 있다. 그것은 선지가 이사야가 성령의 감동으로 예언한 대로 "여호와의 전의 산이 모든 산 꼭대기에 굳게 설 것이요 모든 작은 산 위에 뛰어나리니 만방이 그리로 모여들 것이라"(사 2:2)고 한 말씀이다. 이것은 진리의 세계, 의의 세계가 왕 노릇할 시대가 올 거라는 예언이다. 그리고 생명이 왕 노릇할 시대가 올 거라는 예언이다. 이 예언에 의하면, 진리의 왕권이 모든 산꼭대기에 실현된다고 하였다. 이것은 진리 운동이 점진적으로 왕성해지는 것을 암시한다. 세계 역사에서 진리는 여러 번 그 신실성을 나타내면서 점점 활동을 확대하다가, 나중에는 초자연적으로 성취될 것이다. 아시아로 길을 잡지 않고, 유럽 지역으로 길을 잡은 복음이 지구를 한 바퀴 돌아서 아시아에 이른 지 벌써 오래되었다. 세계가 발달하여 이제는 온 세계가 한 집처럼 되어 가고 있다. 산꼭대기는 낮은 데서부터 점점 높아져서 생겨난 것이다. 이와 같이 오늘날의 세계는 아무리 보아도 꼭대기 같다. 이제는 전체가 빠르게 통하고 있다. 세계는 산꼭대기와 같다. 앞으로 바라볼 것은 이 꼭대기 위에 하나님의 성전이 내려 임하는 것(진리의 군림)뿐이다.

19 이에 하늘에 있는 하나님의 성전이 열리니 성전 안에 하나님의 언약궤가 보이며 또 번개와 음성들과 우레와 지진과 큰 우박이 있더라. "언약궤"는 이스라엘 백성에게 하나님께서 그들과 맺으신 언약의 증표이다. 그 안에는 언약의 비석들이 들어

있었다(출 25:22; 히 9:4). 여기서 언약궤가 나타나 보이는 것은 하나님께서 그의 택하신 백성에게 약속하신 말씀대로 이제 완전히 실현하시겠다는 암시이다. 그 실현 방법은 "번개, 음성, 뇌성, 지진, 큰 우박"으로 상징되어 나타났다. 이것은 위엄스러운 심판을 상징한다.

요리

1. 우리는 우리의 심령을 항상 하나님의 말씀으로 "측량"하여, 우리 자신이 성전의 내부에 속한 여부(與否)를 반성해야 된다. 우리 자신이 이 "측량"에서 제외됨은 위험한 일인 줄 알고 즉시 회개해야 된다.

2. 10-11절에는, ① 성도가 받은 고난과 수욕은 멀지 않아서 부활의 극영(極榮)으로 꽃핀다. 그러나 성도의 죽음을 기뻐하던 악마적 환희는 잠시 후에 극단적 공포로 변한다. ② 성도를 박해하는 자들이 아무리 세력이 강하여도 금제(禁制)하지 못할 것이 두 가지 있으니, ⓐ 하나님이 정하신 때가 이르기 전에는 그들이 성도의 복음 증거를 금제하지 못함이고(7절), ⓑ 그 수난 당한 성도가 장차 하나님이 주시는 영광을 받을 때에 그들(성도의 원수들)이 그것을 금제하지 못함이다.

제 6 부
교회의 수난

계 12:1-13:18

교회의 수난

• 그리스도 자신이 먼저 고난을 받으셨고(계 12:4), 교회는 단체적으로 여러 모양의 환난을 당하고(계 12:13, 15), 그리스도를 충성스럽게 믿는 자들은 개인적으로 특별한 고난을 받는다(계 12:17). 그리고 이 세상 끝날에는 성도들이 최후의 적그리스도로 말미암아 핍박을 받는다(계 13:1-18).

제 12 장

⚜ 개요

칼빈주의 학자들의 해석에 의하면, 본 장은 11장과 같은 내용에 대해 근본적인 사색으로 재음미하는 말씀이다. 즉 본 장은 그리스도께서 탄생하신 때부터 교회가 고난을 받는 상황을 기록하고 있으며, 내면적으로 그 고난의 원인이 사탄 때문임을 밝힌다. 크레이다너스는 말하기를 "앞 장에서는 주님의 교회가 세상 끝날까지 조직을 이루고 활동하면서 세상과 싸우는 상황을 말하고, 여기서는 주님의 교회와 싸우는 자들의 배경(사탄)을 지적한다"고 하였다.[142] 빌헬름 부세(Wilhelm Bousset)는 본 장의 재료들이 태양 신화에서 유래된 것이라고 하였다.[143] 그러나 그것은 억측이다. 부세 자신도 자기모순으로 결론지으며 말하기를 "본서의 저자가 어디서 그 재료를 취하였는지 말하기 어렵다"고 하였다.[144]

142) Greijdanus, Openbaring, 248.
143) a. w. S. 411.
144) a. w. S. 411.

⚜ 해석

1 하늘에 큰 이적이 보이니. 여기서 "이적"이란 말의 헬라어 세메이온(σημεῖον)은 '표적'을 의미하며, 어떤 일의 이치를 가리키는 상징이라는 말과 비슷하다.

해를 옷 입은 한 여자가 있는데 그 발 아래에는 달이 있고 그 머리에는 열두 별의 관을 썼더라. "해를 옷 입은"은 그리스도의 의를 입은 빛나는 영광이고(요 8:12), "달"을 "발아래" 둔 것은 승리의 표시이다(창 37:9-10; 계 2:10; 4:4; 6:2).

"여자"는 주님의 교회를 상징하는데, 구약 교회에 근거하는 신약 교회를 가리킨다. 이처럼 신약 교회가 구약 교회에 근거하는 점에 대하여는 다음 몇 가지 사실이 확증한다. ① "열두 별의 관"은 이스라엘 민족을 생각하게 하며(창 37:9), ② "해산하게 되매 아파서 애를 쓰며 부르짖더라"(2절)란 말은 유대인 역사에 대한 것으로 보인다. 성경은 유대인의 역사가 메시아의 오심을 목표로 하여 해산의 고통을 겪는 역사라고 말한다(사 66:7-8; 미 5:2). ③ 천사 "미가엘"이 하늘에서 사탄과 싸워 이긴 일(7-8절) 역시 유대 민족(특히 구약 교회)과 어느 정도 관련된 것이다. 미가엘은 유대 민족을 보호하는 천사라고 다니엘서에 기록되었다(단 10:13, 21). 이처럼 유대 민족 중에 있었던 구약 교회를 전신으로 한 신약 교회가 여기에서 "여자"로 상징되었다.[145)]

프로스트(Henry W. Frost)는 여기 나오는 "여자"란 말이 마리아를 가리키고, 마리아는 유대인이면서 그리스도 신자였으므로, 세상 끝날에 있을 유대인 그리스도 교회만을 상징한다고 하였다.[146)] 그러나 이 학설은 문맥에 맞지 않는다. 이 부분은 초대교회의 발원과 관련되어 있다.

---

145) 호 2:1; 요 3:29; 엡 5:31-32; 계 19:7; 21:9 참조.

146) Henry W. Frost, *Matthew Twenty Four and The Revelation*, 219-220.

"별"은 진리를 전파하는 신자들을 상징한다.[147] 그러므로 "열두 별의 면류관"은 교회의 승리를 가리킨다.

크레이다너스는 "여인의 이와 같은 단장은 교회의 유래와 주님의 은혜 및 교제에 참여할 것과 온 세계의 주권을 소유할 것에 대한 상징이다."라고 하였다.[148]

2 이 여자가 아이를 배어 해산하게 되매. 여기서 "아이"는 예수 그리스도를 가리킨다. 그 이유는 "해산한다"는 동사 테케인(τεκεῖν)이 과거사이기 때문이다. 헬라어에서 과거사는 한 번의 행위를 가리킨다. 이러한 문법은 분명 단회적 사건인 예수 그리스도의 탄생을 의미한다(Greijdanus).

3 하늘에 또 다른 이적이 보이니 보라 한 큰 붉은 용이 있어 머리가 일곱이요 뿔이 열이라 그 여러 머리에 일곱 왕관이 있는데. "이적." 1절에 있는 같은 말 해석을 참조하라.

"붉은 용"은 사탄을 상징하며(계 12:9), 그것의 "붉은" 빛은 피의 빛을 뜻한다. 이것은 교회를 해치려는 살기를 표시한다(계 6:4).

"머리가 일곱이요 뿔이 열이라." "어린 양"(예수)은 일곱 뿔, 일곱 눈(계 5:6)인데, "붉은 용"(사탄)은 일곱 머리와 열 뿔이다. "어린 양"의 "일곱 뿔과 일곱 눈"은 완전무결하신 하나님의 권세와 성령을 가리키고(계 5:6), "붉은 용"의 "일곱 머리와 열 뿔"은 이 세상의 일곱 개의 적그리스도 나라와 열 명의 왕을 상징한다(계 17:9-12). 사탄은 땅 위의 왕권들을 통하여 교회를 해치려고 하지만, 그리스도께서는 하늘 권세와 능력으로 사탄의 역사를 멸하신다(살후 2:8 참조). 숫자 '7'은 오직 하나님에게 속한 것인데, 사탄은 이것을 도용하여 자신이 하나님인 것처럼 오만한 태도를 취한다. 숫자 '10'은 이 세상을 의미하며, 하나님에 대한 이 세상 나라들의 극도의 반역을 상징한다고 할

---

147) 창 15:5; 단 12:3. 시 84:12; 사 60:20; 말 4:2; 눅 10:8; 살전 5:5 참조

148) Greijdanus, *Openbaring*, 250.

수 있다(계 13:1; 17:9-12 참조).

"일곱 왕관." 사탄의 대리자인 짐승은 열 개의 관을 썼는데, 이것은 일곱을 썼으니 하나님의 영광에 거짓으로 모방한 것이며, 스스로 왕이라 칭하고, 하나님이라고 하는 사탄의 불경한 주장을 상징한다.

4 **그 꼬리가 하늘의 별 삼분의 일을 끌어다가 땅에 던지더라.** 여기서 "꼬리"는 '거짓말'을 상징하고(사 9:15), "별"은 '천사들'을 상징한다(욥 38:7). 사탄은 본래 천사였으나 하나님께 범죄하고 마귀가 되었다(벧후 2:4; 유 1:6). 뿐만 아니라 다른 많은 천사들을 유혹하여 타락하게 하였다. "땅에 던지는 것"은 타락시킨다는 의미이다.

용이 해산하려는 여자 앞에서 그가 해산하면 그 아이를 삼키고자 하더니. 사탄이 여자를 해치기 전에 먼저 "아이"(예수 그리스도)를 해치려 한 것은 복음의 역사로 분명하게 알 수 있다. 예수님의 일생은 유아 때의 망명 생활로 시작하여 모든 박해를 받으시다가 나중에는 십자가에 못 박히셨다.

5 **여자가 아들을 낳으니.** 이것은 예수 그리스도의 성육신을 의미한다. 사이스(Seiss)는 이것이 성도들이 부활하여 공중에 올라가는 것(살전 4:16-17)을 가리킨다고 하였으나, 자연스럽지 않고, 엘리콧(Ellicott)은 이것이 콘스탄티누스 대제가 로마의 황제가 된 것을 비유한다고 하였으나, 이 또한 억지스럽다.

이는 장차 철장으로 만국을 다스릴 남자라 그 아이를 하나님 앞과 그 보좌 앞으로 올려가더라. 사탄은 예수 그리스도를 멸하지 못하였고, 예수 그리스도는 부활 승천하셨다.

6 **그 여자가 광야로 도망하매.** 이것은 신약 교회의 세상 생활을 이스라엘의 광야 생활에 비유하여 말한 것이다. ① 이스라엘 백성은 애굽을 떠나 광야로 도망하여 거기서 믿음의 연단을 받았다. 그것은 그들이 가나안 땅에 들어가기 전에 필요한 연단이었다. 그와 같이 교회도 이 세상에서 믿음의 연단을 받

는다. ② 구약 교회 운동에서 이어진 신약 교회 운동이 믿지 않는 유대인들에게 배척을 받아 이방("광야"는 이방을 상징함)에서 장성하는 것을 의미하기도 한다. 프로스트에 의하면, 신약 시대 말기에 유대인 그리스도 교회가 적그리스도의 핍박을 받아 팔레스타인에서 이방으로 흩어질 것을 상징한다고 한다.[149] 그러나 이 해석은 자연스럽지 않다.

거기서 천이백육십 일 동안 그를 양육하기 위하여 하나님께서 예비하신 곳이 있더라. 이 세상은 광야와 같다. 그러나 하나님께서 교회를 성장시키시기 위하여 지혜롭게 예비하신 곳이 그곳이다. "천이백육십 일"은 14절의 "한 때와 두 때와 반 때"란 기간에 해당되는 것이다. 칼빈주의 주석가 크레이다너스는 이것을 가리켜 신약 시대라고 하였다.[150]

설교 참된 교회(1-6절)

1. 참된 교회는 빛을 비춘다(1절)

참된 교회는 해와 달과 별들처럼 빛으로 이 세상을 밝혀 주는 자이다. 예수님은 신자들을 향하여 "너희는 세상의 빛이라"고 하셨다(마 5:14-16. 엡 5:8-9; 빌 2:14-16 참조). 빛을 비춘다는 것은 하나님을 세상에 알려 주는 복음 전파를 말한다. 신자가 복음을 증거하는 것은 사실상 자기 자신을 위한 것이다. 신자가 예수 그리스도를 증거하지 않는다면 그는 아직 신자로 증명되지 않은 것이다. 롬 10:10에 말하기를 "사람이 마음으로 믿어 의에 이르고 입으로 시인하여 구원에 이르느니라"고 하였다.

---

149) *Matthew Twenty Four and The Revelation*, 220.

150) *Openbaring*, 255

2. 참된 교회는 그리스도와 운명을 같이한다(2절)

본문의 "이 여자가 아이를 배어 해산하게 되매"란 말씀은 비유이다. 이것은 일찍이 하나님께서 약속하신 "여자의 후손"(창 3:15)이란 말씀과 관련이 있다. 여자가 아이를 임신한 것처럼 참된 교회는 구약 시대 초기부터 메시아(그리스도 예수)에 대한 약속을 받았다. 그것이 구약 시대에도 수난으로 이어진 것이다. 본문의 "아파서 애를 쓰며 부르짖더라"(2절 끝)란 말씀이 이런 역사적 사실을 비유한다.

3. 마귀는 계속 참된 교회를 대적한다(3-6절)

마귀가 참된 교회를 대적한다는 것은 창 3:15에 이미 예언된 것이다. 그리고 본문 3절의 "붉은 용"은 마귀를 비유한다(계 12:9). 마귀가 얼마나 무 섭게 참된 교회를 대적하는지 살펴보자.

① "붉은" 빛을 지닌 것은 '죽이는 자'란 뜻이다. ② "일곱 머리"와 "열 뿔"은 세상 나라들의 세력을 잘 이용하는 것을 비유한다. ③ "하늘 별 3분의 1을… 땅에 던진 것"은 많은 천사들을 타락시킨 것을 비유한다. ④ 하나님의 능력이 아니고서는 마귀를 이길 자가 없다. 그리스도도 하나님이 보호하셨고(5절), 참된 교회도 하나님께서 홀로 보호하신다(6절).

7-9절. 사탄이 하늘에서 쫓겨남.

7 하늘에 전쟁이 있으니. 이것은 예수 그리스도께서 십자가에 못 박혀 죽으셨다가 부활 승천하심으로써 마귀가 하늘에서 내쫓긴 사실을 가리킨다(눅 10:18; 요 12:31 참조). 마귀는 항상 하나님 앞에서 성도를 참소하던 자이다(욥 1:9-11; 2:4-5). 그리스도께서 승천하심으로 말미암아 사탄이 하늘에서 쫓겨났는데 어찌하여 사도 바울은 사탄이 신약 시대에도 하늘에서 역사한다고 하였을까? 그는 말하기를 "우리의 씨름은 혈과 육을 상대하는 것이 아니

요 통치자들과 권세들과 이 어둠의 세상 주관자들과 하늘에 있는 악의 영들을 상대함이라"(엡 6:12)고 하였다. 우리는 바울의 이 말씀을 모순이라고 생각하지 않는다. 그 이유는, 예수 그리스도께서 부활하심으로 말미암아 사탄이 하나님께 성도를 참소하던 자리에서 쫓겨났지만, 아직도 성도를 시험하는 자리(이곳도 어떤 의미에서는 하늘, 곧 공중이다)에 머물러 있다가 신약 시대의 종말에 이르러 완전히 땅으로 쫓겨 내려갈 것이기 때문이다. 성경은 하나님께서 이루실 확실한 일에 대하여 말할 때에 그것이 미래에 될 일임에도 이미 완성된 것처럼 말하곤 한다. 구약의 선지자들도 그런 표현을 사용하였다.

그렇다면 하늘 전쟁이 "미가엘"과 "용" 사이에 벌어진 것으로 진술되었는데, 우리는 무엇을 근거로 하여 이것을 그리스도의 부활 사건과 관련시키는 것인가? 본문에는 그리스도에 대한 언급이 전혀 없고 다만 "미가엘과 그의 사자들"이 "용과 그의 사자들"과 싸웠다고 말한다. 그러나 그것은 문제가 되지 않는다. 그 이유는, ① 그리스도께서 하시는 일은 인간 세상에서도 사람들을 통하여 이루어진다. 예를 들면, 복음 전도가 표면적으로는 사람들로 말미암아 이루어지지만 그 이면에서는 그리스도께서 이루고 계신다. 그와 같이 "하늘 전쟁"도 그 이면에서는 그리스도의 죽으심과 부활하심으로 말미암아 실행되지만, 표면적으로는 미가엘과 그의 사자들을 통하여 실현되기 때문이다. ② 우리는 특별히 이 부분에 언급된 "하늘 전쟁"을 10-12절에 진술된 "하늘 음성"의 내용으로 해석해야 한다.[151] 즉 성도들을 참소하던 자가 쫓겨났다는 말(10절)은 구약 시대에 마귀가 성도들을 참소하였으나 그리스도의 속죄로 말미암아 신약 시대에 그 참소 행위가 종식되었다는 것이다. 이것이 바로 성도들의 승리를 의미하는 것이다. 이런 의미에서 11절에 말하기를 "또 우리 형제들이 어린 양의 피와 자기들이 증언하는 말씀으로써 그를 이겼

---

151) R. C. H. Lenski, *The Interpretation of St. John's Revelation*, 372.

으니 그들은 죽기까지 자기들의 생명을 아끼지 아니하였도다"라고 한다. 그러므로 "하늘 전쟁"은 결국 그리스도께서 십자가에 못 박혀 죽으셨다가 다시 살아나심으로써 승리하신 전쟁을 말한다.

미가엘. 이 말은 히브리 원어(מִיכָאֵל)를 소리 나는 대로 번역한 것이며, '누가 하나님과 같으리요'라는 뜻이다. 이 천사는 하나님을 위하여 싸우는 자이다.

9 옛 뱀 곧 마귀라고도 하고 사탄이라고도 하며 온 천하를 꾀는 자. 이 말에 대하여는 12절 해석 다음에 있는 설교("마귀를 이기라")를 참조하라.

설교 악령의 명칭(7-9절)

하나님의 원수인 악령은 그것이 활동하는 성격을 따라 받은 이름들이 있다. 따라서 우리는 그 이름을 보고 악령에 대한 전략을 세울 수 있다.

1. 옛 뱀(ὁ ὄφις ὁ ἀρχαῖος)

"뱀"은 간교한 동물이어서 악령이 아담을 시험할 때 도구로 사용되었다(창 3:1-5). 그러므로 뱀 자체가 악령은 아니었다. 다만 "뱀"이란 이름이 악령에 대한 상징적 명칭이 되었다. 악령을 "옛 뱀"이라고 한 것은 그가 아담 때 인간을 시험했던 자이기 때문이다.

우리는 자신의 약점에 대하여 막연하게 알 뿐 아니라, 그것을 제대로 고쳐 나가지도 못한다. 그러나 마귀는 수천 년 동안 능란한 전술로 사람의 약점을 파악하였고, 그 꾀로 사람들을 넘어뜨린다. 그는 자신을 "광명의 천사"로 가장하기도 한다(고후 11:14). 베드로를 사용하여 그리스도를 시험했을 때 그리스도는 베드로에게 "사탄아 내 뒤로 물러가라"(마 16:22-23)고 하셨다. 마귀는 우리를 타락시키기 위하여 우리의 친구와 가족을 사용하기도 한다. 그

때에는 우리도 주님처럼 하나님의 뜻만을 굳게 붙잡아야 한다. 우리는 사탄을 물리칠 수 있는 권위와 능력을 소유하지 못했으므로 예수님처럼 직접 "사탄아 물러가라"고 명령할 수 없으나 악령에게 "주께서 너를 꾸짖으시기를 원하노라"(유 1:9)고 기도할 수는 있다.

2. 마귀(διάβολος)

"마귀"란 말은 '참소하는 자'란 뜻이다(10절 참조). 그가 사람을 상대할 때에는 하나님에 대하여 좋지 않게 말한다. 이와 같은 그의 참소 방법은 사람들이 하나님의 말씀을 믿지 못하도록 방해하는 것이다. 하와에게 참소할 때도 그러했다(창 3:1-5). 그는 생각을 어지럽히는 싸움을 가장 중요하게 생각한다. 그래서 늘 사람들(심지어 신자들)이 하나님의 말씀을 의심하도록 유도한다.

3. 사탄(Σατανᾶς)

"사탄"이란 말은 '반대자'라는 뜻이다. 그는 언제나 하나님을 대적한다. ① 천국에서 하나님의 종으로 살기를 원하지 않고 지옥에서라도 왕이 되기를 원한다. ② 진리를 비진리라고 그릇되게 선전한다. 그가 욥의 참된 경건을 인정하시는 하나님의 말씀을 부인하면서 말하기를 "욥이 어찌 까닭 없이 하나님을 경외하리이까"라고 하였다(욥 1:8-11). ③ 그는 하나님의 택하심을 받은 자도 미혹하여 하나님의 구원 계획을 무너뜨리려 한다(마 24:24). 신자들의 신앙을 약화시키고 없애려는 모든 불신앙운동은 사탄의 역사이다. 주님을 믿는 것이 가장 참되고 의로운 일인데도 주님을 의심하는 사상이 이 세상에 팽배한 것은 사탄의 역사이다.

이와 같이 악령의 역사는 진리와 반대되는 운동이고, "온 천하를 꾀는" 운동이다.

10-12절. 이 구절들은 그리스도께서 부활 승천하심으로 말미암아 구원 사역이 획기적으로 성취된 사실을 가리킨다.

10 내가 또 들으니 하늘에 큰 음성이 있어 이르되 이제 우리 하나님의 구원과 능력과 나라와 또 그의 그리스도의 권세가 나타났으니 우리 형제들을 참소하던 자 곧 우리 하나님 앞에서 밤낮 참소하던 자가 쫓겨났고. "구원"은 그리스도께서 십자가의 보혈로 속죄하신 것을 가리키고(계 7:10), "능력"은 그리스도께서 승천하심으로 오신 성령의 영적 능력을 의미하고(계 4:11; 5:12), "나라"는 천국이고, "권세"는 승천하신 주님께서 하늘과 땅의 주재가 되시는 권세를 말한다(마 28:18). 이 네 가지 문구는 그리스도께서 죽으셨다가 부활 승천하심으로써 사탄을 완전히 이기신 결과에 대한 말씀이다.

"우리 형제들을 참소하던 자." 여기서 문제가 되는 것은, '이 말을 하는 자가 누구인가?'이다. ① 스웨트는 이것을 "24장로 중의 하나"라고 하였으나 확실하지 않고, ② 크레이다너스는 "천사들"이라고 하고, ③ 로마이어는 "순교자들"이라고 하고, ④ 또 다른 학자들은 "구약 시대의 성도들"이라고 한다.

"참소하던 자"는 사탄을 가리키는데, 구약 시대에는 그가 하나님께서 택하신 백성을 하나님 앞에 참소하였다(욥 1:9-11; 2:4-5). 그러나 신약 시대에는 예수님의 구원 사역이 완성됨으로 말미암아 하나님께서 택하신 백성들을 의롭다 칭하시기 때문에 이제 사탄의 참소는 끝났다.

11 또 우리 형제들이 어린 양의 피와 자기들이 증언하는 말씀으로써 그를 이겼으니. 여기서 "이겼"다는 말은 앞절에 언급한 사탄의 참소가 종식됨에 따른 결과이다. 그러므로 이 구절은 앞절과 연결된다.

"말씀으로써"에서 "으로써"의 헬라어(διὰ)는 "때문에"라고 번역되어야 한다. 이 말이 목적격 명사 앞에 놓였기 때문에, 여기서는 승리의 방편을 의미하는 것이 아니라 승리자의 은혜와 공로를 가리킨다. 다시 말하면, 그들의 승리는 그들 자신의 공로로 얻은 것이 아니라, 그리스도의 보혈의 공로로 말미암아 은혜로 받은 것이다. 뿐만 아니라 그 증거하는 말씀이 그들로 하여금 승리에 참여하도록 만들어 주었다(행 20:32 참조). 12절 해석 다음에 있는 설교("마귀를 이기라")를 참조하라.

그들은 죽기까지 자기들의 생명을 아끼지 아니하였도다. 계시록에 언급된 그리스도 신자들은 어떤 의미에서 모두가 순교자들이다. 그렇다면 사람이 구원을 얻는 자격이 순교라는 말인가? 그렇지않다. 계시록에서는 그리스도 신자를 "어린 양"(죽임을 당하셨던 예수)과 연합한 자라고 전제한다(계 14:1; 17:14; 19:11, 14). 그러므로 이 세상에서 순교하지 않은 신자들도 그리스도 안에 있는 한, 그리스도의 공로로 "이긴 자"의 자격을 누린다. 다시 말하면, 그는 세상과 원수 된 자이고, 세상에서 고난을 당한 자이고, 세상을 이긴 자로 간주된다.

그들은 그리스도의 복음을 믿음으로 영생을 받았다. 그러므로 결국 죽게 될 육체의 생명(롬 8:10)을 아낄 필요가 없다(계 12:11). 그리스도께서 그들에게 영원한 생명을 주셨고, 또한 그들을 보호해 주신다. 따라서 그들은 자기의 생명을 자기의 힘으로 구원하려 하지 않고 그리스도께 의탁한다. 신자는 자신을 의지하는 마음을 포기한 자이다. 한 손으로는 자신을 붙잡고 다른 한 손으로는 주님을 붙잡는 식으로는 구원을 받을 수 없다. 우리는 베드로를 의지해도 안 된다. 베드로도 내가 의지한 주님을 의지하고 구원을 받은 자이다. 루터(Luther)는 말하기를 "나를 위하여 죽으셨던 분이 내 영혼을 간수하게 하라"고 하였다.[152]

152) Let him that died for my soul, see to the salvation of it.

설교 어린 양의 피(11절)

"어린 양의 피"는 신자들을 죄에서 구원하기 위하여 죽으신 그리스도의 보혈을 의미한다. 그리스도께서는 우리 대신 죽으시려고 이 세상에 오셨다. 그의 일생은 우리를 대속하시기 위한 고난의 길이었다. 예수님의 죽으심에 대한 성구는 성경에 175구절이나 있다. 우리는 우리를 죄 가운데서 구속하신 예수님의 고난을 자주 묵상해야 한다.

1. 겟세마네에서의 고통

우리가 예수님을 오해하는 것 일들 가운데 하나는, 예수님은 하나님의 아들이시므로 십자가의 고난이나 죽음 같은 것은 그에게 견디기 어려운 일이 아니었을 것이라고 생각하는 것이다. 그러나 우리는 다음과 같은 사실을 기억해야 한다.

1) 예수님은 인간의 속성을 가지셨으므로, 인간이 느끼는 고통을 우리와 똑같은 감정으로 당하셨다.

2) 그는 죄도 없이 죄의 열매인 사망을 경험하였다. 그러므로 다른 사람들보다 더욱 심한 고통을 느끼셨다. 죄인은 죄로 인하여 어리석고 미련하여져서 죄가 주는 수치를 당할 때 그것으로 인한 고통을 완전히 느끼지 못한다. 그러나 예수님은 비애의 끝인 사망을 경험하실 때에 그것의 비참함을 온전히 느끼셨다. 겟세마네는 예수님의 고독과 고난이 절정을 이룬 곳이다. 그는 거기서 통곡하셨으며(히 5:7), 피땀을 흘리셨다(눅 22:44). 그의 큰 고통을 우리는 헤아릴 길이 없다. 그가 결코 담대하시지 못해서 그런 것이 아니다. 인간은 죄인이므로 영적인 감각이 둔해져 죽음의 의미를 모르기 때문에, 죽음 앞에서 맹목적으로 담대한 자들도 있다. 나폴레옹의 한 친구가 창백한 얼

굴로 전쟁터로 떠나는 사관을 보고 나폴레옹에게 말했다. "저 사람은 겁이 많은 사람이다." 그러자 나폴레옹이 대답하기를 "그는 참으로 담대한 사관이다. 그 이유는, 앞날의 위험을 예민하게 느끼면서도 전쟁터로 가기 때문이다."라고 하였다.

겟세마네에서의 예수님에게 대하여 라니어(Lanier)는 다음과 같은 애곡을 읊었다.

"나의 주님은 몹시 피곤하셔서,
수풀 속으로 들어가셨다.
사랑과 욕을 안고 피곤한 채,
그는 수풀 속으로 들어가셨다.
감람나무인들 그를 몰라보았으랴!
작은 잎사귀인들 그에게 친절하지 않았으랴!
그가 수풀 속으로 들어가셨을 때,
가시나무도 그를 알았으리라."

3) 그의 죽으심은 개인 한 사람의 죽음이 아니라 억만 성도의 모든 죽음을 걸머지신 것이었다. 그 고통은 말할 수 없이 컸다.

2. 제자들의 배반(마 26:56)

예수님은 그의 제자들이 다 배반할 때에 극도의 고독을 느끼셨을 것이다. 가룟 유다는 예수님을 팔았고, 다른 제자들은 예수님을 버리고 흩어졌으며, 베드로는 예수님을 모른다고 세 번이나 부인하였다. 그와 같이 예수님은 사랑하는 제자들에게 버림받으셨다(사 53:3). 그것은 극도의 고독이다.

3. 심문받으심

예수님은 심문을 당하시는 자리에서 모욕과 훼방을 받으셨으나 이에 대하여 변명하시지 않았다. 그는 억울함을 그대로 참으시며 고난을 감수하셨다. 불의한 재판을 받으시면서도 계속 참으신 것은 그에게 큰 고통이었다. 그는 "욕을 당하시되 맞대어 욕하지 아니하시고 고난을 당하시되 위협하지 아니하시고"(벧전 2:23), "곤욕을 당하여 괴로울 때에도 그의 입을 열지 아니하였음이여 마치 도수장으로 끌려 가는 어린 양과 털 깎는 자 앞에서 잠잠한 양 같이 그의 입을 열지 아니하였도다"(사 53:7).

4. 십자가의 고난

십자가에 못 박히는 것은 저주받은 자의 모습이다 (신 21:23; 갈 3:13).

1) 십자가 위에서의 고통도 컸는데, 예수님은 구주 되신 책임을 다하시기 위해 사람들의 짐을 지셨다. ① 그는 그를 십자가에 못 박는 자들을 위하여 그들의 죄를 사해 달라고 간구하셨고, 또한 ② 그의 모친을 제자 요한에게 부탁하셨으며, ③ 십자가에 함께 못 박힌 강도를 구원해 주셨다.

2) 예수님께서 극도의 고통을 느끼신 것은 다음과 같은 말씀들을 통하여 알 수 있다. ① "엘리 엘리 라마 사박다니"라고 하신 것은, 그가 하나님 아버지께 버림받으신 것을 느끼신 고통이다. ② "목마르다"고 하신 것은, 그의 몸에서 피가 다 빠져나가 극도의 갈증을 느끼신 것이다. 또한 그 말씀을 하신 것은 성경(시 69:21)을 이루려 하신 것이다. 이처럼 그는 고통을 그대로 다 받으시면서 최후까지 하나님의 뜻을 위하여 참으셨다. ③ "아버지여 내 영혼을 아버지 손에 부탁하나이다"라고 하신 것은 마지막까지 자신의 사역을 완수하신 종으로서의 삶을 마치신 것이다. 이와 같이 그는 자기의 문제는 뒤로 하시고, 원수 되었던 우리의 문제를 우선적으로 해결해 주시기 위해 친히 우

리의 짐을 지셨다(벧전 2:24).

12 그러므로 하늘과 그 가운데에 거하는 자들은 즐거워하라. 이들은 주님을 믿고 별세한 자들로, 그들의 영혼이 천국에 간 자들이다.

그러나 땅과 바다는 화 있을진저. 여기서 "땅과 바다"는 땅 위의 생존자들을 두루 일컫는 말이다.

이는 마귀가 자기의 때가 얼마 남지 않은 줄을 알므로 크게 분내어 너희에게 내려갔음이라 하더라. 그리스도께서 장차 다시 오실 때에 마귀는 불못에 던져진다. 그와 같이 땅으로 쫓겨 내려가면서 그는 자신의 비운을 알고 더욱 발악한다.

설교 하늘 전쟁(7-12절)

1. 구약 시대

하늘 전쟁은 영적 세계의 전쟁으로, 구약 시대에 계속 있었던 전투다. 즉 마귀는 구약 시대부터 하나님의 백성들을 정죄하여 왔고, 선한 천사들은 그것에 대항하였다. 예를 들면 욥에 대한 사탄(마귀)의 고소와 같은 것이다(욥 1:9-11; 2:4-5). 마귀는 참소하기를 "욥이 어찌 까닭 없이 하나님을 경외하리이까" 하였는데, 이 사실은 계 12:10의 "우리 형제들을… 하나님 앞에서 밤낮 참소하던 자"란 말씀이 증명한다. 이 전쟁에서 성도들의 무기는 하나님의 말씀이다. 영적 세계에서는 마귀가 진리를 알면서도 반역하며 거짓말을 주장한다. 마귀도 하나님이 "하나님은 한 분이신 줄을 믿느냐 잘하는도다 귀신들도 믿고 떠느니라"(약 2:19)라고 하였다. 그러면서도 그는 하나님을 반역하다가 마침내 하나님의 꾸짖으시는 말씀 앞에서 패배를 당한다. 하나님의 무기는 꾸짖으심이다(슥 3:1-2; 유 1:9 참조).

2. 신약 시대

신약 시대에 이르러 그리스도께서 십자가에 못 박혀 죽으셨다가 다시 살아나심으로써 이 영적 전쟁은 그리스도의 승리로 끝났다. 예수님께서 말씀하시기를 "이 세상의 임금(마귀)이 쫓겨나리라"(요 12:31) 하셨고 "이 세상 임금이 심판을 받았음이라"(요 16:11)고 하셨다. 골 2:15에는 "통치자들과 권세들을 무력화하여 드러내어 구경거리로 삼으시고 십자가로 그들을 이기셨느니라"고 하였다. 여기서 "통치자들과 권세"는 마귀의 세력을 가리키고, "무력화하여"라는 말은 옷과 같이 둘러싼 마귀의 세력들을 벗어 버리듯 이기신 것을 가리킨다. 선한 천사와 마귀의 싸움은 우리에게 알려진 대로 사상전이고 말씀의 전쟁이다. 유 1:9에 보면 "천사장 미가엘이 모세의 시체에 관하여 마귀와 다투어 변론할 때에 감히 비방하는 판결을 내리지 못하고 다만 말하되 주께서 너를 꾸짖으시기를 원하노라"고 하였다. 거기서 마귀는 패배를 당하였다.

예수님께서 그의 공생애 사역 초기에 마귀를 이기실 때에도 하나님의 말씀(진리)으로 이기셨다(마 4:3-11). 이 세상의 전쟁은 거짓을 전술로 삼는다. 손자병법은 "전쟁은 속이는 것으로 이긴다"고 주장한다. 그러나 영적 전쟁에서는 진리로만 마귀를 이길 수 있다. 본문 계 12:11에서도 이 사실을 증거한다. 곧 "우리 형제들이 어린 양의 피와 자기들이 증언하는 말씀으로써 그를 이겼으니 그들은 죽기까지 자기들의 생명을 아끼지 아니하였도다"라고 한다.

설교 마귀를 이기라(7-12절)

우리는 성경에 기록된 대로 마귀의 존재를 믿는다. 마귀는 속이는 자이므로, 우리가 그의 존재를 모르는 것을 좋아한다. 인간이 마귀를 보지 못하면 안전할 것 같지만 그것은 마치 타조(ostrich)의 어리석음과 같은 생각이다. 타조는 위험을 느낄 때에 자신의 머리만 모래 속에 파묻는다고 한다. 그러나 그것은 위험을 피하거나 면하는 방법이 될 수 없다. 사람이 마귀가 안 보인다고 해서 안심한다면 그것은 마귀에게 자기를 완전히 내어 맡기는 행동이 된다. 마귀는 사람을 꾀어 넘어뜨리는 데 능하다.

1. 우리는 그리스도의 피로 마귀를 이긴다

그리스도께서 흘리신 피는 우리의 죗값을 지불하신 것이며(벧전 1:18-19), 또한 우리가 받을 영원한 저주를 대신 담당하신 공로이다(갈 3:13). 그리스도의 피가 이처럼 능력 있는 이유는, 하나님께서 예정하신 속죄의 방법이기 때문이다. 벧전 1:18-20에 말하기를 "너희가 알거니와 너희 조상이 물려 준 헛된 행실에서 대속함을 받은 것은 은이나 금 같이 없어질 것으로 된 것이 아니요 오직 흠 없고 점 없는 어린 양 같은 그리스도의 보배로운 피로 된 것이니라 그는 창세 전부터 미리 알린 바 되신 이나 이 말세에 너희를 위하여 나타내신 바 되었으니"라고 하였다. 이와 같이 그리스도의 피는 우리의 속죄 방편으로 영원 전에 예정되었고, 구약 시대 수천 년 동안 예고되었던 진리이다. 이는 하나님의 신실하심과 같이 신실한 진리이다. 누가 하나님께서 정하신 법을 거슬러 승리할 수 있겠는가? 봄, 여름, 가을, 겨울, 사계절의 순서도 하나님께서 정하신 것이므로 사람이 그것을 바꿀 수 없다. 하물며 그리스도의 피로 구속받게 하시는 하나님의 법을 어느 누가 바꿀 수 있겠는가! 하나님께서는 영원 전에 인류의 범죄와 그것으로 인한 멸망을 아시고 그의 독생자를 속죄자로 예정하셨다.

2 우리는 하나님의 말씀 증거로 마귀를 이긴다

하나님의 말씀에는 어떤 능력이 있기에 마귀를 이길 수 있는 것인가? 이에 대하여 바빙크는 다음과 같은 여덟 가지를 든다. ① 구원에 이르는 능력

(롬 1:16; 고전 1:18; 2:4-5; 엡 1:13), ② 생명 있고 영원하신 말씀(벧전 1:25), ③ 살았고 운동력이 있음(히 4:12), ④ 영이며 또 살리는 것(요 6:63), ⑤ 어두운 데 비취는 빛(벧후 1:19), ⑥ 마음에 심는(생명 있는) 씨(마 13:3), ⑦ 좌우에 날 선 검(히 4:12), ⑧ 믿는 자들 속에 역사하는 말씀(살전 2:13)이다.[153)]

13-14 용이 자기가 땅으로 내쫓긴 것을 보고 남자를 낳은 여자를 박해하는지라 그 여자가 큰 독수리의 두 날개를 받아 광야 자기 곳으로 날아가 거기서 그 뱀의 낯을 피하여 한 때와 두 때와 반 때를 양육 받으매. 이 말씀들은 6절 말씀을 다시 해설한 것이다. 6절 해석을 참조하라.

"큰 독수리의 두 날개"(14절). 크레이다너스는 말하기를 "두 날개 중 하나는 신앙이고(마 17:20; 막 9:23; 엡 6:16; 요일 5:4), 다른 하나는 기도이다(막 11:24; 요 14:13-14; 약 5:15-16). 신자와 교회의 힘은 이 두 가지에 있다. 날개는 공격하는 병기가 아니라 피하는 데 사용된다. 신자와 교회는 신앙과 기도로 주님께 피하여 보호를 받는다"고 하였다.[154)] 그러나 이 해석은 추측에 불과하다. "독수리의 두 날개"는 하나님께서 그의 택하신 백성을 시련으로 양육하시는 것을 상징한다(신 32:11-12; 시 103:5; 사 40:31). "독수리"는 자기 새끼를 연단하기 위하여 새끼를 둥지에서 떨어뜨리는 식으로 나는 법을 가르치다가, 새끼가 땅에 떨어질 위기에 처하면 그 즉시 날개로 새끼를 업는다. 하나님께서도 그의 백성을 그런 방식으로 연단시키시는 일이 많다(출 19:4).

"광야"는 이 세상을 비유한다. 성경에서 광야는 사람이 살기 어려운(시 78:19; 잠 21:19), 사망의 음침한 땅으로 표현되었다(렘 2:6). 그래서 하나님은 자기 백성의 신앙을 훈련시키는 장소로 광야를 택하셨다(렘 2:2). 그와 같이

153) H. Bavinck, *Gereformeerde Dogmatiek, IV*, 501-504.

154) Greijdanus, *Commentaar Op Het Nieuwe Testament, Openbaring*, 1925, 263.

하나님께서는 광야 같은 이 세상에서 신약 교회의 신앙을 훈련시키신다. 이 세상의 모든 조건은 우리에게 고난을 준다. 고난이 우리에게 괴로운 것 같으나 사실은 우리를 하나님께로 나아가게 한다. 어떤 아이가 장난감 배를 가지고 강물에 띄우며 놀았다. 조금 후에 배가 강 가운데로 떠내려가자 그 아이는 배를 잃을 것 같아서 겁을 냈다. 그때에 옆에 있던 사람이 큰 돌을 들어서 배 너머로 던졌다. 아이는 배가 부서진 줄 알고 울었다. 그러나 그 배는 그 돌 때문에 생긴 파문을 따라 점점 강가로 밀려 나왔고, 아이는 강가로 밀려온 배를 붙잡을 수 있었다. 그와 같이 세상에서는 우리가 고난을 당하지만 그것으로 인하여 주님과 더욱 가까워지게 된다.

"한 때와 두 때와 반 때"란 말은 단 7:25에도 있으며, 이것은 단 9:24에 있는 "일흔 이레" 중 마지막 "한 이레"의 전반부인 삼 년 반일 것이다. 그렇다면 어찌하여 삼 년 반이란 기간을 "한 때와 두 때와 반 때"라고 하였을까? 이와 같은 표현법에는 반드시 상징적 의미가 내포된다. 영(E. J. Young)에 의하면, 이것은 핍박자가 활동하는 세 단계를 가리키는데, 그의 핍박이 점점 강해지다가 끝나는 것을 보여 준다고 한다.

"한 때"는 하나님의 은밀한 계획이 끝나는 기간이고, "두 때"는 그때("한 때")가 계속되는 것을 의미한다(Calvin). 곧 "한 때"는 핍박이 시작되는 것이고, "두 때"는 그 핍박이 강화되는 것이고, "반 때"는 그 핍박이 끝나는 것을 상징한다. 환난에 대한 주님의 말씀도 이와 같은 해석을 암시한다. 예수님께서 말씀하시기를 "난리와 난리 소문을 듣겠으나… 아직 끝은 아니니라 … 이 모든 것은 재난의 시작이니라"(마 24:6-8)고 하신 다음에 많은 재앙을 말씀하시고 "그러나 택하신 자들을 위하여 그 날들을 감하시리라"(마 24:22)고 하셨다(막 13:7; 눅 21:9 참조). 예수님께서 "날들을 감하시리라"고 말씀하신 것은, 계속되는 환난의 날들을 줄이신다는 의미이다.

그렇다면 여기 나오는 "한 때와 두 때와 반 때"란 말은 시간적으로 어떤 기간을 말하는가? ① 칼빈주의 학자들은 그 기간은 신약 시대이며, 상징적 표현인 "마흔 두 달", 혹은 "천이백육십 일"(계 11:3)에 해당되는 기간일 것이라고 한다. ② 세대주의 학자 프로스트(Henry W. Frost)의 해석에 의하면, 이 기간은 신약 시대 말기에 일어날 유대인 기독교회가 핍박받는 "후 삼년 반" 기간이라고 한다.[155] 그러나 이 해석은 받아들이기 어렵다.

15 여자의 뒤에서 뱀이 그 입으로 물을 강 같이 토하여 여자를 물에 떠내려 가게 하려 하되. "물을 강같이 토하여." 여기서 강물은 무엇을 의미하는가? 크레이다너스는 말하기를, 이것은 우리로 하여금 그리스도에게서 멀어지게 하는 모든 이 세상주의이며, 염려, 탐심, 기타 여러 가지 육체적 생활을 가리킨다(마 13:22)고 하였다.[156] 또 어떤 사람들은 이것이 침략군들을 가리킨다고 한다. 그러나 여기서 말하는 강물은 무서운 환난을 비유한다(사 43:2).

16 땅이 여자를 도와 그 입을 벌려 용의 입에서 토한 강물을 삼키니. 이것은 사탄의 모든 악한 계교가 하나님의 섭리적 행사로 실패하는 것을 가리킨다. 예를 들면, 사울이 다윗을 잡으려고 열중하던 때에 블레셋 군이 침입하여 다윗이 도망할 기회를 얻었던 것 등이다.

17 용이 여자에게 분노하여 돌아가서 그 여자의 남은 자손 곧 하나님의 계명을 지키며 예수의 증거를 가진 자들과 더불어 싸우려고 바다 모래 위에 서 있더라. "그 여자의 남은 자손 곧 하나님의 계명을 지키며 예수의 증거를 가진 자들과 더불어 싸우려고." 이것은 마귀가 신자들 개인을 유혹하려는 것을 가리킨다. 사탄은 공동체인 교회를 없앨 수 없으므로 신자들을 개별적으로 유혹하여 멸망시키려 한다.

"서 있더라." 이 말의 헬라어 에스타테(ἐστάθη)는 "그가(용이) 섰더라"란

---

155) Henry W. Frost, *Matthew Twenty Four and The Revelation*, 219-224.

156) *Openbaring*, 263.

뜻이다. 어떤 사본에는 에스타텐(ἐστάθην)이라고 하였는데, 이 말은 "내가 섰다"라고 번역할 수 있다. 이 사본을 채택하는 경우에 17절은 다음과 같이 번역된다. 곧 "용이 여자에게 분노하여 그 여자의 남은 자손, 곧 하나님의 계명을 지키며 예수의 증거를 가진 자들과 싸우려고 돌아갔고 나(요한)는 바다 모래 위에 서 있었다."

설교 참교회의 불멸성(13-17절)

그리스도 안에 있는 신자들(참교회)은 그리스도의 사랑에서 끊어지지 않는다(요 10:28; 롬 8:31-39). 그들은 광야처럼 고난 많은 세상에서 독수리의 두 날개와 같은 하나님의 보호를 받는다. 즉 참된 교회는 "한 때와 두 때와 반 때"의 기간 동안 하나님의 보호를 받는다. 이 기간은 '신약 시대'를 비유하는데, 계시록에서 "3일 반"(계 11:11)이라고도 불리며, "마흔 두 달"(계 11:2), 또는 "1,260일"(계 11:3; 12:6)이라고도 불린다.

그러면 "독수리의 두 날개"는 무엇을 의미하는가? 신 32:10-11에 말하기를 "여호와께서 그를 황무지에서, 짐승이 부르짖는 광야에서 만나시고 호위하시며 보호하시며 자기의 눈동자 같이 지키셨도다 마치 독수리가 자기의 보금자리를 어지럽게 하며 자기의 새끼 위에 너풀거리며 그의 날개를 펴서 새끼를 받으며 그의 날개 위에 그것을 업는 것 같이"라고 한다. 독수리는 새끼들에게 나는 법을 가르칠 때 높은 벼랑 위에 있는 둥지를 흔들어서(stir up) 새끼들을 벼랑 아래로 떨어뜨린다. 그리고 새끼들이 위급할 때 재빨리 날아가서 자기 날개 위에 새끼들을 업는다.

이처럼 하나님께서도 신자들의 신앙을 연단하시기 위하여 그들을 위험한 데 떨어뜨리실 때가 있다. 그러나 그는 그들이 완전히 실패하도록 내버려 두시지 않고 그들을 업는 것처럼 건져 주신다(출 19:4 참조).

그러므로 교회는 신실하게 신앙을 유지하면서 세속화되지 않아야 하고, 구별된 성결생활을 계속해야 한다.

설교 참된 신자의 수난(11절)

그리스도 신자는 자기의 책임, 곧 복음을 증거하는 동안에는 세상에서 핍박을 받는다. 그가 받는 고난은 그가 예수님과 하나가 된 상태에서 당하는 것이다. 따라서 그것을 당할 때에 예수님께서 그로 하여금 그 고난을 이기게 해 주신다(요 15:18-20; 16:33 참조).

계 12:13 이하는 앞으로도 신약 교회의 신자들이 핍박을 많이 받을 것을 예언하였다. 이 예언은 교회 역사에 그대로 이루어졌다. 교회사를 보면, 초대교회 때부터 이미 환난과 핍박이 시작되었다. 주님의 십자가 사역 이후에 사도들의 순교가 있었고, 그 후에는 로마에서 네로(Nero) 황제의 큰 핍박이 있었다. 네로는 그리스도인들에게 짐승의 가죽을 입혀서 사나운 개가 물어뜯게 하여 거의 죽게 만들었다. 혹은 신자들을 화형에 처하여 등불을 대신하였고, 많은 성도들을 십자가에 못 박히기도 하였다. 그러나 네로는 후에 자살하였다. 안토니누스 피우스(Antoninus Pius) 황제와 마르쿠스 아우렐리우스(Marcus Aurelius)는 그리스도 신자들을 핍박하지 않았으나 그 나라 사람들이 신자들을 핍박하는 것은 방관하였다. 그때에 사도 요한의 제자 폴리카르포스(Polycarp)가 순교하였다. 그는 순교 장소에서 "네가 예수를 모른다고 하기만 하면 석방하여 주겠다"는 관원들의 말에 대답하기를 "내가 그를 섬겨 온 86년 동안 그가 내게 조금도 해를 끼치지 않았는데, 어떻게 내가 그를 배반할 수 있겠오?"라고 하였다. 데키우스 황제(주후 200년경)는 신자들을 완전히 없앨 목적으로 그리스도 신자들에게 로마의 신을 섬기라고 명하였고, 이를 순종하지 않는 자들을 많이 죽였다. 디오클레티아누스(Diocletianus) 황제 때에는 감독, 집사, 신도들을 많이 잡아서 가두었고, 성경을 모아서 불태웠다. 그때에 한 감독은 핍박하는 자가 성경을 불사르게 내어 놓으라고 할 때에 말하기를 "내 몸을 불사르라. 하나님의 말씀을 내놓지 못 하겠다"고 하였다. 또 어떤 집사는 성경을 내어 놓으라는 관리의 강요에 답하기를 "내 아이를 불사르게 내어 줄지언정 성경을 내어 놓을 수는 없다"고 하여, 핍박자들이 그 부부를 불에 태워 죽였다고 한다. 이처럼 1-3세기에는 정권을 잡은 자들이 그리스도 신자들을 많이 죽였으나, 그 후에는 오히려 교회가 참된 신자들을 잡아서 죽였다. 4세기의 암브로시우스(Ambrose) 감독은 진실하게 하나님의 말씀대로 살았다. 로마의 테오도시우스(Theodosius) 황제가 무죄한 자들의 피를 흘릴 때에 암브로시우스는 그 황제를 책망하였다. 그러자 황제는 8개월간 궁중에서 근신하며 통회했다. 후에 그는 암브로시우스의 팔에 안겨 세상을 떠났다. 암브로시우스는 이탈리아의 밀라노 지방에서 사역했는데, 그의 제자들도 그의 정신을 본받아 진리를 지키는 데 전력을 다하였고, 교권주의로 흐르는 로마교회의 지배하에 들어가지 않았다. 그러므로 밀라노 교구에는 교황의 명령이 미치지 못하였다. 이 밀라노 교구는 11세기(1059년 교황 니콜라스 2세)에 이르기까지 교황 치하에 있지 않고 독립하여 있었던 프로테스탄트적 교구였다. 암브로시우스는 밀라노의 감독으로서(23년간), 성경을 유일한 신앙의 기준으로 믿고 사역하다가 397년에 별세하였다. 그가 죽은 후 라우렌티우스(Laurentius), 만수에투스(Mansuetus, Bishop of Milan), 클라우디우스(Claudius of Turin) 등이 암브로시우스의 후계자로 진리를 고수하며 교황 정치에 속하지 않고 항쟁하였다. 그 증거로 다미아누스(Damianus)가 암브로시우스파의 목사에게서 직접 듣고 말하기를 "암브로시우스파 교회는 옛날 교부들의 법에서 자유하였고, 로마교 법에 복종하지 않았으며 교황의 명령이 그 파에는 들어가지 못하였다."라고 하였다.[157] 이처럼 암브로시우스파는 순교의 정신으로 진리를 지키며 싸웠다. 왈도파(The Waldenses)는 11세기에 암브로시우스파가 해산된 후에 남은 신자들인데, 알프스 아래에 본부를 두고 오랜 세월 동안 로마 교권에 대항하며, 프로테스탄트적 신앙을 지켰다. 이들은 알프스 산맥에 있는 카스텔루츠(Castelluzz) 산곡에 거주하였다. 그곳은 일곱 개의 골짜기가 있었으며, 매우 아름답고 비옥한 지방이었다. 그들은 그곳에 신학교를 세웠고 총회 조직도 세웠다. 150여 명의 목사와 같은 수의 평신도가 거기에 참여하였다. 또한 그들은 선교사를 양성하여 파송했는데, 그 선교 방법은 은밀하게 비단과 보석 등을 파는 행상인으로 집집마다 들어가서 손으로 베낀 성경을 꺼내어 가르치는 것이었다. 그와 같이 그들은 로마 교회의 교권주의에 저항하면서 유럽 남부와 서부에 있는 각국으로 들어가 전도했으며, 스페인, 독일, 보헤미아, 폴란드에서도 전도하였다.

왈도파가 서부 교회(로마 지방을 중심으로 한 모든 교회)의 부패에 합류하지 않은 것처럼, 바울파는 동방 교회(안디옥 지방을 중심으로 한 모든 교회)의 부패에 합류하지 않았다. 바울파는 콘스탄틴이란 아메니아 사람으로 말미암아 생겼다. 어느 날 그는 자기 집에 머무는 어떤 손님에게서 신약성경 한 권을 얻어서 읽은 후, 동방 교회의 잘못을 깨닫고 그 교회에서 떠났다. 그 후 27년간 사역하다가 돌에 맞아 순교하였다. 이상한 것은 그를 죽인 지방 교회의 감독 시므온(Simeon)이 그의 순교하는 광경을 본 뒤에 회개하고 그보다 위대한 프로테스탄트 신앙의 지도자가 된 것이다. 시므온도 후에 순교하였다. 역사가인 에드워드 기번(Edward Gibbon)에 의하면, 후에 바울파에서 10만여 명이 순교하고, 남은 사람들은 유럽의 여러 나라로 흩어졌다고 한다. 그들의 근거지는 트레비존드 산간에 있었다.

---

157) *History of the Protestant Church*, Vol. 1, 23-24.

중세에는 종교 재판으로 순교한 성도들이 많았다.

1) 네덜란드의 개혁 순교자들. ① 요한 배커(John Bakker)는 화형장으로 나아가는 도중에 신자들을 향하여 말하기를 "내 사랑하는 형제들이여! 나는 순교의 문으로 발을 들여놓으니, 당신들은 내 뒤를 이어 불의를 거스르며 복음의 진리를 파수하시오."라고 하였다. 그러자 함께한 신자들이 그 말을 듣고 박수를 치며 찬송하였다. ② 로버트 오지에르(Robert Ogier)가 그의 아내와 맏아들과 함께 화형을 당할 때에, 그의 맏아들이 말하기를 "아버지, 보십시오! 하늘이 열리고 수많은 천사들이 우리를 향하여 기뻐합니다. 우리도 기뻐합시다. 우리는 진리를 위하여 죽습니다."라고 하였다. ③ 요한 코넬리우스 윈터(John Cornelius Winter)는 참형을 당하기 전에 형장에서 최후까지 찬송하였다. 그는 '하나님을 찬송하세.'라는 제목의 찬송을 부르는 가운데 "모든 순교자들이 당신을 찬송하나이다."라고 말한 후 참형을 당하여 별세하였다. ④ 귀도 드브레(Guido de Bray)는 교수대에서 최후 순간까지 동료 신자들에게 진리를 굳게 지키라고 격려했다. ⑤ 리처드 윌렘손(Richard Willemson)은 핍박을 피해 도망을 가다가, 그를 잡으러 오던 핍박자가 얼음 속에 빠져 죽게 된 것을 보고 그를 건져 주었다. 그런데도 그 핍박자는 기어이 그를 잡아서 죽였다.

2) 영국의 순교자들. ① 로저스(Rogers)는 핍박자에게 붙잡혀서 스미드필드로 갈 때 자기 부인이 어린 자녀에게 젖을 먹이며 열 명의 자녀와 함께 기다리고 서 있는 것을 보았다. 그러나 그는 그들을 한 번 보기만 하고 작별하였다. 그는 그의 개혁 신앙을 부정하면 놓아 주겠다는 원수의 권고를 받았으나, 굽히지 않고 말하기를 "나는 내가 전도한 것을 피로써 인 칠 것이

다."[158]라고 했다. ② 리들리(Ridley)는 그의 신앙을 지키다가 화형을 받게 되었다. 그 전날 밤에 동생이 그를 위로하기 위해 함께 밤을 지내겠다고 하자, 그는 그것을 거절하며 "조용히 홀로 평안히 자고 쉬겠다"고 말하였다.[159] ③ 라티머(Latimer)는 리들리와 함께 화형을 당하면서 말하기를 "안심하시오, 리들리 씨! 남자답게 행합시다. 우리는 하나님의 은혜로 영원히 끌 수 없는 촛불을 영국에 켭니다."[160]라고 하였다. ④ 크랜머(Cranmer)는 종교 재판에 넘겨졌을 때에 교활한 사람들의 꼬임에 넘어가서, 그가 믿던 개혁주의 신앙을 취소한 적이 있다. 후에 그는 회개하고 개혁 신앙을 주장하다가 다시 붙잡혀 갔으나 또다시 자신의 개혁 신앙을 취소하였다. 그러나 그 후에 그는 진정으로 회개하고 열심히 개혁 신앙을 증거하다가 다시 붙잡혀서 사형선고를 받았다. 그는 기꺼이 화형을 감수하면서 과거에 신앙고백을 취소할 때 서명했던 오른손을 불에 대고 "이 무가치한 손아!"(That unworthy right hand!)라고 거듭 말하면서 최후까지 손을 뻗치고 있다가 죽었다고 한다. 사무엘 러더포드(Samuel Rutherford)는 스코틀랜드의 목사로, 옥중에서 많은 편지를 썼다. 그는 그 옥을 그리스도의 왕궁이라고 하면서 "내가 만일 하늘과 땅처럼 넓은 종이에 바닷물처럼 많은 잉크로 그리스도의 사랑을 기록하여 보낼 수 있다면 얼마나 좋을까!"라고 하였다. 그는 또 말하기를 "그리스도는 나의 검은 입술에 입 맞추기를 좋아하신다."라고 하였다.

또한 순교 역사를 보면, 순교자들은 화형을 당하는 중에도 기뻐하며 찬송하였다. 그들이 너무 소리를 내어서 찬송했기 때문에 원수들이 그들의 혀를 갈고리에 꿰어 맬 정도였다. 그러나 그들은 그 혀를 빼어 다시 찬송하였다

158) That which I have preached will I seal with my blood.

159) No, no I shall go to bed and God willing shall sleep as quietly to-night as ever I did in my life.

160) Be of good comfort, brother Ridley, and play the man, We shall this day light such a candle, by God's grace, in England as I trust shall never be put out.

고 한다.

결론. 세상에는 의를 위하기보다 불의를 위하다가 옥에 갇히고 죽은 사람이 많다. 어쨌거나 인간은 이 세상에서 고생하며 어려움을 당하는 것이다. 이왕 고생할 바에는 보다 가치 있게 주님을 위하여 고생해야 하지 않겠는가? 우리가 기억해야 될 것은, 약한 자를 담대하게 하시며 죽는 순간에도 찬송하게 하시는 분은 하나님이시라는 것이다. 그러므로 우리는 순교 역사를 읽을 때에 그 모든 놀라운 일들을 하나님이 행하셨다고 생각해야 된다. 그 놀라운 사건들을 볼 때에 순교한 사람들을 찬송하지 말고 하나님을 찬송해야 은혜를 받는다. 누구든지 그런 것을 보고 사람들을 칭찬한다면 하나님을 섭섭하게 할 뿐만 아니라, 자신도 더욱 겁약해진다.

제 13 장

본 장은, 사탄(붉은 용)의 시킴을 받아 나타난 적그리스도의 활동과 및 그 앞에서 일하는 거짓 예언자의 유혹에 대하여 말한다.

⚜ 해석

1 **내가 보니 바다에서 한 짐승이 나오는데.** 여기서 "바다"는 세계 각국을 두루 칭하는 상징이다.

"짐승"에 대하여는 계 11:7에 있는 같은 말 해석을 참조하라. "짐승"이 무엇을 가리키는 것인지에 대해서는 여러 가지 해석이 있다. ① 찰스는 이것을 로마 제국이라고 하였으나, 본문은 그것이 장차 온 인류에 대한 주권을 가질 자를 가리킨다. ② 어떤 학자들(Elliott, Barnes, Guinness)은 이것이 로마교회의 상징이라고 하였으나, 자연스럽지 않은 의견이다. ③ 테오도르 찬(Zahn)은 이것이 이 세상 말기에 나타날 개인이라고 하였다. 그러나 다니엘서 7장에 나타난 대로 네 짐승은 개인이 아닌 국가들을 가리켰다. ④ 또 다른 학자들(Alford, Benson, Moris, Auberlen)은 이것이 역사적으로 언제 어디서나 교회를 박해하는 세속적 세력이라고 하였다. 그러나 사도 요한이 여기서 막연하게 일반적으로 세속적 세력을 의미한 것 같지는 않다. 특정 기독교 박해를 내다보며 말한 듯하다. ⑤ 여기에 묘사된 "짐승"은 다니엘서 7장에 기록된 "네 짐승"의 혼합체로서, 이 세상 말기에 나타날 적그리스도 왕국의 절정이다. 이 해석이 가장 합당해 보인다.

그 괴이한 적그리스도 왕국을 짐승으로 상징하는 이유가 무엇일까? 그것은 그 괴이한 왕국이 짐승처럼 무지하게 인류를 착취하며 세계를 황폐하게 만들기 때문이다. 이것은 단 7:3; 8:3에도 묘사되어 있다.

뿔이 열이요 머리가 일곱이라. 이 짐승과 그 열 뿔, 그리고 일곱 머리에 대하여는 계 17:9-13에 해설되어 있다. 17:8 상반에 "네가 본 짐승은 전에 있었다가 지금(요한의 시대)은 없으나 장차 무저갱으로부터 올라와 멸망으로 들어갈 자니"라고 하였는데, 여기서 "전에 있었다"고 한 것은 안티오코스 4세 에피파네스(Antiochus IV Epiphanes)란 인물에게 예표되어 나타났지만, 앞으로는 그것이 본격적으로 나타났다가 멸망하게 된다는 의미라고 한다(Greijdanus). 계 17:12에 "열 뿔은 열 왕이니"라고 하였고, 9-10절에는 "그 일곱 머리는 여자가 앉은 일곱 산이요 또 일곱 왕이라 다섯은 망하였고 하나는 있고(요한의 시대) 다른 하나는 아직 이르지 아니하였으나 이르면 반드시 잠시 동안 머무르리라"고 하였다. 그렇다면 요한의 시대에 이미 지나간 "다섯" 왕국은 어떤 나라들인가? 어떤 사람들은 애굽, 앗수르, 바벨론, 메대바사, 헬라라고 한다. 또한 요한의 시대에 있는 "하나"는 로마인데, 장차 와서 "잠시 동안" 있을 왕국은 로마 이후의 어느 나라를 가리키는 것인지 알기 어렵다. 이 일곱이 다 지나가고 마지막에 나타나는 것은 제8왕국이다. 그것이 바로 계 13장 전반부에 묘사된 짐승, 곧 대 적그리스도이다. 어떤 학설은 그 "다섯"이 요한의 시대 이전에 있는 로마의 5대 정체를 가리킨다고 주장한다. 그러나 이것은 적당한 해석이 아니다.

그 뿔에는 열 왕관이 있고. 여기서 "열 왕관"의 수 '10'은 이 세상 국가에 대하여 사용된 꽉 찬 수이다. 이 문구는 이 큰 적그리스도 나라의 권세가 극에 달할 것을 가리킨다.

그 머리들에는 신성모독 하는 이름들이 있더라. 이것은 적그리스도가 자칭 하나님이라고 하는 불경한 주장을 가리킨 말이다(살후 2:4 참조).

2 내가 본 짐승은 표범과 비슷하고 그 발은 곰의 발 같고 그 입은 사자의 입 같은데 용이 자기의 능력과 보좌와 큰 권세를 그에게 주었더라. "표범"은 털에 반점이 있어서(렘 13:23) 무서워 보인다. "곰의 발"은 무자비하게 덮치는 것이며, "사자의 입"은 잔인하게, 또는 힘차게 삼키는 것이다. 이 세 가지는 단 7:3-8에 있는 네 짐승의 모습을 종합한 것으로, 최후 적그리스도의 맹수성을 역설한 것이다.

3 그의 머리 하나가 상하여 죽게 된 것 같더니 그 죽게 되었던 상처가 나으매. 여기서 "상하여 죽게… 되었던" 그 "머리"는 어느 나라인지 모르지만, 제7왕국(계 17:10)인 듯하다. 그리고 "죽게 되었던 상처가 나으매"란 것은, 그 나라가 망할 뻔하다가 다시 일어선 것을 말한다. 그러므로 최후의 적그리스도 나라는 제7왕국이 망할 뻔했다가 다시 일어난 것, 곧 제8왕국이다.

온 땅이 놀랍게 여겨 짐승을 따르고. 이것은 망할 뻔했다가 다시 일어선 나라에 대해 사람들이 기이히 여기는 것을 말한다. 그것이 죽어 가다가 다시 일어난 것은, 그리스도께서 죽으셨다가 다시 살아나신 위대한 사실에 대한 거짓 모방이다. 이 최후의 적그리스도 나라는 사탄에게 보냄을 받은 것이며, 그것은 마치 죄악이 사람의 모습을 한 것처럼 매우 가증한 존재이다. 또한 이것은 예수 그리스도께서 하나님의 보내심을 받아 성육신하셔서 지극한 사랑으로 표현되신 사실에 내한 정반대적 대조이다.

설교 최후의 적그리스도(1-3절)

1. 신구약 예언의 연관성

본문 말씀은 구약의 다니엘서에 있는 사상과 일맥상통한다. 단 2:31-45의 예언은 세계 국가들의 역사를 크게 네 나라의 역사로 본 것이다. 어떤 학설에 의하면 "이 네 나라는 바벨론, 메대와 바사, 헬라, 로마를 가리킨 것이고, 제4국인 로마가 멸망한 후의 국가들은 단 2장에 기록된 우상의 발가락들에 해당한다. 이 나라들은 철과 진흙과 같아서 서로 연합될 수 없고 오늘날까지 있는 이 열국 시대 끝에 그리스도께서 재림하신다. 이 사건이 다니엘서에 있는 "사람의 손을 대지 아니한 돌"의 내림이다. 이 학설이 주장하는 대로, 로마의 멸망 후 우상의 발가락에 해당되는 나라들이 바로 오늘날까지 있는 유럽의 모든 나라들이라고 확정되지는 않았다. 이와 같은 학설을 전적으로 받아들이기도 어렵다. 그러나 계시록에 의하면, 열국 시대 끝에 로마식 제국주의가 다시 일어나서 그 열국들을 제패한(계 17장의 제8왕의 활동) 뒤에 그리스도께서 재림하실 것으로 보인다.

2. 주님께서 재림하실 때가 가까워졌다

주님의 재림은 최후의 적그리스도가 나타난 후에 이루어진다. 오늘날 최후의 적그리스도 나라가 가까이 왔다고 할 만한 증거는 얼마든지 있다. 그중에도 가장 두드러진 것은, 여러 나라의 투쟁이 첨단화되었고, 혈통보다는 사상으로 대립하며 두 진영으로 나뉘어 싸우는 것이다. 세상 끝날이 가까워지면 이 둘 중 하나가 열국을 통일하게 될 것이다. 이것이 짐승(최후의 적그리스도)이 열 뿔을 제패하는 시기일 것이다(계 17:16-18). 이 점에서 우리는 최후의 적그리스도의 특징을 알아 두어야 한다. 그것은 다음과 같다.

① 바다에서 나온다(1절). 이것은 최후의 적그리스도가 세상의 나라들

가운데에서 나올 것을 의미한다. ② 여러 나라 중에서 가장 강한 나라이다(2절). 이 나라가 표범, 곰, 사자와 같다고 하였으므로, 맹수들의 모든 잔인하고 포악한 성격을 가지고 있다. ③ 과거 역사에 있었던 나라가 다시 일어나는 것이다(3절). ④ 온 세상이 기꺼이 감수하며 따라간다(3-4절). 본문의 "놀랍게 여겨 짐승을 따르고"란 말은 열심히 따르는 것을 의미한다. 그것을 보면, 이 적그리스도 나라의 정치는 그때의 불신자들(땅에 속한 자들)이 대체로 좋게 여기는 것 같다. ⑤ 하나님과 교회를 훼방하는 자이다(6절). ⑥ 성도를 박해하여 일시 동안은 승리한다(7절). 이때에 성도는 반드시 고난을 받게 된다.

4 **용이 짐승에게 권세를 주므로 용에게 경배하며 짐승에게 경배하여 이르되 누가 이 짐승과 같으냐 누가 능히 이와 더불어 싸우리요 하더라.** 이 말씀을 보면, 적그리스도는 전쟁으로 권세를 얻는다.

5 **또 짐승이 과장되고 신성모독을 말하는 입을 받고 또 마흔두 달 동안 일할 권세를 받으니라.** 여기서 말하는 "과장되고 신성모독을 말하는 입"에 대하여는 단 7:8, 20; 11:36; 살후 2:4을 참조하라. 이것은 자신을 하나님이라고 하는 불경한 태도를 가리킨다.

"마흔두 달." 이것은 단 9:27에 있는 마지막 "한 이레"(7년 기간)의 후반부를 가리킨다. 계 11:2의 주석 끝에 단 9:24-27에 대한 해석이 참고로 나와 있다. 거기 있는 대로 천사 가브리엘이 전한 말은 하나님의 택한 백성의 장래에 대한 것이다. 어떤 해석가들은 그 구절들(단 9:24-27)을 다음과 같이 세 부분으로 설명하였다. ① 69주(7주와 62주)는 고레스 왕이 성전을 재건하라고 명령을 내린 해부터 그리스도께서 세례를 받으실 때까지의 기간이라고 한다(하루를 한 해로 비유하여 계산한 것). ② 7주와 62주 후, 곧 69주 후에는 유대인의 왕의 혈통이 끊어져 이방인의 때가 이른다는 의미에서 본문에 "끊어져 없어질 것이며"(26절)라고 하였다고 한다. ③ 마지막 1주 동안은 "왕"(적그리스도)이 모든 악행을 저지르며, 계시록 13장은 그 후반부(3년 반)에 적그리스도가 행할 최악의 행동을 가리킨다고 한다(단 7:25; 9:27). 그러나 칼빈은 그 1주를 신약 시대가 확장되는 것으로 보았다. 그렇다면, 여기서 말하는 1주간은 영적인 의미를 지닌 시대이다.

6 짐승이 입을 벌려 하나님을 향하여 비방하되 그의 이름과 그의 장막 곧 하늘에 사는 자들을 비방하더라. "그의 장막 곧 하늘에 사는 자들"은 '교회'를 의미했을 것이다. 적그리스도는 언제나 하나님을 멸시하고 교회를 핍박한다.

7 또 권세를 받아 성도들과 싸워 이기게 되고 각 족속과 백성과 방언과 나라를 다스리는 권세를 받으니. "성도들과 싸워 이기게 되고." 계 11:7-10 해석을 참조하라.

8 죽임을 당한 어린 양의 생명책에 창세 이후로 이름이 기록되지 못하고 이 땅에 사는 자들은 다 그 짐승에게 경배하리라. "어린 양의 생명책에 이름이 기록됨"은, ① 어린 양 예수님께서 그 이름이 기록된 자를 피로 사서 소유로 만드셨다는 의미이고, ② 예수님께서 그를 지켜 보관하신다는 의미도 된다. 이름이 기록됨이 "창세 이후"로 되어 있다 함은 무슨 뜻인가? 여기 "창세 이후"란 말은, 헬라원어로 아포 카타볼레스 코스무"(ἀπὸ καταβολῆς κόσμου)라고 하는데, "세상의 기초를 놓을 때부터"라는 뜻이다. 이것은, 택한 백성의 이름이 그때부터 비로소 오르기 시작하였다는 의미가 아니다. 이것은, 세상의 기초를 놓기 전에(영원 전에) 벌써 그들의 이름이 기록되어 있었는데, 세상의 기초를 놓는 때부터 변함없이 그대로 내려온 것을 가리킨다. 벧전 1:20; 엡 1:4에는 역시 같은 뜻 있는 말이, "창세 전에"라고 씌었다.

최후의 적그리스도의 핍박은, 어린 양의 생명책에 이름이 기록된 자들만 이긴다. 생명책에 기록된 자는 하나님께서 택하신 백성이다. 택한 백성은, ① 하나님께서 그들이 이기도록 도와주시기 때문에 이기고, ② 그들은 자신들이 택함받았다는 사실을 알기 때문에 반드시 이긴다는 든든한 마음(믿음)을 가지고 있다. 물론 이 든든한 마음도 하나님께서 주신다. 택함받은 것을 아는 자는, ① 하나님과의 관계에서 따뜻한 사랑을 알게 된다. ② 자신이 안전하다는 의식과 용기를 가진다. ③ 하나님의 자비를 찬양하며 자기의 교만을 버린다.

"짐승에게 경배하리라." 이 문구를 직역하면, "그를(짐승을) 경배하리라." 이다. 크레이다너스는 여기서 "그"(αὐτὸν)라는 말이 목적격 대명사로 사용되었기 때문에 이 경배 행위는 단순히 외형적으로만 절하는 것이 아니라, 그 대상을 신으로 여기는 종교적 경배를 의미한다고 하였다.[161] 헬라어 문법에서 "절한다"는 동사를 받는 대명사(혹은 명사)는 무언가를 받는 자리에 있음을 드러낸다. 따라서 사람이 우상을 신으로 알지 않고 다른 목적으로 절을 해도 그것은 잘못이다.

9 누구든지 귀가 있거든 들을지어다. 계 2:11의 같은 말 해석을 참조하라.

10 사로잡힐 자는 사로잡혀 갈 것이요 칼에 죽을 자는 마땅히 칼에 죽을 것이니 성도들의 인내와 믿음이 여기 있느니라. "사로잡힐 자는 사로잡혀 갈 것이요." 이 말씀의 의미는 다음과 같다. 성도는 적그리스도와의 물리적인 싸움에서 승리할 수 없을지라도 염려하지 않고 하나님을 신앙한다. 그 이유는 "사로잡힐 자"(적그리스도)가 마침내 그리스도께 "사로잡힐 것"이기 때문이다(계 19:20-21; 마 26:52 참조).

11-17절. 이 구절들은 적그리스도 앞에서 활약하는 거짓 선지자의 종교 활동에 대하여 말한다.

11 내가 보매 또 다른 짐승이 땅에서 올라오니. 여기서 "땅"은 하늘과 대립되는 것으로, 죄악 세상을 상징한다. 그리고 "짐승"은 거기서 나와 사람을 유인하는 거짓 선지자를 상징한다.

---

161) *Openbaring*, 273.

어린 양 같이 두 뿔이 있고. 이것은 어린 양 예수를 간교하게 모방하여 사람을 속이려는 것을 가리킨다. 거짓 선지자는 양의 옷을 입는다(마 7:15).

용처럼 말을 하더라. "용"은 사탄을 상징한다(계 20:2). 거짓 선지자가 전하는 말은 언제나 사탄의 말이다.

12 그가 먼저 나온 짐승의 모든 권세를 그 앞에서 행하고 땅과 땅에 사는 자들을 처음 짐승에게 경배하게 하니 곧 죽게 되었던 상처가 나은 자니라. 성령께서 그리스도의 보내심을 받아 이 땅에 오신 것처럼, 거짓 선지자는 적그리스도의 보냄을 받아 그의 권세를 대신 행한다. 이것은 사탄, 첫째 짐승, 둘째 짐승이 하나인 것처럼 행동하는 것으로, 하나님의 삼위일체에 대한 마귀의 거짓 모방이다. 마귀는 언제나 모방 전술을 쓴다. 사람들 앞에 가짜를 내어 놓고, 사람들이 하나님을 따르는 데만 전심하지 못하도록 만든다.

13 큰 이적을 행하되 심지어 사람들 앞에서 불이 하늘로부터 땅에 내려오게 하고. 여기 "사람들 앞에서"란 어구로 거짓 선지자가 행하는 이적의 성격을 알 수 있다. 이것은 사람의 눈에만 이적처럼 보이게 하는 거짓 이적이다(살후 2:9).

"불이 하늘로부터 땅에 내려"오는 것은 글자 그대로의 의미로도 볼 수 있지만, 상징적으로 모든 기괴하고 거짓된 큰 능력들을 가리키는 것으로도 볼 수 있다. 그것은 엘리야를 모방한 것이다(왕상 18:38; 왕하 1:10).

설교 거짓 선지자를 분별하라(11-13절)

거짓 선지자의 행위는 다음과 같다.

1. 세상 권세를 사용한다

12절에 "그가 먼저 나온 짐승의 모든 권세를 그 앞에서 행하고"라고 하였다. 진정한 선지자는 하나님의 권세를 대신하여 서지만(렘 1:7-8), 거짓 선지자는 세상 권세나 교권을 배경으로 한다. 다시 말하면, 참선지자는 하나님께서 보내셨지만, 거짓 선지자는 그렇지 않다. 선지자 예레미야는 "여호와께서 내게 이르시되 선지자들이 내 이름으로 거짓 예언을 하도다 나는 그들을 보내지 아니하였고 그들에게 명령하거나 이르지 아니하였거늘 그들이 거짓 계시와 점술과 헛된 것과 자기 마음의 거짓으로 너희에게 예언하는도다"(렘 14:14)라고 증거하였다.

2. 거짓 이적을 행한다

거짓 선지자는 비진리를 세우기 위하여 간혹 큰 이적도 행한다(13절). 그는 사탄의 권능으로 그런 일을 행할 수 있다(신 13:1-3; 살후 2:9). 모세 당시에 애굽의 술객들이 아론처럼 지팡이를 던져 뱀이 되게 하였고(출 7:11-12), 모세와 아론처럼 지팡이로 나일강을 쳐서 피가 되게도 하였고(출 7:22), 개구리가 애굽 땅을 덮게 하기도 했다(출 8:6). 마귀의 이적은 진정한 하나님의 이적과 달리 ① 진리를 무너뜨리고 비진리를 세우려는 목적을 가지고 있고, ② 요망하고 부도덕한 성격을 지녔다. 그러므로 누군가 이적을 행할 때에는 그것을 조급하게 받아들이지 말고 천천히 시간을 두고 지내면서 그 결과를 기다려 보는 것이 좋다. 그렇게 하는 것이 신앙이고 경건이다. 하나님께서는 신자들에게 그런 자를 시험해 보라고까지 말씀하셨다(요일 4:1 참조). 우리가 그런 이적을 얼른 받아들이지 않는다고 해서 죄가 되는 것이 아니므로 두려워하지 말아야 한다. 하나님의 말씀(요일 4:1)대로 행하지 않는 것이 도리어 두려운 일이다.

14 짐승 앞에서 받은 바 이적을 행함으로 땅에 거하는 자들을 미혹하며 땅에 거하는 자들에게 이르기를 칼에 상하였다가 살아난 짐승을 위하여 우상을 만들라 하더라. "칼에 상하였다가 살아난 짐승." 1절의 해석을 참조하라.

설교 우상 숭배 죄에 대하여(14절)

계명은 말하기를, ① "너는 나 외에는 다른 신들을 네게 두지 말라"(출 20:3), ② "너를 위하여 새긴 우상을 만들지 말고"(출 20:4)라고 한다. 제2계명의 의미는 하나님을 섬기는 방법에 관한 것이다. 곧 하나님은 볼 수 없는 영이심을 강조하며 하나님께서 계시하신 말씀대로 그분을 바르게 섬기라는 의미이다. 웨스트민스터 신앙고백은 말하기를 "제2계명은 우리가 하나님의 말씀에 순종하여 순결하고 완전한 종교적 숭배를 지키라는 것이다."라고 하였다. 그러므로 1, 2계명은 사람이 하나님만 경배하고 또한 하나님을 대하는 마땅한 자세로 그분을 경배하라는 것이다. 이것은 인생에서 가장 중요한 책임을 말해 준다. 그러므로 1, 2계명을 범하는 것은 매우 큰 죄이다. 그 이유는, 그 죄는 가장 큰 계명을 범한 죄악이기 때문이다. 예수님께서 말씀하시기를 "네 마음을 다하고 목숨을 다하고 뜻을 다하여 주 너의 하나님을 사랑하라 하셨으니 이것이 크고 첫째 되는 계명이요 둘째도 그와 같으니 네 이웃을 네 자신 같이 사랑하라 하셨으니"(마 22:37-39)라고 하셨다. 이것은 율법 교사가 율법 중에 어느 계명이 가장 크냐고 질문했을 때에 예수님께서 대답하신 말씀이다. 사람을 사랑하라는 계명을 어기고 살인한 죄가 크다면, 하나님만 사랑하라는 계명을 어기고 우상을 섬긴 죄는 더욱 큰 죄이다. 이 세상 사람 누구나 살인을 큰 죄로 여기고 두려워한다. 그러나 우상을 섬기는 것에 대해서는 그렇게 생각하지 않는다. 그 이유는 이 세상이 하나님을 잊어버린지 오래되어서 어두운 문화와 습관대로만 생각할 뿐, 천국의 법대로 생각할 줄 모르기 때문이다. 사람이 우상을 섬긴 것을 큰 죄로 느끼지 못하는 것은 이 세상 풍습에 너무 많이 젖어 있기 때문이다.

시 115:4-8에 말하기를 "그들의 우상들은 은과 금이요 사람이 손으로 만든 것이라 입이 있어도 말하지 못하며 눈이 있어도 보지 못하며 귀가 있어도 듣지 못하며 코가 있어도 냄새 맡지 못하며 손이 있어도 만지지 못하며 발이 있어도 걷지 못하며 목구멍이 있어도 작은 소리조차 내지 못하느니라 우상들을 만드는 자들과 그것을 의지하는 자들이 다 그와 같으리로다"라고 하였다. 누구든지 우상 숭배에 동참하였던 죄를 가볍게 여기면 안 된다. 신자가 범죄한 것을 분명하게 깨닫고 회개하지 않으면 믿음의 확신을 잃는다. 웨스트민스터 신앙고백서는 말하기를 "참된 신자도 확신을 잃을 때가 있다. 그 확신을 가지지 못하거나, 어떤 죄에 빠지거나, 시험 때문이거나, 하나님께서 얼굴을 돌리시기 때문이다."라고 하였다.[162] 신앙의 확신을 잃은 자는 자신의 죄를 살피고 회개함으로써 잃었던 확신을 회복할 수 있다. 우리는 우리의 교회가 죄를 깨닫고 회개하고 확신과 생명에 부요한 교회가 되기를 희망한다. 우리가 무슨 죄를 지었든지, 예수님을 더욱 믿고 회개하면 죄 사함을 받는다. 사 1:18에 "여호와께서 말씀하시되 오라 우리가 서로 변론하자 너희의 죄가 주홍 같을지라도 눈과 같이 희어질 것이요 진홍 같이 붉을지라도 양털 같이 희게 되리라" 하였고, 요일 1:9에는 "만일 우리가 우리 죄를 자백하면 그는 미쁘시고 의로우사 우리 죄를 사하시며 우리를 모든 불의에서 깨끗하게 하실 것이요"라고 하였다.

15 그가 권세를 받아 그 짐승의 우상에게 생기를 주어 그 짐승의 우상으로 말하게 하고. 이것도 진정한 이적이 아니라, 사탄의 속임수에서 나오는 거짓 이적을 말한다. 앞에 있는 13절 해석을 참조하라. 옛날 근동 지방에 온갖 종교들이 요술을 부려서 우상이 말하게 하는 경우가 있었다고 한다(Charles). 장래에도 이와 비슷하게 속이는 일들이 있을 것이다. 어떤 사람들은 여기서 "우상에게 생기를 준다"는 말은, 살아있는 우상(인간을 우상화하는 것)을 세우는 것을

162) *Westminster Confession of Faith, Ch. XVII, 4.*

가리킨다고 한다. 세상의 종말에는 인간을 우상으로 만드는 것도 사실이다. 현대의 과학만능주의는 인간의 두뇌를 우상화하는 그릇된 사상이다.

또 짐승의 우상에게 경배하지 아니하는 자는 몇이든지 다 죽이게 하더라. 이 말씀을 보면 진실한 신자는 죽을지언정 우상에게 절하지 않아야 된다. 그 이유는, 그것이 큰 죄이기 때문이다. 왜 그것을 큰 죄라고 하는가?

계명은 말하기를, ① "너는 나 외에는 다른 신들을 네게 두지 말라"(출 20:3), ② "너를 위하여 새긴 우상을 만들지 말고"(출 20:4)라고 한다. 제2계명의 의미는 하나님을 섬기는 방법에 관한 것이다. 곧 하나님의 영성을 역설하며 하나님께서 계시하신 말씀대로 그분을 바르게 섬기라는 의미이다. 웨스트민스터 신앙고백은 말하기를 "제2계명은 우리가 하나님의 말씀에 순종하여 순결하고 완전한 종교적 숭배를 지키라는 것이다."라고 하였다. 그러므로 1, 2계명은 사람이 하나님만 경배하고 또한 하나님을 대하는 마땅한 자세로 그분을 경배하라는 것이다. 이것은 인생에서 가장 중요한 책임을 말해 준다. 그러므로 1, 2계명을 범하는 것은 매우 큰 죄이다. 그 이유는, 그 죄는 가장 큰 계명을 범한 죄악이기 때문이다. 예수님께서 말씀하시기를 "네 마음을 다하고 목숨을 다하고 뜻을 다하여 주 너의 하나님을 사랑하라 하셨으니 이것이 크고 첫째 되는 계명이요 둘째도 그와 같으니 네 이웃을 네 자신 같이 사랑하라 하셨으니"(마 22:37-39)라고 하셨다. 이것은 율법 교사가 율법 중에 어느 계명이 가장 크냐고 질문했을 때에 예수님께서 대답하신 말씀이다. 사람을 사랑하라는 계명을 어기고 살인한 죄가 크다면, 하나님만 사랑하라는 계명을 어기고 우상을 섬긴 죄는 더욱 큰 죄이다. 이 세상 사람 누구나 살인을 큰 죄로 여기고 두려워한다. 그러나 우상을 섬기는 것에 대해서는 그렇게 생각하지 않는다. 그 이유는 이 세상이 하나님을 잊어버린 지 오래되어서 어두운 문화와 습관대로만 생각할 뿐, 천국의 법대로 생각할 줄 모르기 때문이다. 사람이 우상을 섬긴 것을 큰 죄로 느끼지 못하는 것은 이 세상 풍습에 너무 많이 젖어 있기 때문이다.

16 그가 모든 자 곧 작은 자나 큰 자나 부자나 가난한 자나 자유인이나 종들에게 그 오른손에나 이마에 표를 받게 하고. "오른손"은 일하는 손이고 또한 교제하는 손이다. 그러므로 오른손에 "표"(증명서)를 받는 것은 국가가 사람의 모든 활동을 적그리스도의 감시 아래에서 통제한다는 의미이다. 그 나라 사람들은 무슨 사업이나 활동이든 이와 같이 통제하는 허가증을 가지고 해야 된다. "이마"는 사람의 신분을 상징한다. 그때에는 적그리스도의 통제법에 부합하지 않는 사람은 생존권과 인권을 상실한다.

17 누구든지 이 표를 가진 자 외에는 매매를 못하게 하니 이 표는 곧 짐승의 이름이나 그 이름의 수라. 이것은 그때에 적그리스도의 이름을 숫자로 푼 수치라는 의미이다. 옛날 히브리 풍속과 헬라 풍속에는 그 나라 말의 문자로 수치를 표시하는 일이 있었다.

18 지혜가 여기 있으니 총명한 자는 그 짐승의 수를 세어 보라 그것은 사람의 수니. 이것은 하늘나라의 계수법대로 계산한 것이 아니라, 인간의 계산법대로 센 것이라는 의미이다.

그의 수는 육백육십육이니라. 이 숫자를 문자로 환원하여 적그리스도의 이름을 알아보려는 학설은 다음과 같다.

① 어떤 사람들이 말하기를, 이것은 헬라어 발음으로 라테이노스[163]이므로, 적그리스도는 로마라 하고, ② 또 어떤 사람들은 이것은 네로 황제란 말을 히브리어로 쓴 네론 케사르(נרון קסר=666)라 하고, ③ 종교 개혁자들은 이것을 로마 교회로 보았고, ④ 바빙크(Bavinck)는 이것을 죄악의 세력으로 보았다.[164] ⑤테오도르 찬(Zahn)과 아브라함 카이퍼(A. Kuyper)는 이것을 어

163) ateinow-l=30, a=1, t=300, e=5, i=10, n=50, o=70, w=200

164) Bavinck, *Gereformeerde Dogmatiek, Vol. IV*, 446.

떤 개인이라고 생각했고, ⑥ 크레이다너스(Greijdanus)는 여기 나오는 숫자 '6'이 제7일(안식일) 전(창 2:3)의 피조물, 곧 하나님으로부터 거룩하게 하심을 받기 전의 세계, 즉 하나님께 속하지 않은 이 세상을 상징하고, 666, 곧 숫자 '6'이 세 번 중복된 것은 이 세상 국가가 극도로 발전한 것을 의미한다고 하였다.[165)]

설교 마지막 적그리스도 운동(1-18절)

본문에서 최후의 적그리스도를 사나운 짐승들("표범", "곰", "사자")로 표현한 것은 하나님을 멸시하는 그의 잔인한 권세를 비유한다. 하나님을 두려워할 줄 모르는 인간이 큰 권세를 잡으면 자기가 하나님이라고 자처하는 데까지 타락한다. 본문 1절에 "신성모독 하는 이름들"이란 말씀이 이 사실을 보여 준다(5-6절 참조). 이 나라는 사탄이 사람들을 충동하여 세우는 최후의 나라이다. 곧 이것은 사탄의 뜻대로 이루어진 나라가(마 4:8) 절정적으로 실현된 것이다. 그러므로 이제 더 이상은 사탄의 활동이 없다. 이 나라를 파괴하기 위하여 그리스도께서 재림하신다.

살후 2:8-10에 말씀하기를 "그 때에 불법한 자가 나타나리니 주 예수께서 그 입의 기운으로 그를 죽이시고 강림하여 나타나심으로 폐하시리라 악한 자의 나타남은 사탄의 활동을 따라 모든 능력과 표적과 거짓 기적과 불의의 모든 속임으로 멸망하는 자들에게 있으리니 이는 그들이 진리의 사랑을 받지 아니하여 구원함을 받지 못함이라"고 한다. 이러한 때, 즉 적그리스도의 통치하에서 택하심을 받지 못한 자들은 전부 적그리스도에게 복종하고

---

165) Daarom stelt 666, met zijn drie zessen, de volheid der gansche wereld, in hare hoogste ontwikkeling, volledige samenwerking, uiterste kracht- inspanning, voor.-Openbaring, 285.

그를 따른다. 그러나 택함받은 성도들은 죽임을 당한다(계 13:7 참조). 그들은 모두 순교의 고난을 감수하게 된다. 그 이유는, 그들이 하나님의 말씀대로 그들을 죽이는 적그리스도의 악행이 하나님의 심판을 받는다고 믿기 때문이다(9-10절). 다시 말하면, 그들은 내세에서 온전한 심판이 이루어질 것을 믿기 때문이다.

설교 적그리스도의 앞잡이 거짓 선지자(7-18절)

1. 거짓 선지자의 활동

1) 거짓 선지자의 속임수. 거짓 선지자가 하는 일은 사람이 적그리스도에게 경배하게 하려고 속임수를 쓰는 것이다. 그는 "새끼 양같이" 온유하게 처신하면서 "용(즉, 사탄)처럼" 말한다. 사람들이 사탄의 말을 받아들이도록 유혹하기 위해서이다. 또한 그는 거짓 이적을 행하여 사람들을 유혹한다. 14절의 "미혹하며"란 말을 볼 때 그의 이적이 거짓이라는 것을 알 수 있다(살후 2:9 참조). 거짓은 마귀의 본질이다(요 8:44 참조).

2) 거짓 선지자의 통제(16-17절). 정부가 선한 목적을 위하여 사람들의 사업을 어느 정도 통제하는 것은 가능하다. 그러나 죄악을 행하려고 인간의 정당한 자유까지 박탈하는 것은 마귀의 행동이다.

적그리스도 중심의 전체주의적 통제는 경제 분야에서 이루어진다. 그때에는 그것이 세계 사회 전반을 지배한다. 현대 국가들의 정치가 그러한 방향으로 흘러가고 있다. 의리와 도덕과 종교가 외면당하고 모든 것을 경제가 주장한다. 정치도 결국 경제 운영에 불과해진다(정치=경제). 따라서 사람도 의리에 지배되지 않고 물질주의에 속한 기계에 불과한 것이 되어 버린다. 이것이 마지막 적그리스도의 전주곡이다.

2. 거짓 선지자를 이길 자

거짓 선지자의 교훈에 순종하지 않다가 죽임을 당하거나 순교한 자들(7절)은 사실상 승리자들이다. 이런 승리자들은 생명책에 기록된다(8절 참조). 다시 말하면, 그들은 창세전에 택함을 받은 자들이다. 택함받은 신자들은 다음의 몇 가지 특징을 소유하기 때문에 고난을 겪으면서도 진리를 지킨다.

1) 기도에 계속 힘쓴다. 눅 18:7에 보면 "밤낮 부르짖는 택하신 자들"이라고 하였다. 주님께서 "항상 기도하고 낙심하지 말아야 할 것"을 가르치셨으니(눅 18:1-8), 택함받은 자는 기도하는 것을 즐거워해야 된다(시 116:1-2 참조).

2) 하나님의 말씀을 기뻐한다. 예수님께서 말씀하시기를 "내 양은 내 음성을 들으며… 그들은 나를 따르느니라"(요 10:27)라고 하셨다(요 18:37 참조). 하나님의 말씀을 사랑하고 상고하는 자는 속히 구원의 확신을 얻는다.

이성진 장로가 직접 보고 증거한 바에 의하면, 미국의 뉴 로첼(New Rochell)이란 곳에 있는 스웨그메이커(Swagmaker)란 성도는 구원의 확신이 없어서 많이 애쓰다가 마침내 확신을 얻고 기뻐하였으며, 교회의 모임에 한 번도 빠지지 않고 성경공부를 많이 하였다고 한다. 후에 그가 후두암에 걸려 사망선고를 받았을 때도 구원의 확신으로 인하여 계속 기뻐하였다고 한다.

3) 옳은 일을 힘 있게 행한다. 그는 하나님의 사랑을 의식적으로 행한다. 그는 모든 일이 합력하여 선을 이룰 줄(롬 8:28) 믿는다. 그러므로 그는 낙심하지 않는다.

요리

1. 마귀는 간혹 약해진 것처럼 무력해 보일 때가 있다(3절 상반). 그러나 그것은 다시 강한 힘을 가지고 우리를 흔든다. 그러므로 우리는 죄악의 유혹이 적은 때에도 영적 무장을 해제하지 말아야 한다(엡 6:16-17). 교회의 원수는 이 세상에서 끊임없이 활동할 힘을 얻는다. 그 이유는, 그것의 악행을 좋게 여기며 따르는 자들의 수가 많기 때문이다(3절 하반).

2. 하나님께서 정하신 법칙에 따라 적그리스도는 잠시 동안만 활동할 기회를 얻는다. 그러므로 우리는 악이 세력을 얻고 형통하는 것처럼 보일 때에 의로우신 하나님을 의심하지 말아야 한다(10절). 다만 참고 견디며 믿는 것이 유일한 살길이다. 인내는 신앙의 길을 열어 주는 안내자이고, 또한 그것을 보호하는 호위병이다.

제 7 부
성도 위안과
끝날 심판에 대한 예고

계 14:1-20

제 14 장

이 부분은 앞으로 일어날 일들에 대한 전주곡인 동시에 계 11-13장의 결론이다. 곧 그토록 환난이 많은데도(11-13장의 각 장 해석 참조) 불구하고, 교회는 그 환난에 빠져 멸망하지 않고 천국으로 구원될 것이다(14:1-5). 반면에 성도들을 핍박하던 악인들은 심판을 받아 멸망하게 된다(6-20절).

해석

1 **어린 양이 시온 산에 섰고.** "어린 양"은 예수님을 가리키며, 하나님의 백성을 위하여 대신 피 흘려 죽으신 속죄의 제물이라는 뜻이다(계 5:6 참조).

"시온 산"(τὸ ὄρος Σιών)은 하나님이 계신 곳을 상징하는 산 이름이며(시 2:6; 50:2), 그것의 부동성과 견고성(시 125:1)을 "산"이란 개념으로 표현하기도 한다. 이것은 이 땅 위의 시온 산을 의미하지 않고 하늘에 있는 천성을 가리킨다. 아브라함 카이퍼(Abraham Kuyper)는 이것이 땅이 아니라 하늘나라라는 사실을 지적하기 위하여 길게 설명하였다. 그의 이론 가운데 한 가지는, 여기 묘사된(계 14:3-5) 성도들의 자격이 땅 위의 투쟁을 다 거친 후에 완성된 것을 표시한다는 것이다.[166] 로마이어(Lohmeyer)도 "여기서 어린 양이 선 곳은, 3절에 의하여 땅 위의 시온이 아니라 하늘의 시온이다."라고 하였다.[167] 슐라터(Schlatter)도 여기서 말한 시온 산을 하늘나라로 해석하였다.[168] 무엇보다 신자들이 어린 양과 함께 있다는(1절) 사상이 그곳이 바로 천당임을 말해 준다. 택한 백성에게는 어린 양과 함께 있는 곳이 천당이다. 이와 같이 천당은 그리스도를 중심으로 하는 곳이다. 예수님 없이는 천당이 될 수 없다. 그리스도와 함께 있는 곳을 천당이라고 한 말씀은 성경 다른 부분에도 있다. 고후 5:8에 "우리가 담대하여 원하는 바는 차라리 몸을 떠나 주와 함께 있는 그것이라" 하였고, 빌 1:23에는 "내가… 떠나서 그리스도와 함께 있는 것이 훨씬 더 좋은 일이라 그렇게 하고 싶으나"라고 하였다. 특히 히 12:22-24 말씀은 계시록 14장의 이 구절이 천당을 가리킨다는 사실을 보증한다. 즉 히 12:22-24에 "시온 산"이란 말이 "천만 천사"라는 말, 또는 "온전하게 된 의인의 영들"이라는 말(23절)과 함께 쓰인 것을 볼 때, 그것이 천당을 가리킨다는 것이 명백하다. 이것이 신약 교회를 의미하는 경우에도 신약교회가 이미 질적으로 천당의 성도들과 연합되었다는 뜻을 지닌다. 그러므로 계 14:1-4에 있는 "시온"이라는 말도 천당을 가리킨다.

그와 함께 십사만 사천이 서 있는데. 여기서 "그와 함께"란 말은 성도들의 구원을 이루는 중요한 조건이다. 그들은 어린 양과 연합함으로써 구원을 얻는다(계 17:14). "십사만 사천"은 구원받은 모든 성도를 상징한다(계 7:4 해석 참조). 이 계시는 땅 위에서 환난을 통과하고 하늘나라로 구원을 받아서 들어간 참된 교회를 미리 보여 준다. 땅 위의 많은 환난이 교회를 멸망시키지 못한다는

---

166) A. Kuyper, The Revelation of St. John, 114, 128.

167) Lohmeyer, Die Offenbarung des Johannes, 122.

168) Schlatter, *Erläuterungen Zum Neuen Testament, III*. 482-483.

사실이 신자들의 마음을 위로한다.

그들의 이마에는 어린 양의 이름과 그 아버지의 이름을 쓴 것이 있더라. 이들은 짐승(적그리스도)을 따르는 무리와 달리 예수님의 이름과 하나님의 이름을 "그 이마"에 표하였다. 그것은 그들이 하나님의 소유이고, 또한 하나님의 보호를 받는다는 상징이다.

2-3 많은 물소리… 큰 우렛소리… 거문고 타는 자… 새 노래. 이것들은 앞에서 언급한 십사만 사천, 곧 구원받은 모든 자의 노랫소리이다. 그것이 "물소리"나 "우렛소리" 같다고 한 것은 그것의 성량이 클 뿐 아니라 승리자의 성격을 가지고 있음을 가리킨다. 또한 "거문고"소리 같다고 한 것은 그것이 무질서한 음성이 아니라 각종 음색과 곡조가 평화롭고 완전하게 조화를 이루는 찬송임을 가리킨다. "새 노래"는 앞에서 말한 찬송의 가사이다. 계 5:9-10의 같은 말 해석을 참조하라.

땅에서 속량함을 받은 십사만 사천 밖에는 능히 이 노래를 배울 자가 없더라. "이 노래"는 구원을 체험한 영혼의 희락이다. 구원받지 못한 자에게는 그런 희락이 없다. 구원의 즐거움은 사람의 능력으로 얻을 수 없다. 그 이유는, 구원이 사람에게서 난 것이 아니기 때문이다.

4 이 사람들은 여자와 더불어 더럽히지 아니하고. 여기서 "여자"(γυναικῶν)는 무엇을 의미하는가? 이것을 직역하면 "여자들"이라고 할 수 있으며, 이 세상의 강한 유혹을 상징한다(민 25:1; 31:16; 신 17:17). 이 문구는 결혼생활을 악한 것으로 여기는 독신주의의 교훈을 포함하지 않는다. 모팻(Moffatt)은 이 문구를 글자대로 해석하여, 독신주의를 거룩한 삶의 요소로 가르치는 것이라고 이야기한다. 그러나 이러한 해석은 계시록의 상징주의를 인정하지 않는 의견이다. 신자의 결혼은 금지되는 것이 아니다(마 8:14; 고전 9:5 참조).

순결한 자라. 여기서 "순결"이란 말은, 헬라어로 파르테노이(παρθένοι)라고 하며, "처녀들"이란 말이다. 이것은 신자가 그리스도께 처녀처럼 정결히 행하여 세상과 죄악을 따르지 않아야 할 것을 가리킨다(고후 11:2 참조).

어린 양이 어디로 인도하든지 따라가는 자며. 여기서 "어디로 인도하든지"라는 어구는 헬라어로 호푸 안 휘파게(ὅπου ἂν ὑπάγῃ)이며, 목적지의 방향이 따라가는 사람에게 미리 알려지지 않은 것을 암시한다. 이렇게 방향이 불확실해 보임에도 불구하고 그들은 순종한다. 그것은 신앙적인 행동이며, 갈대아 지방을 떠난 아브라함(창 12:1-4; 히 11:8) 자손의 특징이다.

사람 가운데에서 속량함을 받아(ἠγοράσθησαν ἀπὸ τῶν ἀνθρώπων). 이것은 "사람들 가운데에서 구속을 받아"라고 번역되어야 한다. 여기서 "사람들"이란 복수명사에 주의해야 된다. 구속받은 사람들은 인류 전체가 아니라 그들 중 일부이다. 그들이 사람들 가운데에서 구속을 받았다고 하였으므로, 그들은 하나님의 특별한 총애를 받은 자들이다. 같은 사람일지라도 구속을 받지 못한 자들이 많은데 오직 이들만 구속을 받았으니, 그들은 하나님의 보물이다. 하나님께서 그의 독생자를 십자가에 못 박히도록 내어 주실지언정 그들을 버리실 수는 없었다. 그들은 하나님께 드린 처음 익은 열매이다. 하나님의 보물이다. 그러므로 하나님께서 그들을 잊지 못하신다. "여인이 어찌 그 젖 먹는 자식을 잊겠으며 자기 태에서 난 아들을 긍휼히 여기지 않겠느냐 그들은 혹시 잊을지라도 나는 너를 잊지 아니할 것이라"(사 49:15. 시 27:10; 121:1-8 참조). 출 19:5-6에 말하기를 "세계가 다 내게 속하였나니 너희가 내 말을 잘 듣고 내 언약을 지키면 너희는 모든 민족 중에서 내 소유가 되겠고 너희가 내게 대하여 제사장 나라가 되며 거룩한 백성이 되리라 너는 이 말을 이스라엘 자손에게 전할지니라"고 하였다.[169]

하나님께서는 그가 택하신 백성들을 특별하게 다루신다. ① 아브람을 갈대아 우르의 많은 사람들 중에서 불러내신 것은 그 한 사람의 가치를 무수한

---

169) 신 14:2; 26:18; 시 135:4; 벧전 2:6 참조

갈대아 사람들보다 귀중히 여기신 증거이며, ② 아브라함의 조카 롯을 소돔과 고모라의 모든 사람이 멸망하는 가운데에서 불러내시어 구원하셨으며, ③ 요셉 한 사람에 관한 하나님의 경륜을 이루시기 위하여, 바로 왕의 떡 맡은 관원과 술 맡은 관원이 꿈을 꾸게 하셨고, 애굽 전역에 풍년이 드는 일과 흉년이 드는 일도 있게 하셨다.

처음 익은 열매. "처음 익은 열매"(ἀπαρχὴ)는 무엇을 의미하는가? 이것은 ① 1세기의 초대 신자들을 상징한다는 학설이 있고, ② 전 인류에서 교회를 구별하여 일컫는 이름이라는 학설도 있으나, ③ 그보다도 신자들은 하나님께 드려졌고, 또한 하나님의 것이 되었다는 의미이다(출 22:29).

설교 어린 양을 따라가는 생활(4절)

이것은 참된 신자가 그리스도를 믿고, 또한 그를 본받는 삶을 가리킨다.

1. 갈 길을 모르는 사람이 안내자를 따르는 것은 그 안내자를 믿기 때문이다. 우리가 예수님을 따를 때에 명심할 것은, 그리스도께서 우리를 인도해 가시는 목적지와 여정을 우리가 자세히 알 수는 없지만 안심하고 따라가야 한다는 것이다. 우리가 신앙 생활하면서 가장 많이 하는 실수는 우리가 가는 길의 목적지와 여정을 자세히 알아야 한다는 망상을 가지는 것이다. 우리의 신앙 여정과 목적지에 대한 지식이 부족한 것은 당연하다. 우리는 그저 안내자를 믿고 따르기 때문이다. 아브람이 갈 바를 알지 못하였으나 부르심에 순종하여 갈대아에서 나온 것이 그의 신앙이다(히 11:8). 이와 같이 우리도 우리의 신앙의 목표와 그 여정을 자세히는 모른다. 그 이유는, 우리가 하나님이 아니라 인간이기 때문이다. 유한한 존재는 무한한 존재를 완전히 깨닫지 못한다는 것이, 개혁파 신학의 표어이다(Finitum non capax infiniti).

2. 예수님을 따른다는 것은 예수님을 본받는다는 의미도 포함한다(엡 5:1-2 참조). 성경은 우리가 예수님의 행동을 본받아야 한다고 가르친다(고후 3:18; 딤후 2:11-13; 히 12:2-4). 심리학적으로 볼 때 우리 인간에게는 모방 본능이 있다. 첫째는 반사 모방이다. 이 반사 모방은 기분과 관련된 것으로, 남이 웃을 때 나도 따라서 웃는 것과 같은 행동이다. 둘째는 연극적 모방이며, 일종의 외식적인 행동이다. 신앙생활하면서 이런 모방으로 세월을 보내는 자들이 많다. 중심에서 진정으로 그리스도를 믿지 못하고, 어떤 야망이나 욕심을 위하여 성경의 진리나 신학의 이론을 가지는 자는 이러한 연극적 모방 행위를 하는 자이다. 셋째는 동화적 모방으로, 이것은 신자가 모방의 대상인 그리스도의 말씀을 믿음으로 자신과 화합시키는 것이다(히 4:2). 하나님은 우리 신자들에게 이것을 원하신다.

5 **그 입에 거짓말이 없고 흠이 없는 자들이더라.** "거짓말"은 요한의 사상으로 볼 때, 그리스도의 복음을 믿지 않는 생활을 의미한다(요일 1:6, 8; 2:22 참조). 그러므로 "거짓말이 없는" 생활은, ① 예수님을 그리스도라 믿고, ② 모든 죄를 회개하고 숨기지 않는 것이다(요일 1:9). 그와 동시에 ③ 신자의 일반적인 언행이 정직한 것을 의미하기도 한다.

그리스도 신자는 의를 사모하는 의인이므로 하나님의 말씀에 순종하며 거짓말을 미워한다. 잠 6:16-19에 "여호와께서 미워하시는 것 곧 그의 마음에 싫어하시는 것이 예닐곱 가지이니 곧 교만한 눈과 거짓된 혀와 무죄한 자의 피를 흘리는 손과 악한 계교를 꾀하는 마음과 빨리 악으로 달려가는 발과 거짓을 말하는 망령된 증인과 및 형제 사이를 이간하는 자이니라" 하였고, 잠 13:5에 "의인은 거짓말을 미워하나 악인은 행위가 흉악하여 부끄러운 데에 이르느니라" 하였고, 잠 19:22에 "가난한 자는 거짓말하는 자보다 나으니라" 하였고, 잠 20:17에 "속이고 취한 음식물은 사람에게 맛이 좋은 듯하나 후에는 그의 입에 모래가 가득하게 되리라" 하였고, 잠 21:6에 "속이는 말로 재물을 모으는 것은 죽음을 구하는 것이라 곧 불려다니는 안개니라"고 하였다. 이러한 말씀들은 거짓말을 삶의 무기와 원칙으로 삼는 것을 반대하는 잠언이다. 신자는 거짓말을 삶의 무기로 삼지 않는다. 만일 그렇게 하는 자가 있다면, 그가 진정한 신자인지 의문을 가질 수밖에 없다.

신자가 혹 거짓말을 한 경우에는 하나님 앞에 회개하여 그 죄를 용서받을 수 있다. 회개하는 것도 정직과 진실이다. 그리스도의 복음은 우리의 허물을 진정한 회개로 없애 버린다. 물론 이것은 회개하는 자에게 그리스도의 보혈의 공로가 임하여 그렇게 되는 것이지 회개의 공로로 되는 것이 아니다.

"흠이 없는 자"는 절대적으로 무죄한 자라는 의미가 아니라, 그리스도의 보혈로 씻음을 받아서 칭의된 결과 하나님 앞에서 흠이 없는 자로 간주되는 것을 가리킨다.

설교 14만 4천의 신분(1-5절)

본문 1절의 "시온 산"은 '하늘나라'를 비유한다. 사도 요한은 계시로 구원받은 성도들의 총 수를 본다. 14만 4천은 성도들의 총 수를 비유하는 상징으로 볼 수 있다. 그 이유는, 14만 4천 명밖에는 "새 노래"(구속의 노래)를 능히 배울 자가 없다고 하기 때문이다(3절 하반). 이 말씀은 14만 4천 명밖에는 구속함을 받은 자가 없다는 사실을 가리킨다. 어떤 사람들의 그릇된 해석에 의하면, 이 "14만 4천"이란 숫자는 주님께서 재림하시기 직전에 역사할 사명자들의 숫자를 가리킨다고 한다. 그러나 그 말은 성립될 수 없다. 그렇다면 14만 4천 명은 어떤 사람들인가?

1. 그들은 승리자이다(1절). 본문의 "서 있는데"(ἑστὸς)란 말은 현재완료형

으로, 승리자로서 힘차게 서 있다는 뜻이다(S. Greijdanus). "그들의 이마에는 어린 양의 이름과 그 아버지의 이름을 쓴 것이 있더라"(1절 하반)란 말씀 역시 승리자를 의미한다(계 3:12). 이들은 하나님의 택하심을 입은 자로서 구원의 승리를 얻었다.

2. 그들은 구원의 즐거움을 소유한 자들이다(2-3절). 그들은 계속해서 구원의 노래를 부른다. 신자들의 즐거움의 원인은 예수님이시다. 우리는 참된 믿음으로 시험과 환난을 이긴다. 그때에 예수님께서 우리의 심령에 나타나신다. 또한 그때에 우리는 예수님을 실제로 경험하게 되고 하늘의 기쁨을 맛보게 된다. 그것이 구원의 즐거움이다(요 14:21; 벧전 1:7-8 참조).

3. 그들은 신앙의 정조를 지켜 예수("어린 양")만 따르는 자들이다(4-5절). "이 사람들은 여자와 더불어 더럽히지 아니하고 순결한 자라"고 하였다(4절. 고후 11:2-3 참조). 이는 그들이 적그리스도의 사회에 살 때에, 온 세상이 적그리스도를 따라가는데도(계 13:3 끝) 그들은 죽기까지 따라가지 않았다는 의미이다(계 13:15 참조). 어떤 사람들은 주장하기를 "14만 4천" 명은 물리적인 힘으로 핍박하는 자들을 물리치고 자기 자신은 해를 당하지 않는다고 한다. 그러나 본문 4절의 의미는 그런 것이 아니다. 핍박과 유혹과 고난을 당하면서도 적그리스도를 따르지 않는 것을 의미한다. 다시 말하면, 14만 4천 명은 예수님께서 그의 피로 사신 것이기 때문에 하나님의 영적 보호를 받아서 적그리스도를 따르지 않게 되는 것이다. 이 승리는 그들 스스로의 힘으로 얻은 것이 아니다. 그들이 적그리스도의 거짓말(불경하게 자기가 하나님이라고 함. 계 13:1 참조)을 따르지 않았으므로 하나님과 맺은 언약(하나님의 것이라는 언약)을 굳게 지킨 것이 되었다. 5절의 "그 입에 거짓말이 없고 흠이 없는 자들"이란 말씀이 그 의미이다.

6-12절. 세 천사가 전하는 소식.

클리포트(Kliefoth)는, 이 세 천사의 활동으로 나타나는 계시가 앞에 나온 일곱 인, 또는 일곱 나팔과 관련된 계시와 다른 종류라고 하였다. 그러나 6절 앞부분의 다른 천사란 말이 앞에 있는 말과 연결되지 않는다고 볼 수는 없다. 앞(1-5절)에 천사란 말이 나오지 않았다 할지라도 우렛소리 같은 찬송(2절)이 천사들의 찬송을 포함한다(Kuyper). 그러므로 6절에 있는 "다른 천사"란 말은 갑자기 생겨난 것이 아니다.

6 또 보니 다른 천사가 공중에 날아가는데 땅에 거주하는 자들 곧 모든 민족과 종족과 방언과 백성에게 전할 영원한 복음을 가졌더라. 여기서 말하는 천사의 전도는 어떤 것을 의미하는가? ① 교회사학파 학자들은 "여기서 말하는 천사의 전도는 교회 역사에 있는 모든 참된 전도 운동을 상징한다"고 말한다. ② 또 어떤 사람들은 "천사"의 전도가 루터의 종교개혁을 상징한다고 주장한다. ③ 이것은 세상의 종말에 있을 전도 운동이라고 한다. 그 이유는, 사도 요한이 여기서 종말의 사건들을 염두에 두고 말하기 때문이다(8절). 그렇다면 이 전도 운동은 천사가 이 땅에 와서 사람들 앞에 나타나서 전도한다는 말인가? 그렇게 생각할 필요는 없다. 성경은 하나님의 은밀한 일들이 천사로 말미암아 집행되는 것에 대하여 자주 언급한다(행 7:35; 갈 3:19; 히 2:2). 카이퍼(Kuyper)는 말하기를 "천사는 언제나 중간 역할을 한다. 즉 하나님께서 주관하시는 섭리와 우리의 삶을 연결한다. … 세계의 종말이 가까울수록 사탄의 공세가 강하여지기 때문에 거룩한 천사들이 더욱 맹렬히 활동할 것이다."라고 하였다.[170] 그러므로 여

---

170) Angels have always been the middlelinks, if we may say so, which establish the coherence between our life on earth and the over-ruling Providence of God. This being so, it goes without saying, that the more the Consummation draws near, and with it the final conflict between God and Satan, the more these demoniac attacks increase in malignant intensity. Naturally therefore in Rev. 14, with the transition of the trumpet to the vials, both the action of evil angels and the counteraction of good angels are in greater evidence. It would have been unnatural if, in that hour of greatest danger, the holy angels had not done their utmost to avert the power of Evil.-The Revelation of St. John, 115-116.

기서 말하는 천사의 전도는 천사가 땅 위에 직접 나타나서 하는 것이라기보다는 하늘 위에서 하나님의 복음 전도를 실행하는 것을 말한다. 천사는 보이지 않는 가운데서 그들의 사역을 통하여 복음 전도자들에게 연락할 것이다. 따라서 전도는 인간들이 하게 될 것이다.

"영원한 복음." 왜 복음을 "영원한" 복음이라고 하는가? 그 이유는, ① 복음은 진리이므로 세상의 종말에도 원래(原來)의 것 그대로 전파되는 까닭이고, ② 이 복음은 이처럼 하나님께서 세상의 종말까지 쉬지 않고 전하시는 까닭인 듯하다.

"모든 민족과 종족과 방언과 백성." 이것은 전 세계 인류를 가리키는 계시록의 어법이다. 계 5:9의 같은 말 해석 참조.

7 나님을 두려워하며 그에게 영광을 돌리라. 이 말씀은 인생의 본분을 지적하는 전도이다(전 12:13 참조). 하나님께서 인생을 창조하신 목적은 인생으로 하여금 그를 경외하게 하며 영화롭게 하려는 것이다. 여기서 하나님을 경외하는 구체적 방식은 말하지 않았으나, 당연히 예수 그리스도를 믿는 것이다(요 5:22-23; 엡 5:21 참조). 어떤 사람들은 여기서 천사가 행하는 복음 전도는 택한 백성에게만 구원의 소식이 되는(기쁜 소식이 되는) 심판을 선포하는 것이라도 한다. 그러나 이는 "복음"이란 말(εὐαγγέλιον)과 부합하지 않는 해석이다.

8절. 여기서부터 마지막 절까지는 계 16-19장에 있는 세상 심판을 서론적으로 미리 당겨서 보여 준다.

바벨론. 이것은 계 17장에 기록된 대로 "큰 음녀"로도 상징되었으며, 계 11:8의 "소돔이라고도 하고 애굽이라고도 하는 큰 성", 곧 하나님을 배반하는 이 세상을 가리킨다. 이것은 모든 나라 사람들이 이 세상에 취하게 만든다. 크레이다너스(Greijdanus)는 말하기를 "바벨론이란 이름은 세상 권세의 중심을 가리키며, 그것이 시대를 따라서 여러 가지 국가로 나타나, 하나님과 그리스도와 교회를 거스른다."(시 2편)라고 하였다.[171] 계 17:1의 "큰 음녀"에 대한 해석을 참조하라.

무너졌도다. 이것은 과거 동사로 사용됐으나, 아직 무너진 것은 아니고 앞으로 그렇게 될 것을 내다보는 예언이다.

모든 나라에게 그의 음행으로 말미암아 진노의 포도주를 먹이던 자로다. 바벨론은 곧 이 세상이다. 그 자신이 하나님을 배반하여 큰 음녀(섬겨야 할 하나님을 섬기지 않고 다른 신과 자기 자신을 위하는 자)가 되었다. 뿐만 아니라 그것은 강제로, 혹은 미혹하듯 사람들(나라들)을 유인하여 하나님을 섬기지 못하게 한다. 그리하여 모든 나라가 이 바벨론의 음행에 동참하였기 때문에 하나님의 "진노의 포도주"(하나님의 진노로 인하여 그들이 비틀거리며 넘어지는 것이 마치 취하게 하는 술을 마신 것 같음)를 마시게 되었다. 이같이 바벨론은 자신만 범죄할 뿐 아니라 다른 사람들까지 범죄하게 하는 괴악한 자이다.

9-12절. 여기서는 짐승(적그리스도 나라)과 그 우상에게 경배하던 자들을 처벌하는 것에 대한 천사의 선고에 대하여 말한다.

9 **짐승.** 계 13:1-10 참조. **그의 우상.** 계 13:14-17 참조.

10 **하나님의 진노의 포도주.** 8절 해석 참조.

그 진노의 잔에 섞인 것이 없이 부은 포도주. 이것은 물 같은 것을 타지 않은 독한 술을 의미하며, 하나님의 강한 진노를 상징한다. 짐승에 속한 자들도 회개할 소망이 없는 극악한 자들이므로, 하나님의 진노를 그대로 받는다. 그러므로 그 무리가 받는 벌은 "대접"(계 16:2)에 담아 붓는 것으로 상징된다. "대접"으

---

171) Daardoor werd deze maam aanduiding van de wereldmacht, met haar centrum, die zich in den loop der eeuwen in verschillende wereldrijken belichaamt, en tegen God, en zijne Christus, en zijne gemeente, stelt, PS. 2.-Openbaring, 290.

로 재앙을 붓는 것은, 그것을 남김없이 쏟는 것을 상징한다.

11 **그 고난의 연기가 세세토록 올라가리로다.** 이것은 ① 불로 소금을 치는 듯한 지옥 화형이 영원히 계속되는 것을 가리키는 동시에(막 9:47-49), ② 처벌받은 자들이 당하는 영원한 황폐를 상징한다(사 34:9-10 참조).

12 **성도들의 인내가 여기 있나니.** 이것은 성도들을 주의시키는 문구이다. 앞에서 말한 것처럼, 지옥의 형벌이 무서운 만큼, 성도들은 모든 고난을 끝까지 참고 견디어서 신앙을 놓치지 않아야 된다.

하나님의 계명과 예수에 대한 믿음을 지키는 자. "예수에 대한 믿음"이라는 말이, 옛날 번역에는 "예수의 도리"라고 잘못 번역되었다. 하나님의 계명은 예수를 믿어야만 지킬 수 있다. 예수 그리스도를 믿는 자는 하나님의 계명을 지키는 데 힘쓴다. 그 이유는, 그가 성령님의 감화를 받기 때문이다.

설교 세 천사의 선포(6-12절)

세 "천사"의 선포는 하나님께서 마지막 적그리스도의 나라("바벨론")에 보내신 경고이다.

1. 하나님의 당연한 요구(6-7절)

적그리스도는 마지막까지 발악하여 사람들이 자기를 경배하게 한다(계 13:13-17 참조). 그러나 이제 하나님의 심판이 임하여 인류에게 하나님께 드려야 할 경배가 요구된다.

"하나님을 두려워하며 그에게 영광을 돌리라"고 한 말씀의 뜻이 무엇인가? 사람이 하나님을 두려워하기만 하면 안 된다. 두려워하기만 하는 것은 귀신들의 태도이다(약 2:19). 하나님에 대한 사람의 정당한 태도는 두려워하면서 그에게 영광을 돌리는 것(계 14:7 상반)이다. 곧 그에게 경배해야(7절 끝)

된다. 하나님께 영광을 돌리는 생활은 범사에 감사하며 무조건 그의 주권에 승복하는 것이다. 욥은 그의 재산 전부와 열 자녀를 한꺼번에 잃어버리고도 엎드려 하나님께 경배하며 말하기를 "내가 모태에서 알몸으로 나왔사온즉 또한 알몸이 그리로 돌아가올지라 주신 이도 여호와시요 거두신 이도 여호와시오니 여호와의 이름이 찬송을 받으실지니이다"(욥 1:21)라고 하였다.

2. 바벨론 멸망 선언(8-12절)

"바벨론"은 하나님을 대적하는 이 세상주의를 상징한다(창 11:1-9 참조). 본문 8절의 "음행"이란 말은 하나님을 섬겨야 할 사람이 적그리스도(혹은 이 세상)를 따르는 것에 대한 비유이다. 바벨론은 모든 나라들로 하여금 하나님을 배반하도록 하였으니, 곧 그들이 음행하게 한 자이다. 그것은 그들을 진노의 포도주를 마시게 되는 자리로 인도한 것이다.

"진노의 포도주"(8절 하반)란 말은 비유이며, '하나님의 진노'란 뜻이다. 이것은 하나님이 베푸시는 벌을 가리킨다(렘 25:15 참조).

"음행"이란 말에 대하여 좀 더 자세히 설명할 필요가 있다. 하나님과 인간의 관계는 다음과 같다. ① 하나님께서 사람을 자기의 형상으로 지으신 것은 피조물 중에서 그를 유일한 동반으로 귀하게 여기신 것이다. 그와 같이 하나님은 인간을 영원히 함께 살 자로 지으셨다. 인간이 범죄한 것은 하나님에게서 분리되는 비극이며, 그가 회개하지 않고 세상을 사랑하는 것은 음행과 같은 죄이다. ② 하나님은 범죄한 인간을 택하여 은혜의 언약을 맺으시고 자기 자신을 희생하시면서까지 자기의 소유로 사랑하셨다. 이 또한 신자를 자기와 영원히 함께 살 자로 세우신 것이다. 그럼에도 불구하고 사람이 하나님보다 세상을 더 사랑하는 것은 음행과 같은 것이다. 약 4:4은 말하기를 "간음한 여인들아 세상과 벗된 것이 하나님과 원수 됨을 알지 못하느냐"라고 한다. 그 죄를 범하는 자는 하나님께서 영원히 버리신다. 그들이 받는 "고난의 연기가 세세토록 올라가리로다"(계 14:11)라고 한 말씀이 그 뜻이다.

설교 인내의 필요성 (12절)

그리스도 신자가 구원을 받는 것은 오직 그리스도의 은혜와 공로로 이루어진다. 그러나 그것이 신자 자신의 노력이나 인내가 필요 없다는 의미는 아니다. 구원은 은혜로 받는 것이므로 누구든지 받기만 하면 그 구원이 확실해진다. 하나님께서 은혜로 주시는 것을 인간 편에서 받기만 하면 된다. 그것을 받는 방법은 노력을 제외하지 않으며 인내와 상관없는 것도 아니다. 그러므로 성경은 인내에 대하여 자주 말씀한다.

"또 너희가 내 이름으로 말미암아 모든 사람에게 미움을 받을 것이나 끝까지 견디는 자는 구원을 얻으리라"(마 10:22). "전날에 너희가 빛을 받은 후에 고난의 큰 싸움을 견디어 낸 것을 생각하라"(히 10:32). "게으르지 아니하고 믿음과 오래 참음으로 말미암아 약속들을 기업으로 받는 자들을 본받는 자 되게 하려는 것이니라"(히 6:12). "형제들아 주의 이름으로 말한 선지자들을 고난과 오래 참음의 본으로 삼으라 보라 인내하는 자를 우리가 복되다 하나니 너희가 욥의 인내를 들었고 주께서 주신 결말을 보았거니와 주는 가장 자비하시고 긍휼히 여기시는 이시니라"(약 5:10-11). "좋은 땅에 있다는 것은 착하고 좋은 마음으로 말씀을 듣고 지키어 인내로 결실하는 자니라"(눅 8:15). "너희의 인내로 너희 영혼을 얻으리라"(눅 21:19). "만일 우리가 보지 못하는 것을 바라면 참음으로 기다릴지니라"(롬 8:25). "오직 모든 일에 하나님의 일꾼으로 자천하여 많이 견디는 것과 환난과 궁핍과 고난과"(고후 6:4). "너희에게 인내가 필요함은 너희가 하나님의 뜻을 행한 후에 약속하신 것을 받기 위함이라"(히 10:36). "인내로써 우리 앞에 당한 경주를 하며"(히 12:1). "인내를 온전히 이루라 이는 너희로 온전하고 구비하여 조금도 부족함이 없게 하려 함이라"(약 1:4). "일의 끝이 시작보다 낫고 참는 마음이 교만한 마음보다 나으니"(전 7:8). "모든 사람에게 오래 참으라"(살전 5:14). 인내가 필요하다는 것은 우리가 말하지 않아도 다 아는 사실이다. 우리의 구원을 성취하는 데에도 요긴한 것이다. 그렇다면 어떻게 해야 인내할 수 있는가? 자연인은 혈기와 악독이 있기 때문에 인내하기 어렵다. 우리의 최대의 적은 우리의 악한 마음이다. 잠 16:32에 말하기를 "자기의 마음을 다스리는 자는 성을 빼앗는 자보다 나으니라"고 하였다. 그러나 우리의 악한 성품을 제어하고 교정하는 방법이 있다는 것을 기억하며 하나님께 감사해야 한다. 그것은 첫째로 일반 은혜의 방법이고, 둘째는 특별 은혜의 방법이다.

1. 일반 은혜의 방법

잠 16:1에 말하기를 "마음의 경영은 사람에게 있어도 말의 응답은 여호와께로부터 나오느니라"고 하였다. 인간이 선한 일을 하려고 합법적으로 노력하는 것은 반드시 자신의 능력을 의지한다는 의미가 아니다. 그것은 이미 하나님께 받은 일반 은혜, 예를 들면 그의 성품과 지혜의 법칙을 순종하는 행동이다. 선한 일을 하려고 노력조차 하지 않는 것은 하나님이 주신 은혜를 활용하지 않는 잘못이다. 우리는 우리가 처한 환경에 따라 어려운 때에 일시적으로 악한 행동을 하기 쉽다. 그렇게 되기 전에 우리는 심리적으로 그 역경에서 지혜롭게 처신해야 된다. 그것은 이해력을 사용하는 것이다.

2. 특별 은혜의 방법

우리는 일반 은혜에 의지하여 인내의 덕을 배양할 뿐만 아니라 특별 은혜, 곧 성령님의 은혜로 그것을 이루어 나가야 한다. 이것은 하나님의 말씀을 들음으로써 얻어지는 은혜이고, 기도함으로써 받는 은혜이다. 죄악의 세력을 씻어 버리듯이 진정시키는 것은 오직 성령님의 은혜로만 할 수 있다. 천로역정을 보면, 크리스천이 천성을 향하여 가는 도중에 "통역자"의 인도를 받아 어떤 집에 들어간다. 그곳에는 큰 방이 있고, 방바닥에 먼지가 가득하였다. 통역자가 한 사람을 시켜서 그 방을 청소하라고 하자 그 사람이 청소를 시작하였다. 그것을 구경하는 크리스천이 질식할 정도로 먼지가 방에 가득하였다. 그때에 통역자는 그 옆에 있던 한 여자에게 물을 가져다가 그 방에 뿌리라고 하였다. 그러자 그 방이 먼지 없이 깨끗해졌다. 이것을 그 통역자가 다음과 같이 해석하였다. 즉 방을 빗자루로 청소하는 것은 율법으로 행실을 다스리는 것으로, 죄악의 세력이 속에서 더욱 일어날 뿐이고, 방에 물을 뿌려서 깨끗이 하는 것은 성령님의 내적 사역으로 말미암아 죄악의 세력이 고요히 진정되는 것이다. 우리는 이렇게 기도를 통하여 성령님의 도우심을 받아 죄악의 세력을 이기는 덕을 이루어 갈 수 있다.

13절. 이 구절은 앞절에 있는 성도의 인내를 하나님께서 지켜 주시는 것에 대하여 말한다.

기록하라. 하나님께서 성도의 고난을 갚아 주시는 원리는 영원불변한 것이므로, 하늘의 음성은 사도에게 이것을 기록하라고 말씀하신다. 성도들이 이 세상에서는 고난을 당하지만, 내세에서는 그것에 대한 상을 받는다는 것은 "기록된" 진리, 곧 불변의 진리이다. 그러므로 이것을 아는 신자들은 난관을 당할 때에 더욱 용기와 인내로 전진한다.

지금 이후로. 마지막 날 심판이 접근했으니만큼, 주님을 믿고 죽은 자들이 구원 완성을 보게 될 시기는 멀지 않은 것이다. 그러므로 여기서 하늘의 음성은 말하기를, 성도들의 내세적 축복이 이제부터 임한다고 한다. 일설에, "지금 이후"의 시대는 일반 신약 시대를 가리킨다 하고, 이 구절이 신약 시대에 예수 믿고 별세한 자가 받는 천국 복을 의미한다고 한다.

주 안에서 죽는 자들. 이것은 예수 그리스도를 믿고 일생을 마친 자들을 가리킨다. "주 안에서 죽는 자들"은, 헬라 원어로 호이 네크로이 호이 엔 퀴리오 아포트네스콘테스(οἱ νεκροὶ οἱ ἐν κυρίῳ ἀποθνῄσκοντες)인데, 이 번역은 직역이다. 구역에, "주를 높이다가 죽은 자"라고 한 것은, 직역이 아니고 의역이다. 이 문구는 그리스도를 믿는다고 고백할 뿐 아니라, 그로 더불어 연합하여 교제하는 생활에 거하다가 별세하는 자를 의미한다. 살전 4:14 참조.

성령이 이르시되. 이것은 성도의 죽은 후에 누리게 될 복에 대한 제3 확보이다. 제1 확보는 예언자 자신이 하였고(12절), 제2 확보는 "하늘에서 음성이 나서 이르되 기록하라"고 한 말씀이다(13절). 성도의 내세의 복은 이와 같이 삼중으로 견고하게 확보되었으므로, 그들은 이 세상에서 무슨 고난을 당해도 기쁘게 참아 나아갈 만한 소망의 근거를 가졌다.

그들이 수고를 그치고 쉬리니. 이것은 그들이 영광의 세계에 들어가서 안식을 누릴 것을 가리킨다. 그렇다면 그들의 안식은 무엇을 의미하는가? 다이크(Dr. K. Dijk)에 의하면, 이것은 ① 죄악의 고통에서 완전히 떠나 안식하는 것이고, ② 마귀와의 투쟁을 마치고 쉬는 것을 의미하고, ③ 모든 고통과 적대 행위를 당하지 않는 안식이고, ④ 주님의 영광을 위하여 모든 면에서 애쓰는 괴로움을 떠나 평안을 누리는 것이고, ⑤ 이 세상에서 살기 위한 모든 일의 고통에서 떠나 안식하는 것이다.[172)]

이 안식은 아무것도 하지 않는 것을 의미하지 않는다. 성경은 하나님께서 만물을 창조하신 뒤에 안식하셨다고 말한다. 그러나 하나님의 안식은 무활동을 의미하지 않고, 그의 섭리 사역을 포함한다(요 5:17). 인간의 안식도 무활동을 의미하지 않고, 그들이 주님의 날에 하나님 말씀을 받고 성례를 사용하고 기도와 찬송 등으로 예배드리는 것을 의미한다. 천당에 간 성도들의 안식 역시 예배의 활동을 한다. 그것이 안식이다. 여기서 '몸 없는 영혼이 어

---

172) Dr. K. Dijk, Over De Laaste Dingen Tussen Sterven En Opstanding, 148-149.

떻게 그런 활동을 하는가?'라는 문제가 제기된다. 그러나 그것은 문제가 되지 않는다. 천당에는 육체적 활동은 없고, 영적인 능력으로 이루어지는 활동이 있을 뿐이다. 그러나 그 활동은 이 세상에서처럼 죄악의 방해를 받지 않는다.

이는. 헬라어로 가르(γὰρ)라고 하며, 안식의 이유를 보여 주는 이유 접속사이다.

행한 일이 따름이라 하시더라. 그들이 "행한 일"은 그들의 신앙과 행위를 겸하여 말하는 것이다. 이는 그들 자신의 능력에서 비롯된 것이 아니라, 하나님께서 그들에게 은혜로 주신 것이다(계 19:8 해석 참조).

설교 주 안에서 죽는 자의 복(13절)

주 안에서 죽는다는 말씀은 신자가 주님을 믿으므로써 주님이 함께해 주시는 은혜 가운데서 죽는 것을 가리킨다. 그렇게 죽는 것을 왜 복이라고 하는가? 다음의 두 가지로 생각해 볼 수 있다.

1. 그가 죽을 때에 주님이 간섭하신다

스데반도 순교할 때에 "그 얼굴이 천사의 얼굴과 같더라"(행 6:15) 하였고, 그가 "하나님의 영광과 및 예수께서 하나님 우편에 서신 것을"(행 7:55) 보았다고 했다. 이것은 성도가 죽을 때에 하나님의 영화로우신 영적 간섭이 있다는 것을 증거한다. 그리고 눅 16:19-31 말씀을 보아도 거지 나사로가 별세했을 때에 그 영혼이 천사들에게 받들려 아브라함의 품(낙원)으로 들어갔다(22절). 눅 12:20을 보면 "하나님은 이르시되 어리석은 자여 오늘 밤에 네 영혼을 도로 찾으리니 그러면 네 준비한 것이 누구의 것이 되겠느냐"라고 하였다. 이 말씀은 사람이 별세할 때에 하나님의 특별한 간섭이 있음을 확증한다. 하나님께서 인간의 별세에 개별적으로 간섭하신다는 것은 에녹의 승천

사건으로도 알 수 있다. 에녹이 승천한 것은 자기 스스로 한 것이 아니라 하나님께서 그를 옮겨 가신 것이다. 성경은 말씀하기를 "하나님이 그를 옮기심으로 다시 보이지 아니하였느니라"(히 11:5)고 하였다. 하나님께서 모세의 시체를 감추신 것을 보아도, 개인의 별세에 대하여 무관심하시지 않다는 것을 알 수 있다(신 34:6; 유 1:9).

2. 그는 복된 세상에 들어간다

본문에 "쉬리니"란 말은 헬라어로 아나파에손타이(ἀναπαήσονται)이다. 이것은 안식을 의미할 뿐 아무 일도 일어나지 않는 상태를 가리키지 않는다. 시 17:15에 말하기를 "나는 의로운 중에 주의 얼굴을 뵈오리니 깰 때에 주의 형상으로 만족하리이다"라고 하였으며, 시 37:37에 말하기를 "온전한 사람을 살피고 정직한 자를 볼지어다 모든 화평한 자의 미래는 평안이로다"라고 하였고, 시 116:15에 "경건한 자들의 죽음은 여호와께서 보시기에 귀중한 것이로다"라고 하였고, 잠 14:32에 말하기를 "의인은 그의 죽음에도 소망이 있느니라" 하였고, 빌 1:23에도 말하기를 "내가 그 둘 사이에 끼였으니 차라리 세상을 떠나서 그리스도와 함께 있는 것이 훨씬 더 좋은 일이라 그렇게 하고 싶으나"라고 하였다. 이 밖에도 많은 성구들이 이와 같은 의미를 가진다. 성도들이 사후에 들어가는 세계는 왜 행복한가? ① 그곳은 하나님과 예수님이 계시기 때문에 복되다. 성도가 이 땅에서 영적인 눈으로 이따금 주님을 보는 것도 기쁜데, 하물며 하늘에서 그를 계속적으로 모시고 있는 생활은 얼마나 기쁘겠는가(계 3:4). ② 그곳은 성도가 좋아하는 의인들만 있으므로 기쁘고 복되다(히 12:22-24). ③ 그곳은 거룩한 천사들이 영광 가운데서 성도를 수종들기 때문에 영광스럽고 복되다(히 12:22-24). ④ 그곳은 생명강과 생명나무가 있는 곳이며(계 22:1-5) 성도가 받을 면류관이 있는 곳이므로 기쁘고 복되다(딤후 4:8). ⑤ 그곳에서 앞서 간 친구들을 만나 볼 수 있으니 기쁘고 복되다(삼하 12:23). ⑥ 그곳은 죄가 없는 곳이므로 기쁘고 복되다(계 21:27). ⑦ 그곳은 사랑이 충만하므로 기쁘고 복되다(고전 13:13). ⑧ 그곳에는 즐거운 찬송이 있으니 그 기쁨이 한량없다(계 4:8). ⑨ 그곳에서는 그때까지 모르던 것을 다 알게 되고 깨닫게 되므로 기쁘고 복되다(고전 13:12). ⑩ 마지막으로 가장 중요하게 생각되는 것이 있다. 그곳은 쉬지 않고 하나님을 섬길 수 있는 곳이므로 즐겁다(계 22:3). 인간은 하나님을 섬기기 위하여 창조되었고, 그를 섬기는 것을 가장 큰 즐거움으로 타고났다. 그런데 인간이 타락한 이후로 하나님 섬기는 것을 싫어하게 되었다. 그가 하나님을 섬기며 얻는 즐거움은 내세에서 더욱 크다. 그 이유는, 거기서는 그가 하나님을 대면하여 섬기기 때문이다. 스펄전은 말하기를 "우리가 세상에서 하나님을 보지 못하고 교제하는 것도 큰 기쁨인데, 내세에서는 그를 대면할 수 있으니 얼마나 기쁘겠는가! 성도들이 이 세상에서 고난 가운데 있으면서도 하나님을 섬기며 즐거워하는데, 고통과 환난이 없는 내세에서는 얼마나 더 기쁘겠는가!"라고 하였다.

3. 결론

왜 신자는 이런 복을 받는가? 본문이 말하는 것처럼 그들의 행한 일이 따르기 때문이다. 여기서 말하는 "행한 일"(ἔργα)은 공로를 의미하는 것이 아니라 행적을 가리킨다. 행적이란 개념 속에는 무엇보다도 신앙생활이 포함된다. 그들의 행실은 그들의 신앙의 구체적인 면이다. 신앙을 떠난 참된 선행은 있을 수 없다. 그들은 이렇게 신앙에 의하여 주님의 은혜로 복된 죽음에 참여한다. 사람은 자기의 의로 구원과 안식을 얻을 수 없다. 인간에게는 진정한 의미의 "자기의 의"가 없다. 이 사실은 성경이 강조하는 것이기도 하다. 다음의 구절들이 대표적이다.

"진실로 내가 이 일이 그런 줄을 알거니와 인생이 어찌 하나님 앞에 의로

우랴"(욥 9:2). "그런즉 하나님 앞에서 사람이 어찌 의롭다 하며 여자에게서 난 자가 어찌 깨끗하다 하랴"(욥 25:4). "주의 종에게 심판을 행하지 마소서 주의 눈 앞에는 의로운 인생이 하나도 없나이다"(시 143:2). "무릇 우리는 다 부정한 자 같아서 우리의 의는 다 더러운 옷 같으며"(사 64:6). "그러므로 율법의 행위로 그의 앞에 의롭다 하심을 얻을 육체가 없나니 율법으로는 죄를 깨달음이니라"(롬 3:20)라고 하였다. 이와 같은 말씀은 신약에 얼마든지 있다.[173] 그러므로 누구든지 자신의 힘으로 구원을 얻을 수 있다고 생각하면 안 된다. 그것은 불신앙이다. 갈 5:4에 말하기를 "율법 안에서 의롭다 함을 얻으려 하는 너희는 그리스도에게서 끊어지고 은혜에서 떨어진 자로다"라고 하였다.

설교 위에 있는 천국(13절)

1. 주 안에서 죽는 자들이 복 받는 곳

"주 안에서 죽는다"는 말씀의 뜻이 무엇인가? 이것은 신자가 죽을 때에 이루어지는 일이다. 스펄전 목사의 부친도 목사였는데, 그는 잘 죽는 은혜에 대하여 말하기를 "그 은혜는 아무 때나 받는 것이 아니라 죽을 때에만 받는다"고 하였다. 이 말은 참으로 옳다. 내가 아는 어떤 형제는 임종할 때에 빛을 보고 "저 빛을 보시오."라고 거듭 말하였다고 한다. 그러나 그런 것에 집착하면 허망한 데로 빠지기 쉽다. 불건전한 신비는 위험하다. "집착"은 우선순위를 바꾸고, 경중을 잘못 평가하게 한다. 거기서 큰 실수들이 생긴다. 그러므로 성경말씀을 믿으며 만족하는 것이 가장 안전하다.

아우구스티누스는 임종 전 10일 동안 시편 51편을 침상 건너편 벽에 써

173) 행 13:39; 롬 3:28; 4:14-15; 9:11, 16; 11:6; 갈 3:10; 4:9; 5:2, 4, 11, 18; 엡 2:9; 딤후 1:9; 딛 3:5 참조.

붙이고 바라보다가 별세하였고, 칼빈은 임종 전에 롬 8:18을 읽었고, 존 녹스는 임종할 때에 칼빈의 설교를 계속 읽어 달라고 하였다고 한다.

우리가 죽을 때에 어떠한 형편에서 하나님의 부르심을 받게 될지 예측하기 어렵다. 혹은 병상에서, 혹은 불의의 사고로, 혹은 잠을 자다가, 혹은 일하다가 그 현장에서 부르심을 받게 될지 전혀 알 수 없다. 그러나 어떠한 형편에서 부르심을 받든지, 은혜로운 죽음은 주님이 도와주시는 가운데 죽는 죽음이다. 나사로가 죽을 때에 천사들이 받들었다고 한 것처럼(눅 16:22), 그렇게 되는 것이 그리스도 안에서 죽는 죽음이다. 나도 전에 죽을 지경의 고통에서 '이제는 죽는구나.'라고 생각한 적이 있다. 그때에 나는 평안히 죽으려고 애써 보았지만 마음에 기쁨이 없었다. 그러나 그 순간 성경을 생각하고 성경대로 될 것을 믿으니 마음에 기쁨과 평안이 임했다.

2. 성도들이 쉬는(안식하는) 곳

"쉰다"는 것은 동작의 중지를 의미하지 않고 오직 "성령 안에 있는 의와 평강과 희락"(롬 14:17)을 의미한다. 하나님께서 제7일에 안식하셨다(창 2:3). 그 말씀은 하나님께서 모든 활동을 정지하셨다는 의미가 아니다. 하나님께서는 지금까지 섭리하시며 구원하시는 일을 계속하고 계신다. 그것은 그의 자비에 속한 일이다.

그렇다면 신자들이 안식하게 되는 원인은 무엇인가? 그 원인은 "그들의 행한 일이 따름이라"(13절 끝)란 말씀이다.

1) 신자의 신앙 행위. 신앙과 행위(사랑)가 논리적으로는 구분되지만 그것은 성질상 구분일 뿐 실제적 구분이 아니다. 믿음과 행위는 언제나 함께 있다. 비유를 들면, 나무의 뿌리와 그 나무의 줄기 같은 관계이다. 뿌리에서 나무를 끊으면 그 뿌리까지 죽는다. 그와 같이 믿음은 사랑을 품고 있다.

2) 신자의 하나님 사랑. 신자들에게 하나님에 대한 사랑이 없으면 그는 세상을 사랑하게 된다(요일 2:15-17 참조). 세상을 사랑하는 자는 결국 망한다.

설교 최후의 구원과 멸망(14-20절)

1. 최후의 구원

이것은 비유와 상징으로 표현된다.

구원자. "흰 구름" 위에 앉으신 인자(14절), 곧 성결하신 예수 그리스도께서 구원하신다. 이것은 그가 재림하실 때 이루어지며, 그날과 그때는 아무도 모른다. "성전으로부터"(즉 그 안에 계신 아버지 하나님께로부터) 천사를 통하여 그때가 알려진다(16절). 예수님께서 말씀하시기를 "그 날과 그 때는 아무도 모르나니 하늘의 천사들도, 아들도 모르고 오직 아버지만 아시느니라"(마 24:36)고 하셨다. "낫을 휘둘러 거두소서 … 다 익어 거둘 때가 이르렀음이니이다." 이 말씀은 구원을 "곡식" 거두는 것으로 비유했다. 이러한 말씀은 성경 다른 부분에도 있다(마 3:12; 13:30).

2. 최후의 멸망

이것은 "포도"를 거두어 "포도주틀"에 던진 후 그것이 밟히는 것으로 비유되었다(19절). 욜 3:13에도 같은 비유가 있다. "와서 밟을지어다 포도주 틀이 가득히 차고 포도주 독이 넘치니 그들의 악이 큼이로다"(사 63:3 참조).

이와 같은 멸망의 심판이 "제단으로부터"(18절) 나오는 천사로 말미암아 선포된다. "제단"은 긍휼을 나타내는 것임에도 불구하고 거기서 멸망의 심판이 선포된다. 이런 심판은 하나님의 그 크신 긍휼로도 더 이상 참을 수 없는 죄인들에게 시행된다. 따라서 그것은 최종적인 것이며, 고칠 수 없는 것이다.

포도에서 나오는 즙은 전쟁으로 죽은 사람들의 "피"를 비유한다(20절).

이것은 세상 끝날 마지막 전쟁에서 무수한 사람들이 죽을 것을 예언하는 것이다. 그 흘린 피가 "천육백 스다디온"이나 되는 지역에 퍼졌다고 한다. "천육백 스타디온"은 321,600미터 정도 되는 거리이다.

14-20절. 이 구절들은 그리스도께서 세상을 심판하실 것을 비유로 보여준다. 그것은 두 가지 추수로 나타난다.

14 흰 구름이 있고 구름 위에 인자와 같은 이가 앉으셨는데. "흰 구름"은 그리스도의 순결과 그의 장엄한 영광의 표상이고, "인자와 같은 이"는 예수 그리스도를 가리킨다. 이 구절은 복음서에 있는 것처럼, 구름과 함께 오실 주님을 염두에 두고 한 말이다.

15 또 다른 천사가 성전으로부터 나와 구름 위에 앉은 이를 향하여 큰 음성으로 외쳐 이르되. 여기서 "천사가 성전"에서 나온다고 한 것은, 그가 독자적인 권위를 가지고 그리스도에게 명령한 것이 아니라, 성전 안에 계신 하나님 아버지의 말씀을 전달한 것뿐임을 드러낸다.

당신의 낫을 휘둘러 거두소서. 욜 3:12-13 참조. 이 곡물을 추수할 때에는 예수 그리스도께서 친히 거두신다. 그 이유는, 수확하는 것이 그의 것, 즉 택하심을 입은 성도들이기 때문이다. 또한 이 추수는 그가 성도들을 영광의 나라로 데려가시는 것을 상징한다(살전 4:17).

땅의 곡식이 다 익어 거둘 때가 이르렀음이니이다 하니. 이것은 성도들의 수가 찼다는 뜻이다.

18 포도송이. 이것은 불경건한 자들을 상징하는 것이다. 이 추수는 주님께서 친히 하시지 않고 천사를 시켜서 하실 것으로 표현된다(17-18절). 그 이유는, 그 수확이 주님과 가까운 관계의 것이 아니라 내어 버려질 것이기 때문이다(마 13:41-42).

포도가 익었느니라. 이것은 죄악이 가득 찬 것을 비유한다.

19 진노의 큰 포도주 틀에 던지매. 이것은 악인들이 천벌을 받아 살육당하는 것이 마치 포도가 그 즙 짜는 압착기에 들어간 것 같을 것이라는 비유이다.

20 성 밖에서 그 틀이 밟히니. 사 63:1-6 참조. "성"은 천성을 가리킨다. 그들은 거기 들어가지 못하고 그와 같이 천벌을 받았다(마 8:12 참조).

말 굴레에까지 닿았고. 이것은 전쟁으로 인하여 흘린 피가 그와 같이 많을 것을 비유한 말씀이다. 이렇게 비유된 까닭은 말이 전쟁의 상징이기 때문이다. 어떤 사람들은 이것이 계 16:16에 있는 "아마겟돈" 전쟁의 결과를 미리 보여 주는 상징이라고 한다.

천육백 스다디온. 이 숫자 역시 상징적 의미를 가진다. 1,600이란 수는 40을 제곱한 것이고, 40은 형벌을 상징하는 수로 볼 수 있다. "한 스다디온"은 606 피드 9인치라고 한다.

클리포트(Kliefoth)는 말하기를 "1,600이란 수는 4를 제곱하여 그 수에 다시 100을 곱한 것이다. 4를 제곱하는 것은 온 천하를 가리키고, 100은 10을 제곱한 것이므로, 그것은 영원을 가리킨다. 즉 성도의 원수가 받을 영원한 형벌을 상징한다"고 하였다. 그러한 피가 "1,600스다디온에 퍼졌"다는 것은 마지막 날에 하나님의 형벌이 온 천하에 있는 성도들의 원수들에게 영원히 임할 것이라는 뜻이다. 이런 벌은 영원히 없어질 소망도 없고, 인간이 피할 수도 없도록 사방의 모든 원수들에게 임할 것이다.[174)]

요리

1. "어린 양이 시온 산에 섰고"(1절). 크레이다너스(Greijdanus)는 여기서

174) a distress and an eternal future misery which is in every direction and for all times would consummate in doom.-A. Kuyper, The Revelation of St. John, 159.

"섰고"란 말에 대하여 해석하기를 "힘이 충만하고, 또한 승리자답게 섰다"는 의미라고 하였다. 이것은 본문을 바르게 해석한 것이다. 예수 그리스도께서 그와 같이 힘 있는 큰 권세와 승리자의 기세로 세상을 심판하실 것이다. 그러므로 그를 바라보는 성도들은 현세의 많은 곤고 가운데서도, 열심과 용기와 인내의 덕으로 분투해야 된다. 추수의 기쁨을 바라보는 농부는 바람과 비를 무릅쓰고 기꺼이 감내하며 열심히 일한다.

2. "그 고난의 연기가 세세토록 올라가리로다." 이 세상은 잠깐이므로, 그 잠깐 동안 신앙으로 참으면 영원한 천국의 희락을 받는다. 그러나 잠깐 사는 이 세상에서 죄악을 쫓아다니면 영원토록 지옥의 고초를 받는다(11절).

제 8 부
마지막 재앙

계 15:1-19:10

마지막 재앙

• 이 부분은 일곱 대접 재앙으로 인하여 교회의 원수들이 천벌을 받는 일에 대하여 말한다.

1. 일곱 대접 재앙들을 던지려는 천사들의 준비(15:1-8)
2. 여섯 가지 대접 재앙(16:1-16)
3. 일곱째 대접 재앙(16:17-19:10)
   1) 서론적 상징(16:17-21)
   2) 바벨론과 짐승(최후의 적그리스도)에 대한 역사적 설명(17:1-18)
   3) 바벨론의 멸망(18:1-19:10)

제 15 장

개요

본 장은 16장 이하에 대한 서론이다. 다시 말하면 마지막으로 내릴 재앙, 곧 일곱 대접 재앙에 대한 머리말이다. 계시록에서는 중요한 사건을 앞두고 그것에 관한 머리말이 겹겹이 나타나는 현상을(계 7장; 10장; 14장) 볼 수 있다. 이것은 하나님의 긍휼하심이다. 하나님께서는 인류를 벌하실 때 그것을 일시에 집행하지 않으시고 여러 번 경고하다가 마지막에 실행하신다. 그러므로 최후 심판에 이르기 전에 서론적 계단이라고 할 수 있는 사건들이 미리 나타난다.

해석

1 **크고 이상한 다른 이적.** 이 "이적"은 헬라어로 세메이온(σημεῖον)이며, 표호를 의미한다. 이것은 앞으로 있을 큰일에 대한 징조를 가리킨다.

2 **불이 섞인 유리 바다 같은 것이.** 이 문구를 읽을 때 주의할 것은 "같은

것"(ὡς)이란 말이다. 요한이 본 것은 유리 바다 같은 것(비유)이지 글자 그대로의 유리 바다가 아니다. "유리 바다"는 맑아서 어두움이 없는 하나님의 의와 심판에 대한 비유이다. 그런데 거기 "불이 섞였다"고 하였다. 이는 진노의 심판을 상징한다(히 12:29 참조). 그다음에 이어지는 문맥에서 우리는 옛날의 이스라엘과 애굽인들 사이에서 심판이 된 홍해를 연상하게 된다. 홍해는 이스라엘에게 구원의 길을 내어 주고, 애굽인들에게는 멸망을 준 심판이었다(출 14-15장). 그와 같이 세상 끝에 구원받은 성도들이 심판의 건너편에 서서 찬송을 한다.

그의 이름의 수를 이기고. 이 수는 적그리스도의 이름 문자를 수치로 푼 것이다. 그것을 이마나 오른손에 소유하지 않은 자는 적그리스도 나라에서 생존권을 빼앗겼다(계 13:17). 이 성도들은 그와 같이 생존권을 희생하면서도 적그리스도의 가증한 이름표를 받지 않았던 것이다. 그 무리에는 실제로 순교한 자들뿐만 아니라 승리의 신(요일 4:4)을 받은 모든 거듭난 자들이 포함된다. 신자들의 승리는 그리스도와 성령께 있으므로, 원리적으로는 그 승리가 이미 실현되었고(요 16:33) 현실적으로는 세상에서 점차 실현되어 가고 있다(빌 3:12 참조).

하나님의 거문고. 이것은 하나님께서 지어 주신 악기인 동시에 하나님께 봉사하기 위한 것이라는 의미이다.

3 모세의 노래, 어린 양의 노래. "모세의 노래"는 이스라엘이 홍해를 건넌 후에 부른 것으로, 하나님의 구원하시는 능력이 지극히 크심을 찬송한 것이다(출 15장). 그것은 ① 하나님의 능력을 찬송하고(출 15:2-3, 6), ② 하나님의 왕권을 찬송하고(출 15:18), ③ 하나님의 거룩하심을 찬송한다(출 15:11). "어린 양의 노래"는 어린 양과 같으신 그리스도께서 성도들을 구원하셨으므로, 그들이 그 구원을 기뻐하며 부르게 되는 노래라는 뜻이다. 예수 그리스도께서 그들을 대속하셨기 때문에 그들에게 그런 노래가 있다. 이것은 하나님께서

일곱 대접 재앙을 내리심으로써 그 백성의 원수를 멸하시고 그들의 구원을 완전하게 이루실 것에 대한 노래이다. "어린 양의 노래" 역시 ① 하나님의 능력을 찬송하고(계 15:3), ② 하나님의 지극히 높으신 왕권을 찬송하고(3절), ③ 하나님의 거룩하심을 노래한다(4절). 그러므로 이 두 노래는, 하나님께서 그 원수들을 멸망시키시고, 그의 성도들을 구원하시는 일에 나타난 세 가지 속성을 찬송한다.

전능하신 이시여. 우리는 성경을 보면서 하나님의 능력이 어떠하신지를 알 수 있다. 여기 몇 구절을 인용한다. "여호와께 능하지 못한 일이 있겠느냐"(창 18:14). "나는 죽이기도 하며 살리기도 하며 상하게도 하며 낫게도 하나니 내 손에서 능히 빼앗을 자가 없도다"(신 32:39). "여호와는 죽이기도 하시고 살리기도 하시며 스올에 내리게도 하시고 거기에서 올리기도 하시는도다 여호와는 가난하게도 하시고 부하게도 하시며 낮추기도 하시고 높이기도 하시는도다"(삼상 2:6-7). "여호와의 구원은 사람이 많고 적음에 달리지 아니하였느니라"(삼상 14:6). "여호와의 눈은 온 땅을 두루 감찰하사 전심으로 자기에게 향하는 자들을 위하여 능력을 베푸시나니"(대하 16:9). "주의 손에 권세와 능력이 있사오니 능히 주와 맞설 사람이 없나이다"(대하 20:6). "주께서는 못 하실 일이 없사오며 무슨 계획이든지 못 이루실 것이 없는 줄 아오니"(욥 42:2). "그가 말씀하시매 이루어졌으며 명령하시매 견고히 섰도다"(시 33:9). "여호와의 손이 짧아 구원하지 못하심도 아니요 귀가 둔하여 듣지 못하심도 아니라"(사 59:1).

크고 놀라우시도다. 1절 해석 참조.

주의 길이 의롭고 참되시도다. "주의 길"은 주님께서 행하시는 일을 의미하고, "의롭다 함"은 주님의 심판하시는 공의, 곧 죄를 벌하시는 성품을 가리키고, "참되시다" 함은 그가 약속하신 말씀대로 모든 것을 다 이행하신다는 의미이다.

4 오직 주만 거룩하시니이다. 여기 "거룩하다"라는 말은, 헬라 원어로 호시오스(ὅσιος)라고 하는데, 하나님께서 심판에 의하여 그의 피조물에게 대한 그의 관계 행위를 흠 없이 완수하심을 의미한다(Swete).

5 하늘에 증거 장막의 성전이 열리며. 이것은 하늘의 지성소가 열린다는 말이다. 즉 하나님의 구원 계획과 언약이 최종적으로 실현될 것을 상징한다.

6 성전으로부터 나와. 여기서 "성전"이란 말은 헬라어로 나오스(ναὸς)이다. 이것은 지성소, 곧 하나님이 계신 곳을 가리킨다. 천사들이 하늘 지성소에서 나오는 것은 그들이 하나님의 임명을 받고 오는 것이다.

맑고 빛난 세마포 옷을 입고 가슴에 금 띠를 띠고. 이것은 그들의 성결을 상징한다. 심판은 하나님의 성결하심이 표현되는 것이므로 그것이 실행되는 정도도 성결하다. 그 심판을 행하러 오는 자들도 성결의 위엄을 나타내며 성결을 옷 입듯 하였다.

8 하나님의 영광과 능력으로 말미암아 성전에 연기가 가득 차매. 사 6:1-4 참조. 여기서 "영광"은 그의 성결하신 광채이고, "능력"은 그가 행하시는 심판의 위력이다. 또한 이 둘은 주님의 거룩하신 진노의 기세이며, "연기"로 상징된다.

일곱 천사의 일곱 재앙이 마치기까지는 성전에 능히 들어갈 자가 없더라. 이것은 하나님께서 마지막 심판의 재앙을 내리실 때에 그의 진노가 불가항적으로 임하게 될 것을 가리킨다. 그때에는 아무도 그에게 접근하여 그의 진노를 그치게 할 수 없다.

설교 모세의 노래와 어린 양의 노래(1-8절)

1. 이 노래를 부르는 자들(2절)

이들은 "불이 섞인 유리 바다"에 서 있는 자들(완전히 구원을 받은 자들)이다. "불"은 '하나님의 진노'(신 32:22)를 비유하고, "유리 바다"는 '하나님의 의'를 비유한다(왕상 7:23-26). 이 바다는 이스라엘에게 홍해와 같은 것이다. 홍해는 하나님의 백성을 통과시키고, 그 원수(애굽 군대)는 멸망시켰다(출 14:21-28; 히 11:29). 이처럼 하나님의 의가 양면으로 나타나는 일이 이 세상에서 계속되었다.

그것은 신자와 불신자(적그리스도에게 속한 자)를 구원과 멸망으로 갈라놓는 심판사건이다. 아벨과 가인의 대조로부터 시작되어 롯과 소돔 사람들, 노아와 그 시대 사람들, 이스라엘과 애굽 군대, 그리고 세상 끝날에는 마지막 적그리스도의 무리와 참된 신자들에게 임할 대조되는 분깃이다. 간단히 말해서 "모세의 노래와 어린 양의 노래"를 부르는 자들은 이 세상이 시작된 이후로 모든 '구원받은 자들'이다.

2. 이 노래의 내용(3-4절)

이것은 하나님의 전능하심, 그의 의로우심, 그의 진실하심, 그의 거룩하심에 대한 찬송이다. 이 찬송은 세상의 일들이 다 지나가고 구원이 완성된 후에 구원받은 신자들의 깨달음에서 터져 나오는 것이다. 이 세상에 있는 동안에도 신자들이 하나님의 권능과 의와 진실과 거룩하심을 깨닫는 때가 있다. 그러나 그들의 구원이 완성된 후에 천국에서 그들의 깨달음이 완전해진다(고전 13:12).

① 하나님의 전능하심은, 우리가 믿는 대로 이 세상에 늘 역사하신다. 그러나 우리가 그것을 깨닫게 되는 것은 개인적으로 그 역사를 체험하는 때이다.

② 하나님의 의로우심은, 이 세상에서 불의한 자들이 하나님의 벌을 받아서 망한 사실로 알 수 있다. 우리는 그러한 역사를 통하여 하나님의 의를 깨닫는다.

③ 하나님의 진실하심은, 하나님의 예언들이 몇 천 년 후에라도 그대로 이루어진 사실로 알 수 있다. 우리는 그러한 예언 성취를 보고 하나님의 진실

하심을 깨닫는다.

④ 하나님의 거룩하심은 우리가 성결하게 살 때에 깨닫게 된다.

설교 하나님의 위엄(2-8절)

우리가 하나님의 은혜를 인식할 때 우리의 구원이 안전하다는 것을 느낄 수 있다. 그와 동시에 우리가 하나님의 위엄을 인식할 때에도 같은 느낌을 갖게 된다.

1. 불이 섞인 유리 바다 같은 위엄(2절)

이것은 성도들의 원수가 따라오지 못하게 막는 위엄이다. 불은 소멸시키는 것이므로(히 12:29), 거기에 범접할 자가 없다. 애굽 군대는 이스라엘을 따라잡으려다가 홍해 때문에 저지를 당하였다(출 14:23-31; 히 11:29 참조). 불이 섞인 유리 바다 같은 것도 홍해처럼 성도들의 원수를 막아 준다. 이것은 하나님의 위엄을 보여 준다. 누가 이런 것을 건너와서 성도들을 해하겠는가? 우리는 이와 같은 하나님의 보호를 믿고 안심해야 된다. ① 그의 보호는 우리 눈에 보이지 않지만 확실하고(대하 6:16-17 참조), ② 그의 보호는 현세뿐 아니라 영원토록 우리의 안전을 보장해 준다(신 33:27; 시 136:1 참조).

2. 일곱 천사의 위엄(6절)

우리는 그들의 옷차림에서 하나님의 위엄을 느낀다. 그들이 맑고 빛난 세마포 옷을 입고 가슴에 금띠를 띤 것은 그들의 성결의 위엄을 상징한다. 물론 그들의 성결은 스스로 갖춘 것이 아니다. 그들의 성결은 하나님이 지어 주신 것이므로 하나님의 성결을 반영시키고, 하나님의 위엄을 보여 준다. 죄인들도 이 위엄 앞에서 부끄러움을 느끼며 거꾸러지는 느낌을 가지게 될 것이다(요

18:6 참조). 그러나 마귀의 무리는 성결의 위엄만 두려워한다(행 19:14-16 참조). 천국에서의 권위는 성결에 달려 있다. 일곱 천사는 성결의 권위로 하나님의 심판을 수종들 것이다. 이런 권위 앞에서 성도들의 원수가 벌을 받는다.

3. 들어갈 수 없는 지성소의 위엄(8절)

본문에 있는 "성전"이란 말(ναὸς)은 "지성소"라고 개역되어야 한다. 이것은 하나님이 계신 곳을 상징하는 것이며, 사람들이 그곳에 들어갈 수 없게 될 때가 온다. 바로 진노가 나타나는 때이다. 그때에는 하나님께서 성도들의 원수에게 벌을 내리신다. 그때에는 성도들에게 영원한 평강을 베풀어 주신다. 하나님께서 악인들에 대하여 오래 참으시지만 그의 살아계심을 보여 주시는 때도 온다(롬 2:4-5 참조). 얼마나 많은 사람이 하나님이 오래 참으시는 것을 모르고 하나님이 없다고 말하는지 모른다.

요리

1. "마지막 재앙."

이 세상에는 재앙들이 많이 있다. 그것들은 사람들을 회개시키려고 임하는 것이 있다. 그들이 끝까지 회개하지 않을 때에는 그들을 멸망시키기 위한 마지막 재앙이 내리는 법이다. 그러므로 우리는, 재앙이 내리는 초기에 즉시, 반성하고 회개함이 지혜롭다. 회개해야 할 것을 후기로 미루는 것은 섶을 지고 불로 들어가는 어리석음이다.

2. "만국이 와서 주께 경배하리이다."

이 말씀의 최종적 성취는 주님이 재림하신 후에 실현될 일이다. 주님 재림 전에는 사람들이 하나님께로 오지 않고 죄로 흐른다. 믿는 자도 하나님께

온전히 순종하지 못하는 폐단이 있다. 그 이유는, 내세엔 죄가 없고 현세엔 죄가 있기 때문이다. 현세에도 죄가 없다면 사람은 모두 다 하나님을 공경할 것이고, 자석(磁石)에 쇠가 끌리듯이, 하나님에게 끌릴 것이다. 하나님을 못 섬기게 하는 장애물은, 죄뿐이다. 인간이 하나님을 섬기지 않을 정당한 이유는 하나도 없다(4절).

3. "성전에 능히 들어갈 자가 없더라."

현세에서는 사람들이 성전에 들어가려면 얼마든지 쉽게 들어갈 수 있는 기회가 있다. 그런데도 그들 중에는 성전에 들어가기를 권면 받으면서도 들어가지 않는 자가 많다. 그러나 때가 이르리니, 그때에는 인간이 성전에 들어가기를 원하여도 못 들어가게 될 것이다. 이날은 엄위의 날, 곧 심판의 날이다(8절).

제 16 장

개요

본 장부터는 마지막 재앙, 곧 대접 재앙의 집행에 대하여 말한다. 천사가 대접을 쏟아서 남김없이 재앙을 내린다. 이것은 하나님의 진노를 남김없이 쏟는 마지막 재앙임이 분명하다.

해석

1 **성전에서 큰 음성이 나서… 하나님의 진노의 일곱 대접을 땅에 쏟으라 하더라.** "성전"은 하나님이 계신 장소이므로 거기서 "음성이 난다"는 것은 하나님께서 친히 말씀하시는 것을 의미한다. 여기서도 "땅"에 임하는 심판이 하늘에서부터 시작된다는 사실을 알 수 있다.

2 **악하고 독한 종기**(ἕλκος κακὸν καὶ πονηρὸν). 이것은 애굽에 내렸던 재앙이며(출 9:10), 세상 끝이 매우 가까운 때에 적그리스도 숭배자들에게도 내린다. 11절을 보면 이것은 심히 아픈 종기인 듯하다. 이것은 하나님께서 원수를 벌하시는 방법 중 하나이다(신 28:27, 35). 이런 재앙은 네로 황제 시대에도 있었다고 한다(Dusterdiek). 적그리스도라고 할 수 있는 안디오커스 에피파

네스(매코비 시대에 유대인을 박해한 자)도 벌레가 창자를 먹어서 죽었고, 헤롯 안디바도 몸에 벌레가 먹어서 죽은 것(행 12:23)은 이와 비슷한 재앙이라고 할 수 있다. 어떤 사람들은 여기서 말하는 "악하고 독한 종기"는 양심의 고통을 비유한다고 이야기하지만 이것은 성경적 근거가 없는 해석이다.

3 바다. 이것은 많은 나라를 상징하는 것이다. 그것이 피가 된다는 것은 많은 사람이 죽어서 온 세계가 죽음으로 뒤덮이게 될 것을 가리킨다. 어떤 사람들은 이것이 글자대로의 의미를 가진다고 한다. 즉 바닷물이 실제로 피가 되어 어류가 죽는 것을 의미한다는 것이다. 옛날 애굽에도 이런 재앙이 있었다(출 7:17-21).

4 강과 물 근원에 쏟으매 피가 되더라. 이것은 음료수를 마시지 못하게 만드는 벌이다(시 78:44). 오늘날 인류는 음료수 귀한 줄을 모른다. 그 이유는, 그것이 부족하지 않고 흔하기 때문이다. 이토록 흔한 물이 어느 날 갑자기 피가 된다면 인류는 다 죽을 수밖에 없다.

5 전에도 계셨고 지금도 계신 거룩하신 이. 이 문구에서 "장차 오실 자"란 말이 없는 이유는, 이 말이 최후의 심판 때(주님의 재림 시기) 있을 것이기 때문이다. 하나님을 가리켜 "전에도 계셨고 지금도 계신 이"라고 한 것은 영원히 스스로 계신 주재자, 곧 심판자라는 의미이고, "거룩하신"은 죄와 반대되는 하나님의 성품, 곧 심판자의 자격을 가리킨다.

6 피를 흘렸으므로… 피를 마시게 하신 것. 이것은 하나님의 심판에 일반적으로 나타나는 비례식 보응이다(시 18:24-27). 극악한 죄인들은 "네게서 난 것이 네게로 돌아간다."라는 원리대로 무섭고도 정확하게 보응을 받는다.

7 제단이 말하기를. 계 6:9-10을 보면, 제단 아래에서 순교자들이 하나님의 대적을 징벌해 달라고 하였는데, 이제 그 기도가 응답되어 제단에서 그러한 보복이 정당함을 말한다. 계 6:9-10 해석을 참조하라.

참되시고. 이 말은 헬라어로 알레티나이(ἀληθιναὶ)라고 하며, 여기서는 그 심판이 하나님의 말씀대로 신실하게 임하였을 뿐만 아니라, 심판의 이상과 내용이 완전하게 실현됨을 가리킨다.[175]

의로우시도다. 이것은 제단에서 나오는 말이며, 심판 때에 하나님이 하실 일을 가리킨다. 제단에서 속죄의 자비를 나타내는 일은 대심판이 있기 전까지이다. 대심판 때부터는 속죄의 제물을 드리는 일이 중단된다. 이런 의미에서 계 15:8에서는 성전이 닫혔다는 뜻으로 말씀한다.

8 해가 권세를 받아 불로 사람들을 태우니. 이것은 계 8:12에 기록된 재앙과 대조된다. 거기서는 햇빛의 밝기가 줄어드는 것을 말하고, 여기서는 그 열기가 가해지는 재앙에 대하여 말한다. 하나님은 있는 것을 없게 하실 수 있고, 없는 것을 있게 하실 수도 있다. 하나님의 은혜로운 간섭 아래서는 자연계가 인간에게 도움을 주지만, 그의 진노 아래에서는 인생에게 해로운 것이 될 수 있다. 하나님께서 인생에게 진노하시면 자연계의 모든 것이 인생을 해롭게 할 수 있다.

9 하나님의 이름을 비방하며 또 회개하지 아니하고 주께 영광을 돌리지 아니하더라. 하나님께서 인생에게 성령을 주시지 아니하시면, 그(인생)는 하나님의 사랑과 벌을 아무리 받아도 회개하지 못하고 도리어 하나님을 저버린다. 인생은 전적으로 부패했으므로 거듭나기 전에는 그의 장점으로도 하나님을 영화롭게 하지 못한다. 그의 사악한 근성은 그가 재앙을 받을 때에 더욱 드러난다. 크레이다너스(Greijdanus)는 말하기를 "이 구절 말씀을 보니 이 재앙의 목적 역시 죄인들에게 회개의 동기를 주시려는 것이다."라고 했다.[176] 하나님은 죄인이 죽는 것을 기뻐하시지 않는다(겔 18:23; 벧후 3:9). 그가 마지못하여 극악한 죄인들을 벌하시지만, 그는 그들이 회개하기를 원하신다.

---

175) Greijdanus, Het beantwoordt ten volle niet enkel aan Gods uitspraken, maar ook aan de ideeën van oordeelen of vonnissen.-*Openbaring*, 324.

176) Greijdanus, Bekeering was ook nog het doel dezer plagen.-*Openbaring*, 325.

10 짐승의 왕좌에 쏟으니. 이것은 문자적으로 햇빛이 어두워지는 재앙을 가리킨다. 그러나 적그리스도의 정치가 어두워지므로 그 백성이 그 어두운 정치에서 받는 고초를 상징한다고도 볼 수 있다. 계 9:1-11에 있는 다섯째 나팔 재앙이 이와 비슷한 흑암의 재앙이다.

사람들이 아파서 자기 혀를 깨물고. 이것은 그들이 종기로 인한 고통 중에 갑갑한 암흑을 당하여, 견딜 수 없이 안타까워하는 것이다. 죄는 일시적 쾌락을 주지만, 그 결과는 영원히 안타까운 고통을 가져온다. 안타까운 고통은 죽음보다 더 불행한 것이다(계 9:5-6, 출 9:11 참조).

11 회개하지 아니하더라. 앞에 있는 8-9절 해석 참조.

12 유브라데. 여섯째 나팔의 재앙에서도 그러했지만, 여섯째 대접의 재앙도 유브라데 강과 관계가 있다. 그러므로 대접 재앙은 나팔 재앙을 조금 다른 형식으로 거듭 말한 것뿐이라는 학설도 있다. 유브라데 강은 옛날 이스라엘의 이상적인 국경(창 15:18)을 의미한다. 따라서 많은 나라의 왕이 그곳을 넘어온다는 것은, 적그리스도 나라와 그 동맹 국가들이 하나님의 백성(그리스도 신자들)을 침략한다는 비유이다. 이 전쟁이 계 17:12-14; 19:11-21에도 언급되었으니, 그 구절들의 해석을 참조하라.

강물이 말라서. 이것은 유브라데 강물이 문자적으로 마른다는 의미가 아니다(사 11:15-16 참조). 이것은 큰 강물도 문제가 되지 않을 정도로 발달된 교통수단으로 동방의 군대들이 이동할 것을 가리킨다. 혹은 군대의 수송을 위하여 강물을 다른 데로 흘러버리는 것을 가리킬 수도 있다.

동방에서 오는 왕들의 길이 예비되었더라. 여기서 말하는 "동방에서 오는 왕들"은 그리스도를 대적하는 자들이 공격하는 하나님의 백성을 돕기 위해서 오는 왕들을 가리킨다는 학설이 있다. 이 학설은 유대 민족을 바벨론에서 해방시킨 고레스도 동방에서 왔다는 사실에 근거한다(사 41:1). 그러나 그 한 가지 사실로 구원자가 언제나 동방에서 온다고 단언하기는 어렵다.

13 개구리 같은 세 더러운 영. "개구리"는 페르시아 종교에서 죽음과 재앙의 근원으로 알려져 있을 만큼(Charles) 이방 종교도 흉물로 간주하는 동물이다. 본문에 이것이 나온 것은 애굽에 내렸던 재앙을 연상시키며(출 8:6), 그 특징이 더러움을 표현한다. "더러운 영"이란 말이 이 특징을 암시해 준다. 성경에 성령의 성품은 비둘기로 비유되고, 악령은 이와 같이 개구리로 비유되어 있다. 더러운 개구리와 같은 악령의 역사로 인하여, 말세에 민족들의 사상이 더러워져서 전쟁이 일어날 것이다. 인간은 만물보다 높은 존재이므로, 만물을 초월하여 하나님을 향하여 살아야 된다(합 3:17-19 참조). 인간이 만물 속으로 들어가서 만물처럼 낮아지면, 낮은 데 거하기 좋아하는 악령들이 들어온다.

용의 입과 짐승의 입과 거짓 선지자의 입에서 나오니. 이것은 사탄과 짐승(적그리스도)과 거짓 선지자(계 13:11)가 하나와 같음을 암시한다. 이러한 합일은 성부와 성자와 성령님의 삼위일체를 흉내 내는 간교함이다.

14 귀신의 영. 이것은 헬라어로 프뉴마타 다이모니온(πνεύματα δαιμονίων)이며, 직역하면 "귀신들의 영들"이란 의미이다.

이적을 행하여. 이것은 하나님의 이적과 달라서 그 목적이 악하고, 그 방법 또한 거짓되다(살후 2:4).

15 내가 도둑 같이 오리니. 어떤 사본(38, 47절)에는 "그가 도둑같이 오리니"(ἔρχεται ὡς κλέπτης)라고 하였다. 그러나 사본의 권위로 볼 때 이 두 번째 문구를 받아들이기 어렵다. 이것은 주님께서 홀연히 뜻밖의 두려운 사건으로 오실 것을 가리키며, 여기서는 세계적인 전쟁을 의미한다. 이 전쟁이 광명한 자(참신자)에게는 신앙을 강화시킨다. 그 이유는, 이것이 암흑과 광명, 참 신과 거짓 신을 나타내는 심판이기 때문이다. 이 전쟁이 있는 동안에 어떤 신자들은 순교의 복된 기회를 얻고, 어떤 신자들은 하나님의 기이한 보호 아래에서 성결을 지키며, 흑암의 권세가 천벌을 받아 망하는 것을 본다. 반면에

외식하는 자들은 이때에 더욱 타락한다. 그러므로 이때에 신자들이 복을 받을 길은 오직 "깨어 자기 옷을 지켜 벌거벗고 다니지 아니하"는 것뿐이다. 성경은 우리가 깨어 있어야 한다고 가르친다. "너희는 떨며 범죄하지 말지어다 자리에 누워 심중에 말하고 잠잠할지어다"(시 4:4)라고 한 말씀도 회개의 필요성을 가리킨다. 우리는 날마다 회개하여야 한다. 금하시는 명령을 범한 것만 죄가 되는 것이 아니라 행하라는 명령을 순종하지 못한 것 역시 죄가 되므로, 슬퍼하며 회개하여야 한다.

마 25:13에 "그런즉 깨어 있으라 너희는 그 날과 그 때를 알지 못하느니라"고 하였다. 이 말씀은 우리가 주님께서 오실 날을 알지 못하기 때문에, 영적으로 깨어서 시험에 들지 말아야 함을 가리킨다. 우리가 깨어 있어야 할 이유는, ① 마귀가 삼킬 자를 찾아 사자와 같이 두루 다니기 때문이며(벧전 5:8), ② 마음은 원이로되 육신이 약하여 시험에 빠지기 쉽기 때문이다(마 26:41). 고전 10:12에 말하기를 "그런즉 선 줄로 생각하는 자는 넘어질까 조심하라"고 하였다.

그렇다면 우리가 깨어 있는 방법은 무엇인가? 그것은 기도생활이다. "모든 기도와 간구를 하되 항상 성령 안에서 기도하고 이를 위하여 깨어 구하기를 항상 힘쓰며 여러 성도를 위하여 구하라"(엡 6:18), "시험에 들지 않게 깨어 기도하라"(마 26:41)고 하였다. 기도는 우리가 은혜를 받는 방편이다. 어떤 사람들은 기도가 천국의 종을 치는 끈과 같아서, 그 끈을 잡아당기면 천국에서 소리가 나서 하나님이 들으신다고 하였다. 그러므로 우리는 힘써 기도해야 한다. "옷을 지킨다"는 것은, 그리스도의 보혈로 죄 사함을 받고 새로워진 신앙의 인격을 지키는 것이다. 이것은 신앙으로만 할 수 있다. "벌거벗고 다닌다"는 것은 이 신앙을 버리고 방종하며 타락한 세상과 타협하는 것이다.

자기의 부끄러움을 보이지 아니하는 자. 이것은 앞에 있는 "벌거벗고 다니지 아니"한 것의 결과이다. 누구든지 그리스도의 공로를 믿고 힘입으면 죄 사함을 받아 자기의 수치(사람은 누구나 태어나면서부터 죄인이므로 그리스도 밖에서는 자기의 수치가 따름)를 면한다.

16 **아마겟돈**. 이것은 본래 하르 메깃도(הַר מְגִדּוֹ)인데, 거기서 바락과 드보라가 가나안 왕을 멸하였고(삿 5:19), 또한 거기서 아하시야 왕이 예후의 화살에 죽었고(왕하 9:27), 거기서 바로느고가 유대 왕 요시야를 죽였다(왕하 23:29; 대하 35:22). 그곳은 유대인들이 국가적인 슬픔을 표시할 때에 언급되는 곳이다(슥 12:11). 따라서 그곳은 온 세상의 비애를 상징한다. 다시 말하면, 그곳은 세계 최후 전쟁의 명칭으로 사용된다. 궁켈(Gunkel)과 부세(Bousset)는 이 명칭이 옛날의 어떤 신화에서 비롯되었다고 하였다.[177] 곧 옛날에 어떤 산에서 신들이 최후 전쟁을 하였다는 신화에서 이 명칭이 왔다는 것이다. 그러나 그것은 억지 주장이다(Swete). 사도 요한은 일률적으로 구약 사상만 인용한다. 그러므로 이 명칭은 세상 끝날에 하나님의 백성이 적그리스도 나라들을 이긴 곳에 대한 상징적 명사로 볼 수 있다.

17 **공중에 쏟으매**. 이것은 성경이 말한 대로 사탄의 활동 근거지인 공중에 재앙을 내리는 것이다(엡 2:2). 하나님께서 사탄의 근거지를 치시면 사탄의 힘에 의존하던 땅 위의 모든 조직체들(예를 들면 적그리스도의 도시와 이 세상 국가들의 도시들)이 무너진다. 이 구절들은 계 17-19장에 있는 말씀(바벨론과 적그리스도 나라들의 멸망에 대한 것)에 대한 머리말인 것이 분명하다.

되었다. 천국의 원수들이 다 없어지고 구원이 완성되는 것은 아직 미래의 일이지만, 그것의 확실성을 표시하기 위하여 과거적으로 표현한 것이다.

18 **번개와 음성들과 우렛소리가 있고 또 큰 지진이 있어**. 이것은 대심판이 나타날 것을 표현하는 상징들이다(계 4:5; 8:5의 해석 참조).

19 **큰 성이 세 갈래로 갈라지고**. 여기서 "큰 성"은 바벨론을 가리키며, 계 17

---

177) Schöpfung und Chaos, 263-266.

장에 해설된다. 로마이어(Lohmeyer)는 말하기를 "여기서 말하는 '큰 성'은 예루살렘인데, 이것을 영적으로 이해하도록 하기 위하여 그것의 이름이 밝혀지지 않았다"고 한다.[178] 그러나 이 해석은 적절하지 않다. "세 갈래로 갈라짐"은 완전한 멸망을 가리킨다.

진노의 포도주 잔. 계 14:8 해석 참조.

21 한 달란트나 되는 큰 우박. 옛날 번역에서는 이것을 40*kg*으로 환산하였다. 이렇게 위로부터 이상한 우박과 재해가 내리고, 아래로부터는 지진이 땅을 터뜨리니(19절), 그때에 죄인들은 피할 곳이 없을 것이다.

설교 회개하지 않는 고집(9, 11, 21절)

본문은 세상 끝날까지 회개하지 않다가 완전히 멸망당한 자들에 대하여 말한다. 이것은 회개하지 않는 고집이 얼마나 위험한지를 우리에게 알려 주는 경고이다.

1. 그 위험성의 역사적 예증

가인은 끝까지 이런 고집을 부리다가 결국 자기의 동생을 죽이는 비극을 연출하였고, 여기저기 떠돌아다니는 비참한 인물이 되었다. 가인이 아벨을 시기하며 미워할 때, 그에게 여호와께서 다음과 같이 직접 말씀하셨다. "네가 분하여 함은 어찌 됨이며 안색이 변함은 어찌 됨이냐 네가 선을 행하면 어찌 낯을 들지 못하겠느냐 선을 행하지 아니하면 죄가 문에 엎드려 있느니라 죄가 너를 원하나 너는 죄를 다스릴지니라"(창 4:6-7). 이 말씀을 듣고 그 악

---

178) Die grosse Stadt kann nur ursprünglich Jerusalem sein; doch bekundet sich in dem Fehlen des Eigennamens wohl das geistliche Verständnis des Sehers.-Lohmeyer, *Offenbarung*, 137-138.

한 고집을 끊었다면, 훗날 그는 비참한 운명을 맞이하지 않았을 것이다. 애굽 왕 바로도 끝까지 악에 대한 고집을 부리다가 결국 맏아들이 죽는 화를 받았다. 그는 말로 여러 번 죄를 자복한 일도 있었다(출 9:27). 그러나 그는 다시 변심하였다. 그가 처음에 나타난 하나님의 권능을 보고 정직하게 이스라엘 백성들을 놓아 주었다면, 그의 장자가 죽지 않았을 것이다. 사울도 다윗을 까닭 없이 시기하였다. 다윗이 블레셋을 이기고 돌아올 때에 여인들이 "사울이 죽인 자는 천천이요 다윗은 만만이로다."라고 노래하는 것을 보고 다윗을 시기하기 시작했다(삼상 18:6-9). 사울이 용서의 사람 다윗과 화해하려면 얼마든지 그렇게 할 수 있었다. 다윗이 엔게디 광야 굴에서 사울을 죽이지 않고 용서했을 때(삼상 24:1-22), 사울은 울며 회개하는 듯한 태도를 취하였다. 그러나 그는 그때에도 다윗에 대한 증오심을 완전히 끊지 않았다. 그때에 그가 그것을 끊었다면, 배은망덕한 죄로 길보아 산에서 자기 칼에 엎드러져 죽지 않았을 것이다. 다윗의 아들 압살롬도 자기 동생을 죽이고 도망한 후 여러 번 다윗 왕, 곧 그의 부친과 화해할 기회가 있었다. 그런데도 그는 계속 반역을 고집하다가, 결국 나귀를 타고 참나무 숲을 지나던 중 머리가 참나무에 걸렸고, 요압의 창에 찔려 죽고 말았다. 가룟 유다는 자신이 품은(마 26:24) 악한 마음을 끝까지 고집하다가 나지 않았다면 좋을 뻔하였다는 영원한 비극에 빠졌다. 유다가 만일 그에 대한 예수님의 예언적 경고를 듣고 자신의 고집을 버렸다면 얼마나 좋았겠는가? 그가 예수님의 예언적 경고를 듣고도 회개하지 않고 방에서 나갔을 때 그를 영접한 것은 캄캄한 밤이었다(요 13:30). 악독한 일을 고집하는 자의 앞길은 언제나 영원한 암흑이며, 갈수록 더욱 깊어지는 암흑이다.

2. 회개하지 않는 고집과 하나님의 경고

하나님께서는 회개하지 않는 고집의 위험성에 대하여 많이 말씀하셨다.

구체적으로 다음과 같다. "너희가 나를 거슬러 내게 청종하지 아니할진대 내가 너희의 죄대로 너희에게 일곱 배나 더 재앙을 내릴 것이라"(레 26:21). "거역하는 것은 점치는 죄와 같고 완고한 것은 사신 우상에게 절하는 죄와 같음이라"(삼상 15:23). "그는 마음이 지혜로우시고 힘이 강하시니 그를 거슬러 스스로 완악하게 행하고도 형통할 자가 누구이랴"(욥 9:4). "도를 배반하는 자는 엄한 징계를 받을 것이요 견책을 싫어하는 자는 죽을 것이니라"(잠 15:10). "개가 그 토한 것을 도로 먹는 것 같이 미련한 자는 그 미련한 것을 거듭 행하느니라"(잠 26:11). "자기의 죄를 숨기는 자는 형통하지 못하나 죄를 자복하고 버리는 자는 불쌍히 여김을 받으리라 항상 경외하는 자는 복되거니와 마음을 완악하게 하는 자는 재앙에 빠지리라"(잠 28:13-14). "내가 너희를 칼에 붙일 것인즉 다 구푸리고 죽임을 당하리니 이는 내가 불러도 너희가 대답하지 아니하며 내가 말하여도 듣지 아니하고 나의 눈에 악을 행하였으며 내가 즐겨하지 아니하는 일을 택하였음이니라"(사 65:12). "이 예루살렘 백성이 항상 나를 떠나 물러감은 어찌함이냐 그들이 거짓을 고집하고 돌아오기를 거절하도다 내가 귀를 기울여 들은즉 그들이 정직을 말하지 아니하며 그들의 악을 뉘우쳐서 내가 행한 것이 무엇인고 말하는 자가 없고 전쟁터로 향하여 달리는 말 같이 각각 그 길로 행하도다 공중의 학은 그 정한 시기를 알고 산비둘기와 제비와 두루미는 그들이 올 때를 지키거늘 내 백성은 여호와의 규례를 알지 못하도다"(렘 8:5-7). "그들은 순종하지 아니하며 귀를 기울이지 아니하며 그 목을 곧게 하여 듣지 아니하며 교훈을 받지 아니하였느니라"(렘 17:23).

설교 일곱 대접 재앙(1-21절)

1. 처음 네 가지 재앙(1-9절)

네 가지 재앙은 자연계에 내리는 것으로, 땅, 바다, 강, 샘, 태양을 통하여 사람들이 받게 되는 고난이다. 즉 사람들이 종기로 고통을 당하고, 바닷물이 피가 되어 물고기가 죽고, 샘물이 피가 되고, 태양이 너무 뜨거워져서 사람들이 타는 것 등이다. 이것은 자연계에서 발생하는 오염의 불가피성을 말한다. 오늘날 자연계의 오염이 계시록 16장의 진술과 똑같지는 않다. 그러나 현대의 많은 사람들이 문제로 여기는 "오염"이 장차 올 무서운 "오염"으로 암시되고 있다. 과학의 발달로 인하여 자연의 순수성이 파괴되었고, 그 결과 인간에게 오염과 해독의 영향이 미치고 있다. "그들의 밥상이 올무가 되게 하시며 그들의 평안이 덫이 되게 하소서"(시 69:22).

2. 다섯째 재앙(10-11절)

이것은 적그리스도 나라의 정치가 어두워져 그 백성이 고초를 받게 되는 것을 의미한다. 그때에 사람들은 육체적 고통(종기로 인한 고통)과 정신적 고통(정치적 어두움)으로 견딜 수 없게 된다.

3. 여섯째 재앙(12-16절, 아마겟돈 전쟁 준비)

이것은 또 하나의 세계 전쟁이다(14절 참조). 20세기에 이미 세계 전쟁이 두 번 일어났다. 앞으로도 세계 전쟁의 규모로 또다시 전쟁이 일어날 것이 확실하다. 계시록의 예언은 계속 실현되고 있다. 이런 상황에서 신자들은 진정으로 그리스도의 재림을 소망해야 된다(15절).

4. 일곱째 재앙(17-21절)

이 재앙은 마귀의 활동 영역인 공중에 내린다(17절). 이로 인해 마귀의 앞잡이라고 할 수 있는 바벨론, 곧 이 세상(엡 2:2; 6:12)이 무너진다(19절). "바벨론"은 이 세상주의의 본거지라고 할 수 있다. 그것은 바로 적그리스도의 나라이다.

요리

1. 재앙의 목적은 사람이 죄를 깨닫고 회개하게 하려는 것이다. 그러므로 사람은 재앙을 당할 때마다 자기의 죄를 찾아내는 데 힘쓰고, 회개해야 한다. 간혹 재앙이 우리의 인내와 경건을 연단하는 목적을 지니기도 한다. 그럴 때 고난을 당하는 사람은 기도와 신앙과 인내에 전력을 다해야 된다.

2. "개구리"는 하나님께서 애굽에 재앙을 내리실 때 두 번째 재앙으로 사용된 것이다. 그때에 애굽 각 지방에 개구리가 뒤덮여서(출 8장) 모든 것을 더럽혔다. 이렇게 개구리가 두루 돌아다니며 모든 것을 더럽힌 것처럼, 말세에는 더러운 귀신들이 그와 같이 두루 돌아다니며 모든 왕들의 사상을 더럽힐 것이다(계 16:13).

제 17 장

본 장은 지금까지 미리 당기어 조금씩 일러둔 짐승과 바벨론이 무엇인지를 자세히 말한다.

⚜ 해석

1 **많은 물 위에 앉은 큰 음녀.** 15절을 보면, "많은 물"은 여러 나라를 상징한다. 그렇다면 큰 음녀는 무엇을 의미하는가? 성경이 말한 대로 음행은 비유적으로 하나님에 대한 배반 행위를 뜻한다. 그것은 ① 우상 숭배이며, 이런 의미로 예루살렘(이스라엘)도 책망을 받았고 니느웨나 두로도 책망을 받았다.[179] ② 다른 사람들을 속이는 것을 가리키기도 한다. 바벨론이 많은 나라를 속여서 침략하고 지배한 것과 같은 것이다(렘 51:7).

그러므로 여기서 "큰 음녀"는 큰 도시로 상징된 이 세상을 가리킨다. 이 세상은 하나님을 배반하고 우상을 섬기며 모든 사람들을 속여 자기를 따르

---

179) 사 23:15-16; 렘 2:24; 13:27; 겔 16:25; 호 2:5.

게 한다(약 4:4 참조).

2 **땅의 임금들도 그와 더불어 음행하였고.** 이것은 땅 위의 왕들과 지도자들이 이 세상에 몰두하여 하나님을 믿지 않는 것이다.

음행의 포도주에 취하였다. 이 세상주의는 술과 같아서 인간을 유혹하고, 또 거기 취한 자는 진리를 깨닫지 못하며, 깨달으려고 하지도 않고 하나님을 배반한다.

3 **광야로 가니라.** 요한이 새 예루살렘, 곧 영화롭게 된 교회(천국)는 산에서 보고(계 21:10), 바벨론(하나님을 배반하는 이 세상)은 광야에서 본다. 크레이다너스(Greijdanus)는 말하기를 "광야는 메마르고 적막하고 죽은 무신론적 삶을 상징한다"고 하였다.[180)] 이 세상주의는 장차 광야처럼 된다. 계 18장이 그것을 자세히 묘사한다.

여자. 1절 해석 참조.

붉은 빛 짐승을 탔는데. 여기서 "붉은"이란 말은 원어로 코키논(κόκκινον)이며, 계 12:3에 있는 "붉은 용"의 "붉은"(πυρρὸς)이란 말과 다르다. 거기서 "붉은"이란 말은 남을 해치려는 기운을 상징하는 것이고, 여기 나오는 "붉은"이란 말은 사치스럽고 호화로운 것을 표시한다. 큰 음녀, 곧 이 세상주의는 사치의 마력을 띠고 나타난다. 그것이 짐승, 곧 적그리스도 국가를 탄다는 것은, 그것이 적그리스도 나라 위에 세워져 있다는 표시이다.

하나님을 모독하는 이름들… 일곱 머리와 열 뿔. 계 13:1 해석 참조. 이 짐승은 계 13:1 이하에 묘사된 그 짐승으로, 곧 적그리스도의 나라이다.

4 **자주 빛과 붉은 빛 옷을 입고 금과 보석과 진주로 꾸미고.** 이것은 사람들이 하나님을 배반하게 하는 마력과 사치스러운 외관을 가리킨다. 곧 이 세상주의의

---

180) Deze woestijn verzinnebeelt het dorre doodsche, leege, en woeste, van het leven buiten God.-Greijdanus, *Openbaring*, 338.

특징이다.

손에 금 잔을 가졌는데. 이 "잔"은 앞에서(2절) 말한 포도주 잔이며, 이 세상주의로 사람을 유혹하는 수단을 상징한다(렘 51:7 참조).

가증한 물건과 그의 음행의 더러운 것들. 이것은 모든 인본주의 사상과 무신론 사상을 기초로 한 모든 제도, 시설, 행위들을 상징한다. 그것들 중에서 가장 아름답고 좋은 것이 하나님 앞에서는 가장 가증하다. 그 이유는, 가장 좋은 것이 인생을 이 세상주의로 유혹하는 데 더욱 유리하기 때문이다. 그것들 가운데 고상해 보이는 종교나 도덕도 그것이 진정한 신본주의가 아니면 인간들이 하나님을 떠나 이 세상주의를 따르게 하는 강력한 무기가 될 뿐이다.

5 **비밀이라.** 이것은 살후 2:7에서 말하는 "불법의 비밀"이다. 곧 노골적으로 하나님을 훼방하는 적그리스도와 다르게 은밀하게 인간을 이 세상주의로 꾀는 것이다.

큰 바벨론. 이것은 바벨론(이 세상주의로 세운 도시)이 확대되고 절정을 이룬다는 의미이다.

땅의 음녀들과 가증한 것들의 어미. 이것은 모든 무신론과 배교 사상이 시작되는 곳이라는 의미이다.

설교 바벨론의 유혹(4-5절)

바벨론은 무엇을 상징하는가? 어떤 사람들은 이것을 거짓 종교라 하고, 또 어떤 사람들은 반기독교적인 이 세상 나라의 도시라고 한다. 이 두 번째 학설에서는 이것을 구체적으로 로마라고 한다. 그러나 나는 "바벨론"이 두 가지를 다 포함하는 이 세상이라고 생각한다. 이 세상에는 언제나 거짓 종교와 악한 정치가 있다. 새 예루살렘이 내세를 가리키는 것처럼, 그와 대조되는 바벨론은 이 세상을 상징한다. 바벨론은 "많은 물 위에 앉았다"(1절)고 하였으므로, 그 지배 범위가 세계 각 나라에 미친다는 것을 알 수 있다. 이 세상에서 하나님 없이 살려는 모든 인본주의 설계와 문화와 종교는 다 바벨론이다. 이것은 땅에 거하는 자들을 음행(하나님을 배반하는 사상)의 포도주로 취하게 하는 자이다(2절). 이 세상에는 우리를 유혹하는 것들이 많다.

1. 쾌락의 유혹

이 세상 쾌락은 인간을 유혹한다. 미 6:14에 "네가 먹어도 배부르지 못하고"라고 한 것은, 이 세상의 쾌락은 헛된 것이어서 그 맛이 달기는 하나 아무런 만족을 주지 못하고 항상 유혹할 뿐임을 가리킨다. 학 1:6에 "너희가 많이 뿌릴지라도 수확이 적으며 먹을지라도 배부르지 못하며 마실지라도 흡족하지 못하며 입어도 따뜻하지 못하며 일꾼이 삯을 받아도 그것을 구멍 뚫어진 전대에 넣음이 되느니라"고 한 말씀 역시 이 세상 쾌락의 유혹에 끌려서 행하는 것은 아무 유익을 주지 못하고, 해를 가져올 뿐이라는 의미의 말씀이다.

마 24:38-39에 말하기를 "홍수 전에 노아가 방주에 들어가던 날까지 사람들이 먹고 마시고 장가 들고 시집 가고 있으면서 홍수가 나서 그들을 다 멸하기까지 깨닫지 못하였으니 인자의 임함도 이와 같으리라" 하였고, 딤전 5:6에 "향락을 좋아하는 자는 살았으나 죽었느니라" 하였고, 약 5:5에 "너희가 땅에서 사치하고 방종하여 살륙의 날에 너희 마음을 살찌게 하였도다"라고 하였다. 이와 같이 인간은 이 세상 쾌락에 끌리기 쉽다. 물론 우리는 하나님의 뜻에 합당한 일반 은혜를 즐길 수 있다. 그러나 그것도 과도하게 빠지면 쾌락주의가 될 우려가 있다. 천로역정을 보면, "견립"(Mr. Standfast)이라는 사람이 도중에 "수포"(Madame Bubble)라는 여자를 만난다. 그 여자는 고운 옷을 입고 그를 유인했다. 그가 그 여자를 배척해도 그 여자는 웃고, 그가 노하여도 그 여자는 그를 달래기만 했다. 그러나 그가 두 손을 들고 기도하자 그 여자는 가 버리고 말았다. "견립"이 이 사실을 자기의 친구들에게 말하자 그들 중 "대심"(Mr. Great Heart)이라는 자가 말하기를, "그 여자는 늘 인간에게 왕관과 왕국을 약속하는 자이고, 누구에게나 절개 없이 말을 걸기 좋아하는 자이다. 그 여자의 유혹 때문에 이 땅 이름을 마취국이라고 한다"고 하였다. 천로역정에서 "수포"라는 여자는 이 세상을 비유한다. 이처럼 이 세상은 음녀와 같이 사람들을 유혹하여 망하게 한다.

2. 모든 가증한 것의 유혹(5절)

가증한 것의 가장 큰 특징은 인본주의이다. 그것은 하나님을 멀리하고 인간을 중심으로 하는 모든 것을 가리킨다. 하나님을 멀리하게 하는 것은 다 영적 음행에 속한 것이고, 하나님 보시기에 가증한 것이다. 이 가증한 것은 인본주의의 철학, 종교, 예술, 문화, 정치, 교육 등이다. 창 11:2-9 말씀이 보여 준 대로 옛날 사람들이 바벨탑을 쌓은 정신이 인본주의였다. 그들이 탑을 쌓은 힘은 순전히 인간에게서 비롯된 것이었고, 그 목적 또한 인간의 영광을 위한 것이었다. 이것은 인간들이 단합하여 무엇을 하는 것이다. 인본주의의 망하는 단결이다. 하나님 없는 단결은 결국 망한다. 뿐만 아니라 "우리 이름을 내고 온 지면에 흩어짐을 면하자"(4절)고 한 말은, 하나님의 영광을 위하지 않고 인간의 영광을 위하는 불순한 인본주의이다. 이와 같이 인본주의자들은 모두 벽돌을 땅에 쌓아 하늘에 닿게 하려는, 허망한 사람들이다.

6 **성도들의 피와 예수의 증인들의 피에 취한지라.** 이것은 이 세상주의가 많은 그리스도 신자들을 죽였음을 가리킨다. 이 세상은 언제나 하나님을 반대한다. 성경은 말하기를 "간음한 여인들아 세상과 벗된 것이 하나님과 원수 됨을 알지 못하느냐 그런즉 누구든지 세상과 벗이 되고자 하는 자는 스스로 하나님과 원수 되는 것이니라"(약 4:4)라고 하였다.

8 **전에 있었다가 지금은 없으나 장차 무저갱으로부터 올라와 멸망으로 들어갈 자니.**

"전에 있었다"는 것은, 사도 요한 이전에 이 짐승, 곧 적그리스도가 있었다는 말이다. 크레이다너스(Greijdanus)는 이것을 시리아의 안티오쿠코스 4세 에피파네스(Antiochus IV Epiphanes)라고 하였다. 그러나 이와 같은 그의 의견을 확신하기는 어렵다. 과거에 있었던 적그리스도가 다시 나타난다는 것은 동일한 인물이 다시 나타난다는 것이 아니라, 동일한 악을 행할 자가 나타난다는 의미이다. "무저갱으로부터 올라옴"은 사탄의 세력을 가지고 나타나는 것을 가리킨다(계 11:7 참조).

10 다섯은 망하였고 하나는 있고 다른 하나는 아직 이르지 아니하였으나 이르면 반드시 잠시 동안 머무르리라. "다섯"은 애굽, 앗수르, 바벨론, 메대 바사, 헬라인 듯하고, 하나는 로마이고, 아직 이르지 아니한 것은 로마 이후의 어느 나라인지 확실히 알기 어렵다.

11 여덟째 왕. 이것은 짐승의 본체(적그리스도 나라의 최후의 발악)가 출현하는 것이며, 계 13:1-10에 자세히 묘사하였다. 또한 이것은 상하였다가 나은 자라고 했으므로(계 13:3), 잠시 패전하여 망했다가 다시 일어날 국가이다. 그렇다면 그것은 어느 나라일까? 아직까지는 이것을 확실히 알 수 없다. 그러나 반드시 올 것이다.

12 열 뿔은 열 왕이니… 짐승과 더불어 임금처럼 한동안 권세를 받으리라. 앞에 언급된 열국은 적그리스도를 우두머리로 삼는다. 핼 린지(Hal Lindsey)는 열국에 대하여 다음과 같이 말한다. "이것은 현재 유럽의 경제 연맹(Europian Economic Commentary)에 참가한 나라들을 가리킨 예언이다. 1957년에 프랑스, 서독, 네덜란드, 벨기에, 룩셈부르크, 이탈리아 등 여섯 나라[181]가 이 연맹에 참가했고, 1973년 1월에는 영국, 아일랜드, 덴마크 등이 참가했으며,

181) France, West Germany, the Netherlands, Belgium, Luxenbourg, Italy.

1979년에 그리스(Greece)가 가입하여 도합 10개국이 되었다."[182] 이 10개국의 경제 연맹은 유럽의 경제 부흥을 도모하는 것으로 시작하였으나 지금은 정치적 연맹까지 목적으로 하여 움직이고 있다.

14 그들이 어린 양과 더불어 싸우려니와. 이것은 계 16:12-16에서 말한 아마겟돈 전쟁을 가리키며, 계 19:11-21에 다시 설명된다.

그와 함께 있는 자들 곧 부르심을 받고 택하심을 받은 진실한 자들도 이기리로다. 이 구절은 성도들이 아마겟돈 전쟁에서 승리하는 영광에 참여하게 되는 이유를 가리킨다. 그들은 직접 싸우지 않고 단순히 부름받고, 택함받고, 주님을 믿은 세 가지 은혜로 말미암아 승리의 영광에 참여한다. 부르시고 택하시고 믿게 하시는 것은 하나님께서 주시는 은혜로 받는 것이다. 인간 자신의 힘으로 소유할 수 없다.

설교 진실한 인격(14절)

그리스도 신자들은 진실해야 죄와 세상과 마귀를 이긴다. 왜 그런가?

1. 인격이 진실해야 은혜 받는 그릇이 된다

하나님은 우리를 상대하실 때에 먼저 우리의 "중심이 진실함"을 찾으신다(시 51:6). 1930년대 평양신학교 교장 라부열(Stacy Robert) 박사는 말하기를 "재주는 없어도 진실하면 되지요"라고 하였다고 한다.

2. 인격이 진실해야 복음을 효과적으로 전할 수 있다

우리의 인격이 진실하지 못하면 우리가 전하는 복음이 진리로 전달되지

182) The 1980: Countdown To Armageddon, 114-118.

못한다. 그러므로 사도 바울은 교역자들을 택할 때 진실을 강조하여 말하기를 "내게 들은 바를 '충성된 사람들'(πιστοῖς ἀνθρώποις='진실한 사람들')에게 부탁하라 그들이 또 다른 사람들을 가르칠 수 있으리라"(딤후 2:2)고 하였다.

3. 우리의 인격이 진실하지 못하면 우리 자신이 괴로움을 당한다

심령이 마비되지 않은 진정한 그리스도인이라면 누구든지 거짓된 생활을 계속할 수 없다.

1) 불신앙이 거짓이다(요일 2:22).

2) 약속을 지키지 않는 것이 거짓이다(마 5:37).

3) 성경을 잘못 가르치는 것이 거짓이다(고후 2:17; 벧후 1:20; 3:16).

4) 진리 편에 서지 않는 것이 거짓이다(요 16:2).

5) 되지 못하고 된 줄로 아는 것이 거짓이다(갈 6:3).

6) 진리를 지식으로만 알고 그대로 행하지 않는 것이 거짓이다(약 1:22).

16 네가 본 바 이 열 뿔과 짐승은 음녀를 미워하여 망하게 하고 벌거벗게 하고 그의 살을 먹고 불로 아주 사르리라. 적그리스도 나라와 그 무리들은 싸움을 즐기는 나라들인데, 그 나라들이 아마겟돈 전쟁(복음을 반항하는 전쟁)을 일으킨 결과, 이 세상은 아주 무너진다. 그러므로 그들은 뜻하지 않은 가운데 바벨론(이 세상)을 미워한 것같이 된 셈이다. 이 바벨론 붕괴(崩壞)는 18장에 다시 자세히 묘사(描寫)된다.

17 자기 뜻대로 할 마음을 그들에게 주사. 앞에서 말한 열국이 하나님의 섭리에 의하여 그들의 소원대로 그들의 우두머리인 적그리스도의 권세를 강화시킨다. 적그리스도 나라의 권세가 강화되는 것은 하나님 말씀 성취(적그리스도 나라가 붕괴되고 천국이 실현됨)에 필요한 과정이므로, 그것은 곧 천국이 속

히 올 징조이다.

18 땅의 왕들을 다스리는 큰 성이라. 계 17:1 해석 참조. 곧 모든 임금들이 하나님을 저버리게 하는 이 세상이라는 의미이다.

설교 이 세상주의(1-18절)

1. "많은 물 위에 앉은 큰 음녀"(1-5절)

이것은 이 세상 나라들을 미혹하는 이 세상 정신을 의미하며, 하나님과 원수 되게 하는 영적 음행의 주인공을 가리킨다(약 4:4 참조). 존 번연(John Bunyan)은 이것을 비유하여 "물거품 부인"(madam Bubble)이라고 하였고, 또한 "마취국 부인"(madam Enchantland)이라고 하였다.

2. 음녀가 타고 있는 짐승의 계보와 최후 운명(6-18절)

1) 본래 있던 자의 최후 발악(8절)

이 세상주의의 수종자인 적그리스도 나라는 인류가 범죄한 이후로 늘 있어 왔다. 그러나 이 세상의 끝이 가까울 때에 이것이 절정에 이른다(11절 참조). 그때에 "열 뿔"로 비유된 위성 국가들이 그와 동조한다(12절 참조). 현대의 "위성 국가"란 용어가 이러한 사실을 잘 표현해 준다. 참으로 놀라운 일이다.

2) 최후의 전쟁(14절)

이 전쟁은 적그리스도에 대한 그리스도 예수님의 승리로 끝난다. 예수님은 "만왕의 왕이시므로 그들을 이기실 터이요"(14절)란 말씀은 그가 필연적으로 이기신다는 것이다. 이는 마치 빛이 올 때에 어두움이 순조롭게 물러가는 것과 같다. 그리스도께서 만왕의 왕이라는 사실은 진리이므로 그의 승리는 필연적이다. 겨울이 지난 뒤에 봄이 오는 것을 막을 수 없다. "부르심을 받고 택하심을 받은 진실한 자들"(신자들)은 그리스도와 함께 있기 때문에(그리스도와 연합하였기 때문에) 그들도 부전승으로 이긴다(요 16:33 참조).

요리

1. 적그리스도 나라는 유사 이래로 계속 나타나 왔다(10-12절). 하나님의 나라는 이렇게 대적자를 항상 가지고 있다. 그러므로 복음 운동은 언제나 고난과 동행한다. 그 복음 운동(천국 운동)이 완성되어 가는데 따라서 적그리스도 운동도 점차 그 절정을 향하면서, 결국 큰 적그리스도가 나타난다. 그러나 그것은 마귀의 완전한 멸망의 징조이다. 성도들은 그 운동의 압력 밑에서 질식할 것 없이, 오히려 주님 안에서 유쾌한 희망을 가질 뿐이다.

2. 하나님은 그 원수들로 말미암아 손해를 보시거나 실패를 당하시지 않는다(17절). 그들의 운동은 하나님의 섭리 속에 들어 있으니 그것도 천국 운동의 진전에 사용되고 있다. 그러므로 잠언에 말하기를, "여호와께서 온갖 것을 그 쓰임에 적당하게 지으셨나니 악인도 악한 날에 적당하게 하셨느니라"라고 하였다(잠 16:4).

제 18 장

본 장은 앞장에 이어 계속해서 바벨론 멸망에 대하여 말한다.

⚜ 해석

1절. 바벨론 멸망에 대한 천사의 선고.

땅이 환하여지더라. 이 천사는 하나님의 대리자로 이 땅에 왔기에 그가 입은 하나님의 영광이 빛났다. 오랫동안 죄로 어두워진 바벨론(이 세상)의 세계에 나타난 하늘의 광명은 암흑을 깨뜨리는 반가운 심판의 서광이다.

2 무너졌도다 무너졌도다 큰 성 바벨론이여. "바벨론"은 이 세상주의와 이 세상을 가리키며, 오는 세상(새 예루살렘)과 대조된다. 그것이 적그리스도로 말미암아 멸망한다(계 17:16). 적그리스도의 활동은 문화를 파괴할 뿐 아니라 전쟁으로 이 세상을 불살라 버리는 결과를 가져온다(계 17:16; 18:8). 그것은 하나님의 섭리적 심판으로 일어나는 일이다(계 18:8). 이 세상주의(바벨론)는 사람들이 하나님보다 물질을 더 사랑하게 만든다. 그러나 이 세상 종말에 물질은 하나님의 벌을 받아 모두 불에 타고 만다(9-18절). 이 부분(9-18절)에 불붙는다는 말이 세 번 나오고(8-9, 18절), 소멸되는 물품이 모두 29종이나

기록되었다. 이것은 물질을 하나님으로 삼는 이 세상의 멸망을 의미한다.

렌스키(Lenski)는 본 장의 말씀이 모두 상징으로 기록된 것이라 하였고, 왕이나 상인들은 적그리스도와 협력한 자들을 말하는 것이라고 하였다. 그러나 카이퍼(Kuyper)는 이것이 대도시를 중심으로 발달하는 상업 문명(이것은 죄악도 발달시킴)의 붕괴를 가리킨다고 하였다.[183] 세대주의 학자 프로스트(Frost)도 본 장을 문자적으로 이해해야 된다고 하면서, 이것이 도시 문명이 가져온 물질문명의 멸망을 보여 준다고 하였다.[184] 요컨대 본 장은 앞부분에서 이미 말한 것처럼, 이 세상과 이 세상주의의 멸망을 보여준다.

귀신의 처소와 각종 더러운 영이 모이는 곳과 각종 더럽고 가증한 새들이 모이는 곳. 사 13:21-22; 34:14; 습 2:14에도 이와 비슷한 말씀이 있다. 이것은 영원한 황폐를 의미하며, 악귀들이 벌 받는 곳(지옥 같은 곳)을 가리킨다. 또한 다음 어구인 "가증한 새들이 모이는 곳"이란 말을 볼 때, 이것은 거칠고 아득한 광야를 가리키는 듯하다. 크레이다너스(Greijdanus)는 말하기를 "이 말씀은 바벨론이란 말로 대표된 불경건한 세계에 임할 지옥 같은 황폐를 상징한다"고 하였다.[185]

3 그 음행의 진노의 포도주로 말미암아 만국이 무너졌으며 또 땅의 왕들이 그와 더불어 음행하였으며 땅의 상인들도 그 사치의 세력으로 치부하였도다 하더라. 헬라 원문에는 이 말씀 앞부분에 호티(ὅτι=왜냐하면)라는 말이 있어서 그것이 앞절의 이유임을 밝힌다. 바벨론, 곧 불경건한 이 세상이 황폐해지는 이유는, ① 그것이 음행(하나님을 배반하는 행위)으로 모든 나라를 꾀어 하나님의 진노를 당하게 하기 때문이다. 다시 말하면, 역사적으로 모든 나라들이 이 세상주의의 유

183) Kuyper, *The Revelation of St. John*, 243-245.

184) Frost, Mattew Twentyfour and The Revelation, 265-267.

185) Met deze enkele trekken wordt de helsche ontbering, en veschrikking, geteekend, die over de wereld der goddeloozen, hierdoor Babylon vertegen-woordigd eenmaal gewisselijk komen zal.-Greijdanus, *Openbaring*, 360.

혹을 받아 하나님을 배반하고 멸망하게 되었으므로, 이제는 이 세상 자체가 벌을 받아야 한다. ② 뿐만 아니라 그것은 사치한 죄가 있기 때문에 그런 처벌을 받는다. 이 세상주의는 이기주의를 위하여 재물을 과도하게 축적하고 또 과도하게 소비한다. ③ 그것의 세 번째 죄악은 본 장 24절에 있다. 곧 성도를 죽인 죄악이다.

4-5절. 택한 백성을 바벨론에서 불러내심.

하나님께서는 택하신 백성과 악인을 함께 멸하시지 않는다. 택하신 백성이 악한 무리와 함께 환난에 동참하는 경우는 있다. 그것은 악인만을 목표로 한 것이 아닌 일반적인 환난이었기 때문이다. 일반적인 환난에는 성도도 참여하므로, 그로 인해 연단을 받으며 복음이 전파되기도 한다. 그러나 택한 백성들은 바벨론이 받는 화에서 제외되고, 거기서 나와 구원을 받는다.

5 그의 죄는 하늘에 사무쳤으며. 이것은 죄가 너무 많아서 그것이 하늘에까지 닿았다는 의미이다. "사무쳤다"는 말(ἐκολλήθησαν)은 쌓는다는 뜻이다.

6-7절. 바벨론이 화를 받는 방식.

6 그가 준 그대로 그에게 주고. 옛날에 하나님께서 범죄한 나라들을 벌하실 때에 강국 바벨론을 도구로 사용하신 일이 있었다. 그때에 바벨론은 도가 지나치게 잔인과 포학을 행하였다(사 10:5-11). 그러므로 하나님께서 바벨론 나라를 벌하셨다. 그 나라는 여러 나라에 포학을 행한 대로 갚음을 받았다. 그처럼 우리 본문에 바벨론으로 상징된 이 세상도 천벌을 받아서 멸망한다. 이 세상은, 옛날 바벨론처럼 하나님 앞에 교만해져서 성도들을 살해하는 자가 되고 말았다. 그 죗값으로 이 세상은 아주 멸망을 받게 된다. 그의 행위대로 갑절을 갚아 주고. "갑절을 갚아 준다"는 것은 심한 보응을 의미한다. 이처럼 심한 보응이 미치는 이유는, 그가 한 일이 너무도 악하였기 때문이다(사

40:2; 렘 16:18 참조). 루트거(Rutger)는 "갑절"이란 말을 "그만큼"이라고 번역하였으나,[186] 이것은 받아들이기 어려운 번역이다. 그가 섞은 잔에도 갑절이나 섞어 그에게 주라. 이것은 하나님의 진노가 쫓아오는 세상 죄악(하나님을 배반하게 하는 죄)의 잔이란 말이다. 이 세상은 모든 나라에게 이런 무서운 죄악의 잔을 부어 먹여 주었다. 3절에 "그 음행의 진노의 포도주"라는 것이 곧 그 뜻이다. 이 세상주의를 받은 자는, 하나님을 배반하는 영적 음행에 빠져서 결국 하나님의 진노를 받게 되며, 이 세상도 그 이상의 하나님의 진노를 당하게 될 것이다.

7 자기를 영화롭게 하였으며. 이것은 바벨론이 벌을 받게 되는 죄를 다시 말한다. "자기를 영화롭게" 한 죄는 3절에 언급한 "사치"에 포함된다. 그는 "여왕"처럼 자만하여 자기 영광을 구하였으므로 그렇게 사치하게 된 것이다. 그는 행한 대로 받는 비례식 심판에 따라 애통함에 떨어진다.

8 하루 동안에 그 재앙들이 이르리니. 이것은 갑자기 멸망이 임할 것을 가리킨다. 이것은 죄인의 멸망이 날마다 나타나는 것이 아니라 한 날 한 때가 있다는 것을 암시하기도 한다. 죄인들은 자기의 멸망이 눈앞에 보이지 않는다고 하여 방심해서는 안 된다. 그들은 멸망의 때가 반드시 있다는 것을 내다보아야 된다.

사망과 애통함과 흉년이라 … 불에 살라지리니. 이것은 전쟁으로 말미암은 재앙들이다.

---

186) Rutger, De Echt-heid Van het Tweede Gedeelte Van Jesaija, 167.

설교 사람의 교만과 하나님의 대처(5-8절)

1. 죄를 쌓는 인간의 교만에 대하여(5절)

회개하지 않는 인간은 하나님이 오래 참으시는 동안 하나님을 멸시하고 계속하여 죄를 쌓는다. 그는 잠재의식에서 하나님이 없다고 생각하는 자이다. "그의 죄는 하늘에 사무쳤으며"란 문구에서 사무쳤다는 말(ἐκολλήθησαν)은 '쌓았다'는 뜻이다. 이러한 행동은 하나님의 진노를 쌓는 어리석은 것이다(롬 2:4-5). 그가 회개하지 않는 한, 하나님께서 그 모든 죄를 기억하셨다가 결국 그에게 갚아 주신다.

2. 자기를 영화롭게 하는 인간의 교만에 대하여(7절)

하나님은 인간이 자기 자신을 높이는 것을 미워하신다(눅 16:15 참조). 누구든지 자기를 영화롭게 하는 것은 하나님께 반역하는 것이다. 그것은 자신도 모르게 스스로를 하나님의 자리에 세우는 행동이다. 사람들이 미련하여 "자신"이라는 그 작은 것을 전심으로 위하고 있다. 성경의 진리대로 생각할 때에 "자신"은 "안개"와 같은 것이다. 약 4:13-17에 말하기를 "들으라 너희 중에 말하기를 오늘이나 내일이나 우리가 어떤 도시에 가서 거기서 일 년을 머물며 장사하여 이익을 보리라 하는 자들아 내일 일을 너희가 알지 못하는도다 너희 생명이 무엇이냐 너희는 잠깐 보이다가 없어지는 안개니라 너희가 도리어 말하기를 주의 뜻이면 우리가 살기도 하고 이것이나 저것을 하리라 할 것이거늘 이제도 너희가 허탄한 자랑을 하니 그러한 자랑은 다 악한 것이라 그러므로 사람이 선을 행할 줄 알고도 행하지 아니하면 죄니라"고 하였다. 또한 벧전 1:24-25에 말하기를 "모든 육체는 풀과 같고 그 모든 영광은 풀의 꽃과 같으니 풀은 마르고 꽃은 떨어지되 오직 주의 말씀은 세세토록 있도다"라고 하였고, 시 39:5에 말하기를 "주께서 나의 날을 한 뼘 길이만큼 되게 하시매 나의 일생이 주 앞에는 없는 것 같사오니 사람은 그가 든든히 서 있는 때에도 진실로 모두가 허사뿐이니이다"라고 하였다. 우리는 자기를 쳐서 하나님에게 복종시킴으로써 복을 받는다. 누구든지 자기를 높이고 영화롭게 하면 화를 받을 뿐이다.

3. 심판이 없다는 인간의 교만에 대하여(7하-8절)

이 세상에 속한 자들은 하나님의 심판을 믿지 않는다. 그들은 자기들의 지혜로, 자기들의 힘으로 늘 평안할 수 있는 것처럼 교만한 마음을 품는다. 그들에게는 다른 죄도 많지만, 무엇보다 심판이 없다는 생각으로 하나님을 멸시한 죄가 크다. 이 죄 때문에 그들은 멸망을 받아 마땅하다. 그 죄는 하나님과 싸우는 죄악이기 때문이다. 하나님께서 성경에 말씀하시기를 그가 심판하시겠다고 하셨는데도 그들은 심판이 없다고 한다. 하나님의 말씀을 멸시하는 자는 망한다.

엘리는 하나님의 심판을 무시하고(삼상 2:12-17) 두 아들을 하나님보다 더 중요하게 여기다가(삼상 2:29) 결국 벌을 받아서(삼상 2:27-36) 블레셋 전쟁에서 두 아들을 잃었고, 엘리도 그 소식을 받고 죽었으며, 그 아들 비느하스의 아내도 해산하다가 죽었다(삼상 4:1-22).

솔로몬도 하나님의 심판을 무시하고 우상을 섬기는 이방 여자들을 취하는 죄를 범하였다. 그 일로 인하여 우상 숭배가 그 나라에 팽배하였고, 그 죗값으로 그의 아들 때에 나라가 남북으로 갈라졌다(왕상 11:1-43).

히엘이란 자도 여리고 성을 쌓다가 벌을 받아서 그의 두 아들이 죽었다(왕상 16:34). 이것은 그가 그 성을 쌓지 말라는 여호와의 경고를 거스르고 여리고 성을 쌓다가 그렇게 된 것이다(수 6:26).

또한 하나님께서는 그의 심판을 무시하는 아합 왕의 죄를 기억하셔서(왕상 21:21-29), 그의 모든 가족과 신하들을 멸망시키셨다(왕하 9:29-37; 10:1-11).

9-19절. 이 구절들이 말한 대로 바벨론의 멸망을 보고 애통하는 자들은 왕들, 상인들, 뱃사람들이다. 밀리건(Milligan)이란 학자는 이 사실 때문에 이 예언이 옛날 두로(Tyre)에 대한 예언과 유사하다고 생각하였다(겔 26-27장). 구약의 예언들을 보면 "두로"도 일종의 바벨론("혼돈"이라는 뜻)으로 비유되었다. 곧 이사야는 "두로"를 "혼돈한 도시"(קִרְיַת־תֹּהוּ, 키르야트 토후)라고 하였다(사 24:10). 그러므로 이 예언은 이 세상이 바벨론처럼(사 13:19) 완전히 없어지고, 두로처럼 멸망하게 된다는 비유이다. 세상에 속한 자들은 세상이 망할 때에 슬퍼한다. 그 이유는, 그들의 영광이 세상에 있고 그들의 부요가 세상에 달려 있기 때문이다.

9 왕들. 겔 26:16 참조. 여기서 "왕들"은 이 세상 영광을 탐하고 누리는 모든 사람을 상징한다. 이 세상에는 왕처럼 명예와 지위, 권세 등을 좋아하고, 또 스스로 교만한 자들이 많다. 그들은 이 세상이 망할 때에 함께 망한다.

10 한 시간에. 이것은 갑자기 멸망하게 될 것을 가리키는 표현이다(8절 해석 참조).

11 땅의 상인들. 이것은 왕족들을 가리킨다(23절 참조).

12-13절. 이 세상이 천국의 보물들을 생각하지 않는 대신에 사모하고 구하고 매매하던 육신적인 물품들이 여기에 열거된다. 이 물품들을 분류하면, ① 귀금속, ② 의복 재료, ③ 가구류, ④ 향품, ⑤ 식료품 ⑥ 가축, ⑦ 인류이다. 이 일곱 가지 사치품은 이 세상이 추구하고 찾는 것들이다. 다시 말하면, 이 사치품들은 이 세상의 영광을 자랑하는 것들이다. 세상은 심지어 인류와 그 영혼까지 상품화한다. 예수님은 한 사람의 영혼이 천하보다 귀하다고 하셨는데, 이 세상은 사람의 영혼을 상품과 같이 낮게 취급한다.

"금과 은과 보석과 진주"는 희귀한 광물이고, "세마포와 자주 옷감과 비단과 붉은 옷감"은 포목계의 사치품이고, "향목과 각종 상아 그릇이요 값진 나무와 구리와 철과 대리석으로 만든 각종 그릇"은 귀중한 기구의 재료와 귀중한 기구이고, "계피와 향료와 향과 향유와 유향"은 향속의 고가의 물품이고, "포도주와 감람유와 고운 밀가루와 밀"은 귀한 식료품이고, "소와 양과 말과 수레"는 중요한 가축들과 탈것이다.

13 **종들과 사람의 영혼들.** 이 세상주의는 사람들의 인권을 빼앗고 그들을 "종"으로 취급한다. 또한 "사람의 영혼"을 상품으로 취급하여 무시하기 때문에 복음도 무시한다.

14-19절. 여기서는 바벨론의 탄식이 사람들의 영혼이 멸망한 것 때문이 아니라 물질과 물품과 보석과 같은 이 세상 것들이 없어진 것 때문이라고 한다. 이 세상에 속한 자들은 실제로 그것 이상의 가치를 모르며, 그것에만 소망을 둔다. 그들은 물질을 위하여 살고, 물질 때문에 싸우고 죽는다.

17 **선객들과 선원들.** 운반사업과 무역에 종사하는 자들은 이 세상에서 부자가 되려고 애쓰는 모든 사람을 상징한다. 그들은 재물을 우상으로 삼고 그것의 노예가 된다. 그러나 이 세상이 망할 때에는 그들도 망한다.

20 **하늘과 성도들과 사도들과 선지자들아.** 이것은 하늘에 속하는 참된 신자들을 두루 칭하여 부르는 말씀이다. 이 말씀 첫머리에 "하늘"이란 말이 나온 것을 보아 알 수 있다.

그로 말미암아 즐거워하라. 신자들은 이 세상주의 앞에서 핍박을 당하였다. 그들이 핍박받던 당시에는 핍박하는 자들을 위하여 복을 빌고 화를 빌지 않았다. 그 이유는, 그때는 아직 심판의 때가 아니고 회개하기를 기다리는 시기이기 때문이었다. 그러나 계시록 18장이 가리키는 시기는 최후 심판의 시기이다. 그때부터는 회개를 기다릴 자비의 때가 아니고 하나님의 지혜로 심판이 내리는 시기이다. 그들이 하나님의 심판을 옳게 여기는 한, 심판받는 바벨론(이 세상)을 인하여 슬퍼할 필요가 없다. 만일 그들이 그로 인하여 슬퍼한다면, 심판하시는 하나님께서 잘못하신다는 불경한 태도가 된다. 그러므로 그들은 그 심판을 즐거워해야 된다(요 1:20-22 참조).

21-24절. 바벨론이 영원히 멸망할 것에 대한 천사의 선언.

21 큰 맷돌 같은 돌을 들어 바다에 던져 이르되 큰 성 바벨론이 이같이 비참하게 던져져 결코 다시 보이지 아니하리로다. 이것은 렘 51:63-64의 말씀대로 나타낸 행동 설교이다. "바벨론"은 다른 사람들이 범죄하게 한 자이므로, 이처럼 심한 벌을 받아서 영원히 멸망되어야 한다(막 9:42). 이렇게 멸망함으로써, ① 전에 많이 있던 음악이 없어진다(22절). 이 세상의 문명은 음악 문명이었다. 향락을 좋아하는 그곳에 음란한 노래도 발달하였던 것이다. ② 전에 왕성했던 공업이 없어진다(22절). 이 세상 문명은 또한 공업문명이었다. 하나님을 무시하는 이 세상은 물리학, 화학, 공학 등 모든 과학 만능을 믿는다. 이런 과학이 악한 것은 아니지만, 인생들이 이것을 지나치게 믿고 하나님을 저버리는 것이 잘못이다. ③ 전에 있던 "맷돌 소리", "등불 빛", "신랑과 신부의 음성" 등이 끊어진다(22-23절). 하나님을 잊어버리고 사는 데만 급급하던 이 세상 제일주의의 문명도 망하게 된다.

요리

1. 범죄하면서 흥하는 자가 오랫동안 발전과 융성(隆盛)을 맛볼 수는 있다. 그러나 그가 망하는 하루가 있는 것은 하나님의 진리요, 역사의 공리이다. 죄악의 방법으로 흥하는 것은 큰 앙화(殃禍)를 받을 징조이다(3-8절).

2. 강하신 하나님께서(8절) 극악자를 벌하시는 날에는 그를 구호할 자 아무도 없다. 왕들도 그를 도와줄 수 없고, 부자들도 할 수 없다. 그러므로 하나

님의 손에 침륜함이 두려울진저(11, 19절). 히 10:31 참조.

3. 물질주의자인 인생이여! 회개하고 물질을 우상시하지 말며 하나님의 진리를 매수하여 큰 이익을 취하여라(사 55:1). ① 진리의 매수는 값을 내지 않고 그저 믿음으로 취득하는 것이니, 은혜 세계의 매수법에 의한 것이요, ② 이렇게 진리를 매수하면 그 이익은 영생이요 또 썩지 않고 쇠하지 않는 하늘의 영광이다.

제 19 장

- 01 -

본 장은 두 가지 계시를 포함한다. 첫째는 바벨론 멸망에 대하여 기뻐하는 찬송이고(1-10절), 둘째는 흰 말을 타고 오시는 그리스도에 대한 계시이다(11-16절).

⚜ 해석

1 **허다한 무리의 큰 음성**. "허다한 무리"는 누구인가? 크레이다너스(Greijdanus)는 이것이 천사의 무리라고 하나, 확실하지 않다.

할렐루야. 이것은 히브리 원어(הַלְלוּיָהּ)를 소리 나는 대로 번역한 것으로, "여호와를 찬송하라"는 의미이다.[187)]

구원과 영광과 능력. 이것은 세상의 종말이 이를 때에 하나님의 구원사역이 완성되는 동시에 그분의 계시적 광채와 권능이 완전히 나타날 것을 가리킨다. 바벨론, 곧 이 세상의 멸망은 종말관적 구원사역의 일면이다. 하나님의 원

---

187) 시 104:35; 105:45; 106:1; 111:1 참조.

수는 멸망해야 된다. 이 "구원, 영광, 능력"의 역사는 우주 창조 이후로 계속 되어 왔으나, 세상의 종말에는 인간들이 뚜렷이 알아볼 수 있게 본격적으로 실현된다.[188)]

2 그의 심판은 참되고 의로운지라. 여기서 "심판"이라는 말은 헬라어로 크리세이스(κρίσεις)이며, "심판들"이란 말이다. 이것은 하나님의 심판을 세분하여 개별적으로 보는 것이다. 하나님의 심판은 일일이 세분해 보아도 다 참되고 의롭다. "참되다"는 것은 헬라어로 알레티나이(ἀληθιναὶ)인데, 불완전과 대조되는 완전, 그림자와 대조되는 실물이라는 뜻이다. 일반적으로 행하여지는 하나님의 섭리적 심판의 보응은 인간의 우둔한 감각이 분명하게 깨달을 수 없다. 그러나 그의 마지막 심판의 보응은 불신자들에게까지 적나라하게 드러난다. "의롭다" 함은 앞에서 말한 것처럼 뚜렷하게 보응적인 성격이 있음을 말한다.

음행으로 땅을 더럽게 한 큰 음녀를 심판하사. 이것은 앞에 있는 문구의 이유로, 원문에는 호티(ὅτι)라는 접속사(왜냐하면)로 시작한다. "큰 음녀"는 바벨론, 곧 이 세상을 가리키는 비유이다(계 17:1 해석 참조).

3 두 번째로 할렐루야 하니. 이것은 앞에 언급된 큰 무리의 찬송의 결론이다. 그들은 그 찬송을 "할렐루야"(הַלְלוּיָהּ)로 시작하여 "할렐루야"로 마친다. 크레이다너스(Greijdanus)는 말하기를 "하나님의 심판에 대한 그들의 찬송은 마지못하여 하는 것이 아니라, 중심에서 솟아 나오는 것이기 때문에 이처럼 이중의 할렐루야가 되었다."라고 하였다.[189)]

그 연기가 세세토록 올라가더라. 이것은 바벨론이 영원토록 멸망하는 것을 상

---

188) Greijdanus, wat reeds altoos Godes was, is nu ook voor alle schepsel alszoodaning kenbaar gewonden, en wordt door alle schepselen als het Zijne erkend.-*Ibid*., 382.

189) Greijdanus, Hunne verheerklijkng van Gods oordeelen was geene gedwongene, maar welde spontaan uit hun binnenste, uit de volheid huns gemoeds moesten zij nogmaals het halleluja uitzingen.-*Ibid*., 383.

징한다.

5 보좌에서 음성이 나서. "보좌에서" 나오는 "음성"은 보좌 가까이에 있는 영물들의 음성인 듯하다.

작은 자나 큰 자나 다 우리 하나님께 찬송하라 하더라. 이것은 천사에 속하는 자들(영물들)이 성도들에게 하나님을 찬송하라고 권고하는 것이다. 이 권고에 응하여 6-8절에 기록된 성도들의 찬송이 터진 듯하다.

6-8절. 이 구절들은 성도들의 "할렐루야" 찬송에 대한 기록이다.

6 전능하신 이가 통치하시도다. 이것은 하나님께서 그의 전능하신 힘으로 우주 만물을 심판하여 새롭게 하실 종말관적 일들을 생각하여 한 말이다. "통치하시도다"란 말은 헬라어로 에바실류센(ἐβασίλευσεν)이다. 이것은 과거동사이지만, 그 뜻은 그가 항상 다스려 왔고, 또 세상의 종말엔 그의 다스리심을 완전히 실현하실 것을 가리킨다.[190)]

7 어린 양의 혼인 기약. 이것은 헬라어로 가모스 투 아르니우(ὁ γάμος τοῦ ἀρνίου)이며, 번역하면 "어린 양의 혼인잔치"란 뜻이다. 이것은 비유로, 교회가 완전히 예수 그리스도께 영접되어 무궁한 안식과 영광을 누리게 되는 내세의 복된 생활을 가리킨다.

그의 아내가 자신을 준비하였으므로. 이 말은 헬라어로 헤 귀네 아우투 헤토이마센 헤아우텐(ἡ γυνὴ αὐτοῦ ἡτοίμασεν ἑαυτήν)이며, "그의 아내가 자신을 예비하였다"는 말이다. 자신을 예비하였다는 것은, 교회가 그리스도께 영접될 신앙적 준비가 되었다는 뜻이다(마 25:4-7). 이 준비는 자신의 능력으로 한 것이 아니라, 하나님께서 할 수 있게 해 주신 것이다. 이와 같이 그리스도께 영

---

190) Greijdanus, De aoristus drukt uit, dat hetgeen de Heere altijd is naar Zijn wezen, Hij dat nu tot volle openbaring heeft gebracht.-*Ibid.*, 385.

접될 수 있게 예비된 것이 순전히 은혜로 되었다는 것을 다음 구절이 명백하게 가르친다.

8 그에게 빛나고 깨끗한 세마포 옷을 입도록 허락하셨으니. 이 말씀은 어린 양의 아내 된 교회가 주님을 영접할 수 있도록 준비된 원인을 보여 준다. 여기서 "그에게 허락하사"란 말은 헬라어로 에도테 아우테(ἐδόθη αὐτῇ)이고, 직역하면 "그에게 수여되어(주어져서)"라는 뜻이다. 그러므로 이 구절의 뜻은 교회가 그들의 힘으로 의를 성취한 것이 아니라, 오직 하나님의 은혜로 의를 받았다는 것이다.

"빛나고 깨끗한"이란 말이 우리의 주목을 끈다. 하나님께서 우리에게 주신 칭의의 의는 천국에서 우리의 수치를 가려 준다. 또한 그것(칭의의 의)의 광채와 정결은 천국에서도 우리가 자랑할 만한 것이다. 우리는 오직 주님만 자랑할 수 있다(고전 1:30-31).

옳은 행실. 이것은 하나님께서 주신 그리스도의 의와 성령으로 말미암은 선행이다.

설교 어린 양의 혼인날(6-8절)

"어린 양"이란 말은 비유로 속죄제물 되신 예수 그리스도를 가리킨다. 그리고 "혼인"이란 말은 그리스도와 교회의 영적 연합을 비유한다. 그리스도와 그의 참된 교회는 이와 같이 가까운 관계를 맺고 있다. 이 관계는 그리스도께서 재림하시는 날에 완전히 실현된다.

1. 재림 시간의 의미를 성립시킨다

본문에 나오는 "이르렀고"란 말(ἦλθεν)이 중요하다. 이것은 시간의 의미를 암시해 준다. 예수님은 아무 때나 재림하시는 것이 아니라 하나님께서 정하신

날에 오신다. 이것을 보면 모든 시간은 의미가 있다(전 3:1-8, 11 참조). 그러나 범죄로 어두워진 인류 가운데에는 시간을 의미 없이 소비하는 자들이 많다.

불교에서는 시간을 무의미하고 끝없는 것으로 본다. 부처가 "윤생은 시작도 없고 끝도 없다"고 말했기 때문이다. 뿐만 아니라 불교의 시대관은 네 부분(멸망시대, 정적시대, 혁명시대, 신생시대)인데, 그 한 시대를 한 개의 무량시기라 하고, 한 개의 무량시기는 철로 된 산을 100년마다 한 번씩 솜으로 닿게 하여 그것이 다 닳아지는 기간을 말한다. 이것은 시대를 자율적 순환물로 보고, 또 이 세상을 영원한 것으로 보는 그릇된 이론이다. 우리는 이 자율적 세계관이 성경에 위배되고, 사실과도 다르다는 것을 잘 알고 있다. 히 9:26-27에 "그리하면 그가… 이제 자기를 단번에 제물로 드려 죄를 없이 하시려고 세상 끝에 나타나셨느니라 한 번 죽는 것은 사람에게 정해진 것이요 그 후에는 심판이 있으리니"라고 하였다. 그리스도의 초림이 수천 년 전에 아담에게 예언되었고(창 3:15), 아브라함에게 예언된 대로(창 22:18) 이루어진 것같이, 그의 재림도 예언된 대로 반드시 이루어질 것이다. 그리스도의 초림이 확실한 역사적 사실이 된 것처럼, 그의 재림도 그렇게 될 것이다. 바빙크(Herman Bavinck)는 "인간이 한 번 죽는 것처럼 이 세상의 끝도 한 번 온다"고 하였다.[191]

2. 재림 소망과 교회의 준비

본문에 "그의 아내가 자신을 준비하였으므로"란 말씀은 교회("아내"로 비유됨)가 재림하실 그리스도를 영접하기 위하여 깨어서 준비한 사실을 알려준다. 주님을 영접하기 위한 신자들의 준비는 전적으로 하나님의 은혜이다. 본문에 "그에게 빛나고 깨끗한 세마포 옷을 입도록 허락하셨으니"이라고 한

---

191) Gelijk het den mensch gezet is om eenmaal te sterven, zoo moet er ook eens een einde komen aan de geschiedenis der wereld.-H. Bavinck, *Geref. IV*. 712.

것은 주님을 영접할 믿음과 성결의 준비가 은혜로 이루어졌음을 말해 준다. "허락하셨으니"로 번역된 헬라어(ἐδόθη)는 그에게(교회에게) 주셨다는 뜻이다.

인간은 누구나 죄인이므로(롬 3:10) 의를 스스로 만들어서 소유할 수 없다. 성경은 이 사실에 대하여 여러 가지로 말씀하였다. 곧 "가령 내가 의로울지라도 내 입이 나를 정죄하리니"(욥 9:20), "그런즉 하나님 앞에서 사람이 어찌 의롭다 하며 여자에게서 난 자가 어찌 깨끗하다 하랴"(욥 25:4), "아무도 자기의 형제를 구원하지 못하며 그를 위한 속전을 하나님께 바치지도 못할 것은 그들의 생명을 속량하는 값이 너무 엄청나서 영원히 마련하지 못할 것임이니라"(시 49:7-8), "주의 종에게 심판을 행하지 마소서 주의 눈 앞에는 의로운 인생이 하나도 없나이다"(시 143:2), "무릇 우리는 다 부정한 자 같아서 우리의 의는 다 더러운 옷 같으며 우리는 다 잎사귀 같이 시들므로 우리의 죄악이 바람 같이 우리를 몰아가나이다"(사 64:6) 등이다.[192)]

우리는 스스로 의로운 것 같으나 하나님 앞에서는 죄인이다. 네덜란드의 어떤 과학자가 죽음을 앞두고 두려워 떨었다. 어떤 사람이 말하기를 "당신이 오늘까지 그토록 애쓰며 좋은 일을 많이 했는데 왜 그렇게 두려워합니까?"라고 하자, 그는 "사람의 판단과 하나님의 판단은 같지 않다."라고 대답하였다. 매튜 헨리는 말하기를 "우리가 우리 자신을 죄인으로 판정하면 훗날 심판을 면한다"고 하였다. 웨스트민스터 신앙고백서가 행위에 대하여 말한 것을 다음과 같이 요약할 수 있다. "신자들은 그들 자신의 힘으로 선한 일을 할 수 없고, 오직 성령님으로 말미암아 행한다. 그러나 그들은 선을 행하는 데 힘써야 된다. 우리의 선행이 우리의 구원의 공로가 될 수는 없지만 하나님께서 그 선행을 기뻐하시고 그에게 상을 주신다."[193)]

---

192) 사 64:6. 단 9:18; 행 13:39; 롬 4:14-15; 9:11, 16, 31-32; 11:6; 갈 2:16 참조.
193) The Westminster Conffession of Faith. Chapt. 16.

이와 같이 인간은 죄인이지만 하나님의 은혜로 주님의 재림을 영접할 준비는 할 수 있다. 신자가 하나님의 은혜를 받으려면 그것을 계속 사모해야 된다. 사모한다는 것은 무엇인가? 그것은 끊임없이 기도하며 의를 이루려고 노력하는 것이다(마 5:6 참조). 은혜를 사모하지 않는 자는 원하는 만큼 은혜를 받지 못한다. 주님은 거룩한 것을 개에게 주지 않으시고 진주를 돼지 앞에 던지지 않으신다(마 7:6 참조).

하나님은 은혜 받기를 구하고 갈망하는 자에게만 은혜를 주신다. 뉴턴(Newton)으로 하여금 인력의 법칙을 깨닫게 한 사과도 끊임없이 연구한 뉴턴에게만 주어진 기회이다. 기관차를 발명한 와트(Watt)는 끓는 물의 증기로 주전자 뚜껑이 움직이는 것을 보고 증기의 운동력을 발견하였다. 이것도 그가 끊임없이 연구하고 노력했기 때문이다. 우리는 지금이 바로 나의 때라고 생각하며 방심하지 말아야 한다. 언제나 "지금이 나의 때이다."라는 생각을 염두에 두어야 된다.

9 이것은 하나님의 참되신 말씀이라. 여기서 "이것"(οὖτοι)이란 말은 "이것들"이라고 번역함이 옳다. 어떤 학설은 이것이 계 17:1 이하의 모든 말씀을 가리킨다고 한다(Alford). 그러나 대부분의 학자들은 "이것들"이란 말이 이 구절의 상반절을 가리킨다고 한다.

10 예수의 증언은 예언의 영이라. 헬라어에는 이 문구 앞부분에 가르(γὰρ), 곧 "그 이유는"이란 말이 있다. 그 천사는 자기와 사도들의 활동이 동일한 성령님에 의한 것이므로, 그것의 품위가 같다고 한다. 사도들은 예수님을 증거하기 위해 대언의 성령을 받았으므로 천사보다 낮지 않다. 대언의 성령은 신구약을 막론하고 예수님을 증거한다.

제 9 부
그리스도의 재림과 심판

계 19:11-20:15

그리스도의 재림과 심판

1. 그리스도의 재림(19:11-16)
2. 적그리스도와 그 군대를 이기심(19:17-21)
3. 천년 왕국(20:1-6)
4. 곡과 마곡을 소멸하시고 마귀를 불못에 던지심(20:7-10)
5. 흰 보좌 앞의 심판(20:11-15)

제 19 장

- 02 -

19:11 백마와 그것을 탄 자. "백마"는 승리의 상징이다. 이 부분은 그리스도께서 종말적 재림으로 세계를 바르게 이끄시는 것에 대한 계시이다. 알카자(Alcaza)에 의하면, 이것은 복음사역의 승리로 많은 사람이 예수 그리스도를 믿게 되는 것을 가리킨다고 하고, 드베테(De Wette)도 그런 해석을 지지한다(1843). 또한 피터스(A. Pieters)도 이 부분(계 19:11-21)의 말씀이 재림을 의미하지 않는다고 한다. 그 이유는, 여기서는 그리스도께서 구름을 타고 오시지 않기 때문이다. 스웨트(Swete)와 워필드(Warfield)도 이것을 영적 전쟁, 곧 승리하는 복음 전도의 상징으로 보았다.

그러나 이들은 이 구절들을 잘못 본 것이다. 여기 묘사된 인물이 구름을 타고 오시는 것이 아니라 흰 말을 타고 오시기 때문에 그가 재림하시는 그리스도가 아니라는 학설은 잘못된 관찰이다. 만일 구름을 타고 오시는 분이라야만 재림하시는 그리스도라면, 계 19-22장까지 구름을 타고 오시는 이에 대한 말씀이 없으니 이 부분(계 19-22장)이 그리스도의 재림과 관계가 없는 것인가? 그가 흰 말을 타고 오시는 것은 적그리스도 국가들을 파멸시키기 위하여 오시는 것을 상징하는 것뿐이다. 상징적 표현은 경우에 따라서 달라질 수 있다. 그는 여기서 말 탄 장군으로 비유되었다. 이 부분(계 19:11-21)

은 분명히 그가 이 세상 말기에 나타날 적그리스도 나라들을 멸망시키기 위하여 오시는 것을 보여 주므로(20절), 그의 재림에 관한 계시이지 그의 복음 사역을 보여 주는 말씀이 아니다. 세계 3대 칼빈주의 학자 중 하나인 아브라함 카이퍼(A. Kuyper)는 다음과 같은 말로 이 부분이 재림에 관한 것임을 밝힌다. 곧 "여기서 땅 위의 역사는 끊기고 종말을 고한다. 이제는 영원한 것이 온다. … 요한이 본 것은 속죄자와 구주로 오시는 그리스도가 아니라 역사를 끝내기 위하여 오시는 그리스도이다."라고 하였고,[194] 또한 "그리스도께서 여기 다시 나타나신다. 그는 어린 양과 자비가 아닌, 하나님의 영광을 나타내는 자로 오신다. … 그는 이제 화목하러 오시지 않고 땅 위의 모든 거룩하지 않은 것들과 싸우러 오신다."라고 하였다.[195] 카이퍼의 이 말은 이 부분의 말씀이 그리스도의 재림을 의미한다는 것이다.

충신과 진실. "충신"은 헬라어로 피스토스(πιστὸς)이며, 하나님이 언약하신 대로 이행하셔서 우리의 구원을 완성하신다는 뜻이다. "진실"은 헬라어로 알레디노스(ἀληθινός)이다. 이 말은 우주와 인생이 기다리던 진정한 심판주란 뜻이다.

공의로 심판하며 싸우더라. 예수님의 재림은 고난을 위한 초림과 달리, 심판의 위엄을 보여 준다. "싸운"다는 것에 대하여는 17-21절에서 자세히 말한다.

12 그 눈은 불꽃 같고. 계 1:14 해석 참조.

그 머리에는 많은 관들이 있고. 이것은 비유로, 많은 군왕들의 영광을 그리스도께서 홀로 받으시는 것이 마땅하다는 뜻이다. 그의 권세와 영광은 16절에 있는 그의 이름(만왕의 왕, 만주의 주)에 해당한다.

이름 쓴 것 하나가 있으니 자기밖에 아는 자가 없고. 이것은 주님이 모든 피조물과

---

194) A. Kuyper, *The Revelation of St. John*, 1964, 257.

195) *Ibid.*, 249.

인간에게 계시하신 이름 외의 이름이며, 곧 그의 오묘하신 신성 자체의 이름인 듯하다. 이것은 그의 계시로도 사람에게 나타내실 수 없는 것이다. 인생은 하나님의 신성에 대하여 그가 나타내시는 영광만 알 뿐, 그 자체를 실감하지는 못한다(롬 1:20).

13 피 뿌린 옷을 입었는데. 이것은 사 63:1-6에서 유래된 말씀이다. 그리스도의 초림은 어린 양, 곧 죽임을 당할 자(대속자)로 오셨으나, 여기서는 정복자로 오신다. "피 뿌린 옷을 입었다" 함은 정복자를 가리키는 상징이다. 이 문구를 글자대로 해석하여 그리스도께서 친히 그 검으로 원수들을 죽이실 것이라고 생각할 필요는 없다. 그는 원수들을 그 입에서 나오는 검으로 죽이신다고 하였다(21절). 이것은 그가 말씀으로 원수들을 정복하시고 또한 승리하실 것을 가리킨다(살후 2:8).

그 이름은 하나님의 말씀이라. 요 12:48을 보면, 마지막 날에 하나님의 말씀이 심판하신다고 한다. 그와 같이 그의 말씀이 심판하는 이유는, 그가 초림하여 증거하신 말씀이 심판 때에 모든 불신자들이 입을 열지 못하게 하기 때문이다. 그리스도께서 인간들에게 그의 말씀을 전하셨으나, 그들은 듣고도 순종하지 않았다. 그러므로 심판 때에 그들은 아무런 핑계도 하지 못한다.

14 하늘에 있는 군대들. 이것은 천사들뿐 아니라 모든 성도들을 포함하는 말이다.

15 예리한 검. 이것은 하나님의 말씀을 상징한다(엡 6:17; 히 4:12).

철장으로 다스리며. 이것은 불가항적 승리와 정복을 의미한다(시 2:9).

전능하신 이의 맹렬한 진노의 포도주 틀을 밟겠고. 이것은 포도주 틀의 모든 포도가 밟히어 즙을 내는 것처럼, 악한 죄인들이 하나님의 진노 앞에 죽어서 피가 흐르는 것을 가리킨다. 이것은 물론 비유이다(사 63:1-6 참조).

17-21절. 17-18절은 엄위하신 주님께 적그리스도들이 패하고, 그 시체들

은 내버려져서 새들이 먹게 될 것을 예고한다. 그리고 적그리스도의 패배는 19-21절에서 분명하게 말한다(겔 39:17-20 참조).

요리

"그에게 빛나고 깨끗한 세마포 옷을 입도록 허락하셨으니 이 세마포 옷은 성도들의 옳은 행실이로다 하더라"(8절). 우리는 여기 말한, "세마포" 옷이 자작(自作)의 것이 아니고 하나님이 지어 주신 것임을 알 수 있다. "입도록 허락하셨으니"란 말은, 헬라 원어의 문자 그대로는, "주어서 입게 하셨은즉"이라 한다. 인간은 누구나 죄인이니, 의를 자작하여 소유할 수 없다. "가령 내가 의로울지라도 내 입이 나를 정죄하리니"(욥 9:20). "그런즉 하나님 앞에서 사람이 어찌 의롭다 하며 여자에게서 난 자가 어찌 깨끗하다 하랴"(욥 25:4). "아무도 자기의 형제를 구원하지 못하며 그를 위한 속전을 하나님께 바치지도 못할 것은 그들의 생명을 속량하는 값이 너무 엄청나서 영원히 마련하지 못할 것임이니라"(시 49:7-8). "주의 종에게 심판을 행하지 마소서 주의 눈 앞에는 의로운 인생이 하나도 없나이다"(시 143:2). "무릇 우리는 다 부정한 자 같아서 우리의 의는 다 더러운 옷 같으며 우리는 다 잎사귀 같이 시들므로 우리의 죄악이 바람 같이 우리를 몰아가나이다"(사 64:6). 단 9:18; 행 13:39; 롬 4:14-15, 9:11, 16, 31-32, 11:6; 갈 2:16 참조.

우리는 스스로 의로운 것 같으나 하나님 앞에서는 가장 큰 죄인일 수 있다. 화란(和蘭)의 어떤 과학자가 죽을 임시에 두려워 떨었다. 혹이 말하기를, "당신이 오늘까지 그렇게 힘써서 좋은 일을 많이 했는데 왜 그렇게 두려워합니까?" 하니, 그는 대답하기를, "사람의 판단과 하나님의 판단은 같지 않다"라고 하였다. 매튜 헨리는 말하되, "우리가 우리 자신을 죄인으로 판정하면

후일에 심판을 면한다"라고 하였다. 웨스트민스터 신앙고백서가 행위에 대하여 말한 바를 다음과 같이 요약할 수 있다. "신자들은 그들의 자력으로 선한 일을 할 수 없고, 오직 그 성령님으로 말미암아서만 행해진다. 그러나 그들은 선을 행하도록 힘써야 된다. 우리의 선행이 우리의 구원의 공로가 될 수는 없다. 그러나 하나님께서 그 선행에 대하여 기뻐 받으시고 상(賞)을 주신다"(The Westminster Conffession of Faith, Chap. 16).

제 20 장

본 장은 천 년 시대와 최후 종말 심판에 대하여 가르친다.

해석

1-3절. 사탄을 무저갱에 가두어 둠.

1 천사. 어떤 사람들은 그리스도를 의미한다고 주장하나(계 1:18), 그리스도의 명령을 받은 "천사"이다.

2 천 년 동안 결박하여. ① 무천년설을 주장하는 학자들 중에서 어떤 학자들은, 여기서 말하는 천 년 시대가 신약 시대를 가리킨다고 한다. 그러나 천 년 시대를 신약 시대라고 할 수는 없다. 그 이유는, 본문에서 이 시대에는 나라들이 미혹되지 않고 또 전쟁도 없다고(3절, 8절) 하기 때문이다. 신약 시대에는 전쟁이 많다. 그들 중 또 어떤 이들은 이 천 년 시기를 가리켜 신자의 영혼이 별세하여 하나님과 함께 사는 시대(천국에서 생활하는 기간)를 비유한다고 말한다. 그러나 이 학설도 옳지 않다. 천 년 시대의 끝에 다시 전쟁이 일어나기(8절) 때문이다. 영혼들이 하나님과 함께 사는 곳에 전쟁이 일어난다는

말은 성립되지 않는다. ② 그러나 아브라함 카이퍼(Abraham Kuyper)는 이 시대가 재림 후에 올 것으로 생각하고 말하기를 "이것은 하나님의 거룩하신 행동이 진행되는 과도기를 말한다. 여기서는 인간의 시간관념보다 하나님의 시간관념으로 말한 것이다. 이 기간은 큰 결론적 사건에 이르는 중간 계단이다."라고 하였다.[196] 이 연수가 글자대로 1,000년을 의미한다는 학자들도 있다. 특주 "천 년 시대에 대하여"를 참조하라.

"결박한다"는 것은, 하나님께서 사탄의 행동을 제한하신 것을 상징하며, 그 목적은 "만국을 미혹하지 못하게" 하시는 것이다. "만국"이라는 말은 헬라어로 타 에드네(τὰ ἔθνη)이며, "나라들"이란 의미로 모든 불신 국가들을 가리킨다. 나라들을 "미혹한다"는 것은, 국가들이 전쟁하게 하는 것을 가리킨다(7-8절). 이렇게 "만국을 미혹하지 못하게" 하는 것에 대하여, 무천년설에서는 그리스도 초림으로 마귀의 활동이 어느 정도 제한된 사실을 가리킨다고 한다(요 12:31). 그러나 이것은 재림 이후에 있을 일이다.

4-6절. 이 구절들에는 그리스도께서 재림하신 뒤에 땅 위에서 일어날 일들이 기록되었다.

4 또 내가 보좌들을 보니 거기에 앉은 자들이 있어 심판하는 권세를 받았더라. 크레이다너스(Greijdanus)는 사탄을 결박하는 일이 현실 세계에서 일어나는 일이 아니므로(1-3절), 이 구절의 내용도 앞절의 연속으로 영적 세계에서 이루어지는 일이라고 말했다. "보좌들" 위에 "앉은 자들"은 천국에 가 있는 신자들이다. 그들은 자기 자신의 고유의 권위로 심판하는 자들이 아니라, 하나님께 "심판하는 권세"를 받은 자들이다. 그들은 그다음에 언급된 "영혼들", 곧 순교자들("목 베임을 당한 자")과 일반 성도들("짐승과 그의 우상에게 경배하지"

---

196) A. Kuyper, *Revelation of St. John*, 286.

않은 자)이다. 성경말씀은 성도들의 영혼이 하나님께 가면 승리자의 권위를 받는다고 증거한다(계 2:7, 10; 3:21; 4:4; 17:14).

살아서. 이 말은 헬라어로 에제산(ἔζησαν)인데, 이에 대하여 여러 가지 해석이 있다. ① 주님이 재림하실 때 살아남아 있는 신자들을 가리킨다(Bousset). 그러나 이것은 문맥에 부합하지 않는 해석이다. ② 영적 부활(중생)을 가리킨다.[197] ③ 하늘에서 영적인 생명을 풍성히 받았다는 뜻이다(Allo). ④ 몸의 부활을 의미한다. 천 년 시대를 주장하는 자들은 이 견해를 가진다.

그리스도와 더불어 천 년 동안 왕 노릇 하니. 여기서 "왕 노릇" 한다는 것은 어떤 의미인가? 그것은, ① 이제부터 만물을 정복하며 만물에게 구애를 받지 않는 승리자의 생활을 가리킨다고 함. ② 하나님의 말씀을 전파하며 그 말씀으로써 판단함을 가리킨다고 함(Lenski). ③ 천사들을 통하여 천 년 시대의 사람들을 다스림을 가리킨다고 한다(마 19:28; 눅 22:30; 고전 6:2-3).

그리스도께서 재림하신 직후에 천 년 동안(문자적으로 천 년은 아닐지라도) 성도들이 땅에서 왕 노릇 한다는 사상은 계 5:10에도 있다. 무천년주의자들처럼 이것을 신약 시대 신자들의 생활과 동일시할 수는 없다. 즉 신자들이 왕 노릇 하는 것은 교회 시대의 일로 생각되지 않는다(고전 6:2-3; 딤후 2:12 참조). 그러므로 필자는 이 사상을 내포한 계 20:4-6이 그리스도 재림 후의 일을 가리킨다고 확언한다. 다시 말해 나는 천 년 시대 학설이 옳다고 생각한다.

천 년 시대 학설이 반드시 세대주의(Dispensationalism)와 통하는 것처럼 생각할 필요는 없다. 물론 세대주의자들 중에서 천 년 시대 학설을 그들의 체계에 맞도록 잘못 인용하는 이들도 있다. 그러나 천 년 시대 학설의 올바른

197) Holtzmann, Heitmüller, Hadorn.

형태는 칼빈주의(Calvinism)와 일치한다.

5 **그 나머지 죽은 자들은 그 천 년이 차기까지 살지 못하더라.** 여기서 말하는 "그 나머지 죽은 자들"은 그리스도를 믿지 않은 자들로, 결국 멸망할 자들이다.[198)]

6 **둘째 사망.** 이것은 불못의 형벌이다. 14절 참조.

설교 천 년 시대(1-6절)

1. 마귀를 무저갱에 가두는 시대(1-2절)

"용"은 큰 뱀을 가리키는데, 뱀은 "간교"하기 때문에 악신의 도구로 사용되었다(창 3:1-5). 이집트와 페르시아에서도 뱀은 인류의 원수로 알려져 있다. 마귀는 그의 간사한 계략을 가지고 인류를 망하게 한다. 계 12:9에서는 마귀를 가리켜 "온 천하(거주하는 자들)를 꾀는 자"라고 하였다. 사람들은 보이지 않는 마귀의 악한 사상의 침투를 받으면서도 그것을 깨닫지 못하고 그것이 자기들의 생각인 것인 줄로 착각한다.

옛날 사람들은 "무저갱"을 땅속에 있는 큰 구멍으로 생각하였다. 그러나 하나님께서 사탄을 가두는 곳을 그것으로 일컬은 것뿐이다. 마귀가 사람보다 강하지만 하나님의 제재하에 있다. 그러므로 그리스도 안에서 하나님께 피하는 자들을 마귀가 해치지 못한다.

2. 마귀의 속임수가 없는 시대(3절)

이 시대에는 마귀가 사람들로 하여금 범죄하도록 속이는 일이 없다. 마귀는 항상 거짓말만 하는데(요 8:44), 밖에서 오는 유혹 때문에 거짓말하는 것

---

198) Greijdanus, Zij gingen bij hun sterven niet het eeuwige leven in, maar den eeuwigen dood.-*Openbaring*, 407.

이 아니라 자기 본질에서 거짓을 생산한다.

3. 성도들이 왕 노릇 하는 시대(4-6절)

4절의 "목 베임을 당한 자"는 순교자들을 가리키고 "이마와 손에 그의 표(적그리스도의 표)를 받지 아니한 자"는 일반 그리스도인들을 가리킨다. 아무리 부족한 신자라도 그리스도의 은혜로 자기 잘못을 회개하는 것이다. 회개하는 자들의 죄는 예수님의 피로 씻음을 받기 때문에 그들은 승리자와 마찬가지로 간주된다(사 1:18; 요일 1:9 참조).

그 승리자들이 "살아서"(4절), 곧 부활하여서 "왕 노릇" 한다고 한다. 그 시대에 "왕 노릇" 한다는 것은 그들이 그리스도 안에서 그와 ① 하나가 되어 ② 죄와 사망과 마귀, 그리고 세상을 이기는 자 된 것을 의미한다. ③ 그 왕권은 섬김을 받는 것이 아니라 섬기는 것이다(마 23:11; 눅 22:26). 누구든지 왕이 될 기회가 있을 때에 그것을 다른 이에게 양보하면 그가 참된 왕이다. 영원히 높임을 받는다.

설교 신자들이 그리스도와 함께 왕 노릇 하는 복(4-6절)

4절 끝에 "그리스도와 더불어 천 년 동안 왕 노릇 한다"는 말씀이 있고, 6절 끝에도 같은 말씀이 있다. 이 말씀이 무슨 뜻인가?

우리는 여기서 그리스도와 신자의 관계가 신비적 연합(unio mystica)을 이루고 있다는 것을 기억해야 된다. "신비적 연합"은 삼위일체 안에서 구속언약(pactum salutis)으로 결정된 것이다. 그때에 장차 나올 사람들에게 은혜와 복을 주시기로 결정하시기 전에 그리스도의 인격을 주시기로 정하셨다. 신자들과 그리스도의 연합은 범신론적인 원리로 된 것이 아니다.

신자들의 왕권은 이 세상의 것이 아니고 내세의 것이다.

1) 이 세상의 왕권은 왕 된 자 자신이 영광을 받는다. 그러나 내세에 그리스도 안에서 왕이 된 신자는 하나님이 주시는 존귀와 영광을 자신이 받지 않고 그것을 하나님께 돌린다(계 4:10 참조).

2) 이 세상의 임금은 섬김을 받으나(눅 22:25), 내세에 왕이 된 신자들이 하는 일은 섬기는 것이다(눅 22:26).

3) 이 세상의 왕권은 돈의 권세, 군대의 권세, 민중의 지지를 받는 권세이다. 그러나 내세에서의 신자들의 왕권은 그리스도의 의의 권위에서 비롯된다(딤후 4:8 참조).

4) 이 세상의 왕의 위엄은 사망 권세에 속하지만(히 2:14 참조), 내세에서의 신자들의 왕격은 생명의 권세에 속한다(롬 5:17 하반; 히 2:15).

5) 이 세상의 왕은 민중을 주장한다(눅 22:25 상반). 그러나 내세에서 신자들의 왕격은 만물을 지배하는 것만큼 죄악에 대한 승리자이고, 이 세상이나 사망이나 마귀에 대해서도 승리자이다(고전 3:21-22; 6:2-3 참조).

6) 이 세상의 왕은 일부 특권 계급에 국한된다. 그러나 내세에서 신자들의 왕권은 구원을 받아 내세에 들어간 자 모두의 소유이다. 그 이유는, 구원받는 자는 누구든지 그리스도와 연합한 것이고, 그리스도 안에 있기 때문이다.

설교 복된 부활을 믿으라(4-6절)

1. 복된 부활은 어떤 것인가?

신앙을 지키는 자들의 부활이 복되다. "짐승과 그의 우상에게 경배하지 아니하고 그들의 이마와 손에 그의 표를 받지 아니한 자들"(4절)은 진실한 신자를 비유한다. 곧 "짐승"이란 말과 "이마와 손"이란 말이 비유임을 드러낸다. 진심으로 적그리스도를 미워하는 자들은 우상 숭배하지 않을 사람들이고, 또 그런 범죄를 하였어도 애통하며 회개할 자들이다. 하나님은 중심의 진실함을 보신다(시 51:6). 불신자들의 영혼이 다시 살아나는 것은 불행한 일이 될 수밖에 없다. 그러나 진실한 신자들은 부활하여 그리스도와 함께 천 년 동안 왕 노릇 한다. 6절에 말하기를 "이 첫째 부활에 참여하는 자들은 복이 있고 거룩하도다 둘째 사망이 그들을 다스리는 권세가 없고 도리어 그들이 하나님과 그리스도의 제사장이 되어 천 년 동안 그리스도와 더불어 왕 노릇 하리라"고 말씀하신다. 그리스도께서 왕 노릇 하시는 것도 그가 부활하신 후에 시작된 것이다(고전 15:25; 엡 1:20, 22; 빌 2:9-11). 그리스도께서 부활 승천하셔서 하나님 우편에 앉아 왕이 되신 것처럼, 성도들이 부활할 때에도 그런 영광을 얻는다. 왕 노릇 한다는 것은 우리가 부활하기 전에는 만물이 우리에게 복종하지 않는다는 뜻이다. 즉 벼룩 같은 작은 벌레도 우리에게 복종하지 않는다. 그러나 우리가 부활한 뒤에는 만물이 우리에게 복종한다. 마귀도 우리 앞에서 떨고, 천사들도 우리를 수종든다. 인생이 이 세상에서는 만물의 노예가 되고, 그것들 때문에 심령이 흔들린다. 사람들이 무언가를 소유하면 그로 인하여 사람다운 사람이 되지 못하고, 소유하지 못할 때에는 그로 인하여 곤란을 당한다. 우리는 이 세상에서도 만물이 굴복할 만한 신앙 인격을 가져야 한다. 고전 6:2-3에 말하기를 "성도가 세상을 판단할 것을 너희가 알지 못하느냐 세상도 너희에게 판단을 받겠거든 지극히 작은 일 판단하기를 감당하지 못하겠느냐 우리가 천사를 판단할 것을 너희가 알지 못하느냐 그러하거든 하물며 세상 일이랴"라고 하였다.

2. 어떻게 복된 부활이 믿어지는가?

우리는 성경말씀대로 믿는다. 성경에 대하여 여러 가지 할 말이 있지만 그중에서도 특히 성경말씀이 영감으로 기록되었다는 사실이 가장 중요하다. 우리에게 영감된 사실은 절대로 믿어지는 것이고 또한 믿어야 된다. 성령의 감동하심은 진실하고, 거룩하고, 의롭고, 완전하다. 오늘날에도 우리가 성령의 감동을 받을 때에는 거짓된 우리의 마음이 진실하여지고, 거룩하여지고, 의로워지고, 밝아진다. 예수를 진실하게 믿는 사람은 성령의 감동을 받는 체험이 없을 수 없다. 우리는 세상의 것은 못 믿어도 성령의 감동은 믿어야 된다. 예수님의 부활에 대하여는 성령의 감동으로 기록된 구약이 예언하였고(특히 시 16:10; 행 2:27; 13:35), 성령의 감동으로 기록된 신약성경이 예수님의 부활을 증거한다. 나는 이보다 더 믿을 만한 증거는 천하에 다시 없다고 확신한다.

설교 피할 수 없는 하나님의 심판(11-15절)

1. 기록대로 심판을 실행하신다

"책들에 기록된 대로 심판을 받으니"란 말(12절 하반)은, 심판이 얼마나 상세하고, 또한 정확한지를 가리킨다. 행한 자가 잊어버린 것조차 심판 때에는 모두 드러난다. 행한 자가 모르는 죄까지도 심판 때에는 모두 나타난다. 우리는 심판이 이토록 상세하다는 것을 의심할 수 없다. 하나님은 우리의 머리털까지 세시며, 하나님의 허락 없이는 참새 한 마리도 떨어지지 않는다(마 10:29-30). 하나님께서 우리의 행동을 기억하시지 못하겠는가? 모든 피조물, 특히 인류는 종교 윤리를 가진다. 하나님께서 우리의 선악 문제를 무엇보다 중요하게 보신다. 선악의 문제는 생사의 문제보다 중요하다. 무지한 인간은 선악의 문제보다 생사의 문제를 크게 여긴다. 그러나 우리는 하나님의 뜻을 본받아 생사의 문제보다 선악의 문제를 크게 보아야 한다.

하나님께서는 우리의 모든 행동을 아시며 우리가 행한 그대로 심판하신다. 또한 이 세상에서도 그와 같이 상세한 심판을 이따금 나타내신다. 이 세상은 최후 심판이 이루어지는 곳이 아니므로 죄인들을 전부 벌하지는 않으신다. 그러나 하나님은 이따금 어떤 죄인들을 이 세상에서도 벌하시어 그의 살아 계심과 공의를 나타내신다. 프랑스의 샤를 9세는 프로방스(Province)라는 지방의 왈도파 신교도들을 학살한 사람이다. 그가 그 일을 한 지 오래되지 않아 전신에 피와 땀이 나와서 죽었다. 또 프랑스의 어떤 왕이 죄수를 괴롭게 하는 고문 기구를 발명하려 할 때에, 어떤 사람이 와서 말하기를 "사람이 앉으려고 해도 너무 낮아서 앉을 수 없고, 누우려고 해도 너무 짧아서 허리를 펼 수 없는 상자를 만들어서 거기에 죄수를 가두라"고 하였다. 왕은 그 말을 좋게 여겨 그러한 상자를 만들었다. 그러나 그 기구에 제일 먼저 갇힌 자가 바로 그것을 고안한 자였다. 그는 14년 동안 그 상자 속에서 징역을 살았다고 한다. 또 프랑스의 앙리(Henri) 3세는 그 나라의 위그노파 신교도들을 학살하려고 계획하던 방 안에서 자기 자신이 칼에 맞아 죽었다.

2. 죽은 자들을 모두 내주게 된다

본문에 "내준다"는 말씀이 두 번 나온다(13절). 심판 때에는 죽은 자들이 자기 마음대로 하지 못한다. 사람들이 살아 있는 동안에도 하나님을 피할 도리가 없는데(시 139:1-16) 죽은 자들이 어떻게 하나님을 피할 수 있겠는가? 히 2:3에 말하기를 "우리가 이같이 큰 구원을 등한히 여기면 어찌 그 보응을 피하리요"라고 하였다.

* * * * *

{특별참고}

천 년 시대에 대하여

1. 후천년설

뵈트너(L. Boettner)는, 그의 저서 『천 년 세계』(The Millennium)란 책에서

다음과 같은 이론을 제시한다. 곧 후천년설은 그리스도께서 재림하시기 전에 천 년 동안 기독교의 황금시대가 있다고 한다. 다시 말하면, 인류의 대부분이 복음을 믿는 시대가 있다는 것이다. 이 이론에 대한 성경적 증거는 다음과 같은 것들이다.

1) 마 28:18은 예수님께서 세계 복음화를 위하여 천지의 권세를 받으셨다고 한다. 이와 같은 권세가 실패할 리 없으므로, 반드시 그가 반대 세력들을 크게 파괴시키는 때가 있어야 한다는 것이다.

비판 - 이 이론은 성립될 수 없다. 복음 사역이 천지의 권세를 배경으로 한다고 해서, 인류 대부분을 회개시키는 시대가 있을 것이라고 추측할 수는 없다. 마 28:18은 천지의 권세를 배경으로 하여 복음이 세계에 전파되다가 마침내 그가 재림하셔서 하나님의 원수들을 멸망시키실 것을 내포한 말씀이다.

2) 구약의 많은 예언들이 인류 역사에 황금시대가 있을 것이라고 예언했으며, 그 장절들은 사 2:2-3; 단 2:44이라고 한다.

비판 - 이 구절들은 하나님의 초자연적인 간섭(재림)이 있어야만 복된 시대가 이루어진다는 것을 포함하고 있다. 사 2:2-4은 신약 시대에 있을 일과 재림 후에 있을 일을 동일시하여 예언한 것이다. 특히 단 2:44에는 말세에 하나님께서 세우실 나라가 세상 나라와 다르게 "영원히 서리라"고 하였다. 이것은 그리스도의 초자연적인 재림으로만 완전히 이루어질 수 있다. 그러므로 이 구절들은 그리스도께서 재림하시기 전에 국한된 어떤 황금시대를 예언한 것이 아니다.

3) 구원받을 자들의 수가 멸망당할 자들의 수보다 훨씬 많을 것이므로, 재림 전에 기독교의 황금시대(거의 온 인류가 복음을 믿는 시대)가 온다는 것이다. 이 주장에 대하여 뵈트너는 성경적인 증거로 계 19:11-21을 든다. 뵈트너

에 의하면 이 구절에 있는 흰 말 탄 자의 승리는 이 세상의 물리적 전쟁에서의 승리를 의미하지 않고, 복음으로 온 세계를 점령하는 한 시대를 가리킨다는 것이다.

비판 - 계 19:11-21은 분명히 적그리스도의 세력(이 세상의 정치적 세력)이 멸망할 것을 의미한다. 적그리스도는 짐승으로 비유되었는데(계 13장), 그것은 사탄(영적 존재)과 다르다. 적그리스도는 사탄에게 권세를 받아서 정권으로 일하는 자이다(계 13:2). 다니엘서 7장에서도 짐승은 정권을 비유한다. 그러므로 계 19:11-21에 묘사된 승전은 그리스도께서 초자연적인 재림으로 악한 적그리스도 나라를 없애 버리시는 것이다.

4) 뵈트너는 인류 역사에 복음이 온 땅을 점령하는 황금시대가 있을 것이라고 주장하기 위하여 또 다른 증거를 제시한다. 그것은 현재의 국제적 협력과 과학의 발달과 물질문명의 진보라고 한다.[199)]

비판 - 이 이론은 잘못된 것이다. 뵈트너가 지적한 몇 가지 세계적 진보가 복음의 왕성을 의미할까? 과학이 발달할수록 사람을 죽이는 무기도 더욱 발달한다. 또한 오늘날의 교회는 타락하고 있다.

5) 뵈트너는 인류 역사에 반드시 기독교를 중심으로 하는 황금시대(인류의 거의 전부가 예수를 믿는 시대)가 있을 것이라고 주장하기 위하여 또 한 가지 이유를 제시한다. 곧 세상 말기에 인류가 극도로 부패한다는 성경적 주장을 그대로 받아들이지 않고, 그런 의미의 성경구절들을 다르게 해석해 버린다. 그에 의하면, 이 장절들은 표면적으로 이 세상 말기에 인류가 극히 타락

---

199) L. Boettner, *The Millennium*, 38-53.

할 것을 말한 것처럼 보이지만 실상은 그렇지 않다는 것이다.[200] 일례로 마 24:37-39에 "노아의 때와 같이 인자의 임함도 그러하리라 홍수 전에 노아가 방주에 들어가던 날까지 사람들이 먹고 마시고 장가 들고 시집 가고 있으면서 홍수가 나서 그들을 다 멸하기까지 깨닫지 못하였으니 인자의 임함도 이와 같으리라"고 하였다. 뵈트너에 의하면, 여기서 노아의 때에 사람들이 먹고 마시고 장가들고 시집간 것이 그들의 범죄를 말한 것이 아니라, 다만 그들도 모르는 가운데 홍수가 갑자기 임한 것을 강조하는 것뿐이므로, 그리스도의 재림도 그와 같다는 것이다.

비판 - 이러한 뵈트너의 해석은 성경을 깊이 보지 못한 것이다. 물론 이 장절의 말씀은 그리스도의 재림이 갑자기 임할 것을 가르치고 있다. 그러나 그와 동시에 재림 직전에 있을 인류의 심각한 부패도 말하여 준다. 그 이유는 다음과 같이 설명된다. 노아 때에 인류가 극도로 부패하였기 때문에 사람들의 판단이 어두워져서 노아의 경고를 믿지 않고 있다가 갑자기 홍수를 만나게 된 것처럼, 예수님의 재림 때에도 그러할 것이라는 의미이다(창 6장 참조).

6) 뵈트너(Boettner)는 또다시 계 20:4-6의 말씀을 후천년설을 지지하는 장절로 해석한다. 곧 이 장절들이 영혼들에 관하여 말한 것은(4절 하반) 육신의 부활을 말하는 것이 아니라 영혼들의 천국 생활을 가리킨다는 것이다.[201] 그는 계속하여 말하기를, 이 부분에는 전천년설에서 주장하는 "유대인들"이나 "예루살렘", 혹은 어떤 종류의 세상 왕국에 관한 요소가 전혀 없다고 한다.[202] 그는 이 부분에 있는 "살아서"(4절 하반부)란 말이 부활을 의미하지 않

200) *Ibid.*, 133.

201) *Ibid.*, 264.

202) *Ibid.*

고 중생을 의미한다고 하며, 심지어 "첫째 부활"이란 말(5절)도 몸의 부활로 해석될 필요가 없다고 한다. 성경은 중생을 일종의 부활이란 뜻으로 말한다는 것이다(엡 2:5; 골 2:12; 3:1).

비판 - 이와 같은 뵈트너(Boettner)의 해석은 만족스럽지 않다. 5절의 "첫째 부활"이란 문구(ἡ ἀνάστασις ἡ πρώτη)에서 "부활"이란 말, 헤 아나스타시스(ἡ ἀνάστασις)는 몸의 부활에 대한 전문 술어이다(고전 15:12-13, 21, 42). 이 말이 중생에 대하여 사용된 예가 전혀 없다.

2. 무천년주의(Amillennialism)

무천년주의는 계시록 20장의 천 년을 신약 시대(땅 위에서 복음을 전하는 시대, 혹은 중간 세계)라고 한다. 러트거스(Rutgers)는 이 학설의 기원을 아우구스티누스(Augustine)로 본다.[203)]

비판 - 이 주장은 그리스도 재림 직전에 세상이 극도로 부패한다는 것과, 대 적그리스도가 온다는 점에서 전천년설과 일치한다. 그리고 계시록 20장의 천 년 기간이 재림 후 시대(전천년설)라는 주장을 반대하는 것에서는, 무천년설이 후천년설과 일치한다. 이 학설은 다음과 같은 몇 가지 이유로 옳지 않다.

1) 계시록에 기록된 대로 사탄의 활동은 역사적인 진행을 보여 준다. 그러나 무천년주의자들은 그것을 진행으로 보지 않고 모두 다 한 가지 사건(곧 그리스도의 십자가 죽음 때문에 사탄이 성도를 참소하는 자리에서 떨어지고, 신약의 복음 전파가 승리함)이 여러 번 강조된 것으로만 본다. 이것이 잘못이다. 계시록의 기록은 분명히 사탄의 활동을 진행성 있게 말한다. ① 계 12:10

---

203) Rutgers, Premillennialism In America, 72.

에는 사탄이 참소하던 데서 떨어진 것으로 말하는데, 그것은 그때부터 세계적으로 복음이 전파되는 신약 시대가 성립되는 것을 의미한다. 그러나 ② 계 13-17장은 사탄의 일반적인 미혹을 가리키지 않고, 땅 위에서 마지막까지 발악하여 짐승들(대 적그리스도와 그의 거짓 선지자)의 활동으로 전개되는 것을 보여 준다. 이것은 분명 세상 끝날의 있을 일들이다. 이것은 살후 2:3-8에 기록된 불법의 사람이 활동하는 것과 같다. 거기서는 이 활동의 역사적인 진행을 계단적으로 더욱 분명히 하면서 그리스도의 재림 직전까지 이른다. 이 대 적그리스도 운동은 주님의 재림으로 파괴되며, 그것을 계 19:11-21이 분명히 보여 주고 있다. 사도 바울도 이 점에 대하여 동일하게 말한다(살후 2:8).

2) 성경은 분명히 두 번 심판이 있을 것이라고 말한다. ① 교회 심판. 마 24:31; 고전 15:51-52; 살전 4:14-18 등은 신자들의 변화와 부활이 첫 번째 심판이라고 말해 준다. 계 20:5의 "첫째 부활"이란 말 역시 이 구절들을 지지하면서 몸의 부활을 의미한다. 그리고 계 14장의 곡식 거두는 비유로 나타난 심판도 성도들을 별도로 다루는 것(택한 자들을 모음)을 보여 준다(살후 2:1 참조). 교회가 먼저 심판을 받는다는 것은 성경이 특별히 강조하여 말하고 있다. 성경에서 신자들이 세상의 심판장도 되고 천사들의 심판장도 된다고 하였으므로(마 19:28; 눅 22:30; 고전 6:2-3), 교회가 먼저 심판을 받아 참된 신자들이 부활해야만 다른 사람들을 심판할 자격을 가지게 되는 것이다. "신자들을 데려간다"는 말씀 역시 교회의 심판이 먼저 있을 것을 말하는 것이다.[204] ② 악인들의 심판. 계 20:11-15은 생명책에 기록되지 못한 자들을 별도로 심판하는 것이지, 성도들을 심판하는 것이 아니다. 이 부분(계 20:11-15)에는 복된 부활이나 생명에 대한 표현이 전혀 없다. 반면에 계 20:4-6에는 그

---

204) 마 24:40-41; 눅 17:34-36. 참조, 벧전 4:17.

런 표현들이 있다.

3. 전천년설

1) 해설. 이것은 그리스도께서 재림하실 때에 이미 죽은 신자들이 부활하고, 또 그때에 살아 있는 신자들이 변화하여(고전 15:52; 살전 4:16-18), 공중에 올라가서 그리스도를 영접하고 내려와 땅에서 그리스도와 함께 천 년 동안(문자적으로 천 년은 아닐지라도) 왕 노릇 한다는 것이다. 이 해석이 가장 유력한 것으로 여겨진다. 헤르만 바빙크(Herman Bavinck)는 계 19:11-21을 재림에 대한 말씀으로 보면서 중복설(recapitulation theory)을 주장하며, 또 계 20:4-6이 별세한 성도들의 천국 생활을 가리킨다는 무천년주의를 주장한다.[205] 동시에 그는 계 20:1-10을 가리켜 말하기를 "그것이 전천년설에 대한 가장 강한 지지 본문인 반면에, 전천년설을 반대하는 자들에게는 가장 큰 난제를 준다."라고 하였다.[206]

우리는 이와 같이 무천년설의 근거가 약하다는 것을 통해 자동적으로 전천년설이 유력하다는 것을 알 수 있다. 무엇보다 계 20:1-10의 말씀이 전천년설을 성립시킨다.

2) 전천년설에 대한 난제 해설. 일반적으로 사람들은 전천년설에 대한 난제를 말한다. 그중 두 가지를 들면 다음과 같다. 첫째, 재림하신 그리스도와 부활한 신자들이 천 년 왕국에서 왕 노릇 한다는 것을 이해할 수 없다는 것이다. 이에 대한 설명은 다음과 같다. 곧 그 세계에는 마귀의 시험이 없어서

---

205) Herman Bavinck, *Gereformeerde Dogmatiek IV*, 760-761.

206) De voorstanders van het Chiliasme vinden, behalve, in het Oude Testament, in deze pericoop hun sterksten steun en de tegenstanders zijn er niet in geringe mate verlegen mede en hebben er al hun exegetische kunst aan beproefd.-H. Bavinck, *Gereformeerde Dogmatiek, 1911 Vol. IV*, 751.

(계 20:1-3) 사람들이 비교적 선하지만, 그럼에도 통치를 받아야만 된다. 그때에 부활한 성도들이 그리스도와 함께 있으면서 그들을 다스린다(계 5:10; 20:4, 6). 그것은 하나님께서 천사들을 통하여 지금 이 세상을 다스리시는 것과 유사하다.

둘째, 성경의 다른 부분이 말하는 것처럼, 재림은 최후의 심판을 의미할 뿐, 천 년이란 긴 시대를 재림과 심판 사이에 개입시키지 않았다. 이 점에 관한 아브라함 카이퍼(A. Kuyper)의 학설은 다음과 같다. 아브라함 카이퍼는 무천년주의를 지지하면서도 사실상 전천년설과 유사한 해석을 지니고 있다. ① 일반적으로 무천년주의자들은 계 19:11-21을 가리켜 신약 시대의 복음 전도 운동이라고 하고, 그것이 그리스도의 재림을 가리키지 않는다고 한다. 이 학설의 대표자는 워필드(Warfield)이다. 그러나 카이퍼는 이 말씀이 그리스도께서 재림하시는 광경을 보여 준다고 하였다.[207] 이와 같은 카이퍼의 해석은 전천년설을 지지하는 것이다. 계 19:20에서 짐승을 잡는 것은 이 세상 말기에 나타날 대 적그리스도를 잡아서 처리하는 것이다. 계시록에 언급된 짐승은 공중의 권세 잡은 자, 곧 보이지 않는 마귀를 가리킨 것이 아니라, 마귀가 권세를 주어 이 땅 위에 세워 놓은 세상 말기의 최후 적그리스도 정권이다(계 13:2). 이 세상 나라(혹은 정권)를 짐승으로 비유한 것은 단 7장과 같다. 사실상 계 13장 이하에 나오는 짐승의 활동은 단 7장 말씀과 관련되어 있다. 그리고 ② 카이퍼(Kuyper)는 계 20:1-6에 나오는 천 년 시대를 재림 후에 있을 것으로 본다. 이 주장도 전천년설과 같다. 다만 그는 이 성경구절이 오랜 세월 동안 있을 땅 위의 왕국을 가리킨다고 말하지 않으며, 전천년설을 반대하는 무천년주의자들의 논법을 사용하기도 한다. 예를 들면 다음과 같은 식이다. 그는 말하기를 "그리스도께서는 그의 재림과 심판 사이에 어떤 중

---

207) A. Kuyper, *The Revelation of St. John, 1964*, 258-259.

간 시대가 있을 것을 말씀하시지 않았다. … 복음서와 기타 신약의 종말관을 언급한 성경구절에서는 부활과 심판과 이 세상 멸망과 새로운 세계 등을 연출하는 최후 귀결로서의 재림을 말하고 있다. … 그리스도의 재림과 심판은 동시에 이루어지므로, 둘 사이에 하나의 장구한 시대가 개입된다는 것은 불가능하다."라고 하였다.[208] 또한 그는 "천 년은 문자적으로 해석될 것이 아니다. 그것은 하나님의 일이 지극히 완전함을 표시하는 것뿐이다."라고 하였다.[209] 그러면서도 그는 이 기간이 그리스도께서 재림하셔서 사람들을 회개시키는 잠깐 동안의 과도기라는 의미로 말한다. 그 기간에는 사탄이 결박되므로, 그는 이런 구원 사역이 가장 효과적으로 실행될 것이라고 생각한 것이다. 따라서 이 기간은 인간의 역사적인 시간으로 계산되는 것이 아니라, 하나님께서 직접 행동하시는 기간이라고 하였다.[210]

카이퍼(Kuyper)의 이와 같은 해석은 사실상 그리스도의 재림 후에도 사람들을 회개시키는 특별한 기간이 있다는 것이다. 이것은 다른 무천년주의자들의 사고방식과 다르다. 이와 같은 그의 주장은 원리적으로 전천년설의 주장과 같다고 볼 수 있다. 카이퍼는 천 년 시대를 잠깐 있는 과도기로 본 셈이고, 전천년설에서는, 천 년을 비교적 오랜 기간으로 보는 것 같다. 그러므로 둘의 차이점은 그 기간이 길고 짧은 것뿐이다. 전천년설에서도 천 년을 상징적으로 해석하여 그 기간을 명확하게 측정할 수 없다는 것을 인정한다면, 무천년주의자들의 상투적인 비난을 받지 않을 것이다. 무천년주의자들은 그리스도의 재림이 세상 문제와 우주 문제의 최종 결말이라고 하며, 재림과 심판 사이에 장구한 중간 시대를 개입시키는 전천년설을 반대한다. 그러나 전천

---

208) *The Revelation of St. John, 1964*, 271-273.

209) *Ibid.*, 277.

210) *Ibid.*, 282-284, 293.

년설에서도 카이퍼처럼 그 중간 시대를 하나의 부속적이고 과도적인 시대로 볼 수 있고, 또 그 기간을 기필코 장구한 것으로 고집할 필요가 없는 한, 앞에서 말한 것 같은 무천년주의자들의 상투적인 비난을 받지 않게 될 것이다. 천 년 시대가 부속적인 시대이므로, 성경의 다른 부분에서는 말세에 대한 교훈이나 심판론에서 이와 같이 특별한 시대가 재림과 심판 사이에 있을 것으로 언급되지 않은 듯하다. 예언은 종종 요약적으로 표현되면서 부속적인 것을 생략하는 경우가 많다. 예를 들면 시 2:7-9은 그 짧은 구절 안에 신약 시대의 긴 세월과 그리스도의 재림을 포함한다. 이와 같이 거기에는 두 시대가 포함되었으나, 그런 시대적 구분이 완전히 제외되고 있다. 우리는 심판에 대한 그리스도의 말씀에서도 이와 같이 압축된 어법을 볼 수 있다. 예를 들면 가라지 비유가 그중 하나이다. 마 13:30에서 말하기를 "둘 다 추수 때까지 함께 자라게 두라 추수 때에 내가 추수꾼들에게 말하기를 가라지는 먼저 거두어 불사르게 단으로 묶고 곡식은 모아 내 곳간에 넣으라 하리라"고 하였다. 이 말씀은 재림의 결과를 말씀하는 것일 뿐, 재림 이후 최후 심판까지 행하시는 단계적인 과정을 말씀하지 않는다. 또 한 가지 예를 들면 성경은 우리에게 천국의 실재를 말해 주면서도, 종종 그것에 대하여는 침묵하고 우리의 소망인 그리스도의 재림을 말한다. 그런 본문은 천국을 언급하지 않고 뛰어넘어가는 셈이다. 살전 4:13-14은 말하기를 "형제들아 자는 자들에 관하여는 너희가 알지 못함을 우리가 원하지 아니하노니 이는 소망 없는 다른 이와 같이 슬퍼하지 않게 하려 함이라 우리가 예수께서 죽으셨다가 다시 살아나심을 믿을진대 이와 같이 예수 안에서 자는 자들도 하나님이 그와 함께 데리고 오시리라"고 하였다. 여기서는 바울이 죽은 자의 소망으로 천국을 말하기보다 직접적으로 그리스도의 재림을 언급한다.[211]

---

211) 참조, 행 17:30-31; 고전 1:7; 4:5; 빌 3:20-21; 살전 1:7-10; 5:23; 딛 2:11-13; 히 10:36-37; 약 5:7; 요일 3:2-3.

20:8 곡과 마곡. 헬라어(τὸν Γὼγ καὶ Μαγώγ)에는 이 두 명사의 앞부분에 하나의 관사(τὸν)가 붙어서 이 두 명사를 하나의 단일 명사로 만든다. 그러므로 두 개의 명사는 두 나라 이름이 아니라 한 나라 이름이다. 이것은 이스라엘 북쪽에 있는 나라들 가운데 하나라고 생각된다(창 10:2; 겔 38-39장 참조). 어떤 학자들은 이것이 코카시아 산악 지대의 족속들로 이루어진 나라라고 한다. 이 나라는 하나님께서 택하신 백성의 원수이다. 아우구스티누스(Augustine)와 히에로니무스(Jerome)는 이것을 영적으로만 해석하여, 특정 민족이나 국가를 가리킨 것으로 여기지 않았다. "곡과 마곡"은 인류 역사에 마지막으로 나타날 대표적인 적그리스도 나라이다.

9 성도들의 진과 사랑하시는 성을 두르매. 곡과 마곡은 마지막 적그리스도 나라인데, 그것이 신자들의 국가를 정복하려 한다. 그러나 그것은 천벌을 받아서 완전히 멸망한다.

설교 불심판(7-10절)

1. 곡과 마곡이 일으킨 전쟁

이 전쟁에 대하여는 겔 38-39장에 기록되었으며, 지금부터 2,400년 전에 예언된 것이다. 이 예언은 주님이 재림하신 후 천 년 왕국 끝에 성취되리라고 말씀한다. 하나님의 감동을 받지 않고는 아무도 이런 말을 할 수 없다. "곡과 마곡"은 러시아를 가리킨다는 학설이 있다. 이 해석이 타당해 보이지만, 설령 이 표현들이 적그리스도 나라에 대한 상징으로 사용되었다고 해도 잘못된 해석은 아니다.

2. 침략당한 성도들

9절의 "성도들의 진과 사랑하시는 성"이란 것은 그리스도 신자들의 단체,

곧 참된 교회들을 가리킨다. 이것을 예언하는 겔 38-39장에서는 "이스라엘"이란 이름으로 상징하였다. 그리스도의 교회는 많은 민족들 가운데서 부르심을 받은 성도들로서(계 5:9), 신약에서 "하나님의 이스라엘"(갈 6:16)로 불린다.

3. 전쟁의 종말

9절 끝에 "하늘에서 불이 내려와 그들을 태워버린다"고 했는데, 겔 38:22과 39:6의 예언 역시 "불"이 내려올 것이라고 말씀한다.

하늘에서 불이 내려온다는 말씀에 대하여 생각해 보자. 태양은 지구보다 130만 배 큰 것으로, 그것 전체가 불덩어리이다. 무수한 별들 중에도 자체의 불로 빛을 발하는 것들이 있다. 뿐만 아니라 대기권에서는 물체들이 서로 강하게 마찰했을 때 불이 일어난다. 그러므로 불은 어디서나 발생할 수 있지만, 하나님께서 그의 자비로 그러한 일들을 막고 계신다. 하나님께서 직접 우주를 간섭하실 때에는 불을 발생시키실 수 있다. 하나님께서 그의 대적들을 다루실 때에는 이와 같은 기적과 권능으로 행하신다.

4. 겔 38-39장과 계 20:11의 유사성

겔 38-39장의 예언은 천 년 시대 끝에 적그리스도와 교회(구약의 이스라엘은 교회의 모형이다)가 충돌할 것을 가리킨다. 그 예언에 계시록 내용과 잘 통하는 요소들이 있다.

1) 하나님의 원수 나라인 "로스"와 "메섹"의 군대와 그 위성국가들의 군대가 아무런 군사적 방위도 없는 이스라엘(영적 이스라엘)을 침략했다. 그러나 그들의 패망은 이스라엘의 대항 때문이 아니다(겔 38:8, 11 참조).

하나님께서 "지진", "전염병", "불과 유황"으로 로스와 메섹의 군대를 멸하시고, 그들의 군대가 서로 죽이게 하시며(겔 38:18-23), 그들이 손에서 무기를 떨어뜨리게 하시므로(겔 39:1-3) 그들이 패배할 것이다.

2) 많은 사람들이 죽었다(겔 39:4, 17-20. 39:9, 12 참조). 이러한 일은 하나님의 공의를 나타내므로, 살아남은 사람들이 하나님의 거룩하심과 그의 살아계심을 깨닫게 된다. 특히 그때에는 하나님을 두려워하지 않는 극악한 무리가 많이 죽는 것을 사람들이 볼 수 있다. 그러므로 그들이 하나님을 영화롭게 한다.

11-15절. 이 구절들은 최후 종말의 심판에 대하여 말한다.

11 크고 흰 보좌. "흰 빛"은 성결을 상징한다. 심판은 언제나 성결하신 하나님께 있다.

그 위에 앉으신 이. 이 어구는 하나님을 말한다. 계 19:11-21은 세상 국가들의 심판에 대하여 말하고, 여기서는 우주(하늘과 땅, 모든 별세한 영혼들, 사망, 음부)에 대한 심판이 진술된다.

땅과 하늘이 그 앞에서 피하여. 이것은 천지도 옛날 모습으로 존속할 수 없고 변화된다는 말씀이다(계 21:1; 벧후 3:10-13).

간 데 없더라. 이 말씀은 땅과 하늘의 모습이 변하였다는 뜻일 뿐, 그것들의 본질이 없어졌다는 것은 아니다. 벧후 3:12의 말씀도 하늘의 본질이 소멸된다는 의미가 아니다(계 21:1 해석 참조).

12 죽은 자들이 큰 자나 작은 자나 그 보좌 앞에 서 있는데. 이것은 심판을 받기 위하여 나타난 모든 영혼들을 가리킨다. 그들은 먼저 심판을 받은 후에 몸의 부활을 받는다. 생명책에 이름이 있는 영혼들은 생명의 부활을 받고, 그렇지 못한 영혼들은 심판의 부활을 받는다(마 25:30; 요 5:29; 고후 5:10 참조).

13 바다가 그 가운데에서 죽은 자들을 내주고. 이것은 전에 죽었던 몸들이 부활한다는 것을 강조한 것이다. 곧 사람들이 어디서 죽었든지 없어지지 않고 하나님의 권능에 의하여 다 몸으로 부활한다는 말씀이다.

사망과 음부. "사망"은 사람을 죽게 하는 불변의 법칙이었고, "음부"는 죽은 자들을 가두는 옥이었다. 그러나 이제는 이것들도 변화되어 부활의 법에 순종하는 의미로 죽었던 자들을 놓아 준다.

14-15 사망과 음부도 불못에 던져지니 이것은 둘째 사망 곧 불못이라 누구든지 생명책에 기록되지 못한 자는 불못에 던져지더라. 앞 절의 해석 참조. 장차 올 새 하늘과 새 땅에는 사망도 없고, 음부도 없다. 그러므로 이제 그들은 "불못에 던져진다."

"불못." 이곳은 풀무불과 같으며(마 13:42, 50), 지옥을 가리킨다. 지옥으로 번역된 헬라어 게엔나(γέεννα)는 "힌놈의 골짜기"라는 히브리어(גֵּי הִנֹּם=게힌놈)에서 유래되었다. 힌놈의 골짜기는 예루살렘 동남쪽에 있는 곳인데(수 15:8; 18:16), 타락한 이스라엘 사람들이 거기서 자녀들을 불태워 몰록 우상에게 바쳤다.[212] 그렇기 때문에 요시야 왕은 이곳을 헐어서 없애 버렸고, 제사장들은 그곳을 불결한 곳이라고 선언하였다. 그러므로 위경인 에녹서는 이 골짜기에서 불경건한 자들이 모여 심판을 받을 것이라고 하였다. 결국 게힌놈이란 말은 불경건한 자들이 죽은 후에 심판을 받게 될 곳의 이름이 되었다. 성경에서 지옥은 꺼지지 않는 불이 있는 곳이라고 하며(마 18:8; 막 9:43, 48), 벌레도 죽지 않는 곳이라고 하며(막 9:48), 영원한 고통이 있다고 하며,[213] 어두운 곳이라고 하며,[214] 깊은 곳이라고 하며(계 19:20; 20:10, 14-15), 하나님과 그리스도에게서 멀리 떠난 곳이라고 하며,[215] 사탄과 그의 사자들이 있는 곳이라고 하며(마 25:41; 계 20:10, 15), 하나님의 진노가 나타나는 곳이라고 하며,[216] 멸망하는 곳이라고 한다.[217]

"음부"(눅 16:23)나 "옥"(벧전 3:19; 계 20:7)이나 "무저갱"(계 20:3)은 대심판

---

212) 왕하 16:3; 21:6; 대하 28:3; 33:6; 렘 32:34-35.
213) 마 25:46; 살후 1:9; 계 14:11.
214) 마 8:12; 22:13; 벧후 2:17; 유 1:13.
215) 마 7:23; 25:41; 눅 13:27-28; 살후 1:9.
216) 롬 2:5-8; 9:22; 살전 1:10; 히 10:31; 계 6:16-17.
217) 마 7:13; 롬 9:22; 빌 1:28; 3:19; 벧후 3:7; 계 17:8, 11.

전에 멸망하는 자들이 있는 곳을 말하고, "지옥"(마 5:22; 약 3:6)과 "불못"[218]은 대심판 후에 그들이 있을 곳을 말한다.[219] 지옥과 불못을 동일시하는 이유는, 지옥은 음부와 달리(음부는 죽은 악인들이 가는 곳이다-눅 16:19-31) 영혼과 몸이 함께 들어가는 곳이기 때문이다(마 10:28). 계시록에 나오는 "불못" 역시 그런 곳이다(계 20:14).

설교 마지막 심판(11-15절)

본문 12-13절에 보면, 두 차례나 "각 사람이 자기의 행위대로 심판을 받는다"고 하였다. 이것은 마지막 심판을 의미한 말씀이다. 이 마지막 심판은 이미 죽었던 자들이 다시 살아나서 심판을 받는 것을 가리킨다.

1. "죽은 자들"이란 말의 의미

여기서 "죽은 자들"이란 말은 영혼들을 가리킨다. "죽은 자들"이란 말씀에서 우리는 성경의 인생관을 알 수 있다. 그것은 사람이 죽었다고 해서 완전히 없어지는 것이 아니라 단지 존재 형태가 달라진다는 것이다. 즉 사람이 죽기 전에는 육신으로 존재하다가 죽은 후에는 보이지 않는 영으로 존재한다는 것이다(전 12:7; 계 6:9 참조). 곡식으로 비유하면 땅에 심기 전에는 그 형태가 알갱이였다가 땅에 심겨진 후에는 싹이 나고 줄기를 이루는 것과 같다.

2. 마지막 심판을 면할 자

"생명책"(12절)에 이름이 있는 자들은 구원에 참여하도록 선택된 자들이

---

218) 계 19:20; 20:10, 14-15; 21:8.

219) Bavinck, *Gereformeerde Dogmatiek, IV, 1911*, 782-784.

다. 따라서 그 책에 이름이 있는 것은 무엇보다 기쁜 일이다(눅 10:20). 신자가 현세에서도 그의 이름이 생명책에 기록되어 있는지 여부를 알 수 있을까? 행 13:48에 말씀하기를 "영생을 주시기로 작정된 자는 다 믿더라"고 하였다. 그러므로 누구든지 예수 그리스도를 진실하게 믿는다면 틀림없이 그의 이름이 생명책에 기록되었을 것이다. 생명책에 기록된 자는 마지막 심판을 받지 않는다(요 5:24).

3. 마지막 심판을 받을 자

본문 13절에 말씀하기를 "바다가 그 가운데에서 죽은 자들을 내주고 또 사망과 음부도 그 가운데에서 죽은 자들을 내주매"라고 하였다. 이것은 믿지 않고 죽은 모든 사람들의 몸이 하나님의 능력으로 다시 살아서 심판을 받게 된다는 것이다. 모든 사람이 죄로 인하여 그 몸이 죽지만(롬 8:10), 신자는 "생명의 부활"을 받는다(요 5:29 상반). 그러나 불신자는 "심판의 부활"을 받아서(요 5:29 하반) 그의 영혼과 몸이 함께 "불못"(지옥)에 던져진다(계 20:15).

제 10 부
무궁한 안식 세계

계 21:1-22:5

무궁한 안식 세계

1. 새 하늘과 새 땅(21:1)
2. 새 예루살렘(21:2-27)
3. 생명 강수(22:1-2)
4. 생명 과수(22:2)
5. 생활 상태(22:3-5)

제 21 장

⚜ 해석

1 새 하늘과 새 땅. 여기서 "새"라는 관형사는 헬라어로 카이논(καινὸν)이며, 질적으로 새로운 것을 가리킨다. 그러나 뉴웰(Newell)이 말하는 별도의 창조물은 아니다. 다시 말하면, 이것은 하나님께서 우주의 낡은 재료들을 버리고 아무것도 없는 데서 만물을 새로 지으신다는 의미가 아니다. 크레이다너스(Greijdanus)는 말하기를 "여기서 말하는 새 하늘과 새 땅은 옛 하늘과 옛 땅의 형질과 조직이 변하여 영화롭게 되는 것을 가리킨다"고 하였다.[220] 어쨌든 옛 하늘과 옛 땅은 없어지고(계 20:11) 완전히 다른 종류의 천지가 생겨났다고 할 만큼, 그것들(옛 천지)은 심각한 변화를 받았다. 벧후 3:10-12을 보면 "물질이 뜨거운 불에 풀어지고"라고 하였는데, 이는 천지의 물질이 근본적으로 변화되는 것을 가리킨다. 그러므로 이 세계는 옛 세계의 연속이면서 완전히 다른 종류의 것이라고 할 수 있다.

---

220) Maar hier is slechts sprake van vorm verandering, en van wijzjging van verhoudingen, Matth. 19:28, Hand. 3:21.-Greijdanus, *Openbaring*, 416.

세계 3대 칼빈주의 학자 카이퍼(A. Kuyper)는 이 새로운 땅에 동물들도 있다고 하면서, 그것이 사 11:6-9이 성취되는 것이라고 한다.[221] 그는 롬 8:19-22에서 피조물이 마침내 저주에서 해방되는 시대가 있다는 말씀을 생각한 것이다. 칼빈주의자 머레이(John Murray) 교수도 롬 8:21을 해석하며 말하기를 "피조물(생물과 무생물)도 하나님의 자녀들이 받을 영광에 참여한다"고 하였다.[222]

이러한 학설들이 주장하는 대로 동물들도 내세의 영광에 참여한다는 것,은 인간의 죄 때문에 그것들에게 임했던 저주가 성도의 구원이 완성됨으로써 그것들에게서 벗겨지고 그것이 새로워진다는 의미일 것이다. 그러나 하나님께서 만물을 새롭게 하신다는 성경말씀(계 21:5)이 동물들에게는 어떤 범위에서 어떤 형태로 실현될 것인지 우리는 알 수 없다. 우리는 모르는 문제를 가지고 너무 지나친 상상을 하지 않아야 된다.

2 새 예루살렘. 이것은 비유니, 바벨론(계 17-18장 해석 참조), 곧 이 세상이나 이 세상주의와 반대로 하나님의 영광을 중심하여 나타날 승리한 교회를 가리킨다. 구약에도 주님의 교회를 도시로 비유한 경우가 있다(사 26:1, 40:9). 새 예루살렘과 새 세계(새 하늘과 새 땅)는 서로 구분되어야 한다. 새 세계는 새로워진 만물도 포함하는 세계이다(마 19:28; 롬 8:19-20; 골 1:20 참조).

거룩한 성 새 예루살렘. 새 하늘과 새 땅은 새 세계를 의미하고, "새 예루살렘"은 거기 있는 승리한 교회(Church triumphant)를 말함이다. 구약에도 주님의 교회를 도시로 비유한 바 있다(사 26:1, 40:9). 새 예루살렘과 새 세계는 서로 구분되어야 한다. 새 세계는, 새로워진 만물도 포함하는 세계이다(마 19:28; 롬 8:19-20; 골 1:20 참조).

---

221) In "De Heraut," June 7, 1912.

222) John Murray, *The New International Commentary on The New Testament, The Epistle to The Romans I*, 1959, 301-305.

하나님께로부터 하늘에서 내려오니. 이 말은 하나님께서 내세에 있을 승리한 참교회를 친히 지으셨다는 뜻이다(히 11:10).

그 준비한 것이 신부가 남편을 위하여 단장한 것 같더라. 여기 나오는 "예비한"(ἡτοιμασμένην)이란 말과 "단장한 것"(κεκοσμημένην)이란 말은 모두 현재완료형으로서 준비가 완전히 끝난 것을 가리킨다(계 19:7-8). 앞에 있는 1-2절 말씀은 땅 위의 교회에 대하여 쓸 수 없는 표현들이다. 계 21장의 이 말씀 역시 그리스도께서 재림하시기 전의 땅 위의 교회를 가리킨다는 밀리건(Milligan)의 학설[223]이 성립될 수 없음을 보여 준다. 본문은 교회를 "신부"로 비유하여 그것을 새 하늘과 새 땅의 초점으로 보여 준다. 이것을 보면, 참된 교회는 하나님의 유일하신 사랑의 대상이다.

3 하나님의 장막이 사람들과 함께 있으매. 이것은 하나님께서 교회를 사랑하실 때 마치 신랑이 신부를 사랑하는 것처럼 하신다는 것이다. 이 말씀은 하나님께서 성막을 가지고 인간 세계에 계시겠다는 의미가 아니라, 인간 세계를 성소로 삼으시겠다는 것이다. 그러므로 이 새 세계에는 성전이 따로 있지 않다(계 21:22).

이 점에서 우리가 한 가지 명심할 것이 있다. 곧 여기서는 "장막"이란 말이 하나님께서 거하시는 장소를 가리키지 않는다는 것이다. 렌스키(Lenski)에 의하면 "장막"(σκηνὴ, "스케네")이란 말은 거룩(holiness)을 의미한다고 한다. 그러나 그보다는 찰스(R. H. Charles)의 해석이 합당하다고 생각된다. 그는 "장막"이란 말이 구약 성전의 지성소에 나타났던 쉐키나(שְׁכִינָה, 하나님의 임재)를 가리킨다고 한다. 쉐키나는 레 26:11에 언급되었다. 요나단의 탈굼(Targ Jon)은 거기 나오는 "내가 내 성막을 너희 중에 세우리니"(וְנָתַתִּי מִשְׁכָּנִי בְּתוֹכְכֶם)란 문구에서 "장막"이란 말을 쉐키나로 옮겼다. 유대인들은 이처럼 "하

---

223) Milligan, *The Book of Revelation*, 373.

나님의 장막"이란 말을 그의 영광의 임재란 개념으로 해석하여 왔다. 쉐키나에 대한 사상은 이와 같이 성경에 근거하여, 유대인들 사이에 전승되어 내려왔다.[224]

이 구절이 강조하는 것은, 하나님께서 새 예루살렘(완성된 교회)과 항상 함께 계신다는 것이다. 여기에 "함께"(μετά, "메타")란 말이 세 번이나 나오면서 이 사실을 강조한다. "함께" 있다는 것은, 인간 측에서 능동적으로 협력하여 그렇게 되었다는 것을 의미하지 않는다. 온전히 하나님의 단독 사역의 은총으로 말미암는 것이다(Lenski).

하나님이 그들과 함께 계시리니 그들은 하나님의 백성이 되고 하나님은 친히 그들과 함께 계셔서. 그때의 인생들은 누구나(구속받은 자라면) 하나님의 사랑을 받는 "하나님의 백성들이 되"어 하나님과 "함께"하는 축복을 누린다. 하나님께서 그 백성들의 하나님이 되신다는 것은, 그가 처음부터 약속하신 것을 이루시는 것이다. 이 언약은 하나님께서 인류 가운데서 그의 백성을 택하실 때부터 말씀하신 것이다.[225]

4 모든 눈물을 그 눈에서 닦아 주시니. 이것은 그다음 말씀이 보여 주는 모든 불행, 곧 "사망", "애통", "곡하는 것", "아픈 것"을 없애 버리신 행위를 가리키는 시적 표현이다. 이 모든 불행의 중심에는 사망이 있다. 이 불행이 없어진 원인은 오직 그리스도로 말미암아 하나님께서 사람들과 함께하여 주신 것(3절)이다. 우리가 하나님을 모시는 것이 곧 영생을 얻는 것이다. 하나님을 떠난 사람은 결코 영생을 얻을 수 없다.

처음 것들이 다 지나갔음이러라. 이것은 저주받은 옛 세계의 모든 법칙과 제도들이 폐지되었다는 말씀이다. 또한 이것은 구속함을 받은 새 세계에 다시는

---

224) Targums of Onk. and Jon. on Ex. 20:24.

225) 창 17:7-8; 출 20:2; 신 5:3, 6; 렘 24:7; 30:22; 겔 11:20; 13:9 참조.

불행과 비애가 존재하지 않게 되는 원인을 보여 주는 문구이다. 구속함을 받은 새 세계에는 지나간 옛 세계의 법칙들과 제도들이 있을 수 없다.

이 구절은 새 예루살렘이 땅 위의 교회가 아니라 심판 이후의 영광 세계라는 것을 더욱 확언한다. 이것은 그 세계에 "다시 사망이 없다"는 말 한마디로 확증된다. 여기 나오는 "없고"(οὐκ)란 말과 "아니"(οὔτε)란 말이 특히 우리의 주의를 끈다. 내세에 대한 현세의 표현법은 "그곳에는 현세의 불행이 없다"는 부정문으로 나타날 뿐이다. 그 이유는, 이 세상의 말로 그곳을 적극적으로 표현할 가능성이 많지 않기 때문이다. 이 구절의 헬라어 원문에 이런 부정사(οὐκ́ οὔτε)가 다섯 번이나 나와 있다는 사실이 이것을 인상 깊게 보여 준다.

5 **보좌에 앉으신 이가 이르시되.** 이 말씀은 계 19:15에서와 같이 단순히 "보좌에서 음성이" 나온다는 식으로 계시된 것이 아니다. 이것은 "보좌에 앉으신 이가" 친히 하신 말씀이다. 그만큼 이 말씀은 우리의 특별한 주의를 요구하는 말씀이다. 이것은 오랫동안 기다리던 구원이 완성되는 것을 선포하는 중대한 말씀이다.

내가 만물을 새롭게 하노라. 이것은 앞절에 있는 "처음 것들이 다 지나갔음이러라"고 한 말씀에 대한 해석이다. 구속함을 받은 새 세계에는 만물이 새로워졌기 때문에 옛 법칙들(처음 것들)이 존재하지 않는다. 이 말씀은 앞에 있는 4절에 언급된 영생의 안전을 보장하는 것이라고도 할 수 있다. 하나님의 권위로 "만물을 새롭게" 하시기 전에는 영생이 있을 수 없다. 만물 중 그 어느 하나라도 새로워지지 않고 여전히 저주받은 상태에 있다면, 인간은 여전히 행복하지 못할 것이다. 그러므로 하나님은 인간에게 완전한 행복, 곧 영생을 보장하시기 위하여 "만물을 새롭게" 하신다. 그는 영생을 주시는 그리스도에게 "만물"을 맡기셨고(요 3:35-36; 13:3), 그리스도께서는 "만물"을 자기에게 복종시키시는 권능으로 사역하신다(빌 3:21). 따라서 "만물"도 그리스도의 피로 말미암아 저주와 부패에서 해방되며(롬 8:18-22), 하나님께로 회복될 때가 온다(골 1:20). 그것이 본문에서 말하는 만물의 새로워짐이다. 그것은 심판 후에 있을 새 하늘과 새 땅이 나타날 때에 성취된다.

이르시되 이 말은 신실하고 참되니 기록하라. 여기서 "신실하다"는 것은, 헬라어로 피스토이(πιστοὶ)이다. 이것은 인류의 구원이 하나님께서 약속하신 말씀대로 어김없이 성취될 것이라는 의미이다. "참되다"는 것은 알레티노이(ἀληθινοί)이며, 그 말씀이 우주 만물에 대한 하나님의 계획 그대로를 나타낸다는 의미이다. 세계가 새로워지는 것은 우주에 대한 하나님의 계획대로 이루어지는 일이다. "기록하라"는 것은 "내가 만물을 새롭게 하노라" 하신 말씀만 기록하라는 뜻이 아니다. 계시록 전체를 기록하라는 말씀은 이미 계시록 앞부분에 나와 있다(계 1:11, 19). 사도 요한이 계시를 보는 중에, 어떤 부분에서 이와 같이 별도로 "기록하라"고 명한 것은(계 14:13; 19:9; 21:5) 그 부분의 진리를 특별히 강조하려는 것이다. 인류는 하나님께서 만물을 새롭게 하셔서 이루실 새 세계를 기억하고 살아야 된다. 그것을 기억하고 살아야만 인류는 이 세상이 전부라고 여기는 경박한 행동을 하지 않고 범죄하지도 않는다.

6 **이루었도다 나는 알파와 오메가요 처음과 마지막이라.** 이것은 앞절에서 "만물을 새롭게 하노라"고 하신 말씀에 대한 확증이다. 우주가 새로워지는 것은 확실하다. 그것은 이미 다 이루어진 것처럼 확실하다. 그 이유는, 하나님이 "알파와 오메가"이시기 때문이다. 하나님께서는 만물을 창조(알파)하셨을 뿐만 아니라 만물을 심판하여 바른길로 이끄신다(오메가).

내가 생명수 샘물을 목마른 자에게 값없이 주리니. "생명수 샘물"이란 말(τῆς πηγῆς τοῦ ὕδατος τῆς ζωῆς)은 "그 생명수의 그 근원"이란 뜻이다. 현세에서도 신자들이 영적인 생명수를 받는다. 그러나 내세에서는 그들이 더욱 충만하게 받는다는 의미에서 "그 생명수의 그 근원"을 받는다고 하는 것이다. 여기서 "그"라는 관사는 생명수가 유일하고 참되고 옳음을 지적하기도 한다(Greijdanus). "목마른 자"는 현세에서 생명수를 조금 맛본 자로서 내세의 충만함을 갈망하는 성도를 말한다.

"내가··· 값없이 주리니"란 말씀에서 "내가"란 말(ἐγώ)은 하나님 자신의 의지를 드러내시는 것으로, 그리스도께서 그렇게 하셨던 것과 같다(요 10:28). 하나님 말고는 아무도 생명수를 줄 수 없다. "생명수"란 것은 물론 비유이다. 하이트뮐러(Heitmüller)는 말하기를 "이와 같은 낙원 묘사는 요한의 특징을 드러낸다. 생명수는 단지 몸이 영원히 살게 하는 것뿐 아니라 하나님과의 복된 교제에 속하는 귀중한 생명의 양식을 의미한다. 이와 같은 양식은 제4복음(요한복음)과 요한 서신(요한 1, 2, 3서)에서 신앙의 결과로 얻어지는 것이다."라고 하였다.[226] "생명수"는 하나님을 알게 하는 성령을 비유하기도 하고, 하나님의 말씀을 비유하기도 한다(요 7:38-39; 암 8:11). 음식물이 사람의 몸과 깊이 화합하듯이, 하나님과 사람을 연합시키시는 그분만이 사람을 영생하게 하신다. 그러므로 영생은 하나님 자신 외에 다른 데는 없다. 내세에 가서도, 무엇이든지 우리를 하나님과 연합시켜 주는 것만이 영생의 양식이다. 그 이유는, 영생이 하나님과 관계없는 독립적 존재가 아니기 때문이다. 하나님과 연합한 것이, 곧 영생이다.

7 이기는 자. 이것은 진정한 신자를 가리킨다(요일 5:4-5 참조).

이것들을 상속으로 받으리라. 이 말은 새 하늘과 새 땅과 내세의 모든 복을 거저 받아서 영원히 누린다는 뜻이다. 여기서 "상속"(κληρονομία)은 아들이 아버지에게 은혜로 거저 받는 것을 가리킨다.

---

226) „Diese" Paradieses-Bilder haben „johanneische" Färbung; das Wasser und der Baum des „Lebens" sind nicht bloss die Erhalter des unzerstörbaren physischen „ewigen" Lebens, sondern die Nahrungsquellen für jenes höhere „Leben" seliger Gottesgemeinschaft, das der vierte Evangelist und Verfasser der Johannes-Briefe als das Endziel und Ergebnis des Glaubens peredigt.-E. Smilde, *Leven in de Johanneïsche Geschriften*, 213.

나는 그의 하나님이 되고 그는 내 아들이 되리라. 3절에 있는 같은 말 해석 참조.

8절. 구속함을 받은 새 세계에 참여하는 자는 "이기는 자"(7절 앞부분), 곧 예수 그리스도를 믿는 자이다(요일 5:4). 그러나 이 구속함을 받은 새 세계에 들어가지 못하는 자들도 있다. 그들은 다음과 같은 사람들이다.

두려워하는 자. 이것은 사람들이나 다른 위협 때문에 그리스도를 부인하는 자들이고, "믿지 아니하는 자들"은 헬라어로 아피스토이스(ἀπίστοις)인데, 신실하지 않은 것을 의미하므로 앞에서 언급한 "두려워하는 자"와 밀접한 관련성을 가지고 있다. "두려워하는 자"는 신실함 없이 주님을 버린다. 그러므로 이 두 가지 말은 배교자의 양면적인 생활을 보여 준다.

흉악한 자들과 살인자들. 이들은 사랑이 없고 증오와 살인을 일삼는 자들이다. 크레이다너스(Greijdanus)는 말하기를 "흉악한 자들"은 모든 악하고 무서운 일을 꾸미는 자들이라고 하였다.

음행하는 자들. 이들은 자신의 몸을 하나님의 성전으로 삼지 않고 음란의 도구로 내던진 자들이다. 하나님을 저버리고 세상을 사랑하는 자들도 이런 자들이다(약 4:4).

점술가들과 우상 숭배자들. 하나님의 말씀 외에 다른 것으로 인간을 가르치는 자들은 점술가이고, 하나님보다 다른 것을 더 사랑하는 자들은 우상 숭배자이다.

거짓말하는 모든 자들. 이 어구는 앞에서 언급한 모든 범죄자들을 두루 칭한다. 범죄자들은 진리(복음)를 저버린 자들이므로, 사도 요한의 사상에 따라 그들은 "거짓말하는 자들"이다(요 3:19-21; 8:44-45; 요일 2:22).

불과 유황으로 타는 못. 이것은 지옥을 가리킨다. 지옥에 대한 설명은 주로 상징적이다.[227] 바빙크도 말하기를 "불"은 옛날부터 하나님의 진노를 상징한

---

227) Berkhof, *Systematic Theology*, 1949, 736.

다.[228] 박형룡 박사도 "지옥"이란 말 게헨나는 영원한 고통의 상징이라고 말한다.[229] 도널드 거스리[230]도 지옥에 대한 설명이 상징적이라고 하였다. 상징적이라는 의미는 지옥이 객관적으로 실존하지만 그것에 대한 설명을 비유적으로 표현했다는 뜻이다. 내세의 상황을 이 세상의 말로 명확하게 설명하기는 어렵다. 여기서 범죄자들이 "불과 유황으로 타는 못"에 던져지는 이유는, 그들이 예수님을 믿지 않았기 때문이다. 인류 중에는 그런 죄들을 범하지 않은 사람이 없다. 그러나 그리스도를 믿어서 대속함을 받는 자들은 그들이 범한 죄에서 구원을 받는다.

설교 두려워함(8절)

필자는 여기서 불못에 던져지는 죄목 가운데 한 가지인 "두려워하는 죄"에 대하여 설교하고자 한다. 본문에서 "두려워하는 자"란 말은 하나님 외에 다른 것을 두려워하는 것을 가리킨다. 그런 두려움은 불신앙과 같으므로 그 바로 다음에 "믿지 아니하는 자들"이란 말씀이 따라온 것이다.

우리가 믿는 자라면 다른 것은 두려워하지 말고 오직 주님만 두려워해야 된다. 성경 말씀에서 두려워하라는 것은 원칙적으로 하나님만 두려워하라는 것이다. 그 외에는 "두려워하지 말라"는 권면뿐이다.

1. 공포심과 지식 문제

우리가 공포심을 가지는 것은 심리학적으로 다음과 같이 설명된다. 먼저

---

228) H. Bavinck, *Gereformeerde Dogmatiek IV*, 783: Vuurwas trouwens al van ouds een openbaring en symbol van den toorn en de grimmigheid des Heeren.

229) 박형룡, 『내세론』, 1973, 341-342.

230) D. Guthrie, *New Testament Theology*, 888.

사람이 착각을 하여 감정이 생겨나고, 무의식적으로 근육이 수축되면서 혈액순환이 잘 안되고 얼굴이 창백해진다. 그러므로 공포의 책임은 결국 그릇된 지식이 작용한 것에 있다. 그릇된 추측으로 무섭지 않은 것도 무섭게 여겨서 생리적으로 큰 충동을 일으키기도 한다. 또한 우리는 매일 죽을까 봐 두려워한다. 일생에 단 한 번 죽는 것인데도, 평생 동안 1,000번 이상 죽을 것처럼 겁을 먹는다. 그것은 공연히 죽을 것처럼 오해하는 자기의 무지함에서 오는 공포이고, 두려움이다. 우연히 달밤에 길을 가다가 끊어진 노끈을 뱀으로 오인하고 놀란 적이 있지 않은가? 우리가 하나님을 아는 것은 모든 것을 다 아는 것처럼 가치 있는 지식이다. 또한 그것은 근본적인 지식이므로, 아무것도 두려워할 이유가 없다. 그러나 하나님을 믿지 않으면 진정으로 알아야 할 것을 알지 못하므로, 일평생 공포와 불안의 포로가 된다. 히 2:15에 "또 죽기를 무서워하므로 한평생 매여 종 노릇 하는 모든 자들을 놓아 주려 하심이니"라고 하였다.

2. 공포심과 믿음

하나님만 믿으면 우리는 다른 모든 공포를 이길 수 있다. 이기선 목사가 평양에 있는 감옥에 갇혔을 때에 예심 판사가 이렇게 심문하였다. "천황 폐하께서 예수를 믿지 말라고 하면 당신이 어떻게 되는 줄 알고 있는가?" 그러나 이 목사는 대답하기를 "일국의 황제가 믿지 말라고 하는 것을 순종하지 않고 믿었으니 죽어 마땅하고, 예수를 믿고 죽으니 천국에 가야 마땅하오!"라고 하였다. 그 말을 들은 예심 판사가 노하여 말하기를 "당신의 죄는 중하게 될 것이오!"라고 하자, 이 목사는 "줄 바에는 사형을 주시오!"라고 하였다. 이와 같이 이 목사는 하나님만 두려워하였다. 그가 세상을 두려워하지 않은 원인은 하나님만이 두려움의 대상이시라는 것을 알았기 때문이었다. 그는 지식의 근본을 붙잡은 분이다. "여호와를 경외하는 것이 지식의 근본"이다(잠 1:7).

아타나시오스(Athanasius)는 예수님의 신성을 성경 말씀대로 주장하다가 교계에서 핍박을 받았다. 그가 핍박을 받을 때에 말하기를 "온 세계가 나를 반대하는가? 나는 온 세계를 반대하리라"고 하였다. 아타나시오스가 세상보다 힘이 강하여서 그런 말을 한 것이 아니다. 이것은 하나님을 믿는 강한 신앙에서 나온 말이다.

설교 불 못(8절)

1. 지옥에 대한 성경말씀

불과 유황으로 타는 못은 지옥을 의미한다. 지옥이란 말은 신약에 여러 번 나타났는데,[231] 그것은 특히 불로 멸망당할 죄인들을 괴롭게 하는 곳이다.

마 10:28을 보면 그곳은 영혼뿐만 아니라 몸까지 괴롭게 하는 곳이다. 그러므로 그곳은 마지막 심판 때에 심판의 부활(요 5:29)을 받는 자들이 들어갈 흉악한 곳, 곧 불과 유황으로 타는 못이다. 여기서 성경이 말하는 지옥에 대하여 생각해 보자. 지옥이란 말은 헬라어 게엔나(γέεννα)를 번역한 것이다. 게엔나는 구약에서 나온 말인데 "힌놈의 아들의 골짜기"를 가리킨다. 그곳은 우상 섬기던 더러운 곳이고(대하 28:3; 33:6), 요시야 왕이 그곳의 가증함을 벌하는 의미로 더럽게 하였고(왕하 23:10), 또한 그곳은 마지막 천벌이 내릴 곳을 상징한다(렘 7:32). 성경은 지옥을 일종의 경계구역으로 인정하면서도 이 세상 방식으로 그것의 위치를 가리켜 말하지는 않는다. 이와 같은 사실은 성경이 이교의 교훈과 다른 특징 중 하나이다. 성경은 지옥에 대하여 말하기를, ①그곳에 꺼지지 않는 불이 있다 하였고,[232] ②캄캄함이 있다 하

---

231) 마 5:22, 29-30; 10:28; 18:9; 23:15; 막 9:47; 눅 12:5; 약 3:6.

232) 마 5:22; 계 20:10, 14-15; 21:8.

였고(마 8:12; 22:13; 25:30), ③ 벌레도 죽지 않는 곳이라고 하였다(막 9:48; 사 66:24).

이러한 말씀들이 지옥은 객관적으로 존재하는 곳임을 확실하게 알려 준다. 그러나 그 묘사들 역시 상징적인 의미를 가지므로, 지옥이 하나님의 진노가 나타난 곳임을 생각하게 한다. 따라서 이 묘사들은 단순히 육감적(Sensuality)으로 취급될 것이 아니라, 하나님을 떠남으로써 생기는 영적 고통에 대한 표현으로 여겨져야 한다. 하나님께서 계시는 것이 무엇보다 즐겁기 때문에 성경은 천국을 하나님의 영광이 있는 곳이라 하고(계 21:11), 하나님의 진노가 무엇보다 무섭기 때문에 지옥을 하나님의 진노가 충만한 곳이라는 의미로 말한다. 불도 하나님의 진노를 상징한다(히 12:29).

이와 같이 성경은 하나님 중심적인 우주관을 가르친다. 하나님을 아는 것이 온 우주를 아는 것 이상의 지식이고, 하나님을 잃어버리는 불행은 모든 것을 잃는 것 이상의 불행이다. 우리는 양적인 지식으로도 우주를 알고 질적인 지식으로도 우주를 알아야 한다. 이 우주가 하나님 중심으로 이루어졌다는 사실을 아는 것이 우주를 질적으로 아는 것이다.

2. 이교와 지옥

하나님을 알지 못하는 불교는, 내세를 말할 때 순전히 육감적인이고 색채 있는 말로 직설한다. 그나마도 불교의 초대 문학에는 없고 후대의 것에만 있으며, 또한 그 사상이 들어 있는 책들의 절반 이상이 불교적인 것이 아니라고 한다. 불경에서는 지옥이 여럿이고, 지하에 있다고 한다. 또한 지옥의 개수까지 말하고, 지옥에서 지내는 연수까지도 정하였다. 예를 들어 석가가 "파두마 지옥에 사람이 가면 얼마나 오래 있게 되는가?"란 질문을 받았을 때에 대답하기를 "한 짐 되는 깨에서 한 알씩 세는데, 100년 만에 한 알씩 세어서 그 깨를 다 세기까지 오랜 기간이라"고 하였다. 뿐만 아니라 죄를 논하면서 양이

나 기타 짐승들을 죽인 것도 지옥에 갈 죄라고 하였다.

또한 불경은 어떤 자는 지옥에서 몸이 조각조각 베어지고, 어떤 자는 나뭇잎이 전부 검과 칼인 곳에서 고통을 당하고, 어떤 자는 불에 달군 쇠구슬을 삼키는 벌을 당한다고 한다. 이것은 육감적인 사색이고 인간의 상상이다. 그러나 성경은 지옥에 대하여 간결하게 기록하며 진리의 고상함을 보여 준다. 그리고 우리로 하여금 내세를 영적으로 깨닫게 하고, 이 세상의 방법으로 생각하지 않게 한다.

3. 인류의 체험과 지옥

모든 무신론자들도 임종할 때에는 영적인 사색이 시작되어, 전에는 알지 못하였던 지옥을 느끼는 자들이 있다.

1) 볼테르(Voltaire)는 프랑스의 무신론 철학자이며 100년 후에는 성경이 다 없어진다고 거짓 예언한 자였다. 그러나 그는 임종할 때에 말하기를 "나는 하나님과 사람에게 버림을 당하였구나! 의사 선생, 나를 6개월만 더 살게 하여 주시오. 그러면 내 보물의 절반을 주겠소."라고 하였다. 그러자 의사는 "당신은 여섯 주도 살지 못하오."라고 하였다. 뿐만 아니라 그가 병중에서 극도로 고민하며 너무도 사납게 떠드는 탓에, 그를 돌보던 의사가 정신을 못 차릴 지경이었다고 한다. 그리고 결국 그는 마지막에 "나는 지옥에 가노라"고 하였다고 한다. 그는 이렇게 스스로 속아서 불행하게 죽었고, 그가 죽은 후에는 그의 집이 성경을 판매하는 성서 공회가 되어, 그의 예언은 거짓이었음이 드러났다.

2) 프란시스 뉴포트(Francis Newport)라는 무신론자는 임종할 때에 말하기를 "나는 영원히 정죄되었구나! 하나님이 나의 원수가 되셨으니, 누가 나를 구원하리오? 아! 지옥과 저주의 견딜 수 없는 고통을 내가 받노라!" 하고 숨을 거두었다.

3) 토마스 스코트 경(Sir. Thomas Scott)은 죽을 때에 말하기를 "나는 지금까지 하나님도 없고 지옥도 없는 줄 알았다. 그러나 지금은 내가 둘 다 있는 것을 알고 느낀다. 나는 전능자(하나님)의 공의로운 심판에 의하여 멸망으로 들어가게 되었다!"라고 하였다.

4) 페리골드(Perigold)란 무신론자는 임종할 때에 심한 고통을 받으면서 "나는 영원히 정죄받은 자의 고통을 받노라"고 하였다.

우리가 이런 사람들의 임종 체험을 유일한 근거로 하여 지옥의 존재를 믿는 것은 아니다. 우리는 하나님 말씀에 근거하여 지옥이 있다는 것을 믿는다. 그러나 인간의 체험도 이 문제에 관해서는 어느 정도 참고가 된다.

4. 난제 해설

어떤 사람들은 "지옥의 형벌은 하나님의 공의와 충돌된다. 인간이 잠깐 있는 이 세상에서 범죄한 것 때문에 영원히 지옥에서 고통을 받는다는 것은 불공평하다"고 한다. 그러나 헤르만 바빙크(Herman Bavinck)의 말대로 "죄는 근본적으로 불법이다. 하나님을 적대한 것이고, 그분의 권리와 권위와 그의 존재까지 부정하는 것이다. 죄는 유한한 피조물이 유한한 시간에 범하는 것이므로, 그것 자체도 유한하다. 그러나 아우구스티누스가 바르게 말한 것과 같이, 죄를 범하는 시간이 길고 짧은 것으로 그 죄에 대한 벌의 기준을 삼을 것이 아니라 그 죄가 갖는 특성을 기준으로 삼아야 한다. 곧 사람이 한 시간 동안 부주의하여 여러 해 동안 슬피 울 수도 있고, 한순간의 죄로 인하여 일평생 동안 수치와 벌을 받는 경우도 있다. 한 가지 실수로 사형을 받기도 하며, 이 세상 나라의 정부에 다시 회복할 수 없는 상태로 넘겨지기도 한다. 하나님도 그렇게 하신다. … 그는 죄악의 성격에 따라 정죄하신다. 죄에 대한 형벌이 끝나지 않아야 하는 이유는, 그것이 우리의 사랑과 경배를 받으실 절대적 주권자의 위엄을 거역한 것이기 때문이다. 하나님은 절대적으로 우리의 순종과 경배를 끊임없이 받으셔야 할 분이다. 그가 우리의 순종을 요구하시는 율법은 우리를 절대적으로 구속한다. 따라서 우리에 대한 그 율법의 구속력은 한없이 크다. 그러므로 그것을 범한 죄는 절대적으로 끊임없이 벌을 받아야 한다."라고 하였다.[233)]

10절. 이 구절부터 계 22:5까지는 새 예루살렘에 대하여 말한다.

성령으로 나를 데리고. 이것은 성령님께서 요한의 육신은 그 자리에 두시고 그의 영혼을 감동시켜 계시의 자리로 가게 하신 것을 가리킨다.

크고 높은 산으로 올라가. 계 17:1을 보면, 요한이 황폐한 광야에서 멸망할 바벨론(음녀)을 보았는데, 숭고하고 영화로운 새 예루살렘(어린 양의 신부)은 "크고 높은 산"에서 본다. 이것은 바벨론은 황야처럼 망하지만, 새 예루살렘은 산처럼 영원히 흥할 것이라는 상징이다.

하나님께로부터 하늘에서 내려오는. 2절 해석 참조.

11 하나님의 영광이 있어. 옛날 이스라엘의 성전 안쪽 지성소에 때때로 쉐키나(Shekinah)라는 빛이 있었다(왕상 8:11; 대하 7:1-2). 이제 구속함을 받은 새 세계에는 하나님께서 직접 인류와 함께 계시므로, 거기에 모든 기이한 영광이 있을 것은 사실이다.

그 성의 빛이 지극히 귀한 보석 같고. 여기서 "성"이란 말(πόλιν)은 새 예루살렘 도시를 의미한다. "지극히 귀한 보석 같다"는 것은, 그 빛으로 하나님의 성결과 영광을 비유하는 것이다(딤전 6:16 참조). 그 영광은 새 예루살렘 자체의 것이 아니라 하나님의 것이다. 이 세상의 교회도 진정한 빛을 소유하려면 자

---

233) Maar zij is naar haar oorsprong en wezen, overtreding van de wet, opstand zelfs van zijn bestaan. Wel is de zonde eindig in dien zin, dat zij door een eindig schepsel in een eindigen tijd wordt volbracht, maar Augustinus heeft reeds terecht opgemerkt, dat niet de tijdduur, waarin de zonde gepleegd wordt, maar haar innerlijke aard de maatstaf is van hare straf. Een uur van onbedachtzaamheid Kan maken, dat men jaren schreit. Op zonden van een enkel oogenblik volgt heel een leven van schande en straf.... *Geref. Dogmatiek*, *IV*. 793.

기를 감추고 그리스도를 옷 입듯 해야 된다.

벽옥과 수정같이 맑더라. 이것은 티 없이 순수하고 투명한 것을 말한다. 구속함을 받은 새 세계는 이 세상과 달라서 죄와 의가 섞이지 않고 순전한 의가 있을 뿐이다(벧후 3:13). 그러므로 그 세계는 종교 윤리적으로나 물질적으로 흠과 티가 없다.

12 크고 높은 성곽이 있고 열두 문이 있는데. 이것은 구속함을 받은 새 세계의 구조를 묘사하는 말씀이며, 단순한 종교 윤리적 의미를 가진 비유가 아니라 물질적 의의를 가진 설명이다. "벽옥"같다는 종교 윤리적 설명은 순수하고 정결한 하나님의 의의 영광이다(11절). 또한 구속함을 받은 새 세계를 보호하는 것도 하나님의 의이다(슥 2:5). 성도는 하나님의 의로 말미암아 구원을 받고, 또 영원한 보호를 받는다. "열두 문"은 출구가 아니라 입구이다(25절). 다시 말하면, 이것은 구원받은 자들이 천국으로 들어가는 문이다.

문에 열 두 천사가 있고. 이 "천사"들은 그 문들을 지키기 위해 거기 있는 것이다(사 62:6).

그 문들 위에… 열 두 지파의 이름들. "열두 지파"는 신구약 시대의 모든 택한 백성을 상징하며, "문들 위에" 그들의 "이름들"이 있는 것은, 오직 택함받은 자들만이 들어갈 수 있다는 것을 상징적으로 말해 준다. 문들이 이처럼 동서남북에 있는 것은 이 세상 어느 나라의 민족이든 복음을 믿은 자들은 다 들어갈 수 있다는 뜻이다(창 28:14 참조).

14 열두 기초석이 있고 그 위에는 어린 양의 열두 사도의 열두 이름이 있더라. 사도들이 전한 복음의 진리는 교회를 세우는 데 초석이 되었다(엡 2:20). 그것(복음)은 내세에서도 그와 같이 중요하게 여겨진다.

15-23절. 새 예루살렘 성과 성곽과 기초석에 대하여.

새 예루살렘은 "만 이천 스다디온"으로 "길이와 너비와 높이가 같더라"고 하였다. 12,000스다디온은 300마일쯤 되는 거리이다.

1) "길이와 너비와 높이가 같다"고 한 것은 정사각형으로 이루어진 정다면체를 말하는 것이다. 따라서 이것은 대제사장만 들어가던 구약 성전의 지성소(하나님이 오시는 곳) 모양과 같다(왕상 6:20). 새 예루살렘에서는 누구든지 하나님과 완전하게 교통한다.

2) 새 예루살렘의 구조를 말할 때에도 사도 요한은 보옥과 보석을 가지고 묘사한다(11, 19-21절). 이것을 보면, 그는 새 예루살렘을 에덴동산의 재료로 표현한 셈이다(창 2:11-12; 겔 28:13). 또한 이것은 사 54:11-12에 묘사된 시온의 영광에 대한 예언이 종말관적으로 성취된 것이라고도 할 수 있다. 그러므로 여기 설명된 새 예루살렘은 밀리건(Milligan)의 말과 같이, 단순히 현세 교회를 비유하는 것이 아니다. 이것은 영광과 존귀와 평강을 상징한다(롬 2:7, 10). 사 54:11-14의 시온의 장래에 대한 예언도, 그것이 보옥과 보석으로 건축될 것이라고 하였다. 그 예언의 의미는, 이스라엘이 장차 하나님과 함께 하며(영광), 의로우며(존귀), 평강할 것을 가리킨다. 사 54:11-14에 말하기를 "너 곤고하며 광풍에 요동하여 안위를 받지 못한 자여 보라 내가 화려한 채색으로 네 돌 사이에 더하며 청옥으로 네 기초를 쌓으며 홍보석으로 네 성벽을 지으며 석류석으로 네 성문을 만들고 네 지경을 다 보석으로 꾸밀 것이며 네 모든 자녀는 여호와의 교훈을 받을 것이니 네 자녀에게는 큰 평안이 있을 것이며 너는 공의로 설 것이며 학대가 네게서 멀어질 것인즉 네가 두려워하지 아니할 것이며 공포도 네게 가까이하지 못할 것이라"고 하였다.

3) 천국(내세)에 대한 요한의 묘사는 단순한 이상이 아니다. 그것은 구체적이고 객관적으로 실존하는 내세를 말한다. 바빙크(H. Bavinck)는 말하기를, 이 부분에 대한 요한의 묘사는 저 세상(내세)에 대한 이 세상의 표현이라고 하였다.[234] 그는 또 말하기를 "여기 표현된 새 예루살렘은 하나님께서 본

---

234) Doch diesseitige beschrijvingen van jenseitige realiteiten.-H. Bavinck, *Gereformeerde Dogmatiek IV*, 802.

래 지으셨던 것이 복구된 정도가 아니라 개혁된 것이다. … 그리고 그곳은 영적인 것과 자연적인 것이 조화를 이룬 곳이다."라고 했다(같은 책, pp. 803-804). 스킬더(Schilder)도 이와 같은 원리로 천국(최후에 완성된 영광의 세계)에 대하여 다음과 같이 말한다. "천국은 헤겔(Hegel)의 범리론(汎理論)과 같은 만물 자체의 변화가 아니다. 뿐만 아니라 그것은 실존주의 철학이 제시하는 것처럼, 역사 세계가 경험하지 못할 이원론적인 존재가 아니다. 성경이 말하는 영광의 나라(천국)는 하나님이 지으신 것이므로(히 11:10), 피조성을 가지고 있다. 그러나 그곳은 하나님을 중심으로 하는 곳이고 하나님께서 경영하시는 곳이므로 영원성을 가진다. 하나님의 말씀이 가치 있게 여기는 것은, 그리스도로 말미암아 누구나 그곳에 들어간다. 그리고 성령님의 역사로 현세에도 천국의 능력이 역사하고 있다. 그러므로 그곳은 피조 세계나 현세를 초월하지만, 피조 세계가 인식할 수 없는 것은 아니다. 따라서 기독교 신자의 긴장은 이원론적이지 않다. 다시 말하면, 그의 인내(enduring time)와 그의 갈망(longing for the glory to come)은 서로 대립하지 않는다. 우리는 시간과 영원을 이원론적으로 서로 대립시키면 안 된다. 앞에서 이미 말한 것처럼, 하늘나라가 이 세상은 아니지만, 천국 운동이 사람들을 구원하기 위하여 이 세상에서도 움직이고 있다. 그것은 이 세상 사람들이 예수 그리스도의 보혈을 믿게 하시는 성령님의 역사이다"(Wat is de Hemel?).

4) 열두 문에 이스라엘 열두 지파의 이름이 있다 하고(12-13절), 열두 기초석에는 12사도의 이름이 있다고 한 것은 계시와 구원 사역에서 구약과 신약의 연속성을 보여 준다. 그와 동시에 카이퍼(A. Kuyper)는 구약의 이스라엘을 대표한 "열두 문"에 "문마다 한 개의 진주"(21절)가 있는 것을 보면 구약 계시가 신약 계시에 비하여 아래 단계인 것을 알 수 있다고 하였다. 신약 계시는 열두 기초석이 각기 다른 보석으로 대표되어 그 다양성과 풍성함을 드

러낸다.[235]

16 그 성은 네모가 반듯하여. 여기서 "성"이란 말은, 헬라어로 폴리스(πόλις)이며, 도시(city)를 의미한다. "네모가 반듯하다"는 것은 정사각형이란 말이므로, 크레이다너스(Greijdanus)는 이것이 규칙 있고 견고한 것을 상징한다고 하였다.

만 이천 스다디온. 이 숫자는 택한 백성을 상징하는 수인 12,000과 같다. 계 7:4의 144,000에 대한 해석을 참조하라. 이것은 영광을 얻은 교회(새 예루살렘)의 크기를 영적으로 꽉 찬 수로 표현한 것이다. 1스다디온은 약 200m이다.

17 백사십사 규빗. 이것도 앞에 나온 144,000에서 기초가 되는 수와 동일하며, 상징적 의미를 가진다(계 7:4의 해석 참조). 1규빗은 18인치이다.

설교 새 예루살렘의 실상(9-17절)

1. 새 예루살렘의 광채(11절)

"새 예루살렘"은 "보석"과 같고, "벽옥과 수정같이 맑다"고 하였다. 그 이유는 하나님이 그곳에 계시기 때문이다. 하나님이 계신 곳은 밝은 빛으로 묘사된다. 그는 "가까이 가지 못할 빛에 거하신다"고 하였다(딤전 6:16). "빛"은 진리와 생명(요 8:12), 그리고 성결(출 3:2-5)을 상징한다.

2. 열두 문(12-14절)

"열둘"이란 숫자는 택함받은 백성의 숫자로, 하나님의 기쁘신 뜻과 그의 사랑을 생각하게 한다. 선택은 하나님의 사랑과 관련되어 있다(롬 8:28). "문

235) A. Kuyper, *The Revelation of St. John*, 1964, 325.

마다 한 개의 진주"라고 하였는데(21절), "진주"는 성결의 아름다움, 곧 존귀를 비유한다(마 7:6). 예수님은 천국을 진주로 비유하셨고(마 13:45-46), 그 말씀으로 천국의 존귀함을 나타내셨다. 그 "문들 위에···열 두 지파의 이름들"이 기록된 것은 택한 백성만 그 문으로 들어간다는 뜻이다.

3. 열두 기초석(14절)

"기초석"들 위에 열두 사도의 이름이 기록된 것은 의미심장하다. 이것은 새 예루살렘, 즉 천국 운동의 기초가 되는 사역자들은 "사도들"이라는 의미이다. 교회 역사적으로 모든 참된 교회들은 사도적 전도, 즉 성경에 근거하여 건립되었다(엡 2:20). 또한 선지자와 사도들은 하나님과 예수님이 직접 세우신 사역자들인데(렘 1:5; 눅 6:13), 그들이 성경을 기록하였다. 교회 시대의 목사, 장로, 집사들은 교회가 세운 직분들이다.

4. 새 예루살렘 도시의 구조(16-21절)

그 구조는 "네모가 반듯한" 입체적 건축으로 설명된다. 길이와 넓이와 높이가 같다고 했는데, 이는 상징적인 표현으로, 성결이 충만한 천국을 묘사한다. 헬라어 원문대로 "성"이란 말(πόλις)은 '도시'를 의미하고, "성곽"이란 말(τεῖχος)은 '성벽'을 의미한다(1스다디온은 200미터 정도이고, 1규빗은 45센티미터 정도이다).

도시의 구조는 ① 성벽을 "벽옥"으로 쌓았다고 하였다(18절). ② 도시 자체는 "정금"으로 되었는데 "맑은 유리 같다"고 하였다(18절). ③ 성벽의 기초석은 "각색 보석으로 꾸몄다"고 하였다(19-20절). 이는 모두 다 하나님의 영광과 존귀를 나타내는 완전성을 가리키는 비유적 표현이다(사 54:11-14 참조).

인류가 범죄하기 전의 세상도 하나님의 존귀와 영광을 반영시켰다(창 2:9-14).

18 그 성곽은 벽옥으로 쌓였고. 여기서 "그 성곽"(τοῦ τείχους)이란 것은 그 도시의 성벽 구조라고 할 수 있다. "벽옥"은 "맑음"이 특징이다(11절). 그러므로 이것은 순전하고 정결한 하나님의 의의 영광에 대한 상징이다(11절과 12절 해석 참조). 하나님의 의는 성도에게 주시는 구원과 영원한 보호의 힘이다. 우리는 이와 같이 새 예루살렘이 영적 의미를 가지는 동시에 실재하는 것임을 잊지 말아야 한다. 여기서 상징적으로 표현된 벽옥성을 현세의 벽옥(부서질 수 있는 것)으로 볼 수는 없겠지만, 영광을 얻은 실체인 것만은 사실이다.

그 성은 정금인데 맑은 유리 같더라. 여기서도 "성"이란 말(πόλις)이 도시를 의미한다. 그 도시가 있는 곳이 "정금"이면서 "유리"처럼 맑다고 한다. 이것은 고귀하고 견고하고 순수한 하나님의 신실하심을 상징한다. 따라서 그곳을 다니는 자는 금과 같은 신앙으로만 다닌다(벧전 1:7; 계 3:18).

19 그 성의 성곽의 기초석은 각색 보석으로 꾸몄는데. 여기서 "그 성의"란 말(τῆς πόλωες)도 "그 도시의"라고 번역되어야 한다. 크레이다너스(Greijdanus)는 이 각색 보석으로 이루어진 초석들이 하나님께서 신자들에게 주신 각양 지혜(은사)라고 하였다(엡 3:10 참조).[236] 성경이 말한 지혜는 신자들이 받은 각종 은사와 덕을 의미한다(약 3:17).

"벽옥"은 헬라어로 이아스피스(ἴασπις)이다. 18절을 보면 순수하고 불순물이 없는 투명성이 그 특징이므로, 이것은 흠 없는 의의 표상이고, "남보석"은 헬라어로 사프피로스(σάπφιρος)인데 투명하지 않은 하늘빛 옥이다. "옥수"는 헬라어로 칼케돈(χαλκηδών)이며, 투명체로서 다른 빛깔들이 섞인 녹색 옥이라고 하는데, 무엇을 상징하는지 알 수 없다. "녹보석"은 헬라어로 스마라그도스(σμάραγδος)이며, 녹색의 투명체로서 하나님의 긍휼을 상징하

236) Deze verschillende kleuren weerspiegelen de veelvuldige wijsheld Gods, Eph. 3:10, die Hij in de onderscheiden genadegaven aan zijne geloovigen doet uitschitteren.-Greijdanus, *Openbaring*, 427.

고, "홍마노"는 헬라어로 사르도뉙스(σαρδόνυξ)인데, 그다음 보석인 "홍보석"(사르디온-σάρδιον)과 함께 죄에 대한 경계의 엄위를 상징하는 투명체이다. "황옥"은 헬라어로 크뤼솔리도스(χρυσόλιθος)이며, 금빛 돌인데 무엇을 상징하는지 알 수 없다. "녹옥"은 헬라어로 베륄로스(βήρυλλος.이다. 진한 녹색인 듯한데 그것이 상징하는 뜻을 알기 어렵다. "담황옥"은 헬라어 토파지온(τοπάζιον)인데 투명한 금빛이다. "비취옥"은 헬라어로 크뤼소프라소스(χρυσόπρασος)이고, 회색에 엷은 녹색을 가진 보석이며, "청옥"은 헬라어로 휘아킨토스(ὑάκινθος)라 하고, "자수정"은 헬라어로 아메뒤스토스(ἀμέθυστος)라고 하는 자색 보석이다.

21절. "진주"는 마태복음에서 천국에 들어가는 자들이 믿어야 할 진리를 비유한다(마 7:6; 13:45-46).

성의 길은 맑은 유리 같은 정금. 이것은 통행할 때 실족하게 하는 아무런 장애물이 없음을 가리킨다. 이와 같이 천국에서는 하나님과 동행하기 때문에 평탄하고 유쾌하다. "정금"은 하나님의 신실하심을 상징한다.

22-23절. 새 예루살렘에 "성전"이 없는 이유는, 그 세계에는 하나님을 떠난 요소가 조금도 없기 때문이다. 그 세계는 온전히 하나님이 함께하시는 복된 곳이므로, 어느 한 부분도 특별하게 구별될 필요가 없다. 그곳에는 하나님과 그리스도께서 "해나 달"보다 뛰어난 영적 광명으로 비추어 주시므로, 그것으로 만족하다(렘 3:16; 31:33-34 참조).

24 만국이 그 빛 가운데로 다니고. 이 말씀을 보면, 새 세계에 참여하는 것은 어떤 민족이나 어느 나라 사람이든지 오직 하나님의 은혜로만 가능하고, 세상의 어떤 민족이나 국가에 국한되지 않는다.

땅의 왕들이 자기 영광을 가지고 그리로 들어가리라. 이 말씀에 대해서는 여러 가지 해석이 있다.

1) 밀리건(Milligan)은 말하기를, 본 장에 묘사된 새 예루살렘은 현 시대

의 교회를 비유하는 것뿐이고 내세를 가리키지 않는다고 한다. 그런 견지에서 그는 이 말씀이 이 땅의 왕들도 회개하고 교회에 들어갈 것을 가리킨다고 한다.[237] 그러나 이와 같은 밀리건의 견해는 옳지 않다. 새 예루살렘에 대한 본 장의 모든 말씀은 분명히 내세를 가리키고 있다. 그렇게 생각되는 이유는 본 장의 표현들이 모두 다 완성을 가리키고 있기 때문이다. 예를 들면 "새 하늘과 새 땅"(1절), "신부가 남편을 위하여 단장한 것 같더라"(2절 하반), "하나님은 친히 그들과 함께 계셔서 모든 눈물을 그 눈에서 닦아 주시니 다시는 사망이 없고 애통하는 것이나 곡하는 것이나 아픈 것이 다시 있지 아니하리니 처음 것들이 다 지나갔음이러라"(3절 끝-4절)라는 말씀 등이다. 또한 새 예루살렘과 대조되는 정점으로 "불과 유황으로 타는 못에 던져지리니 이것이 둘째 사망"이 언급되었다(8절). 그리고 새 예루살렘은 "하나님의 영광이 있는 곳이라 하고(11절), 그곳의 기초석은 모든 보석, 혹은 보옥으로 되었다고 하여(19-21절) 에덴의 낙원과 같은 곳임을 연상하게 한다(창 2:11-12).

2) 크레이다너스(Greijdanus)는 다음과 같이 해석한다. 곧 왕들이 그리로(새 예루살렘으로) 들어간다는 것은 그렇게 완성된 내세에 교회가 참여함에 따라 지금부터 그곳에 들어간다는 뜻이라고 한다. 곧 왕들이 지금 예수를 믿으면 영화로운 내세에 들어가게 될 것이 확실하므로, 지금 들어가는 셈이라는 것이다.[238]

3) 헤르만 바빙크(H. Bavinck)는 여기서 말하는 왕들이 자기 영광을 가지고 그리로 들어간다는 것은, 그들이 하나님의 은혜를 받아 그에게 영광이 될

237) Milligan, *The Book of Revelation* 1899, 373.

238) Greijdanus, Dat gebeurt nu. Deze aardsche bedeeling wordt bij deze beschrijving van het heilige Jerusalem nog verondersteld; vgl. vss. 9 en 10. Maar in de eeuwigheid zullen de verlosten blijken uit alle volken afkomstig te zijn.-*Openbaring*, 429.

존재로서 거기에 들어간다는 뜻이라고 한다.[239)]

4) 또 한 가지 해석은 천년 왕국 시대의 임금들(곧 신자들)이 부활한 영광으로 새 예루살렘 세계에 참여할 것을 의미한다고 한다. 그다음에 나오는 26절도 이와 같은 내용일 것이다. 만일 여기서 말하는 "영광"이나 "존귀"가 이 세상 것이라면, 이 구절들의 말씀이 해석되지 않는다. 이 세상의 부패한 영광이 어떻게 그것과 반대되는 구원받은 새 세계에 근접할 수 있겠는가? 그러나 천 년 왕국 시대의 왕들(모든 부활한 성도들)은 그대로 이 새 세계에 들어갈 수 있다.

27 속된 것. 이것은 거룩하지 못한 것을 가리킨다. 그리스도의 대속의 은혜를 받지 않은 모든 것(곧 하나님께 속하지 않은 모든 것)은 다 거룩하지 않다.

가증한 일 또는 거짓말 하는 자. 이것은 우상 숭배와 예수를 그리스도로 믿지 않는 자들을 가리킨다(8절 해석 참조).

설교 영광세계(9-27절)

1. 비유적 표현과 실존(11절)

성경말씀이 내세를 비유적으로 묘사한 것을 통하여 우리는 영광의 내세가 객관적으로 실존하는 것임을 알게 된다.

우리는 성경이 보여 주는 영광 세계가 다른 종교들이 말하는 내세와 천양지차로 다르다는 사실을 알 수 있다. 이교의 내세관은 인간의 주관적 상상의 산물이므로, 직설(비유가 아님)적이고 육감적인 특징을 가진다. 그러나 성경은 천국을 묘사할 때 비유적 의미로도 그것의 객관적인 특징을 말한다.

---

239) En alle die volken brengen in het nieuwe Jeruzalem saam, alwat zij elk naar zijn onderscheiden aard van God ontvangen hebben aan heerlijkheid en eere, Op. 21:24, 26.-H. Bavinck, *Gereformeerde Dogmatiek*, *IV*, 803.

따라서 그것은 인간으로서는 상상할 수도 없을 만큼 타율적이다. 본문에서 "하나님의 영광이 있어 그 성의 빛이 지극히 귀한 보석 같고 벽옥과 수정 같이 맑더라"(11절)고 하였다. 이 구절은 천국을 비유적으로 말한 것이 분명하다. 롬 3:23에 "모든 사람이 죄를 범하였으매 하나님의 영광에 이르지 못하더니"라고 한 것처럼, 이 세상에 있는 사람들에게는 하나님의 영광이 없다. 그러므로 이 세상에서는 천국을 말할 때 주로 비유로 말할 수 있고 직설하기가 어렵다. 그 이유는, 영광의 내세는 이 세상에서 최선의 것이 아니기 때문이다. 이 세상 것은 무엇이든지 죄로 인하여 "썩어짐의 종노릇"(롬 8:21) 한다. 그러므로 누구든지 영광 세계에 대하여 이 세상 말로 직접적으로 표현하기가 어렵다. 누구든지 말로써 내세를 직설한다면 그것은 영광의 내세를 이 세상 수준으로 떨어뜨리는 오류를 범하는 것이 된다. 그러므로 성경은 내세를 말할 때 주로 이 세상의 가장 좋은 것을 가지고 비유적으로 설명하였다. 헤르만 바빙크(Herman Bavinck)는 계시록 21장과 22장에 대하여 말하기를 "요한의 계시록 21장과 22장에 있는 새 예루살렘에 대한 기록은 계시록의 다른 부분처럼 글자대로 해석할 수 없다."라고 하였다.[240] 그는 새 예루살렘에 대한 계시록의 비유에 관하여 다음과 같이 음미한다. 곧 "천상과 지상의 모든 피조물 중 무엇이든지 참된 것, 귀중한 것, 옳은 것, 깨끗한 것, 사랑스러운 것, 조화로운 것이 새로워지고 개조되고 또 최고의 영광을 입고 내세에 나타난다."[241] 그러므로 성경은 우리가 내세의 존재를 믿을 수 있도록, 그것을 직접 육안으로 보게 하지 않고 증거하여 믿게 해 준다.

계 21:11; 22:5을 보면, 모든 정금과 보석과 진주로 된 단장은 객관적 실존

---

240) De beschrijving, welke Johannes van het Jerusalem geeft Openb. 21 en 22, mag zeker evenmin als zijne voorafgaande visionen letterlijk worden opgevat.-Herman Bavinck, *Gereformeerde Dogmatiek*, *N*, 1911, 802.

241) Alwat waarachtig is, alwat edel is, alwat reehtvaardig is, alwat rein is, alwat liefelijk is, alwat welluidt is, in de gansche schepping, in hemel en aarde, wordt in de toekomstige Godsstad saamgebracht, maar vernieuwd, herschapen, tot zijne hoogste heerlijkheid opgevoerd.-*Idem*.

인 동시에 상징적 의미를 가진다(11절). 또한 그것들은 하나님의 영광을 가리킨다. 하나님의 영광이 그 새 세계 전체에 가득하였다. 그러므로 그곳은 순전히 타율적인 구원의 세계이고, 복된 세계이다. "하나님의 영광이 있어 그 성의 빛이 지극히 귀한 보석 같고 벽옥과 수정 같이 맑더라"(11절)고 한 말씀을 보면, 그다음에 나오는 내세에 대한 묘사를 비유한 것이라고 할 수 있다. "지극히 귀한 보석 같고"란 말에서 "같고"를 주목하라. 그 모든 묘사가 하나님의 영광을 주제로 하는 것이 분명하다. 그 묘사는 비유이면서도 객관적인 실존을 가리킨다. 그런데 하나님의 영광은 하나님의 임재를 의미한다(출 40:34; 민 9:15-23; 왕상 8:11). 즉 인류는 하나님과 같이 있어야 행복하다.

우리는 천국의 말씀을 손에 들고 있으며, 그것이 내세에 대한 큰 증거물이다. 그것은 바로 성경이다. 이 말씀은 영원토록 변하지 않는 진리이다. 이 세상의 그 어떤 책도 성경에 비교할 수 없다. 성경 앞에서는 그것들이 다 부끄러움을 당한다. 이 말씀이 천국을 증거하여 그 실존과 내용을 말한다.

2. 영광 세계의 질서(12-17절)

계시록 21장에 기록된 대로 12지파의 이름 쓴 문, 12초석, 12스다디온(1스다디온=약 200미터)의 1,000배 되는 길이, 넓이, 높이를 가진 도성, 12자승 규빗(1규빗=18인치)인 성곽 등은 모두 다 숫자 '12'(완전한 조직의 의미)로 일관되어 있다. 내세의 구성과 조직은 완전무결하여 그 이상 더 좋은 것이 없을 정도이다. 그리고 12사도의 이름들이 그 12초석에 기록된 것은 사도들이 전한 복음 진리로 말미암아 내세에서 완전한 구원이 이루어지게 된 것을 가리킨다. 사도가 전한 진리는 현세뿐만 아니라 내세에서도 그대로 천국의 기초 진리가 된다. 그러므로 복음은 진리이다. 완전무결한 세계를 향하여 날마다 나아가고 있는 우리는 자기의 불완전함을 부끄러워할 줄 알고 그리스도를 옷 입듯 하여야 된다. 죄인일지라도 그리스도를 옷 입듯 하면 그곳에 들어갈 수 있다. 그리스도를 의지하고 자기를 믿지 않는 것이 그를 옷 입듯 하는 것이다.

3. 영광 세계의 성결(22-27절)

그곳은 완전히 거룩하기 때문에 이 세상처럼 거룩한 것을 구별하는 제도가 필요 없다. 그 이유는, 그곳에서는 어디나 무엇이나 완전히 거룩하여, 오직 하나님을 위하기 때문이다. 신랑을 위하여 신부가 단장한 것처럼(계 21:2), 그 세계에 존재하는 모든 것과 그것의 행동은 오직 하나님을 기쁘시게 하려는 것을 목적으로 한다. 만물이 거룩한 그 세계에서 성전은 무용하다. 그 이유는, 거룩한 것을 구별하는 것은 거룩하지 못한 세계에서 거룩함을 보존하려는 것이기 때문이다. 뿐만 아니라 그 새 세계는 완전히 의롭다. 이 세상에는 해와 달의 빛과 같이 밝다가도 어두워지는 의가 있으나, 내세에는 하나님과 그리스도의 완전한 의가 언제나 충만하다. 그 세계에서는 하나님과 그리스도께서 온전히 통치하신다. 모든 성도들이 그 통치대로 순종하므로 하나님과 그리스도의 의가 그대로 나타난다. 그러므로 계 21:23에 말하기를 "그 성은 해나 달의 비침이 쓸 데 없으니 이는 하나님의 영광이 비치고 어린 양이 그 등불이 되심이라" 하였고, 또 계 21:27에는 말하기를 "무엇이든지 속된 것이나 가증한 일 또는 거짓말하는 자는 결코 그리로 들어가지 못하되 오직 어린 양의 생명책에 기록된 자들만 들어가리라"고 하였다. 여기서 "속된 것"은 하나님을 위하지 않는 것, 곧 거룩하지 못한 것을 의미하며, 제1계명에서 제4계명을 위반한 인물을 가리킨다. 이와 같이 이 새 세계는 다 거룩한 곳이므로, 거룩하지 못한 것이 참예할 수 없다. 그리고 "가증한 일"이란 말은 인간에게 불의한 것을 의미하는 것으로, 제5계명에서 제10계명까지를 위반한 인물이다. 그다음에 나오는 "거짓말하는 자"란 말은 계명을 어긴 모든 사람을 두루 칭하는 것이다.

요리

1. "새 예루살렘"은 바벨론과 정반대이다. 바벨론은 이 세상 영광으로 인생들을 유혹하여 영원히 망하게 하나, 새 예루살렘은 천국의 영광으로 인생들을 영원히 살게 한다. 바벨론은 하나님을 저버리니 음녀와 같고, 새 예루살렘은 하나님만을 위하니 하나님의 신부와 같다(1-9절).

2. "크고 높은 성곽"은, 택한 백성에 대한 하나님의 보호를 상징한다(사 54:11-12087). 구속함을 받은 교회는 전적으로 하나님의 능력에 의존된다. 그 의미에서 새 예루살렘은 크고 높은 성곽을 가졌다고 했다.

제 22 장

- 01 -

내용분해

1. 앞 장의 새 예루살렘 묘사를 계속하여 마침(1-5절)
2. 지금까지 받은 모든 계시에 대한 결론(6-21절)

해석

1 또 그가 수정 같이 맑은 생명수의 강을 내게 보이니 하나님과 및 어린 양의 보좌로부터 나와서. 이 말씀은 창 2:10에 기록된 에덴동산에 있는 강을 연상시킨다. 인간의 죄로 인하여 잃어버렸던 것을 마지막 날에 하나님께서 더 좋게 회복시키신다. 이 말씀은 또한 겔 47:1 이하의 예언이 성취된 것으로도 볼 수 있다. 에스겔이 본 물은 성전에서 나왔으나, 요한이 본 물은 하나님의 보좌에서 나온다. 그리고 성전은 이제 보좌로 바뀌었다. 그 이유는, 구속이 완성된 새로운 세계에는 성전이 없기 때문이다(계 21:22). 이제는 하나님께서 전적으로 성도들의 세계를 통치하심에 따라 구약 시대에 내다보던 풍성한 생명수가

이 새 세계에 공급된다. "수정같이 맑은"에서 "맑다"는 말은 중요 사본의 원어대로 람프론(λαμπρὸν)이며, 글자대로 번역하면 '빛난다'는 의미이다. "생명수의 강"이란 말(ποπαμὸν ὕδατος ζωῆς)은 그것이 늘 흐르는 강이란 뜻도 있고, 생명을 주는 강이란 의미도 있다. 그것이 빛난다고 한 것은 불결, 암흑, 사망 등과 상관이 없고, 오직 의와 광명, 영생의 능력이 있다는 뜻이다. 그것이 "하나님과 어린 양의 보좌로부터 나온다"고 하였으므로, 상징적인 의미를 가지고 있는 것이 확실하다. 문자적으로만 보면 이 말은 모순된다. "보좌"에서 어떻게 물이 나오는가? 그것은 하나님과 그리스도께서 주시는 내세의 모든 무궁한 생명을 나타낸다. 어떤 학자들(Swete, Allo)은 요 7:39에 근거하여 이것이 성령을 상징한다고 했다. 그러나 이것은 좀 더 넓은 의미를 가진다. 하도른(Hadorn)은 말하기를 "이 상징은 매우 분명한 뜻을 가졌다. 그 생수는 그리스도께서 그의 백성에게 주시는 새 생명으로(요 4:14; 7:38), 그들에게 변하지 않고 늙지 않을 것을 보장해 주는 것이다."라고 하였다.[242] 어쨌든 이 생명의 강수가 상징하는 생명은, 성령과 주님의 나타나심으로 말미암아 신자들의 영혼과 몸을 영생하게 해 주는 것이다.

2 길 가운데로 흐르더라… 생명나무가 있어 열두 가지 열매를 맺되. 에덴동산의 생명나무에 관한 새로운 소식이 다시 들린다(창 2:9). "생명나무"란 말은 영생을 주는 나무를 의미한다. 에덴동산에서 사람이 이 영생을 잃었으나, 이제는 그리스도로 말미암아 신앙으로 이기는 자에게 베풀어 주신다. 그러므로 이 나무는 그리스도 자신을 상징하였을 것이다. 또한 저 새로운 세상에도 실제로 있을 것이다. 우리가 그것을 실제로 보기 전에는 이 이상 더 잘 표현할 지식이 없다. 생명나무에 대한 말이 잠언에도 네 번 나온다(잠 3:18; 11:30;

---

242) "Aber die Bezeichnung ist deutlich: ὕδωρ ζωῆς ist das neue Leben, das der Christus den seinen spendet, Joh 4:7; 7:38 welches ihnen Unvergänglichkeit und Lebensfrische sichert"2)

13:12; 15:4).

그 나무 잎사귀들은 만국을 치료하기 위하여 있더라. 여기서 "치료하기"라는 말은, 헬라어로 테라페이안(θεραπείαν)이며, 치료한다는 말이다. "만국을 치료한다"는 것은 모든 사람의 죄로 상한 영혼들을 구원한다는 의미이다. 그 나무의 실과는 사람이 영생하게 하고, 그 잎은 사람의 상한 영혼을 치료한다(겔 47:12 참조). 그러므로 이 과일나무 실물인 동시에 그리스도께서 주시는 생명을 상징한다. 그리스도 외에는 아무것도 이런 생명을 줄 수 없다.

3-4절. 이 구절들은 이 새 세계의 복된 삶에 대하여 설명한다.

다시 저주가 없으며. 아담과 하와도 처음에 복된 삶을 살다가 저주를 받아 그 복된 삶을 잃었다. 그러므로 저주를 영원히 없애기 전에는 복된 삶이 보장되지 못할 것이다.

하나님과 그 어린 양의 보좌가 그 가운데에 있으리니. 그때에는 하나님께서 사람들과 함께 계실 뿐만 아니라, 사람의 영원한 중보자이시고 대속자이신 그리스도도 거기 함께 계시므로 영원히 영생의 복을 잃을 염려가 없다. 그때에 인간은 그리스도의 중보를 통하여 하나님과 연합한 자이므로, 과거의 죄는 영원히 계신 어린 양으로 말미암아 대속되었고, 또 앞으로 죄를 범할 리도 없다.

그의 종들이 그를 섬기며 그의 얼굴을 볼 터이요 그의 이름도 그들의 이마에 있으리라. 이것은 새 세계의 사람들이 받는 삼중 축복이다. 하나님을 섬기는 것은 인생의 본분이다. 그러나 인생이 오랫동안 그것을 불완전하게 지키다가 이제는 그 본분을 완전하게 행한다. 또한 하나님을 대면하듯이 교제하는 인생의 가장 귀한 소망을 누린다. 뿐만 아니라 인생은 사탄의 소유물이 아니라, 하나님의 보화 같은 존재이다. 이제 그 관계를 확립한다는 의미로 그 이마에 하나님의 이름이 기록된다.

설교 영원무궁한 세계(1-5절)

1. "생명수의 강"이란 말씀이 보여 주는 뜻(1-2절)

이것은 풍부하고, 또한 계속적으로 공급되는 성령의 생명력을 비유한다. 요 7:37-39의 말씀은 이와 같은 해석을 지지한다. 그 강이 길 가운데로 흐른다는 뜻은 새 예루살렘의 사람들이 성령의 생명력을 풍부하게 받는다는 의미이다. 거기서 우리는 장차 생명으로 왕 노릇 한다(롬 5:17). 또한 거기서 우리는 피의 순환으로 생명을 유지하지 않고 영적인 능력의 충만함으로 생명을 유지한다.

2. 생명나무가 열두 가지 실과를 맺는다는 뜻(2절 하반)

본래 에덴동산 가운데에 생명나무가 있었고, 그것은 사람이 하나님과 교제할 수 있게 하는 방편이었다. 영생은 하나님께만 있다. 그렇다면 새 예루살렘의 생명나무는 무엇인가? 그것 역시 하나님의 영생을 받게 하여 주는 것이며, 하나님을 알게 하는 지혜를 비유한다(잠 3:18; 11:30; 사 11:9).

3. 세 가지 복(3-5절)

1) 다시 저주가 없음(3절, 종들이 하나님을 섬김). 그러므로 우리가 그 나라에 가기 위해 무엇을 준비해야 할까? 우리는 그를 잘 섬기는 능력을 받아야 된다.

2) 그의 얼굴을 봄(4-5절 상반). 우리가 지금은 거울로 보는 것같이 하나님을 희미하게 본다. 그때에는 그리스도를 대면함으로써 하나님을 대면한다. 그 이유는, 그곳에서는 햇빛이나 등불 같은 이 세상 방법으로 우리를 인도하지 않고, 영적인 밝음으로 하나님을 직접 알게 하여 주시기 때문이다. 그 세상에 들어가기 위하여 우리는 이 세상에서 하나님을 아는 영적 지혜로 미리

연단을 받아야 된다.

3) 세세토록 왕 노릇 함. 왕 노릇 한다는 것은 세상 세력을 쓰는 것과 같은 것이 아니다. 이것은 만물을 복되게 주장하시며 죄 없이 하나님을 섬기는 제사장 왕이 되는 것을 말한다. 이것은 그리스도 안에서 이루어지는 일이다. 우리는 이 세상에서부터 그리스도의 이름으로 승리하는 왕 같은 사람이 되어야 한다.

설교 무한히 풍성한 생명 세계(1-5절)

"새 예루살렘"에 대한 본문의 설명은 특별히 성도들이 누리게 될 영생의 생명(1-2절)과 거기에 따른 하나님과 그들의 관계(3-4절)에 대하여 말씀한다.

1. 무한히 풍성한 생명(1-2절)

이것은 "생명수의 강"과 "생명나무"로 비유된다. 풍성한 물(혹은 강수)은 인류가 타락하기 전에 복된 세계였던 에덴에서도 인류의 생명에 필수적인 것이었다(창 2:10-14). 복된 땅 에덴의 환경 요소였던 물(강수)은 계시 역사에서 구원의 복을 상징한다. 물이 넉넉한 땅을 "여호와의 동산(에덴) 같다"고 하였고(창 13:10), 황폐한 곳을 위로하여 에덴, 곧 "여호와의 동산 같게 하신다"는 약속도 있고(사 51:3), "복락의 강물을 마시게 하신다"는 약속도 있다(시 36:8-9). 그러므로 예수님은 이와 같이 귀한 물로 성령을 비유하시기도 하였다(요 7:37-39).

2. 인생의 목적이 완성됨(3-4절)

사람은 하나님의 형상으로 창조되었다(창 1:26-28). 그 이유는 그로 하여

금 하나님을 섬기는 종이 되게 하시기 위해서이다. 그런데 인간의 범죄로 인하여 하나님의 형상의 기능이 상실되었다. 그러나 그리스도께서 그의 속죄 사역으로 인하여 인간에게 임한 저주(갈 3:10)를 없애 주시고(갈 3:13), 그 본래의 기능을 회복시켜 주셨다(골 3:10). 그러므로 구속함을 받은 성도는 하나님을 섬기게 된다(롬 14:8-9; 고전 6:19-20; 10:31 참조).

인생이 자기 자신을 섬기면(자기 생명을 사랑하면) 망하고(요 12:25 상반), 마귀를 섬기면 마귀와 운명을 같이 하게 되고(마 25:41), 그리스도(하나님)를 섬기면 하나님이 계신 곳에서 영원히 살게 된다(요 14:1-3).

3. 대종말의 성격(5절)

"주 하나님이 그들에게 비치심이라." 이 말씀의 의미는 다음과 같다. 첫째, 하나님께는 초자연적인 밝음이 있다. 하나님과 교통했던 모세는 그 얼굴에 광채가 있었다(출 34:29, 35. 마 17:1-2; 딤전 6:16 참조). 둘째, 하나님께는 종교 윤리적 의미를 지닌 은혜와 평강이 있다. 민 6:25-26에 말하기를 "여호와는 그의 얼굴을 네게 비추사 은혜 베푸시기를 원하며 여호와는 그 얼굴을 네게로 향하여 드사 평강 주시기를 원하노라"고 하였다.

현세에도 앞에서 설명한 하나님의 광명이 필요에 따라서 부분적으로 계시된다. 그러나 여기서는 햇빛이 쓸데없게 된다고 하였다. 이런 현상은 이 세상이 아닌 영원한 내세에만 있다.

"세세토록 왕 노릇 하리로다"(5절 끝). 이 말씀은 "천 년 동안… 왕 노릇 하리라"(계 20:4, 6)고 한 내용과 달리 마지막에 이룬 완전하고 무궁한 복된 내세를 가리킨다.

제 11 부
결론

22:6-21

제 22 장

- 02 -

6-17절. 계시록을 가르치라는 세 차례의 권면.

1. 첫째 권면.

6-7 이 구절들은 이 계시록의 말씀이 신실하고 참되니 그것을 전하고 지키라고 한다. 그 이유는, 이 계시와 같이 주님께서 오시겠기 때문이다.

신실하고 참된지라. 계 21:5 해석 참조.

8-9 이 구절들은 위대해 보이는 천사도 인간이 하나님께만 드릴 경배를 대신 받지 못한다고 한다.

설교 계시록의 중요성(6-9절)

1. 그 말씀은 신실하고 또 참되기 때문에 중요하다(6절 상반)

"신실하다"(πιστοὶ)는 것은 변함없이 그대로 이루어질 것을 생각하게 한다. 이것은 독자에게 소망을 가지고 그 말씀을 지킬 힘을 준다. 그리고 "참되다"(ἀληθινοί)는 것은 그 말씀이 전적으로 하나님이 주신 원본 그대로이기 때문에 하나님의 권위를 생각하게 해 준다. 이것은 독자들이 그 권위 앞에서

압도되어 믿게 해 준다.

"속히"란 말(ἐν τάχει)은 "급히"라고 번역하는 것이 더욱 정확하다. 이것은 시간의 멀고 가까움보다 성취자의 열심과 사랑을 생각하게 한다. 주님의 재림이 인간에게는 더디게 느껴진다(벧후 3:9). 그러나 하나님은 그 크신 열심과 사랑으로 재림을 진전시키신다. 다만 그가 그의 택하신 백성이 아무도 멸망하지 않고 구원을 받도록 오래 참으시는 것은 사실이다(벧후 3:9 하반). 인류 역사의 모든 사건은 다 주님의 재림을 향하여 움직인다. 만물의 구심점은 주님의 재림이다(롬 8:19 참조).

2. 그 말씀을 지키는 자에게 복이 있기 때문에 중요하다(7절)

"이 책의 예언의 말씀"이라고 하면서 "책"이 강조되었다. 이는 ① 글로 표현된 말씀이 음성으로 표현된 것과 마찬가지임을 알려 준다. ② 글로 표현된 것은 어떤 의미에서 더 중요하다. 그것은 진리를 계속 정확히 기억하며, 지키며, 전달하는 유일한 방법이 된다. ③ 하나님의 말씀이 책으로 전해진 목적은 후대인들(우리까지)을 위해서이다.

설교 하나님께만 경배하라(8-9절)

사도 요한이 천사의 발 앞에 엎드렸을 때에 천사는 그렇게 하는 것을 엄히 금하였다. 그 이유는 그와 사도와 일반 신자가 다 같이 하나님의 "종"들이고 그들 사이에 높고 낮음이 없기 때문이다. 일반 신자들("이 두루마리의 말을 지키는 자들"[9절])이 하나님의 종이라는 것이 여기서도 확인된다. 그리스도의 보혈로 구속을 받은 모든 신자들은 은사에 따라서 각기 다른 직분을 가진다. 그러나 모두가 하나님의 종이라는 것만은 동일하다. 즉 교회에서 말씀을 가르치는 자(교역자)도 "종"이고, 교회를 다스리는 자(장로)도 "종"이고, 봉사하는 직분자들이나 평신도들도 모두 다 하나님의 "종"이다. 그들은 각각 은사가 다를 뿐 하나님을 섬기는 "제사장"이라는 점에서는 똑같다(벧전 2:9).

가르치는 은사를 받은 교역자가 인도자의 위치에 있는 것이 합당하다. 그러나 그는 어디까지나 안내자로서 겸손히 일하는 신분일 뿐 지배자의 위치에 서면 안 된다(벧전 5:3). 교역자가 인도자라는 점에서는 일반 신자들의 존경을 받는 것이 합당하다. 그는 그 수고 때문에 가장 귀하게 여김을 받을 수 있으나(살전 5:12-13), 계급적인 심리로 높임을 받는 것은 부당하다. 일반 신자들도 그들이 받은 은사의 위치에서 교역자로부터 존경을 받는 것이 마땅하다(벧전 2:17 상반). 일반 신자들도 그 받은 은사대로 하나님을 위하여 봉사해야 된다. 그것이 하나님의 종 된 자의 특권이다(롬 6:22; 고전 7:22 참조).

2. 둘째 권면.

10-15절. 계시록의 말씀을 인봉해 두지 말고 가르치라고 함. 계시록의 말씀을 인봉해 두지 말고 가르칠 이유는, 주님의 다시 오실 시기가 임박하였기 때문이다. 그것은, "불의를 행하는 자는 그대로 불의를 행하"게 내버려 둘 정도로 가깝다고 한다(마 26:45 참조). 곧, 이제는 완악한 자에게 회개를 더 권면할 시간 여유가 없다는 것이다(단 12:10 참조).

설교 소망 중에 위로(10-13절)

1. 인류의 회개를 바라보고 계시록을 공개하여 가르치라고 함(10절)

천사는 사도 요한에게 재림의 소망을 또다시 기억시킨다. "이 두루마리의 예언"대로 주님이 오신다는 것이다. 그것이 이 책의 예언을 봉해 두지 말고 가르쳐야 하는 이유이다. 12-13절의 말씀도 같은 소망을 거듭 강조한다.

인류의 소망은 오직 재림하시는 주님의 심판이다. 믿음으로 사는 자는 예수님의 심판을 소망하며 기다려야 한다. 그는 거기서 모든 억울함과 불안이 해결된다고 믿는다. 그런 소망을 가지지 않는다면 그는, ① 세상을 사랑하여 육신의 정욕과 안목의 정욕과 이생의 자랑에 도취된 자이고, ② 하나님의 최후 심판을 피하려는 마음을 가진 자이고, ③ '하나님이 계시지 않으면 좋겠다.'라는 악한 마음을 가지는 데까지 발전할 위험성을 안고 있다.

2. 하나님의 예정에 맡기고 위로를 얻음(11절)

"불의를 행하는 자"(ὁ ἀδικῶν)란 말은 계속하여 기탄없이 범죄하는 자를 가리킨다. 그는 주님의 재림에 대한 경고를 듣고도 정신을 차리지 않고 죄를 사랑한다. 전도자는 그런 사람이 택함 받은 자가 아닐 수도 있다고 생각하며 한 가닥 위안을 받을 수 있다. 그런 사람 때문에 너무 상심하지 말고, 하나님의 뜻을 기다려야 한다.

"의로운 자"와 "거룩한 자"가 계속 그렇게 참되게 행한다면 그는 구원받기로 예정된 자일 것이다. 그렇다면 그는 주님이 재림하실 때에 구원을 받을 것이 확실하다. 신자들은 이 세상에서 복음을 증거해야 되지만 구원의 최종 판단은 하나님의 예정에 달려 있다. 여기에 소망과 위로가 있다.

14 자기 두루마기를 빠는 자. 이것은, 그리스도의 보혈로써 속죄받은 인격(두루마기)이 혹시 짓는 죄를 신앙으로 회개하여 사죄받는 자를 가리킨다(요일 1:9). "개들"은, 불결한 자들, 곧 구속받지 못한 자들을 이름이다.

15 점술가들과 음행하는 자들과 살인자들과 우상 숭배자들과 및 거짓말을 좋아하며 지어내는 자. 계 21:8 해석 참조.

설교 구원받는 자와 구원받지 못하는 자(14-15절)

1. 구원받는 자(14절)

그는 "자기 두루마기를 빠는 자들"(οἱ πλύνοντες τὰς στολὰς)이라고 한다. 계 7:14에는 씻는다는 말(ἔπλυναν)이 과거사로 나와 있다. 그것은 신자가 처음 믿을 때에 그리스도의 피로 씻음 받는 특별한 사건을 가리킨다. 그런데 여기서는 그 말이 현재사(πλύνοντες)로 되어 있다. 이것은 신자가 매일 범한 과오를 예수님의 피로 사함받기 위하여 계속 자복하며 믿음을 다짐하는 것을 가리킨다(요일 1:7, 9 참조). 예수님께서 "이미 목욕한 자는 발밖에 씻을 필요가 없느니라 온 몸이 깨끗하니라"(요 13:10)라고 하신 말씀이 이런 경우를 비유하신 것이다. 이처럼 계속 회개하는 신자들은 생명나무(예수님이 주시는 영생)에 나아가기 위하여 새 예루살렘의 문을 통과할 수 있다. 이것이 구원의 완성이다.

2. 구원받지 못하는 자(15절).

그들은 다음과 같이 설명된다.

1) "개들." 여기서는 "개"라는 말로 귀한 것(하늘의 것)을 귀한 줄 모르고 도리어 육신(죄성)에 속한 것을 사랑하는 자를 비유한다(빌 3:2-4; 벧후 2:22 참조).

2) "점술가들." 요술하는 자들은 초자연성을 거짓으로 모방하여 사람들을 유인한다. 이것은 사람들의 종교성을 부패시키는 것이다(행 19:19 참조).

3) "음행하는 자들과 살인자들." 음행은 사람이 마땅히 지켜야 하는 남녀 간의 윤리를 파괴하는 행동이고, "살인"은 생명의 존엄성을 무시하는 행동이다. 사람은 하나님을 사랑해야만 참된 만족을 얻는다(고후 3:4-5). 쾌락을 하나님보다 더 사랑하는 것은 무엇보다 자기 자신을 망하게 하는 것이다

(고전 6:18).

4) "우상 숭배자들과 및 거짓말을 좋아하며 지어내는 자." 참하나님은 한 분뿐이시므로 우상을 만들어서 다른 신들을 섬기는 것은 헛되고 거짓된 행동이다(고전 8:4-7; 10:19-20). 또한 예수 그리스도께서 참하나님이시므로(요 14:9 하반), 예수님을 부인하고 다른 것을 믿고 그것에 경배하는 자는 거짓말하는 자이다(요일 2:22 참조).

3. 셋째 권면.

16-17절. 이 구절들 역시 계시록의 말씀을 전하라는 의미를 가진다.

16 다윗의 뿌리. 계 5:5 해석 참조. 이 말은 다윗의 끊어진 왕통에서 출생한 싹을 의미하며(사 11:10), "다윗의 자손"이란 말의 뜻과 같다. 그것은 구약 성경에 예언된 메시아의 명칭이다.

새벽 별. 계 2:28 해석 참조. 어떤 사람들은 "새벽 별"이 신약 시대의 계시자를 가리키는 비유라고 한다(벧후 1:19). 신약 계시는 예수 그리스도의 오심으로 나타난 것이며, 세계의 종말이 가까움을 보여 준다. 그것은 마치 낮이 가까워지는 것을 보여 주는 새벽별과 같다.

17 성령과 신부가 말씀하시기를 오라 하시는도다 듣는 자도 오라 할 것이요. 이것은 12절에 있는, 주님께서 "내가 속히 오리니"라는 말씀에 대한 "성령과 신부"(교회)의 응답이다. 곧 성령과 교회가 그리스도께 오시라고 간절히 구하는 것이다. "성령"은 교회에서 역사하시는 보혜사를 가리키고 "신부"는 교회를 의미한다. "듣는 자도 오라 할 것이요." 이 말은 계시록 말씀이 전파될 때에 듣는 신자들도 그리스도를 향하여 오시라고 기도하라는 부탁이다.

목마른 자도 올 것이요. 이것은 신약 시대의 복음 전파를 가리킨다고 한다. 그러나 로마이어(Lohmeyer)는 이것을 다음과 같이 해석한다. "목마른 자"는 신자를 의미하며, 곧 순교의 면류관을 사모하는 자라는 뜻이다. 이와 같은 신자에게 오라고 하는 것은, 죽음을 거쳐 복된 세계로 들어가라는 것이다.[243] 그러나 이 말씀은 그리스도의 재림으로 인하여 신자의 영적 갈망이 만족된다는 의미이다. 어떤 사람들은 이 문구가 복음 전도를 가리킨다고 한다. 이러한 주장도 참고할 만하다.

설교 생명수의 의의(1, 17절)

1. 풍성한 생명

신자가 받게 될 영생의 은혜를 생명수로 비유하는 것은 그것이 사람들에게 값없이 풍성히 주어졌음을 보여 준다. 계 22:17에 "목마른 자도 올 것이요 또 원하는 자는 값없이 생명수를 받으라"고 하였다. 하나님께서는 인류에게 영생의 은혜를 값없이 거저 주신다. 그렇게 하시는 이유는 영생의 생명이 낮고 천해서가 아니라 너무 귀하기 때문이다. 곧 사람의 힘으로는 그것의 값을 마련할 수 없기 때문이다. 하나님께서는 사람에게 영생을 이처럼 값없이 후하게, 또는 풍성하게 물 붓듯이 부어 주신다(롬 5:5). 이렇게 물 붓듯이 주신 생명의 복음에 대하여 사람들은 어떠한 태도를 취해야 될까?

1) 겸손한 태도이다(롬 3:23-24, 27). 물은 낮은 데로 흐르므로 복음을 믿고 영생을 받는 자도 처음부터 끝까지 겸손을 갖추어야 한다. 예수님이 가르치신 팔복에서 첫째로 마음이 가난한 자가 복이 있다고 하신 것은 겸손이 팔복의 기초라는 의미도 된다. 하나님은 교만한 자를 물리치시고 겸손한 자에게 은혜를 주신다(약 4:6). 그렇다면 겸손이 무엇인가? 그것은 다른 사람을 나보다 낫게 여기는 것이다(빌 2:3). 이것은 특정한 사람이 나보다 낫다는 것

243) Dann muss διψῶν der Glaübige sein, der nach dem Kranz des Martyriums trachtet, wie denn auch in 216 διψῶν und νικῶν idendische Begriffe ind. ἔρχεσθαι heisst alsdann, in den Tod und dadurch in die Seligkeit eingehen.

이 아니라 누구든지 나보다 낫다는 것이다. 이것은 기술이나 지식을 기준으로 한 사고방식이 아니다. 영혼을 기준으로 하는 것이다. 아무리 내게 기술이 있어도 내가 그것을 가지고 주님을 섬기지 않았을 뿐만 아니라 도리어 죄를 범했다면, 나는 기술이 없는 사람보다 못하다. 바울이 말하기를 "죄인 중에 내가 괴수니라"(딤전 1:15)고 한 것은 디모데전서를 기록할 때에(임종이 가까웠을 때)에 그렇다는 것이다. 그것은 헬라 원문(ὧν πρῶτός ϵἰμι ἐγώ)의 "니라"(ϵἰμι)라는 현재동사가 증거한다. 바울은 이렇게 겸손하였으므로 그에게 하나님의 은혜가 많았다.

세례 요한은 주님의 "신발끈을 풀기도 감당하지 못하겠노라"(요 1:27)고 하였다. 이 말은 주님의 종 될 자격도 없다는 말이다. 얼마나 겸손한 말인가? 사람들은 모두 다 스스로 겸손하다고 여기지만, 실상은 교만한 경우가 많다. 사람을 업신여겨도 교만인데 하물며 하나님을 업신여기는 것은 얼마나 큰 교만인가? 사람이 하나님을 업신여기는 죄는 하나님의 말씀을 업신여기는 것으로 잘 드러난다. 하나님은 말씀으로 자신을 대리하시기 때문에, 하나님의 말씀을 업신여기는 자는 하나님을 업신여기는 자다.

2) 거저 받았으니 거저 주어야 된다(마 10:8). 이와 같이 영생의 은혜가 말할 수 없이 풍성하게 임하였으므로, 그것을 받는 자는 얼마든지 다른 사람에게 주는 것을 즐거워해야 된다. 그는 남에게 줄수록 많이 받게 된다. 그 이유는, 하나님의 생명수 같은 은혜는 그와 같이 내어 주는 자에게 내리기 때문이다. 강물처럼 많은 물이 있는데, 한 잔의 물을 떠서 다른 사람에게 주지 않을 사람이 있겠는가? 그러므로 주 예수님께서 말씀하시기를, "주는 것이 받는 것보다 복이 있다"(행 20:35)고 하셨다.

2. 생명의 약동. 강물은 쉬지 않고 흐른다. 생명은 움직이는 법이다.

강물이 흐르는 것을 보면, 물이 어디서나 머물지 않고 계속 흐르는 것을 알 수 있다. 이것이 생명의 상징이다. 사람의 몸속에 흐르는 피도 머물러 있는 순간 없이 계속하여 흐른다. 우리가 자는 동안에도 피는 쉬지 않고 순환하며 움직인다. 그와 같이 하나님께서 우리를 살려 주시는 생명의 은혜도 쉬지 않고 흘러간다. 신자가 한 가지 은혜에 머물고 있으면서 시시각각으로 새 은혜를 받지 않으면 생명 없는 자가 된다. 끊임없이 찾아오는 은혜는 옛것에 머물러 있는 자를 기다려 주지 않고 지나간다. 그러므로 성경은 말씀하기를 "때를 따라 돕는 은혜를 얻기 위하여 은혜의 보좌 앞에 담대히 나아갈 것이니라"(히 4:16) 하였고, 고후 4:16에 말하기를 "우리의 속사람은 날로 새로워지도다"라고 하였다. 우리는 날마다 새 힘을 얻어야 하고 새 은혜를 받아야 된다. 현대 과학이 발달됨에 따라 죄악도 발달한다. 그러므로 지금 우리가 이 발달한 죄를 이기고 막으려면 은혜 위에 은혜를 받아야 한다.

3. 감화력. 내세에서 생명을 주시는 하나님의 은혜를 사람이 물과 같이 받는다.

이 세상에서도 복음의 말씀은 인간의 죄를 씻어(요 15:3) 영혼을 살린다. 이 복음의 말씀은 물의 침투력과 같이, 감화력을 가지고 사람의 마음에 들어간다. 복음은 하나님의 독생자의 피로써 임하는 것이므로, 그것의 감화력은 말할 수 없이 크다. 그러나 그것을 전하는 자들 자신이 그리스도의 보혈의 사랑에 녹아지지 않고 전하면, 그 위대한 감화력이 가려진다. 복음을 전하는 자는 많은 회개와 기도로 믿음을 굳게 하고 그리스도의 복음을 물과 같이 감화력 있게 전해야 한다. 내세에서는 신자들에게 영생을 공급하는 역사가 강물과 같이 온통 그들을 적신다. 그때에 그들은 생명에 삼켜진다(고전 15:52-54).

설교 스스로 증거하는 자와 초청자(16-17절)

1. 스스로 증거하는 자(16절)

하나님(예수님)은 스스로 증거하신다. 그렇게 하시는 이유는, 하나님밖에는 그분을 아는 자가 없기 때문이다. 사람들은 아담 때부터 부패하여 왔기 때문에 그들 스스로는 하나님을 알지 못한다(고전 1:21 참조). "만물보다 거짓되고 심히 부패한 것은 마음"이라고 한다(렘 17:9. 요 8:13-14 참조).

하나님에 대해서는 하나님 자신이 친히 나타내신 증거만이 절대적인 신빙성을 가진다. 예수님께서 자기를 "다윗의 뿌리"라고 하신 것은 그가 다윗의 무너진 왕적 계보에 나신 왕(즉 메시아)이라는 말씀이다. 그는 또한 자신을 "새벽별"이라고 하셨는데, 이는 그가 주전 1500년에 예언된 대로 이스라엘에서 나온 "한 별", 곧 왕이라는 의미이다(민 24:17). 그는 길고도 지루한 밤이 지난 후 유쾌하게 떠오르는 새벽별같이, 괴로운 세상의 마지막 날에 영원한 광명의 세계를 가져오신다.

2. 초청자(17절)

성령과 신부(교회)는 사람들을 예수님께로 초청할 자격을 가진 자이다. 예수님은 여기서 자기 자신에 대한 증거가 시종일관 교회를 통하여 이루어졌고, 또한 교회를 통한 증거자는 성령(하나님 자신)이심을 확언하신다(요 15:26-27 참조). 이 참되고 권위 있는 증거는 계속 전승되어야 한다. "듣는 자도 오라 할 것이요"란 말씀이 그 뜻이다.

"원하는 자는 값없이 생명수를 받으라." 하나님께서 사람들에게 구원의 은총(생명수, 곧 성령의 은혜)을 거저 주시면서 그것을 받고자 하는 자들에게 요구하시는 조건이 한 가지 있다. 그것은 "원함"이다. 구원받기를 원하는 사람은 그 마음의 소원이 진실해야 된다. 의는 전혀 없고 죄만 있는 인생이지만, 이 소원만 진실하다면 그는 구원받을 자격을 갖는다. 소원의 진실성은 "목마른 자"로 잘 비유된다. 목마른 자는 어느 때나 물을 잊지 않는다. 그것이 진정한 소원의 특징이다(사 55:1; 마 5:6 참조).

18-19절. 이 구절들은 계시록을 다루는 자들이 주의해야 할 것을 보여 준다. 이것은 이 책에 있는 말씀에 무엇을 더하거나 무엇을 빼는 자는 치명적인 위험에 빠진다는 경고이다. 이 말씀을 보면, 인간은 하나님의 말씀(성경)에 조금도 가감할 수 없다(설교 "성경의 권위" 참조).

설교 성경의 권위(18-19절)

계시록의 이 구절들은 우리에게 하나님의 말씀의 권위를 보여 준다. 이 말씀이 가르치는 원리는 성경 다른 부분에도 적용된다.[244] 성경은 하나님의 말씀이며, 우리가 믿어야 할 절대적인 진리이다. 그러므로 우리는 이 말씀에 무엇을 더하거나 뺄 수 없다. 우리는 어리석어서 이처럼 높은 말씀이 우리의 낮은 마음에 온 것을 감사할 줄 모르고 도리어 교만해져서, 그 말씀을 인간의 말과 같은 수준으로 취급하기 쉽다. 성경은 우리의 마음과 같은 수준이 아니다. 우리가 이 말씀을 친근하게 여길수록 더욱 그것의 진리성을 발견하게 된다. 이에 관하여 윌슨(Robert Dick Wilson)의 말을 생각해 보려 한다. 그는 45개국의 언어를 통달한 세계적인 구약학자였다. 그는 말하기를 "누구든지 구약의 참됨을 공격할 만한 지식을 가지지 못하였다"고 하였다. 그는 또 말하기를 "성경을 연구할 때에 건전하게 연구하고 철저하게 준비하여라. 피상적인 대답으로 만족하지 마라. 하나님의 말씀은 가장 철저한 연구 앞에서

244) 참조, 신 12:32; 13:1-3; 18:20; 렘 14:14; 23:17, 25-30.

도 진리로 드러난다. 난제를 당할 때에 위축되지 말고, 사실들을 끄집어내라. 하나님의 말씀과 하나님의 세계는 결코 서로 충돌하지 않는다."라고 하였다.

1. 독자적인 신뢰성

성경은 독자적인 신뢰성을 가지고 있다. 곧 성경 어떤 부분에 관하여 인간이 증명하지 못하고 이해하지 못할지라도, 조만간 그것이 독자적으로 참된 것으로 나타나서 인간의 이성과 지혜를 이기고, 인간을 부끄럽게 한다. 인간이 이해하지 못하고 도리어 의심하고 반대하던 성경말씀들이 참된 것으로 드러난 사실은 얼마든지 있다. 단 5:30을 보면, 바벨론 왕 벨사살이 메대 사람에게 죽임을 당하고, 그 나라는 메대 나라에 속하고 말았다. 그러나 세상 역사에서는 바벨론의 마지막 왕이 벨사살이 아니고 나보니두스(Nabonidus)라고 하여 비평가들이 다니엘서 5장을 오랫동안 비웃었다. 그런데 고고학자들이 발견한 토서판(土書版)들이 다음과 같은 사실을 증명한다. 곧 나보니두스 왕의 아들 벨사살이 있었는데 그가 그 아버지와 함께 섭정왕 노릇을 한 사실이다. 사 20:1을 보면, 앗수르 왕 사르곤에 대한 말씀이 있다. 학자들은 한동안 이 말씀이 역사적인 사실과 다르다고 비웃었다. 그 이유는, 앗수르 역사책에 사르곤이라는 이름의 왕이 없기 때문이다. 그러나 얼마 전에 고고학자의 발굴에 의하여 사르곤 왕의 고적이 발견되었고, 사르곤 왕의 일기에 사 20:1의 사실과 같은 내용이 기록되어 있었다.

2. 역사적인 정확성

출 1:11-14에 "감독들을 그들 위에 세우고 그들에게 무거운 짐을 지워 괴롭게 하여 그들에게 바로를 위하여 국고성 비돔과 라암셋을 건축하게 하니라 그러나 학대를 받을수록 더욱 번성하여 퍼져나가니 애굽 사람이 이스라엘 자손으로 말미암아 근심하여 이스라엘 자손에게 일을 엄하게 시켜 어려운 노동으로 그들의 생활을 괴롭게 하니 곧 흙 이기기와 벽돌 굽기와 농사의 여러 가지 일이라 그 시키는 일이 모두 엄하였더라" 하였고, 또 출 5:7-19을 보면, 바로가 이스라엘 백성을 더욱 괴롭게 하려고 짚을 주지 않고 벽돌을 구우라고 하였다. 그리하여 그들이 땅에 흩어져 곡초 그루터기를 거두어다가 짚을 대신하였다고 한다(출 5:12). 고고학자들은 이것이 확실한 사실이라는 것을 발견하였다. 곧 1883년에 나바이유(Naivile)란 학자가 비돔성의 고적을 파냈는데, 그 성 쌓은 것을 보니 아래쪽은 짚을 잘 썰어서 구운 벽돌이고, 그 중간은 곡식 뿌리를 섞어서 구운 벽돌이고, 맨 위에는 아무것도 섞지 않고 구운 벽돌이었다.[245] 이와 같이 성경은 그 세밀한 부분에서도 참되다. 왕하 19장을 보면, 앗수르 왕 산헤립이 큰 군대를 거느리고 유대를 칠 때에, 히스기야가 하나님께 기도하였다. 그때에 선지자 이사야가 예언하기를, 하나님께서 히스기야의 기도를 들으셨으므로 앗수르 왕이 실패하고 돌아가리라고 하였다. 그날 밤에 정말로 앗수르 병정 18만 5천 명이 여호와의 치심으로 죽었다(왕하 19:35). 이 사실은 세상 역사에서도 발견할 수 있다. 역사가인 요세푸스가 베로수스(Berosus)라는 역사가의 말을 인용한 것을 보면, 그 많은 사람들이 질병으로 인하여 그와 같이 죽었다고 한다. 물론 이 질병은 하나님께서 그의 사자를 통하여 보내신 벌이다.

성경은 철자법과 문자에서도 정확하다. 하나님께서 우리에게 성경을 주실 때에 그 사상뿐 아니라, 철자법까지 정확 무오하게 주신 사실이 발견되었다. 예를 들면 창세기 14장에 24임금의 이름(총 120글자)이 나오는데, 그 모든 철자법이 고고학 발굴로 얻은 조각문과 일치한다. 반면 세속의 역사책들은 왕들의 이름을 기록할 때 많은 실수를 한다. 아슈르바니팔의 서기관이 애굽 왕 이름을 기록할 때, 프삼메티코스(Psammetichus)란 이름을 잘못 기

245) Kyle, Moses and the Monuments, 156.

록하여 트삼멜리쿠스(Tsammelichus)라 하였고, 아라비아의 역사가 아불패다가 느부갓네살 왕 이름을 박트노사르(Bactnosar)이라고 잘못 적었고, 칼리스테네스(Callisthenes)가 알렉산드로스 왕의 동료들의 이름들을 기록한 것도 거의 모든 이름이 다 잘못 기록되었고, 마네토(Manetho), 헤로도토스(Herodotus), 디오도로스 시켈리오테스(Diodorus Siculus) 등의 이름들도 많이 틀리고, 아푸리카누스(Africanus), 카스토르(Castor), 프톨레마이오스의 정경 등이 앗수르 왕 이름들과 바벨론 왕 이름들을 기록한 것도 잘못된 것이 많다.[246)]

3. 실수라고 단정할 수 없는 성구들

비평가들은 말하기를, 성경이 어떤 수를 말할 때 정확하지 못하다고 한다. 몇 가지 예를 들면,

1) 민 25:9을 보면, 이스라엘 백성이 범죄하여 재앙으로 죽은 자들의 수가 24,000이라고 했는데, 그 사건을 말하는 바울은 "하루에 23,000명"이라고 했다(고전 10:8). 그러나 이러한 차이는 해결이 가능하다. 바울은 천 명을 적게 말하였으나 그것은 하루 동안에 죽은 사람들의 수이고, 민수기의 기록은 하루 동안 이외에 죽은 자들의 수도 계산한 것일 수 있다.

2) 고전 15:5-8에서 예수님께서 부활하시고 나타나신 사건들에 대하여 말하기를 "열두 제자에게와 그 후에 오백여 형제에게 일시에 보이셨나니 그 중에 지금까지 대다수는 살아 있고 어떤 사람은 잠들었으며 그 후에 야고보에게 보이셨으며 그 후에 모든 사도에게와 맨 나중에 만삭되지 못하여 난 자 같은 내게도 보이셨느니라"고 하였다. 여기서 문제가 되는 것은, 부활하신

---

246) Robert Dick Wilson, Is the Higher Criticism Scholarly? 20.

'예수님께서 정말 열두 제자에게 나타나신 적이 있었을까?' 하는 것이다. 예수님께서 부활하시기 전에 유다가 자살하였으므로(마 27:5), 그때부터는 열한 제자였다. 그러나 이 또한 해결할 수 있다. 성경의 계산법은 수학적인 것이 아니라 대표적 계수법이다. 그 이유는, 성경은 수학이 아니라 글로 기록된 하나님의 말씀이기 때문이다. 예를 들면 예수님께서 떡 다섯 덩어리와 물고기 두 마리로 5,000명 이상(마 14:21)의 대중을 먹이신 사건(마 14:13-21)과 떡 일곱 개와 생선 두어 마리로 4,000명 이상의 대중을 먹이신 사건(마 15:32-39)에 대하여 말씀하실 때에, 그저 5,000과 4,000이라고만 하셨다(마 16:9-10). 그것은 대표적 계수법에 의한 계산이다. 그러므로 여기서 말하는 열둘이란 수도 열두 제자라는 본래의 단체를 대표하는 열한 제자에 대하여 "열 둘"(τῶν δώδεκα, 특별히 부름받은 제자들의 수)이라는 명사를 대표적으로 사용한 것이다. 열두 제자란 말은 유다가 죽은 후에도 성경 다른 부분에서 거룩한 집단의 명칭으로 사용한 적이 있다(계 21:14). 뿐만 아니라 이 문구에 대한 어떤 사본은 열한 제자라고 했으므로, 원본에는 열한 제자라고 기록되어 있었을지도 모른다. 예를 들면 동일한 사건에 대한 두 책의 기록이 숫자에서 서로 다른 경우가 있다. 그러나 이것도 잘 설명될 수 있다.

① 성경 원본에서는, 두 문서가 수를 기록할 때 일치되어 있었으나, 그것을 베끼는 사람들이 잘못 보거나 잘못 듣거나 잘못 기억하거나 잘못 기록하여 그와 같이 서로 달라진 듯하다. ② 윌슨(Robert Dick Wilson)은 고대 국가들이 숫자를 기록할 때, 글자의 순서대로 표기하거나, 속뜻을 드러내어 표기하는 방식을 사용했다는 사실로 이 난제를 해결하였다. 원본에서 어떤 숫자를 글자 순서대로 표기했다면, 그것을 베끼는 자들이 그 글자의 순서를 서로 다르게 해석하여 베껴서 같은 기사에 대한 두 문서의 숫자가 서로 달라졌을 수 있다고 한다. 고대 국가들이 숫자를 글자 순서대로 표기한 예는 많이 찾

아볼 수 있다. 애굽, 바벨론, 레니게, 아람, 나바테아, 팔미레네스[247]의 사람들이 그러하였다. 수리아 사람들은 AD 9세기에 이르기까지 숫자를 일종의 암호나 문자로 표기하였다.[248] ③ 기자들이 같은 숫자를 기록하면서 각기 다른 관점에서 그 숫자의 일부나 전부를 보고하였을 수 있다. 윌슨은 이 점에 관하여 적합한 실례를 들었다. 언젠가 그는 미국 남부의 어떤 도시의 인구수를 물어본 적이 있었다. 그때에 어떤 사람은 40,000이라고 대답하였고, 다른 사람은 120,000이라고 대답하였다. 윌슨 박사가 두 대답이 차이 나는 이유를 물으니, 40,000이란 수는 백인만 계산한 관점에서 나온 것이고, 120,000은 백인의 수에 80,000명의 흑인까지 포함하여 계산한 것이었다고 한다.[249] 이같이 우리는 성경의 난제를 해석할 가능성이 있다는 것을 생각할 수 있다. 머레이(John Murry) 교수는 다음과 같이 말하였다. 곧 "우리는 성경에서 서로 충돌하는 구절들에 대하여 피상적으로 해결하지 말아야 된다. 우리가 이런 난제들을 해결하기도 하였으나 아직 해결되지 않은 것들이 남아 있다. 그것 때문에 우리가 성경을 못 믿을 이유는 없다. 우리의 신앙은 성경에 대한 합리적 해석에 근거하는 것이 아니라 성경에 대한 성경 자체의 증거에 근거하기 때문이다. 성경이 성경에 대하여 말하기를 '하나님의 말씀'이라고 했으므로, 하나님의 말씀인 성경에 오류가 없는 것이 명백하다. 우리는 성경에 대한 교리를 다른 교리들처럼 성경에서 취해야 한다"고 했다.[250] "성경의 무오류" 교리는 개혁주의 교회의 중요 교리이자 기본 교리이다. 역대 칼빈주의 신학자들이 그렇게 믿었고, 우리 교회의 성경관도 그것과 동일하다. 개혁 신학의 권위자이고 세계 3대 칼빈주의 신학자 중 한 사람인 헤르만 바빙크(Herman

---

247) Egyptians, Babylonians, Phoenicians, Aramians, Nabatians, Palmyrenes.

248) Sachau, Aramaiche Papyrus und Ostraka.

249) Is The Highe Criticism Scholarly? 53.

250) John Murry, *The Infallible Bible*, 6-8.

Bavinck)는 성경에 그릇된 것이 없음을 주장하면서 다음과 같이 말하였다. 곧 "개혁자들은 교회로 말미암아 전승된 것처럼, 성경과 그것의 영감에 대한 교리를 그대로 취하였다. 루터는 가끔 그의 구원관에 대한 새로운 자각 때문에 에스더서, 에스라서, 야고보서, 계시록에 대하여 옳지 않은 견해를 가지곤 했다. 그러나 그는 후에 성경에 대하여 가장 엄격하게 문자적 영감설을 주장했다. 루터교파 교리 책에는 성경에 대한 특별 교리가 있지 않지만, 성경의 모든 부분이 하나님께로부터 왔다는 것과 하나님의 말씀으로서 권위를 가진다는 사상을 포함하고 있다. 루터파의 멜랑톤과 켐닛과 겔할드 등도 다 같은 의견을 가졌다. 크벤슈테트, 칼로비우스, 게르하르트는 성경 기자들을 공증 대서자(하나님의 말씀을 공정하고 정확하게 기록하는 자들)로 여겼다. 개혁주의 신학자들도 성경에 대하여 문자적 영감설을 믿었다. 칼빈은 성경이 완전하게 문자적으로 영감되었다고 믿었다."라고 하였다.[251] 이러한 바빙크(Bavinck)의 말처럼, 루터는 구원관의 새로운 자각으로 처음에는 성경 중 몇 책의 정경성에 대하여 의심한 적이 있었다. 그러나 그는 후에 그러한 의심을 버리고 그 몇 개의 책들에 대해서도 바른 신앙을 가졌다. 로처(Locher)의 말에 의하면, 루터는 그의 말년에 성경 전체를 정경으로 보고, 그가 젊은 시절에 의심했던 야고보서를 인용하였다고 한다.[252] 또한 영감 문제에서 우리가 명심할 것은, 하나님이 영감으로 주신 글이라면 오류 없이 주셨다는 사실이

---

251) De Hervormers namen de Schrift en hare theopneustie aan, gelijk hun die door de kerk was overgeleverd. Luther heeft nu en dan van uit zijn soter-iologisch standpunt over sommige boeken, Esther, Esra, Nehemia, Jakobus Judas, Openbaring een ongunstig oordeel gereld en kleinere onjuistheden toegegeven, maar toch aan de andere zijde inspiratie in den strengsten zin vastgehouden en tot de letters toe uitbreid. De Luthersche symbolen heffen geen afzonderlijk artikel over de Schrift, maar onderstellen haar goddelijken oorsprong en authoriteit allerwege. De Luthersche dogmatici Menlanchton in de Praefatio voor zijne loci, Chemniz, Gerhard enz, hebben allen dezelfde opvatting. Niet eerst Quenstedt en Calovius, maar Gerhard noemt de schrijvers notarios. Bij de Gereformeerden treffen wij dezelfde leer over de Schrift aan ...Maar Calvijn houdt de Schrift in vollen letterlijken zin voor Gods Woord,- Bavinck, *Gereformeerde Dogmatiek vol. I.* 383-384.

252) De Leer van Luther over Gods Woord.

다. 루터도 영감 교리에 있어서 그와 같이 문자적 영감설을 믿었다. 뿐만 아니라 우리가 또 명심할 것이 있는데, 그것은 종교 개혁 운동에서 루터는 신학자라기보다 종교가이며 영웅이었다는 것이다. 그러므로 신학에서는 그의 견해가 개혁주의와 다른 부분도 있다. 우리는 종교 개혁의 신학적인 지도자로 칼빈을 꼽는다. 3대 칼빈주의 신학자 중의 한 사람인 워필드(B. B. Warfield) 역시 문자적 영감설을 믿었으며, 다음과 같이 말하였다. "성경은 하나님과 인간의 합작으로 나타난 산물이다. 그러나 인간적인 요소로 보아도 실수가 없다. 그 이유는, 그것이 성령님의 인도와 감화로 기록되었기 때문이다."라고 하였다. 또한 찰스 하지(Charles Hodge)도 이와 동일한 의견을 가졌다.[253] 우리가 또 한 가지 명심할 것은, 우리가 개혁주의 신학자들의 의견대로 성경에 대한 교리를 취한 것도 사실이지만, 그보다는 우리의 성경 교리가 예수님의 성경관에서 유래되었다는 사실이다. 예수님은 성경의 완전한 영감을 가지셨다. 요 10:35에 예수님께서 말씀하시기를 "성경은 폐하지 못하나니 하나님의 말씀을 받은 사람들을 신이라 하셨거든"이라고 하셨다. 여기서 예수님은 성경에 있는 문구가 정확하고 오류가 없음을 변증하셨다.

20 이것들을 증언하신 이가 이르시되 내가 진실로 속히 오리라 하시거늘 아멘 주 예수여 오시옵소서. 이 구절들은 그리스도께서 머지않아 재림하실 것을 확실하게 약속하는 말씀이다. 계시록은 그리스도의 재림이 가까웠다는 것으로 시작되고(계 1:1, 3), 그와 같은 말씀으로 끝을 맺는다.

---

253) Charles Hodge, *Systematic Theology, Vol. I.* 163.

설교 두 가지 중복 경고(18-21절)

1. 계시책의 중요성을 들어서 독자들에게 경고함(18-19절)

"책"이란 말의 중요성에 대하여는 7절에서 말한 바 있다. 예수님 자신이 친히 글을 써서 전하신 적은 없지만, ① 예수님 자신이 진리이시므로(요 14:6), 그분 자신이 책의 내용이시다. ② 이 진리의 원 저자는 사실상 예수님 자신이다. 그 이유는 그의 성령의 감동하심을 받은 사도 요한이 이 책을 기록하였기 때문이다. 이 책은 오류 없는 문서이다. 한 점, 한 획도 더하거나 뺄 수 없다고 엄하게 경고하신다. 이 책의 내용에 무엇을 더하는 자가 있다면 그는 자기(인간)의 말을 예수님의 말씀과 동일시하는 자이다. 뿐만 아니라 이 책의 지극히 높은 권위를 무시하는 자이다. 그런 자가 어떻게 구원을 받겠는가? 그는 이 책에 기록된 재앙을 받을 수밖에 없다(18절).

그리고 이 책에서 어떤 문구든지 자기 마음대로 삭제하는 자도 역시 같은 과오를 범하는 자이다. 그도 생명나무와 새 예루살렘("거룩한 성")에 참여할 수 없다(19절).

2. 이 책의 말씀을 증거하신 이의 재림(20-21절)

우리는 이 책의 말씀으로 증거하신 이가 지극히 진실하신 줄 알고 또 그를 믿는다. 이 책에서 처음부터 끝까지 강조되었고, 따라서 확실한 것은 이 책의 내용이 하늘로부터 온 것이라는 사실이다. 이 책의 계시를 받아서 기록한 사도 요한은 그것이 전혀 자기의 사상이 아니라 전적으로 외부에서 온 것(즉 하늘에서 주신 것)임을 나타내고 있다.

그리고 그 내용은 요한복음, 또는 신약전서의 진리와 절대적으로 부합한다. 그러므로 그 내용은 구원사적인 진리이다. 그 내용을 기록하게 하신 분이 "내가 진실로 속히 오리라" 하신 약속을 우리는 절대적인 진실로 받아들일 수밖에 없다. 그러므로 사도 요한은 응답하기를 "아멘 주 예수여 오시옵소서."라고 하였다.

설교 주 예수여 오시옵소서(18-21절)

본문에 "책"이란 말이 두 번 나온다(18-19절). 그것은 물론 성경을 의미한다. 사도 요한은 이 책의 내용을 말씀하신 그가 "내가 속히 오리라"고 하실 때에 "주 예수여 오시옵소서."라고 하였다.

1. 믿음 있는 자가 이렇게 기도한다

사도 요한은 "내가 진실로 속히 오리라"고 하신 주님의 약속을 믿고 이렇게 기도하였다. 하나님의 약속은 언제나 우리에게 믿음을 일으키는 창조적 진실이다. 믿음은 들음에서 나고 들음은 그리스도의 말씀으로 말미암는다(롬 10:17).

믿음이 있는 자만이 성경에서 하나님의 말씀을 바르게 깨닫고 미래의 전망을 옳게 내다본다. 노아는 "아직 보이지 않는 일에 경고하심을 받아 경외함으로 방주를 준비"하였다(히 11:7). 믿음 없는 자는 짐승 같아서 이 세상만 알고 내세를 모른다.

2. 소망으로 사는 자가 이렇게 기도한다

소망은 우리 마음에서 믿음과 함께 움직인다. 사도 요한이 예수님의 말씀(내가 진실로 속히 오리란 말씀)을 믿었기에 소망도 가진 것이다.

신자의 소망은 부활 소망이다. 그것은 현실이 아니므로 보이지 않는다. 롬 8:24에 말하기를 "우리가 소망으로 구원을 얻었으매 보이는 소망이 소망이 아니니 보는 것을 누가 바라리요"라고 하였다. 보이는 것은 잠깐이므로(고후 4:18) 사람이 거기 머물면 위태하다. 지금 당장 기차가 달려오지 않는다고 하여 철도 위에서 잠을 자는 것이 얼마나 위태한 행동인가! 그러므로 히

6:18에 말하기를 "(우리는) 소망을 얻으려고 피난처를 찾"는다고 하였다. "피난처를 찾는다"는 것은 신자가 하나님께 피한다는 의미이지 산으로 피하는 것이 아니다(시 11:1). 그는 주님의 재림을 기다린다.

3. 주님을 사랑하는 자가 이렇게 기도한다

사랑도 신앙과 함께 움직인다. "내가 진실로 속히 오리라"고 하신 주님의 말씀을 믿는 사도 요한의 마음속에는 주님에 대한 사랑도 뜨거웠다.

우리가 먼저 주님을 사랑한 것이 아니라 주님이 우리를 그의 피로 대속하시어 사랑을 베푸셨다. 그러므로 우리는 주님을 사랑하게 된다. 그러나 일반적으로 신자들이 주님의 사랑을 확실히 깨닫기까지는 세월이 걸린다. 주님의 사랑을 깨달은 자라면 주님의 재림을 기다리지 않을 수 없다. 그래서 주님의 재림을 기다리는 일은 인류 역사의 초기에도 있었다. 예를 들면 아담의 7세손 에녹은 하나님과 동행하면서 주님의 사랑을 알았고, 심판의 주님을 기다렸다(유 1:14). 신자들은 주님의 심판을 통하여 죄악이 소멸되는 그날을 기다린다.

설교 주 예수여 오시옵소서(20-21절)

사람은 소망으로 산다. 소망이 없는 자는 기쁨이 없고, 무의미하게 살고, 죽지 못해서 산다. 그리스도 신자의 소망은 예수님이다. 그래서 사도 요한은 "주 예수여 오시옵소서."라고 하였다. 이것이 기독교 성경의 결론이다. 예수님이 오시기를 사모하는 이유는 무엇인가?

1. 나를 제일 사랑하시는 분이 예수님이기 때문이다

그분만이 나를 대신하여 죽어 주셨다(요 3:16 참조). 이 일은 예언이 성취된 것이므로 얼마든지 믿을 수 있고, 또한 하나님이 이루신 일이므로 당연히 믿어야 한다(행 3:18 참조).

2. 내세를 사모하기 때문이다

이 세상에서 올바르게 사는 자는 육신이 괴롭고, 올바르게 살지 못하는 자는 영혼이 괴롭다. 뿐만 아니라 이 세상에서는 우리가 모든 것이 헛됨을 느낀다. 시 39:5-7에 말하기를 "주께서 나의 날을 한 뼘 길이만큼 되게 하시매 나의 일생이 주 앞에는 없는 것 같사오니 사람은 그가 든든히 서 있는 때에도 진실로 모두가 허사뿐이니이다 (셀라) 진실로 각 사람은 그림자 같이 다니고 헛된 일로 소란하며 재물을 쌓으나 누가 거둘는지 알지 못하나이다 주여 이제 내가 무엇을 바라리요 나의 소망은 주께 있나이다"라고 한다.

참고문헌

Aalders, G.Ch. De Goddelijke Openbaring In De Eerste Drie Hoofdstukken Van Genesis, 1932.

Albertus Pietersm Studies in The Revelation of St. John

Alford's Greek Testament

Bavinck, H. Bijbelsche en Religieuze Psychologie, blz.

-------. Gereformeerde Dogmatiek Ⅳ.

-------. Gereformeerde Dogmatiek, N, 1911.

Beckwith, The Apocalypse of John

Bengel, Gnomon

Berkhof, Systematic Theology, 1949.

Boettner, L. The Millennium.

Calvin, The Institutes of Christian Religion

Charles Hodge, Systematic Theology Vol. I.

Charles, R. H. A Critical and Exegetical Commentary on the Revelation of St. John, 1920, Ⅰ.

-------. International Critical Commentary, Revelation.

Cook, F. C. The Bible Commentary

D'Aubigne, Reform in Eruope bk. 2. chap. 7.

Dijk, Dr. K. Over De Laaste Dingen Tussen Sterven En Opstanding.

Dusterdiek, In The Series of Meyer's Commentary of The New Testament(Revelation)

Frost, Henry W. Matthew Twenty Four and The Revelation.

Greijdanus, Commentaar Op Het Nieuwe Testament, Openbaring, 1925.

Greijdanus, De Openbaring des Heeren Aan Johannes, 1925.

Gresham Machen, J. A Biographical Memoir, by N. B. Stonehouse.

Guthrie, D. New Testament Theology.

Hendriksen, W. More than Conquerers, 1940.

Henry, M. Commentary on The New Testament

History of the Protestant Church, Vol. 1.

Hoeksema, Herman Behold He Cometh, 1974.

Is The Highe Criticism Scholarly?

Kuyper, A. The Revelation of St. John

Kyle, Moses and the Monuments.

Lange, Commentary on The Holy Scriptures

Lenski, R. C. H. The Interpretation of St. John's Revelation.

Lohmeyer, Hand Book Zum Neuen Testament(Die Offenbarung Des Johnnes)

Milligan, W. The Book of Revelation, 1889.

-------. Theol. Hand komm. Zum Neuen Testament, XIII.

Moffatt, J. The Expositor's Greek Testament, The Revelation of St. John, the Divine, V.

Murray, J. The New International Commentary on The New Testament, The Epistle to The Romans I, 1959.

-------. The Infallible Bible.

Newell, W.R. The Book of Revelation, 1935.

Pieters, A. Studies in The Revelation of St. John.

Ringnalda, Ds. A. Het Koningschap Van Christus, 1939, Kampen.

Rissi, M. Zeit und Geschichte in der Offenbarung des Johannes

Rutger, De Echt-heid Van het Tweede Gedeelte Van Jesaija.

-------. Premillennialism In America.

Schilder, K. Wat is de Hemel ?

Schlatter, D. A. Erläuterungen Zum Neuen Testament, Ⅲ.

Smilde, E. Leven in De Johanneïsche Geschriften.

Swete, H.B. Commentary On Revelation, 1980.

-------. The Apocalypse of St. John.

Targums of Onk. and Jon. on Ex. 20:24.

The Reader's Digest February 1948.

The Westminster Confession of Faith, Ch. XⅦ.

Tillich, Paul Systematic Theology Ⅲ, 1976.

Van der Meulen, R. J. De Openbaring in Het Laatste BijBelboek

Vos, G. The Kingdom of God and The Church.

Warfield, B.B. International Standard Bible Encyclopaedia Ⅲ, 1980.

Wilson, Robert Dick Is the Higher Criticism Scholarly?

Zeit und Geschichte in der Offenbarung des Johannes.

박형룡,『내세론』, 1973.